Die
Technik als Kulturmacht

in sozialer und in geistiger Beziehung.

Eine Studie

von

Ulrich Wendt.

Berlin
Druck und Verlag von Georg Reimer
1906.

Inhalt.

Seite

Erstes Kapitel: Das Wesen der Technik . . . . 1—37
Einleitung. — Die Arbeitskraft. — Technik und Naturwissenschaft. — Die Materie. — Das Kapital. — Umfang der Technik. — Die Quellen der Arbeitskraft. — Die Vergeistigung der menschlichen Arbeitskraft. — Die persönliche und die politische Freiheit. — Der Gang der Geschichte. —
Programm . . . . 35—37

Zweites Kapitel: Die Griechen . . . . 38—72
Die Technik. — Die menschliche Arbeitskraft. — Die fortschreitende Vergeistigung derselben. — Der Freiheitsprozeß a) in der Stadt, b) auf dem Lande. — Die Erziehung und die Wissenschaft. — Das Recht. — Die Kunst. — Die Religion. — Die Sittlichkeit. — Rückblick.

Drittes Kapitel: Die Römer . . . . 73—121
Die Technik. — Die menschliche Arbeitskraft. — Die fortschreitende Vergeistigung derselben. — Der Freiheitsprozeß a) in der Stadt, b) auf dem Lande. — Die Erziehung und die Wissenschaft. — Das Recht. — Die Kunst. — Die Religion. — Die Sittlichkeit. — Rückblick.

Viertes Kapitel: Die Deutschen im Mittelalter . . . . . 122—165
Die Vorgeschichte. — Die Technik. — Die menschliche Arbeitskraft. — Die fortschreitende Vergeistigung derselben. — Der Freiheitsprozeß a) in der Stadt, b) auf dem Lande. — Die Erziehung und die Wissenschaft. — Das Recht. — Die Kunst. — Die Religion. — Die Sittlichkeit. — Rückblick.

Fünftes Kapitel: Die Zeit von 1500—1800 . . . . 166—226
Die Technik. — Die menschliche Arbeitskraft. — Die steigende Vergeistigung. — Der Freiheitsprozeß a) in der Stadt, b) auf dem Lande. — Die Erziehung und die Wissenschaft. — Das Recht. — Die Kunst. — Die Religion. — Die Sittlichkeit. — Vergleich der geistigen Kultur des Altertums mit derjenigen des 18. Jahrhunderts. — Das Erfinden.

Seite

Sechstes Kapitel: Das 19. Jahrhundert . . . . 227—283
Die Technik. — Die menschliche Arbeitskraft. — Die steigende Vergeistigung. — Der Freiheitsprozeß a) in der Stadt, b) auf dem Lande. — Die Erziehung und die Wissenschaft. — Das Recht. — Die Kunst. — Die Religion. — Die Sittlichkeit. — Der Zusammenhang der Technik mit der geistigen Kultur. — Der Fortschritt der geistigen Kultur im 19. Jahrhundert.

Siebentes Kapitel: Die Technik als Kulturmacht . . . . . 284—322
Die steigende Vergeistigung. — Der Freiheitsprozeß. — Die Veredlung der Kultur. — Mechanische und geistige Arbeit. — Der Idealismus. — Der Entwicklungsprozeß. — Die Frau in der Technik. — Schluß.

Literatur.

Archenholtz, Geschichte des Siebenjährigen Krieges.
Arndt, Wanderungen mit dem Freiherrn v. Stein.
Bartels, Geschichte der deutschen Literatur.
Beck, Geschichte des Eisens.
Beloch, Bevölkerung der griechisch-römischen Welt.
Böckh, Staatshaushalt der Athener.
Boyen, Erinnerungen aus dem Leben.
Brentano, Die Arbeitergilden der Gegenwart.
Bucher, Geschichte der technischen Künste.
Büchsenschütz, Erwerb und Besitz im griechischen Altertum.
Delbrück, Geschichte der Kriegskunst.
Dernburg, Pandekten.
Dühring, Geschichte der Mechanik.
Eberstadt, Magisterium und Fraternitas.
Farnam, Französische Gewerbepolitik von Colbert bis Turgot.
George, Humanität und Kriminalstrafen.
v. Goltz, Geschichte der deutschen Landwirtschaft.
Grimm, J., Deutsche Rechtsaltertümer.
Grote, Geschichte Griechenlands.
Guhl und Koner, Das Leben der Griechen und Römer.
Gurlitt, Die deutsche Kunst des 19. Jahrhunderts.
Harnack, Mission und Ausbreitung des Christentums.
Hegel, Städte und Gilden.
Hertzberg, Geschichte des römischen Kaiserreichs.
Holm, Kulturgeschichte des klassischen Altertums.
Holtze, Strafrechtspflege unter Friedrich Wilhelm I.
v. Inama-Sternegg, Deutsche Wirtschaftsgeschichte.
Kapp, Die Bauernbefreiung.
Karmarsch, Geschichte der Technologie.
Leonhard, Roms Vergangenheit und Deutschlands Recht.
v. Liszt, Strafrechtliche Aufsätze.
v. Maurer, Einleitung zur Verfassungsgeschichte.
Derselbe, Geschichte der Fronhöfe.
Derselbe, Geschichte der Städteverfassung.

Merckel, Ingenieurtechnik des Altertums.
Meyer, Ed., Forschungen zur alten Geschichte.
Derselbe, Geschichte des Altertums.
Meyer, W., Die Naturkräfte.
Mommsen, Römische Geschichte.
Derselbe, Abriß des römischen Staatsrechts.
Oppenheimer, Großgrundbesitz und soziale Frage.
Reuleaux, Theoretische Kinematik.
Rühlmann, Geschichte der technischen Mechanik.
Scherr, Deutsche Kultur- und Sittengeschichte.
Schmid, A., Geschichte der Erziehung.
Schmoller, G., Umrisse und Untersuchungen.
v. Schön, Th., Studienreisen.
Seeberg, Die Kirche Deutschlands im 19. Jahrhundert.
Siegel, Deutsche Rechtsgeschichte.
Sombart, Der moderne Kapitalismus.
Derselbe, Die deutsche Volkswirtschaft im 19. Jahrhundert.
Taine, Der Ursprung des zeitgenössischen Frankreich.
Voltaire, Das Zeitalter Ludwigs XIV.
Zeller, Vorträge und Abhandlungen.
v. Zwiedeneck-Südenhorst, Deutsche Geschichte von der Auflösung des alten bis zur Errichtung des neuen Kaiserreichs.

Erstes Kapitel.

Das Wesen der Technik.

Motto: Das ist eine von den alten Sünden;
Sie meinen: Rechnen das sei Erfinden.
Goethe.

Friedrich Wilhelm I., König von Preußen, ließ zu seinem Ergötzen die Frankfurter Professoren eine Disputation anstellen über das Thema: „Gelehrte sind Salbader und Narren.“ Sein Sohn Friedrich wollte zwar für einen Philosophen gelten, konnte es sich aber nicht versagen, im Ärger über das Gehalt, das er an Voltaire zahlen sollte, an Jordan zu schreiben: „Das heißt einen Narren teuer bezahlen; niemals hat der Hausnarr eines großen Herrn ein ähnliches Gehalt bezogen.“ Als loyaler deutscher Staatsbürger hätte ich daher alle Ursache gehabt, dieses Buch nicht anzufangen mit einer Erörterung, welche einen philosophisch-gelehrten Beigeschmack trägt, denn ich wollte das Buch nicht schreiben für Philosophen, sondern für das Publikum. Ich hätte mich daher fragen müssen, ob die Könige mich nicht auch einen Narren nennen würden, weil ich es nicht unterlassen konnte, den Leser gleich zu Anfang vor den Kopf zu stoßen mit abstrakten Betrachtungen. Aber ich kann ihn damit trösten, daß es nur die erste Hälfte dieses Kapitels ist, die sich mit so abstrakten Fragen beschäftigt, solange nämlich von Arbeitskraft und Arbeitsform die Rede ist; wenn wir nachher die Nutzanwendung ziehen und ins geschichtliche Leben hineinsteigen, dann wird auch der Inhalt farbenreicher und greifbarer sein. Ich will mich also beeilen, über den philosophisch gefärbten Teil so schnell wie möglich hinwegzukommen.

Nach meiner Meinung hat man bisher die Technik als Kulturfaktor unterschätzt; wenigstens ist mir kein kulturgeschichtliches Werk bekannt, das ihr genügend Rechnung träge. Wohl ist man nicht abgeneigt, an der Entwicklung der materiellen Kultur der Technik einen maßgebenden Einfluß einzuräumen, hält aber die soziale und die geistige Kultur für ein Feld, an das sie nicht heranreicht. Nach meiner Auffassung wird die materielle Kultur in erster Linie getragen von der Beschaffenheit des Landes, von seiner Lage, seinen natürlichen Hilfsmitteln und von der Art der Bevölkerung. In zweiter Linie aber setzt die Technik ein. Von der Entwicklung der Technik hängt es ab, welche Hilfsmittel des Landes der Ausbeutung fähig sind, und die Dichtigkeit der Bevölkerung wird schon von den Hilfsmitteln und der Technik gleichzeitig bedingt. Die ausschlaggebende Bedeutung der Technik für das materielle Leben wird auch heute nur so wenig noch bestritten, daß man es ihr selber überlassen kann, durch immer steigenden Einfluß auch die letzten Zweifler zu überzeugen. Es ist aber nicht nur die materielle Kultur, auf welche der Wirkungskreis der Technik sich erstreckt, sondern sie greift auch hinüber in das soziale und in das geistige Gebiet. Hier vollzieht sich der Einfluß meistens absichtslos, er ist aber darum nicht weniger wirksam, und ihn anzudeuten ist der eigentliche Zweck dieses Buches. Der Zusammenhang ist hier weniger offensichtlich als im materiellen Leben, und wenn man ihn erkennen will, muß man etwas sorgfältiger hineinschauen in die Kulturvorgänge. Ich habe mich mit dieser Frage seit Jahren beschäftigt, habe sie zum Gegenstand des Nachdenkens gemacht und will das Ergebnis hier mitteilen. Dabei bin ich mir voll bewußt, daß ich nicht mehr als eine Studie gebe, einen Versuch, in die Materie einzudringen, der auch nicht annähernd den Anspruch erheben darf, eine abschließende Arbeit zu sein. Es war meine Absicht mehr, einen Gedanken anzuregen als ihn auszuführen.

Um die Bedeutung der Technik hervorzuheben, habe ich die anderen Kulturfaktoren, die ich oben nannte und die an den Kulturerscheinungen neben der Technik wirksam sind, vielfach unerwähnt gelassen. Der Leser wolle aus dem Fehlen also nicht schließen, daß ich die Wichtigkeit dieser Faktoren nicht zu schätzen wisse. Ich habe mich mit Absicht auf die Technik beschränkt, da ich keine Kulturgeschichte schreiben wollte und der Umfang des Buches ohnehin schon größer geworden ist, als er mir vorschwebte.

Die Darstellung habe ich nach Möglichkeit knapp und klar gehalten, so daß ich hoffen darf, der Leser werde ohne Schwierigkeiten folgen können. Ein wissenschaftliches Werk im eigentlichen Sinne soll das Buch nicht sein; es soll nur einem bestimmten Gedanken einen allgemeinverständlichen Ausdruck verleihen, dem Gedanken an den Zusammenhang zwischen der Technik und den sozialen und geistigen Erscheinungsformen unserer Kultur. Ich habe auch äußerlich auf die wissenschaftliche Form verzichtet und keine fortlaufende Quellenangabe beigefügt. Ich habe damit „die fürchterlichen Theorien ohne Anmerkungen" um ein Exemplar vermehrt. Zu welchem Zweck sollte ich den Satz verteuern? Die geschichtlichen Quellen sind allgemein bekannt, Neues an geschichtlichen Tatsachen habe ich nicht gegeben. Wir können nicht alle Systematiker sein, und eine ausführliche Quellenangabe in diesem Werkchen kam mir vor wie Wichtigtuerei. Ich habe die ergiebigsten Quellen für die geschichtlichen Angaben am Eingang des Buches übersichtlich zusammengestellt. Die Schlüsse, die ich aus der geschichtlichen Entwicklung abgeleitet habe, sowie die Theorie, sind mein geistiges Eigentum. Andeutungen des von mir behaupteten Zusammenhangs habe ich vereinzelt wohl gefunden, so bei Roscher und bei Engels, eine wirkliche Darstellung habe ich meines Wissens zuerst versucht.

Wenn es mir gelingen sollte, den eminenten Kulturwert der Technik dem allgemeinen Urteil in anschaulicher und überzeugender Weise darzutun, so würde damit zugleich einer höheren Einschätzung der täglichen Arbeit der Weg geebnet sein, denn die Technik leitet diese Arbeit, und das Volk führt sie aus. Es handelt sich in dieser Schrift also nicht allein um die Bedeutung der Technik, sondern in letzter Linie um den Wert der mechanischen menschlichen Arbeit, die nur aus der Technik richtig erkannt werden kann: es handelt sich um die grundlegende Frage der ganzen Kultur.

Zum besseren Verständnis des Nachfolgenden ist es nun leider unvermeidlich, daß der Leser sich zunächst klar werde über das Wesen der Technik und über die Wege, auf denen sie in ihren Folgeerscheinungen eindringt in das soziale und in das geistige Leben.

Das Wort Technik entstammt dem Griechischen und bedeutet eine Fertigkeit, oder ein Können, im Bereiche der gewerblichen Arbeitsweise. Jede gewerbliche Verrichtung setzt die nötigen Kenntnisse voraus, andrerseits aber auch die Betätigung und Anwendung derselben. Die Summe dieser Kenntnisse kann man bezeichnen als die Technik im engeren Sinne, und im Gegensatz zu ihr begreift man dann die Summe der Betätigung und Anwendung der Kenntnisse unter dem Worte Arbeit. Fast alle materiellen Gaben der Natur müssen bearbeitet werden, ehe sie für den Gebrauch geeignet sind: Das Erz muß geschmolzen, das Getreide muß gemahlen, die Wolle muß gesponnen werden. Zu diesen Arbeiten bedarf der Mensch eines Kraftaufwandes, und mit Rücksicht auf die enge Beziehung zum Arbeitsvorgang wird diese Kraft als Arbeitskraft bezeichnet. Die Aufgabe der Technik ist es nun, den Arbeitsvorgang zu leiten und die Arbeitskraft so auf den Stoff einwirken zu lassen, daß der gewollte Zweck erreicht wird. Indem die Technik als ein Denken und ein Wissen die Arbeitskraft beseelt und lenkt, kann sie allgemein aufgefaßt werden als der Geist der Arbeitskraft; sie stellt sich praktisch dar als die geistige Leitung der mechanischen Arbeitsvorgänge im Leben der Menschheit.

Das Naturerzeugnis, welches die Technik zu bearbeiten unternimmt, wird als Rohstoff ihr gegeben und kann höchst verschiedenartig sein. Es kann dem Mineralreich, dem Pflanzenreich, oder dem Tierreich, entstammen, es kann aus der Luft entnommen sein, oder aus dem Wasser; meistens wird es der Erde entstammen, entweder ihrer Oberfläche, oder ihrer Tiefe. Die Arbeitskraft, welche die Technik auf den Rohstoff einwirken läßt, hat ebenfalls sehr mannigfache Formen. Sie entstammt in den meisten Fällen der menschlichen Hand, auch dem Tier wird Arbeitskraft entzogen, dem Ochsen, der den Pflug zieht, dem Pferde, das den Reiter trägt. Namentlich wird heute die Pflanzenwelt dienstbar gemacht, aus der man mechanische Arbeitskraft gewinnt durch Verbrennen von Holz und Kohle. Auch die anorganische Natur wird herangezogen, die z. B. durch den Wind das Schiff bewegt und durch das Wasser dasselbe trägt. In letzter Linie geht die Arbeitskraft in fast allen Teilen von der Sonne aus. Dieselbe sendet in jeder Sekunde 36000 Millionen Pferdestärken auf die Erde in der Gestalt von Wärmestrahlen, die zur Hälfte in der Atmosphäre verbraucht, zur Hälfte aber von dem Erdkörper und seinen Bewohnern aufgesaugt werden.

Indem die Technik die Arbeitskraft auf den Stoff anwendet, läßt sie meistens eine bewegte auf eine unbewegte Materie einwirken, und an der Berührungsstelle entsteht alsdann die Arbeit. Diese stellt sich dar als der Übergang der Arbeitskraft in den Stoff. Die Arbeit ist ein beständiges Werden, sie existiert nur einen einzigen Augenblick, und indem sie erzeugt wird, ist sie auch bereits verschwunden. Man kann sie zeitlich nur vergleichen mit der Gegenwart: wie diese entsteht aus dem Übergang der Zukunft in die Vergangenheit, so entsteht die Arbeit aus dem Übergang der Arbeitskraft in den Stoff. Es ist ein beständiges Fließen, das sich da vollzieht, ein Überströmen von Kraft aus der Arbeitsquelle in das Naturprodukt, aus einem Körper in den anderen. Der Bildhauer, der z. B. den Kopf einer Bacchantin als Wandschmuck für einen Gartensalon aus einem Tonklumpen knetet, veranschaulicht diesen Vorgang auf einfache Weise. Die Kraft entströmt seinen Fingerspitzen und dringt ein in den Ton. Diese Tätigkeit des Überströmens ist die eigentliche Arbeit. Sie ist an sich nicht wahrnehmbar, man erkennt sie nur aus den Begleiterscheinungen, aus den Geberden des Bildhauers und der Formenveränderung des Tons. Wir schließen auf sie nur, weil wir Wirkung und Ursache von ihr wahrnehmen. Der Übergang von der Ursache zur Wirkung ist uns selber unbegreiflich; wir unterstellen eben ein Geschehen und Geben ihm den Namen Arbeit.

Neben dieser physischen Arbeitsleistung ist aber auch ein Aufwand an geistiger Kraft erforderlich, wenn der gewollte Zweck erreicht werden soll. Wir sahen oben, daß die Technik nicht nur eine Tätigkeit bedingt, sondern auch, daß sie ein Wissen ist. Soll bei der Bearbeitung des Gegenstandes ein bestimmter Zweck erreicht werden, so muß das Wissen lebendig werden; es muß die Form des Denkens annehmen, sich betätigen in der Vorstellung des Zwecks und der Mittel, die erforderlich sind, um den Zweck zu erreichen. Der Bildhauer denkt an den Kopf, den er formen will, er sieht ihn anschaulich vor seinem geistigen Auge. Er sieht die Bacchantin in den lauen Nächten durch das Waldgebirge schwärmen, die Haut vom Damhirsch um die Schultern, den Stab mit dem Rebengewinde in der Hand, die Beine nackt, das Haupt umgürtet mit dem Kranz der Fichte oder Eiche, und von lautem Evoë! hört er das Tal erschallen. Er sucht durch den Druck der Finger das Bild seiner Phantasie in den Ton zu übersetzen. Er denkt auch an den Saal, in welchem der Kopf aufgestellt werden soll als Büste, einige Meter hoch über dem Fußboden, frei vor einer Nische stehend. Er weiß, daß das Licht von der rechten Seite des Beschauers kommen wird, und daß der Kopf vorwiegend der Betrachtung von vorn und unten unterliegt. Demgemäß berechnet er die Wirkung und demgemäß behandelt er die Rückseite nur einfach und in groben Zügen. Der Bildhauer hat also bei seiner Arbeit die Vorstellung des Zwecks. Er denkt aber auch an die Mittel, die zur Erreichung des Zweckes nötig sind. Er bestellt sich ein Modell, keine feine Dame, sondern ein kräftiges Dienstmädchen vom Lande. Er befestigt den Tonklumpen auf einem Stock, damit er bequem arbeiten kann; er greift bald zu diesem, bald zu jenem Modellierholz, und bei der Arbeitsunterbrechung sucht er den Ton geschmeidig zu erhalten durch Besprengen mit Wasser, oder durch Bedecken mit einem feuchten Tuch.

Der Aufwand an geistiger Kraft, der zu einer bestimmten Arbeit nötig war, kann nicht gemessen werden, weil sowohl der Geist, als auch die Kraft, nicht sinnlich sind und erst wahrnehmbar werden, wenn sie sich in der Form von Arbeit in den materiellen

Stoff ergießen, d. h. wenn sie in die Form mechanischer Arbeitsleistung übergehen. Die mechanische Arbeitskraft kann gemessen werden an ihrer Wirkung durch Vergleich mit einer anderen Wirkung, mit einem bekannten Arbeitsaufwand. So spricht man von dem Arbeitsaufwand, der erforderlich ist, um ein bestimmtes Gewicht auf eine bestimmte Höhe zu heben. Die Ausdrücke Arbeitsaufwand, Arbeitsmenge, Arbeitsleistung sind bildlich zu verstehen. Es ist nicht die Arbeit, die gemessen wird, sondern die Arbeitskraft, die sich in ihrer Wirkung kundgibt. Bei jedem Arbeitsvorgang saugt der Rohstoff mechanische Arbeitskraft in sich auf; diese mechanische Arbeitskraft ist zum Teil aus geistiger Arbeitskraft hervorgegangen. Je mehr der Geist dabei betätigt war, desto mehr ist im allgemeinen der Stoff veredelt worden. Nach einer solchen Veredlung heißt der Rohstoff Produkt, Ware, Kapital.

Alle bewußte Arbeit ist sonach in letzter Linie das Ergebnis der Einwirkung des Geistes auf die Natur. Der menschliche Geist lenkt die Hand des Arbeiters, indem er mit dem Hammer sie bewaffnet, er lenkt aber auch den Waldbach auf das Schaufelrad und hält dem Winde das Segel vor. Das Ziel der Arbeitsleistung ist in jedem Falle ein gewollter Zweck. Es ist die Aufgabe der Technik, diesen Zweck auf dem Wege des kleinsten Widerstandes zu erreichen, mit einem tunlichst geringen Aufwand von Arbeitskraft und Material. Man kann sonach die Technik auch definieren als die Betätigung des bewußten Geistes zur Umgestaltung der Rohstoffe für die Zwecke der Kultur, oder kürzer gesagt, als die bewußte Gestaltung der Materie.

Der Fortschritt in der Technik hat sich vorwiegend in zwei Richtungen vollzogen. Die eine ging daraus hervor, daß der Techniker die menschliche Hand mit Werkzeugen bewaffnete, mit Spaten, Axt, Ruder, Hebebaum usw.; die andere daraus, daß er die Erzeugnisse der Natur selbständig aufeinander wirken ließ und nur die Bedingungen dieses Wirkens herstellte, so im Kochen, im Lösen und im Schmelzen. Vermöge der Teilung der Arbeit, die auch in der Technik eintreten muß, wenn die Vorgänge sich vervielfältigen, trat allmählich eine Scheidung ein zwischen den Leuten der Wissenschaft und denen der Praxis. Auf dem Wege der Abstraktion ging aus der ersten Richtung die wissenschaftliche Mechanik, zum Teil auch die Physik, hervor, aus der zweiten Richtung die Chemie. Wenn wir von den Versuchen des Altertums hier absehen, kann man sagen, daß diese Scheidung sich bei der Mechanik und Physik im 16. und 17. Jahrhundert, bei der Chemie dagegen erst im 18. Jahrhundert, vollzogen hat. Die Technik ist also älter, als die Naturwissenschaft, hat lange vor ihr bestanden und die Menschheit zu einer relativ hohen Kultur geführt.

In volkswirtschaftlichen Werken wird zuweilen mit einer gewissen Absichtlichkeit darauf hingewiesen, daß die moderne Technik abhängig sei von der Naturwissenschaft. Gewiß ist sie das, und es würde traurig aussehen, wenn sie es nicht wäre. In diesem Falle würde ja die Naturwissenschaft nicht ihre Aufgabe erfüllen. Der Staat hat die wissenschaftliche Forschung in seinen Organismus aufgenommen, weil er von ihrer Tätigkeit neue Beziehungen und Zusammenhänge aufgedeckt zu sehen erwartet in jenem Naturbereich, auf dessen praktische Nutzbarmachung die Technik ihr Bemühen richtet. Gerade weil die Naturwissenschaft aufgefaßt werden kann als das Ergebnis einer Teilung im Reiche der alten Technik, ist es selbstverständlich, daß aus dieser Teilung für beide Hälften ein vermehrter Nutzen hervorgehen mußte. Derartige Teilungen vollziehen sich beständig, nicht nur auf dem Felde der mechanischen, sondern auch der geistigen Arbeit. Eine gegenseitige Abhängigkeit bleibt aber in den meisten Fällen bestehen. Die Physik ist abhängig von der Mechanik, beide hängen ab von der Mathematik; die spekulative Theologie und die Rechtsgelehrsamkeit hängen ab von der Philosophie, die Wirtschaftslehre hängt ab von der Statistik, usw. Soll man daraus einen versteckten Vorwurf ableiten? Auch die Technik ist nur eine Form der menschlichen Geistestätigkeit; sie muß als solche bedingt werden von den anderen Formen des geistigen Lebens.

Heut gehen Wissenschaft und Technik im allgemeinen Hand in Hand, eine wird durch die andere gestärkt. Die Technik gab der Wissenschaft das Papier und den Buchdruck, sie fertigt die wissenschaftlichen Instrumente, die photographische Kammer, das Fernrohr und das Mikroskop; sie gibt vor allem aber durch Wohnung, Nahrung und Kleidung auch dem Gelehrten erst die Grundlage für seine Tätigkeit, sie ermöglicht ihm erst, in wissenschaftlicher Richtung zu wirken. Die Wissenschaft dagegen zeigt der Technik neue Wege, sie zeigt das geheimnisvolle Spiel der Kräfte und die Wahlverwandtschaften der Erze. Gut ist es, wenn auch die Männer der Wissenschaft beständig an die Praxis denken. Leibniz sagt: alle Wissenschaft hat zum Zweck die Glückseligkeit des Menschen. Ebenso urteilt Kant. In den technischen Bildungs- und Forschungsanstalten ist der Vereinigung von Wissenschaft und Technik freie Bahn gemacht.

Der Fortschritt in der Technik hatte bis zum 19. Jahrhundert auf einem ziemlich planlosen Experimentieren beruht, auf einer oft endlosen Reihe von Versuchen und einer Verschwendung von Geist und Geld. Mit der Wissenschaft war es nicht anders gewesen, man denke nur an die Schwarzkünstler. Versuche über Versuche waren angestellt, Bücher über Bücher geschrieben worden, die heut kein Mensch mehr liest, die nur noch geschichtliches Interesse haben. Dennoch war die Technik im 15. und 16. Jahrhundert zu einer Höhe fortgeschritten, von welcher aus sie das Altertum weit übersah, und nur an jenen Orten, welche in der technischen Blüte standen, löste eine exakte Wissenschaft sich ab. Die Technik blühte in Italien, und hier entstand zuerst die moderne Naturwissenschaft. Die Technik sprang nach den Niederlanden, nach England und Frankreich hinüber, und in den gleichen Etappen folgte die Wissenschaft. Ich nenne nur die Namen Leonardo da Vinci, Galilei, Huyghens, Newton und Lagrange. Im Anfang des 19. Jahrhunderts war die Wissenschaft so weit erstarkt, daß sie in ihrer Anwendung auf die Technik einen praktischen Nutzen stiften konnte: es entstand die Technologie und mit ihr die Methode im technischen Denken.

Trotz aller Berührungspunkte ist das technische Vermögen doch ein anderes als das wissenschaftliche. Es ist eine andere

Aufgabe, die Gesetze der Natur aufzufinden und eine andere, sie praktisch anzuwenden. Hier sind konstruktive und organisatorische Fähigkeiten erforderlich. Die Geistesarbeit der Technik vollzieht sich mehr in synthetischer, die der Naturwissenschaft mehr in analytischer Richtung. Was der Naturforscher zergliedert hat, setzt der Techniker zu neuem Wirken wieder zusammen. So bildet die Technik die Ergänzung der Naturwissenschaft. Beim Erfinden ist die Tätigkeit des Technikers der des Künstlers nah verwandt. Wir haben das oben gesehen bei der Tätigkeit des Bildhauers, der Techniker und Künstler zugleich war. Die Sprache trifft das Richtige, wenn sie von einem Erfindungsgenie spricht. Erfinder und Künstler wollen gestalten. Beide greifen in die Tiefe der Seele, aus dem Unbewußten quellen ihre Werke. Beim Techniker sind die auftauchenden Gedanken beständig in Wechselwirkung mit der Vorstellung des Zwecks, beim Künstler mit dem Gefühl für das Schöne. Der Techniker steht beständig in einem Strom synthetischen Denkens, der Künstler in einem Meer von Anschauung. Der Mann der Wissenschaft dagegen geht zuerst anschaulich vor, er nimmt äußere Eindrücke in sich auf, er beobachtet. Erst wenn er diese Eindrücke zusammenfassen will, wird auch er produktiv, ruft er die Autosuggestion hervor, die ihm das Gesetz nun ins Bewußtsein sendet.

Es können die wissenschaftlichen Kenntnisse lange vorhanden sein, die zu einer Erfindung nötig sind, und doch bleibt diese aus, jahrhunderte lang, bis sie eines Tages dasteht, wie die Bürgerin aus einer andern Welt. Allerdings springt sie selten, oder nie, fertig aus dem Haupte des Erfinders hervor, wie Pallas-Athene symbolisch aus dem Haupte des Zeus. So wie die Griechen sich das Erfinden dachten, offenbart es sich nicht in der Wirklichkeit. Erfinden heißt Denken; alle wichtigen Erfindungen sind langsam zustande gekommen, Generationen haben oft an der einen Aufgabe gesonnen, bis sie dann als ein Summationsphänomen einen gewissen Abschluß erreichte und mit dem Namen des letzten Vollenders in die Praxis trat. Ich erinnere nur an die Spinn- und an die Dampfmaschine. Es läßt sich aber kein rechter Grund angeben, warum die Mädchen der Andromache und der Penelope die Spindel mit der Hand bewegen mußten, warum zu jener Zeit das Spinnrad nicht erfunden war. Es ist kein Grund ersichtlich, warum das neuerfundene Spinnrad wieder Jahrhunderte mit der Hand gedreht werden mußte, bis endlich im Jahre 1530 das Tretbrett aufkam. Man kann keinen Grund angeben, weshalb der Webstuhl des 16. Jahrhunderts nicht schon im Hause der Römerin gestanden hat; man kann sogar fragen, weshalb die Buchdruckerkunst nicht schon im Altertum erfunden worden ist. Abgesehen davon, daß die ersten Lettern aus Holz oder Blei gefertigt waren, kannten die Alten nicht nur den Bronzeguß, sondern auch den Guß des Zinns. Schon die Helden Homers hatten Beinschienen aus gegossenem Zinn. Die Alten kannten den Hebel, die Schraube, die Presse, warum erfanden sie also nicht den Druck mit beweglichen Lettern?

Die Antwort besagt in den meisten Fällen, daß alle Erfindungen aus dem Geist der Zeit hervorgehen und nur dann Aussicht haben auf Erfolg, wenn alle Bedingungen zu ihrer Ausnutzung gegeben sind. Man findet sich ab mit der Vorstellung, daß im Altertum Menschen genug vorhanden waren zum Spinnen, Weben und Schreiben, daß es keiner verbesserten Maschinen bedurfte, und daß es an Papier fehlte, um die Buchdruckpresse ausnutzen zu können. Es liegt ein Korn von Wahrheit in diesen Einreden, aber sie erschöpfen die Wahrheit nicht. Ich werde auf diesen Punkt am Schlusse des fünften Kapitels zurückkommen. Auch das Altertum hätte die verbesserten Maschinen brauchen können, hätte den Buchdruck sehr gut zu verwerten gewußt. Das Papier war im Altertum nicht unbekannt, und wenn die Nachfrage eine größere gewesen wäre, so würde auch die Produktion mehr geleistet haben. Die geistige Kultur des Altertums war höher, als die des Mittelalters; der Bedarf nach einer Vervielfältigung des Gedankens war im ausgedehnten Römerreich der Kaiserzeit, mit seiner Freizügigkeit und seinem Völkerrecht, entschieden größer, als im deutschen Reich des Mittelalters, das über die Stadtwirtschaft noch nicht hinausgewachsen war. Mit einer technischen Erfindung hat es seine eigene Bewandtnis, auch heute noch, trotz der theoretischen Kinematik und der systematischen Methode. Ein glücklicher Einfall ist oft mehr wert, als Gelehrsamkeit. Zufall, sagt der Laie, die Sache war ja so einfach! Gerade im Einfachen liegt aber die Aufgabe, wenn eine Erfindung lebensfähig sein soll, und das Einfache ist schwer. Hier zeigt sich das Ingenium. Aus dem reinen Wissen hat die Kultur keinen Nutzen. Jahrhundertelang hat sich die Wissenschaft mit der Elektrizität getragen, hat sie mit dem galvanischen Strom experimentiert, ohne praktisches Resultat. Man hatte Galvani ausgelacht, den Tanzmeister der Frösche. Als aber Gauß und Weber den Telegraphen schufen, als Siemens die Dynamomaschine baute, wurde es lebendig auf diesem Felde, kam die Kultur weiter.

Man will die Nützlichkeitstheorie nicht gerne gelten lassen; auch ich bin nicht der Meinung, daß die theoretische Forschung eingeschränkt werden darf, solange noch die Möglichkeit eines späteren Nutzens erhofft werden kann. Es kommt aber darauf an, den Nutzen nicht aus dem Auge zu verlieren. Die Ablehnung der Nützlichkeitslehre seitens der deduktiven Wissenschaft ist uralt, schon Aristoteles hat sich in diesem Sinne ausgesprochen. Wer behaglich im warmen Zimmer sitzt, kann derartige Ablehnungen sich leisten. Er geht von der Voraussetzung aus, daß die Frau ihm des Morgens die Semmeln auf den Tisch stellt und des Abends die Lampe. Er würde in seiner Theorie leicht stutzig werden und ein langes Gesicht machen, wenn die Semmeln ausblieben, oder wenn er heut sein Glühlicht vertauschen sollte gegen die offene Öllampe der Griechen. Durch die Nützlichkeitstheorie sind Rom und England groß geworden.

Die Technik soll den Rohstoff bearbeiten, d. h. die Materie formen. Die Materie denkt der gemeine Mann sich als eine raumerfüllende Masse, d. h. er denkt sich eigentlich gar nichts. Er glaubt nur, daß die Gegenstände, die er sieht und fühlt, auch wirklich da sind, er zweifelt nicht daran, daß der Tisch, an dem er sitzt, auch wirklich so existiert, wie er ihn wahrnimmt. Dennoch zeigt uns die Erkenntnislehre, zeigt uns die Physiologie, daß der gemeine Mann in einem Irrtum ist. Der Mensch weiß von der Außenwelt erst durch die Bilder, die in seinem Kopfe entstehen, und diese Bilder entstehen erst durch die Tätigkeit des anschauenden Subjekts. Die Wirklichkeit sieht anders aus, als wir sie wahrnehmen. Will der Leser sich den Sachverhalt an einem Beispiel klarmachen, so trete er an einem heißen Sommertage an einen Waldsee, z. B. an den Goldfischteich im Berliner Tiergarten. Die mächtigen Bäume spiegeln sich im Wasser wieder, und unter ihnen wölbt sich die blaue Unendlichkeit. Auf der Oberfläche ziehen leise Wellen hin und bringen das Bild in weiches Schwanken, als wenn es ungeduldig werden wollte über unser Fernbleiben. Das Flüstern des Windes wird zum Gesang der lockenden Sirene. Wenn wir uns der holden Täuschung hingeben und hinunterstürzen wollten, so würden wir bald unsanft an die Wirklichkeit erinnert werden, denn das Wasser hat kaum eine Tiefe von zwei Fuß, und beim Kopfsprung würden wir heftig auf den Grund aufstoßen. Der Schein ist anders, als die Wirklichkeit. Was hier vorübergehend für das Auge galt und etwa für das Ohr, das gilt im Leben beständig und für alle Sinne. Helmholtz fragt: „Welche Ähnlichkeit ist zwischen einem Tische und dem Prozesse im Gehirn, der die Vorstellung des Tisches begleitet?"

Aus dem Zusammenfassen einer Anzahl von Empfindungen in der Form des räumlichen Beieinanderseins geht das Bild hervor. Die Materie verflüchtigt sich auf diese Weise in Kausalbegriffe, die ein Erzeugnis unseres Denkens sind. Erst wenn man nach dem Grunde für das Entstehen der Bilder forscht, gelangt man zu der Annahme, daß ein unbekanntes Etwas außer uns existieren muß, das durch seine Einwirkung die Bilder hervorruft. Dieses Etwas nannte Kant das Ding an sich. Seine Natur ist uns gänzlich unbekannt, wir schließen auf seine Existenz auch nur aus dem Kausalitätsgesetz. Unser Denken ist so eingerichtet, daß es nur in Form von Ursache und Wirkung einen Vorgang fassen kann. Wir schließen aus dem Entstehen der Bilder auf eine bewirkende, metaphysische Ursache. Will man die unbekannte Ursache in die Erscheinungswelt verlegen, so unterstellt man einen Begriff und nennt ihn Materie. Die Wissenschaft löst die Materie auf in ein System von Kräften, in punktartige Wesen, die Atome, die ein eigenes Leben haben. Sie zerfallen in die schwerfälligen, wägbaren Massenatome mit anziehender, und in die leicht beschwingten, eleganten Ätheratome mit abstoßender Kraft, von denen Licht und Wärme und alles Gute ausgehen soll. Diese Atome schwingen durcheinander, sie führen einen Tanz auf, einen wilden, tollen Reigen, und die Schöpfung löst sich auf nach dieser Ansicht in den einen großen Weltenkankan. Der Weltäther ist auch bereits für die Erklärung einer neuen „schaffenden Gottheit" in Vorschlag gebracht worden, allerdings in Voraussetzung einer „vernünftigen Form der Religion". Etwa hundert Jahre früher war es die Vernunft gewesen, die man in der Kirche St. Sulpice auf den Altar erhoben hatte; warum auch nicht, die deutsche Philosophie hat ja bald darauf den gleichen Schritt getan, als sie für das Absolute den Begriff erklärte. In der Kirche war man wenigstens anschaulich vorgegangen und hatte die hübsche Frau Momoro als Göttin niedlich angezogen, während in der Philosophie natürlich alle Katzen grau geblieben sind. Ebenso geht es uns einstweilen mit der Göttin „Weltäther". Als Materie würde der neuen Göttin die Gesamtheit der Massenatome gegenüberstehen, und damit wären wir ja wieder beim alten Dualismus angelangt.

Die gelehrte Welt vergißt zu leicht, daß unser Wissen nur symbolisch ist, und sie verwechselt auch hier wieder die Erscheinungswelt mit der Wirklichkeit. Byron sagt im Manfred sehr treffend, daß Wissen nur der Austausch ist von Nichtwissen gegen eine andere Form von Nichtwissen. Für die Erscheinungswelt, als brauchbare Hypothese für unser Vorstellungsvermögen, können wir die Idee der Atome natürlich gelten lassen. In dieser Einschränkung kann man auch sagen, daß die Atome Widerstand leisten, wenn wir sie beseitigen wollen, denn wenn wir den Tisch anfassen, der vor uns steht, dann fühlen wir etwas Festes. Die Atome füllen den Raum; sie wirken aber nicht nur auf unsere

Tastnerven ein, sondern auch auf unsere Sehnerven, sie trommeln gegen die Hornhaut unseres Auges, und wir erhalten auf diese Weise von dem Tische das erwähnte Bild. Aus Widerstand und Bild schließen wir auf ein von uns verschiedenes Reales und kommen so erst durch einen Akt des unbewußten Denkens auf den Eindruck: vor uns steht ein Tisch.

Es kann hier auf die Erkenntnistheorie nicht weiter eingegangen werden. Der Leser wolle festhalten, daß wir die Materie immer aus ihrer Wirkung erst erkennen, und daß es daher der Begriff der Kraft ist, der sich zunächst uns offenbart. Die Technik zieht es auch vor, statt mit der Materie, mit dem Begriff der Kraft zu operieren und sie kommt in konstruktiver Richtung mit ihm aus. Fragen wir aber, was denn Kräfte eigentlich sind, so stehen wir vor einem neuen Rätsel. Der Begriff der Kraft ist im Grunde auch wieder nichts, als eine Abstraktion aus Ursache und Wirkung; nach Dubois ist er eine Ausgeburt unseres Dranges zur Personifikation. Wenn wir unter gleichen Bedingungen mit Regelmäßigkeit die gleiche Wirkung eintreten sehen, so glauben wir ein Gesetz zu erkennen und nennen die bewirkende Ursache Kraft. Wir können, wie oben schon gesagt, einen Vorgang nicht anders auffassen, als in der Form von Ursache und Wirkung. Die Philosophie begreift diese Erscheinung unter dem Namen des Kausalitätsgesetzes. Eine Kraft ist also nichts, das an sich wirklich existierte. Wir denken nur in Form von Kraft, sie ist eine Forderung unseres Denkvermögens. In diesem Sinne sagt Kant, unser Geist schreibe der Natur ihre Gesetze vor, d. h. er erzeugt in sich ein Bild von der Natur, welches ihrer wirklichen Beschaffenheit durchaus nicht zu entsprechen braucht. Der Begriff der Kraft ist also eine Abstraktion aus Ursache und Wirkung, wie es der Begriff der Arbeit war. Wir denken uns der Anschaulichkeit wegen ein Etwas, durch welches die Ursache in die Wirkung übergeht, ein Etwas, das da überströmt und die Wirkung hervorbringt, und dieses unbekannte Etwas bezeichnen wir mit dem Sammelnamen Kraft. Der Übergang der Ursache in die Wirkung vermöge dieser Kraft ist eben das, was wir oben als Arbeit erkannten. Wir sprechen von Kraft, wenn wir an die Wirkung, wir sprechen von Arbeit, wenn wir an den Vorgang denken. Aber wie dem auch sei; nachdem wir die Materie in Kräfte aufgelöst haben, können wir nicht weiter; wir kommen im Denken über den Begriff der Kraft nicht gut hinaus, können ihn nicht entbehren, obschon Ampère diesen Begriff aus den Untersuchungen der Wissenschaft verbannt wissen wollte. Die Mechanik hat ihn aber beibehalten, und so werden auch wir in diesem Falle Halt machen müssen und sagen, daß die Technik, indem sie den Stoff bearbeitet, die Aufgabe zu lösen habe, Kräfte aufeinander wirken zu lassen.

Erfahrungsmäßig wird nicht nur bei einem mechanischen Arbeitsvorgang, sondern auch beim Denken Kraft verbraucht. Seit Jahrtausenden quält sich die Wissenschaft mit der Frage, wie sich Natur und Geist zueinander verhalten, ob mechanische und geistige Kräfte ineinander übergehen können, oder nicht. Der Materialismus läßt den Geist allein aus der Materie, oder aus ihrer Wirkung, aus der Kraft, hervorgehen, als eine besondere Art derselben. Andere Systeme lassen die Welt aus dem Geist entstehen und erklären die Materie für eine besondere Art des Geistes, für eine Durchgangsform desselben. Noch andere fassen Materie und Geist auf als gleichberechtigte Teile eines dritten, höheren, Vermögens, dessen Attribute sie nur sind. Je nach der Auffassung wird der Leser von vornherein geneigt sein, der Technik eine mehr oder minder große Bedeutung als Kulturfaktor einzuräumen. Wer vom Geiste ausgeht, wird in die Gefahr geraten, die Bedeutung der Technik zu unterschätzen, er erwartet alles Heil von der Wissenschaft. Das siebente Kapitel wird an einem Beispiel diese Auffassung bekräftigen. Umgekehrt wird derjenige, der von der Materie ausgeht, leicht dahin gelangen, die Bedeutung der Technik zu hoch anzuschlagen. Nach der Analogie von Leib und Seele scheint allerdings das materielle Element das grundlegende zu sein. Zuerst muß der Leib gesund sein, wenn der Geist die höchsten Blüten treiben soll. Erinnern wir uns, daß die Technik auch älter ist, als die Wissenschaft, dann werden wir dem Schlusse nicht entgehen können, daß die Technik denjenigen

Zweig der menschlichen Tätigkeit begreift, in welchem die grundlegenden Vorgänge sich vollziehen, durch welche der Mensch anfängt, die Bahnen der Kultur zu beschreiten. Alles Wissen kommt von außen in den Menschengeist hinein, alles Wissen entsteht in der Form der Abstraktion, in erster Linie aus den Vorgängen der Natur, in zweiter Linie aus denen der Technik. Die Eigenschaften der Dinge und die Beziehungen zwischen ihnen gehen ein in das Wissen; sie gehen ein in der Form der Anschauung und werden geordnet durch das Denken. Sie rufen reflektorisch Gefühle der Lust und Unlust hervor und werden hiernach bewertet. Da die Technik es ist, welche den Stoff zu formen, die Eigenschaften und Beziehungen der Dinge zu gestalten hat, ist sie es auch in erster Linie, die in dem Reich der materiellen Werte wirkt, und wir können ihre Aufgabe nunmehr dahin festlegen, daß sie Produkte schaffen soll, welche für den Menschen einen Wert haben.

In der neueren Zeit taucht wiederholt die Frage auf nach den treibenden Kräften in der Volkswirtschaft und in der Kultur. Dasjenige Element, welches alle Kultur in erster Linie vorwärts drängt, ist allemal das Triebleben der menschlichen Seele. Der Mensch verlangt nach Glück, nach Wohlbefinden. Glück ist im allgemeinen eine Befriedigung der Triebe, des Willens. Je mehr und je häufiger diese Befriedigung eintritt, desto weniger wird sie als Genuß empfunden. Die Fähigkeit zu genießen kann aufrecht erhalten werden durch einen künstlichen Gegensatz, den man erreicht durch einen Wechsel zwischen Arbeit und Genuß. Sie kann aber auch erhalten werden durch eine Steigerung der Genüsse und durch einen geschickten Wechsel im Genießen selbst. Diesen Wechsel kann sich der Reiche leichter verschaffen, als der Arme, zumal wenn es sich, wie bei den meisten Menschen, weniger um Abwechslung in geistigen Genüssen handelt, als in materiellen. Der Reichtum ist daher das nächste Ziel, dem das Triebleben der Bevölkerung entgegeneilt.

Der materielle Reichtum besteht in dem Vermögen, über den Verbrauch einer verhältnismäßig großen Menge von Naturerzeugnissen und gewerblichen Produkten zu verfügen. Zur Gewinnung dieser Gegenstände des Reichtums dient in erster Linie die Technik. Sie weiß den Boden zu befruchten und die Ernte einzubringen, sie weiß ins Innere der Erde vorzugehen, sie gewinnt die Arbeitskraft aus dem Wasser, sie greift sie aus der Luft. Die Rohstoffe formt sie um, verleiht ihnen einen höheren Wert und bietet sie dem Menschen zum Gebrauch und zum Genuß. Die Technik trat schon auf in jenen Zeiten, da der Mensch anfing, von der Tierheit sich zur Gesittung zu erheben. Mit dem Seßhaftwerden des Nomaden, mit der Bebauung des Landes, entstanden dann das private Eigentum, das Vaterrecht, die Einzelehe, die Lohnarbeit und das Kapital.

Die Bearbeitung der Erze, des Holzes, der Wolle, ist nur möglich dadurch, daß wir nicht unsere ganze Zeit auf die Beschaffung von Nahrungsmitteln zu verwenden brauchen, denn die Fruchtbarkeit der Erde lohnt uns, dank den Sonnenstrahlen, schon einen geringen Zeitaufwand. Es genügt daher, wenn ein Teil des Volkes sich der Beschaffung von Nahrungsmitteln zuwendet; dieser Teil erzielt soviel an Überschuß, daß er auch den anderen Teil ernähren kann, der dadurch freie Zeit gewinnt für die Bearbeitung der Rohstoffe. Aller Rohstoff entstammt der Erde, dem Planeten, darin haben die Physiokraten Recht; auch die schaffende Kraft, die in uns wirksam wird, tritt uns zunächst als Erdprodukt entgegen, als Frucht und Tier. Indem der Mensch diese als Nahrung in sich aufnimmt, geht die Kraft in ihn über; sie baut den Körper, geht ein in die Form des menschlichen Bewußtseins, und wird auch hier wieder ausgegeben, um sich als mechanische Arbeitskraft zu äußern. Der Rohstoff nimmt diese Arbeitskraft in sich auf und wird zum Kapital.

Wir begreifen unter Kapital einen Rohstoff, der in produktiver Weise nutzbar gemacht wird, der also durch Bearbeitung einen höheren Wert erhält. Das Kapital hat sich zuerst entwickelt in der Zeit der Naturalwirtschaft, und zwar im Anschluß an die Herden und den Grundbesitz. Mit der Entstehung des privaten Eigentums gelangte der jeweilig nutzbare Teil der Erdoberfläche in ziemlich planloser Weise in den Besitz einer beschränkten Anzahl von Personen, meistens wohl durch Krieg. Diese Minderheit verfügte damit über den Rohstoff und die Nahrungsmittel; sie war in der angenehmen Lage, sich selbst zunächst sättigen zu können und die Gewährung von Nahrungsmitteln an die enteignete Mehrzahl an die Bedingung zu knüpfen, daß diese Mehrzahl Rohstoffe für sie bearbeite, d. h. ihr neue Kapitalien schaffe. Die Scheidung zwischen Kapital und Arbeitskraft war eingetreten. Diesen Zustand zeigen die Germanen des Tacitus. Einen Teil des bearbeiteten Rohstoffs verbrauchen fortan die Enteigneten zur Bestreitung ihres Unterhalts. Die Rohstoffmenge, die der Eigentümer zurückerhält, hat sich also nicht vermehrt, sondern vermindert. Dennoch bewertet er diesen kleineren Teil höher, als den größeren, unbearbeiteten, weil ihm aus dem Verbrauch des kleineren, bearbeiteten Teils mehr Annehmlichkeit erwächst. In dem Mehr von Annehmlichkeit, in der höheren Bewertung, liegt für den Besitzer das Geschäft, hier liegt auch der Grund für die Möglichkeit der Zinsenzahlung. Es kann mir nur deswegen Jemand Zinsen zahlen, weil er mit der geliehenen Summe, mittelbar oder unmittelbar, Rohstoffe bearbeitet, einen Teil der Stoffe zwar verbraucht, den Rest aber trotzdem mit einem höheren Gesamtwert versehen hat. Der Wert ist nur ein Maßstab für die Annehmlichkeit, nach welcher der Mensch die Ware einschätzt; er ist eine Beziehung zwischen Ware und Käufer, ein Gedankending, keine Realität. Wir brauchen aber das Wort, wie schon Marx hervorgehoben hat, auch in bildlichem Sinne für die Waren, d. h. für die Träger des Wertes selbst.

Indem nun die Technik die Arbeitskraft leitet, welche sich bei der Bearbeitung in den Rohstoff ergießt, schafft sie dem Eigentümer neue Werte. Er wird beständig reicher, denn der Anteil, der auf den Unterhalt der Arbeitskraft entfällt, bleibt annähernd auf gleicher Höhe stehen. Nur allmählich und mit steigender Geschicklichkeit geht auch der Lohn der Arbeitskraft in die Höhe. Der Eigentümer sammelt also Kapital, und da ein Gewinn dem Kapital nur dann entsprießt, wenn ihm die Technik neuen Wert verleiht, so drängt das Kapital sich in die Produktion und treibt nun scheinbar seinerseits die wirtschaftliche Entwicklung weiter. Wo große Kapitalien sind, da greifen sie gestaltend ein in den wirtschaftlichen Prozeß, rufen neue Unternehmungen ins Leben, erschließen Meere und Länder. Dennoch ist das Kapital nur ein Kind der Technik, und auch seine Verwertung ist durch sie bedingt. Je nachdem die Technik der Kapitalanlage günstige, oder ungünstige Bedingungen bietet, strömt es zu, oder bleibt es fern, ergießt es sich in die Landwirtschaft, in die Industrie, oder den Handel. Als im Anfang des 19. Jahrhunderts in der Landwirtschaft die Umgestaltung des Betriebes eintrat, strömten ihr Kapitalien zu; als die Eisenbahn aufkam, drängte sich das Kapital in die Bahnbauten, und als die Dynamomaschine anfing, die elektrischen Kraftlinien zu schneiden, strömte es, nur allzu reichlich, den elektrischen Unternehmungen zu. Immer wird das Kapital den Erfindungen der Technik folgen, immer sich ihr in letzter Linie willenlos überlassen müssen, mit der einen Bedingung nur, daß die Technik das Kapital verwandle, daß sie es verschwinden lasse, um in neuer Form es wieder zu erzeugen, mit erhöhtem Wert. Auf diese Weise kommt das Kapital zur Technik in die Rolle eines Kindes zur Mutter. Gleich dem Saturn verschlingt die Technik ihre eigenen Kinder, aber sie gebiert sie immer wieder, und immer wertvoller und immer edler wieder, denn die Kinder haben in jedem Falle wieder Arbeitskraft getrunken. Stirbt das Kapital, so kann die Technik neue Kinder schaffen; indem sie die Arbeitskraft auf den Rohstoff wirken läßt, ruft sie neues Kapital hervor. Stirbt aber die Technik, so verliert das Kapital das Leben; es kann nur aufgegessen werden, die Kraft zu wachsen, das scheinbare Eigenleben, hat es verloren, denn ohne seine Mutter ist es tot. Immer ist das Kapital nur der Produktionskostenvorschuß und der passive, wertdurstige Stoff; die Technik aber bleibt die gestaltende und die erzeugende Kraft.

Solange das private Eigentum besteht, die Scheidung der Menschen in Reiche und Arme, die Scheidung von Kapital und Arbeitskraft, solange ruht die produktive Kraft, das kulturelle Element, einseitig auf der Arbeitskraft, denn was hier wirkt, ist Wille und

Geist, das Kapital dagegen ist die tote Masse. Auch auf der Seite des Kapitals finden sich selbstverständlich Wille und Geist, die Besitzer haben beides oft in hohem Maße; aber die Summe des Lebens ist hier viel geringer, als auf der Seite der Arbeitskraft. Es liegt unleugbar ein Widersinn in der Erscheinung, daß ein Teil der Lebewesen, die auf der Erde sich betätigen sollen, das Verfügungsrecht über den Gegenstand der Betätigung der Mehrzahl vorenthält. Diesen Widersinn zu mildern, ist eine der Aufgaben der Technik. Darin liegt ein Teil ihrer großen, sozialen Bedeutung, daß sie das Kapital nutzbar macht, auch für die menschliche Arbeitskraft, daß sie fortschreitend durch Vergeistigung der Arbeitskraft die Existenzbedingungen der letzteren zu bessern sucht, daß sie Kapital und Arbeitskraft zu versöhnen trachtet.

Neben der eigentlichen Produktion, neben der Bearbeitung des Stoffes, hat die Technik aber auch den Stoff zu bewegen, hat sie die Aufgaben des Verkehrs zu lösen. Der Händler ist auf sie ausschließlich angewiesen, er ist in letzter Linie nichts als Warendisponent; er kauft möglichst billig, um möglichst teuer wieder zu verkaufen, er fügt der Ware nichts hinzu, ist an sich nicht produktiv, hat nur das einzige Verdienst, daß er für das Herbeischaffen der Waren Sorge trägt. Das Herbeischaffen selbst aber ist wieder die Aufgabe der Technik. Das Schiff ist eine Maschine zum Transport von Waren auf dem Wasser. Nicht nur der Bau des Schiffes ist eine technische Aufgabe, sondern auch seine Bedienung. Das Beladen und das Entladen, das Aufsetzen und Einziehen der Segel, das Bedienen der Schiffsmaschinen, das Bewegen des Steuers, sind technische Verrichtungen. Ebenso erfordert bei den Eisenbahnen nicht nur der Bau, sondern auch der Betrieb, technische Kenntnisse, und der Kutscher, der einen mit Pferden bespannten Wagen, der Chauffeur, der ein Automobil lenkt, sind Techniker.

Damit kommen wir zur Landwirtschaft. Auch die landwirtschaftlichen Arbeiten sind technischer Art; und wenn auch das Wachsen der Tiere und Pflanzen von einer unbekannten Macht geleitet wird, so sind doch futtern, säen und ernten technische Vorgänge, die fortgesetzt mehr und mehr aus der handwerksmäßigen Verrichtung ins maschinelle Gebiet hinübergleiten. Säe- und Mähmaschinen treten auf. Allmählich triumphiert die Technik auch hier auf der ganzen Linie, und je mehr sie zur Herrschaft gelangt, um so mehr wächst die produktive Kraft, mit ihr der Überschuß und die Gesittung.

Wir sahen oben, daß die Technik als die bewußte Gestaltung der Materie sich darstellt; diese Erklärung trifft nicht nur zu auf die großen maschinellen Kräfte der Industrie, nicht nur auf Landwirtschaft und Handwerk, sondern auch auf das häusliche Leben. Kochen, fegen, waschen sind technische Verrichtungen, und wer sich an- und auskleidet, wer sich des Messers oder der Gabel bedient, wer die Stube heizt, wer ein Bild annagelt, vollzieht technische Verrichtungen. Es ist zum mindesten ein kühnes Bild, wenn neuerdings von einer Technik der Literatur und einer Technik des Rechts gesprochen wird. Andrerseits aber durchsetzt die Technik das ganze menschliche Leben, sie dringt in alle Berufe ein, und wir vollziehen beständig Leistungen technischer Art. Jeder Mensch ist in erster Linie ein Tier, ein unbewußter Techniker, in zweiter Linie ein bewußter. Erst wenn die technischen Bedingungen erfüllt sind, wenn die materielle Grundlage geschaffen ist, können die anderen Triebe sich entfalten. Die Technik ist die Trägerin der materiellen Kultur, sie ist aber auch die notwendige Voraussetzung der geistigen.

Der Techniker kann die Produkte nur erzeugen, wenn er mechanische Kräfte auf den Stoff einwirken läßt. Diese Kräfte führen den Sammelnamen Arbeitskraft und entströmen verschiedenen Quellen. Die Arbeitskraft kann aus dem Menschen stammen, aus dem Tier, oder der Pflanze, oder auch aus der anorganischen Natur. Die edelste dieser Formen ist diejenige, die aus dem Menschen quillt, und zwar deswegen, weil sie am beweglichsten ist, dem veränderten Zweck sich unmittelbar anschmiegt und zu jeder Zeit geistig geleitet und überwacht wird, denn sie geht zum guten Teil aus geistiger Tätigkeit hervor. Jede menschliche Arbeit setzt sich zusammen aus mechanischen und geistigen Funktionen, es kann die eine Form nicht ohne die andere sein. Jede Denktätigkeit verbraucht im Gehirn mechanische Kraft und erfordert nebenbei die Pumparbeit des Herzens und den Blutumlauf. Andrerseits bedingt jede noch so mechanische Tätigkeit des Menschen auch einen Zusatz von geistiger Arbeit, und wenn es nur die Tätigkeit der Sinne ist, der Augen und der Ohren, und das Bewußtsein vom wachen Zustande. Da der Geist vielfach für edler gilt als die Materie, gilt auch, im allgemeinen wenigstens, diejenige Tätigkeit des Menschen für die edlere, bei welcher der Zuschuß an geistiger Arbeit überwiegt. Hegel sagt in seiner herben Einseitigkeit: „Wenn die geistige Zufälligkeit, die Willkür, bis zum Bösen fortschreitet, so ist dies selbst noch ein unendlich Höheres, als das gesetzmäßige Wandeln der Gestirne, oder als die Unschuld der Pflanze, denn was sich so verirrt, ist noch Geist." Alle grobe Arbeit, alle vorwiegend mechanischen Verrichtungen, galten von jeher für unedel, sie taten es um so mehr, je weniger die Technik entwickelt war. In der Anfangszeit der Kultur ist alle mechanische Arbeit verachtet; für fein gelten einerseits der Krieg, die Jagd, und andrerseits das Faullenzen; halb und halb läßt man die geistige Arbeit gelten. In dieser Anfangszeit aber nehmen gerade die mechanischen Verrichtungen den größten Teil der menschlichen Tätigkeit in Anspruch, denn es fehlt an Werkzeugen, es fehlt an Maschinen. Die Forderungen der anfänglichen Kultur lassen sich nur auf die Art befriedigen, daß eine große Anzahl von Menschen auf die Annehmlichkeiten des Lebens sozusagen gänzlich Verzicht leistet, und ihre Arbeitskraft in den Dienst dieser Kultur stellt zum Nutzen einer kleinen Minderheit. Wir stehen damit in dem Zeitalter der Sklaverei.

Mit der Zeit schreitet die Technik vor. Das Bewegen der Lasten wird erleichtert durch die Erfindung des Karrens. Lange Zeit hat die Welt mit dem zweirädrigen Karren sich beholfen und auch ihn, gleichwie den Pflug, zuerst durch Menschenkraft bewegt. Ein großer Fortschritt war das Einspannen der gezähmten Tiere. Die größere Kraft der Tiere konnte größere Lasten bewegen, und die menschliche Arbeitskraft wurde für feinere und leichtere Arbeiten frei: der Mensch rückte auf zum Lenker. Als er das Göpelwerk erfunden hatte, konnte er die tierische Kraft für die verschiedenartigsten Aufgaben verwenden. Auch der Gebrauch des Feuers, das Kochen der Nahrung, das Schmelzen der Metalle, ersparte menschliche Arbeitskraft; die gekochte Nahrung war leichter verdaulich und bedurfte einer geringeren Arbeit der Verdauungsorgane; die Geräte aus Metall waren nicht nur brauchbarer, sondern auch dauerhafter, als die früheren aus Holz, Stein und Knochen, und bedurften nicht so rasch der zeitraubenden Erneuerung. Mehr und mehr wurden die groben Arbeitsformen durch feinere ersetzt, und mehr und mehr trat zu der mechanischen Arbeitsleistung die geistige hinzu. Die Mühle, das Spinnrad, der Webstuhl, das Schöpfrad, die Pumpe, das Schiff, erleichterten die menschliche Arbeit und erhöhten die gesamte Arbeitsleistung, die dann im Lauf des Mittelalters fort und fort sich steigerte bis zur Erfindung der modernen Dampfmaschine.

Es ist richtig, daß die Bedienung der modernen Maschine vielfach eine ziemlich mechanische Tätigkeit bedingt, weniger für den Maschinenführer, als für die zur Maschine gehörigen Arbeiter. Das Anlegen und Abnehmen, das Zu- und Abtragen der Rohstoffe, der Halb- und Fertigfabrikate, erfordert wenig Geist. Ebenso unzweifelhaft ist aber auch die Tatsache, daß die Maschine von einer großen Anzahl mechanischer Arbeiten den Menschen entlastet. Im Jahre 1901 ergaben die Dampfmaschinen allein in Preußen eine Gesamtleistung von 3,7 Millionen Pferdestärken, jetzt darf man sie wohl mindestens zu 4 Millionen annehmen. Nach dem Verhältnis der Einwohnerzahl ergibt sich daraus für Deutschland eine Zahl von 6,5 Millionen Pferdestärken. Rechnet man die Pferdestärke nur zu 6 Menschenstärken, und nimmt man die industrielle Arbeiterschaft zu 12 Millionen an, so ergibt sich für jede menschliche Arbeitskraft eine dreifache Leistung aus den Dampfmaschinen. Unter allen Umständen entlastet also die Maschine den Arbeiter und überläßt ihm nur jene Tätigkeiten, bei welchen die Einführung des maschinellen Betriebes sich noch nicht als zweckmäßig erwiesen hat. Die gröbsten und schwersten Arbeiten hat die Maschine übernommen, namentlich das Bewegen der Lasten. Man denke nur an unsere Krahne und Aufzüge, an die Dampfschiffe und Eisenbahnen.

In den Zeiten neuer Erfindungen kann es vorkommen, daß Arbeiterscharen vorübergehend brotlos werden, daß die Reservearmee sich verstärkt, die nach Marx eine Folgeerscheinung der Maschine ist. Wenn aber die Technik freies Spiel behält, dann saugt sie diese Reservearmee bald wieder auf durch andere Erfindungen und durch eine verstärkte Produktion. In den letzten zehn Jahren hat die deutsche Industrie vermöge ihrer hochstehenden Technik so ziemlich den ganzen Zuwachs der Bevölkerung in sich aufgenommen. Das Altertum konnte die Bevölkerungsfrage nur lösen im Wege der Kolonisation; die moderne Technik löst sie durch vermehrte Arbeitsgelegenheit im Lande. Wenn die Technik schalten kann, dann ist der Arbeiter gesucht; dabei wird er fortgesetzt von groben Arbeiten mehr und mehr entlastet und für feinere und mehr geistige Arbeiten freigesetzt.

Jede rationelle Produktion fordert eine sparsame Ausnutzung der Menschenkraft, der edelsten Arbeitsquelle, über welche sie verfügt, und der allgemeine Grundsatz lautet, keine mechanische Arbeit durch einen Menschen bewirken zu lassen, die sich durch eine Maschine ebenso gut und ebenso billig herstellen läßt. Die maschinelle Arbeitsleistung kann beliebig ausgedehnt werden, die menschliche nicht. Die Schwierigkeit, die Konkurrenz zu überwinden, liegt weniger in der Form der Maschinen; denn die neuesten Maschinen dringen sehr schnell ein in die ganze Industrie, selten hat ein Betrieb hier einen nennenswerten Vorsprung. Die Schwierigkeit liegt vielmehr in der Höhe der geistigen Arbeitskraft, die sich in der Arbeiterschaft findet, und in der rationellen Leitung des Betriebes. Persönliche Fähigkeiten, darauf kommt es an! Wer die besten Arbeiter hat, produziert am vorteilhaftesten. Immer drängt der praktische Betrieb dahin, die geistigen Fähigkeiten der Arbeiter auszunutzen, und je mehr die Arbeiter nach der geistigen Seite hin in Anspruch genommen werden, desto mehr steigert sich ihr geistiges Vermögen. Durch die Maschine erhält die menschliche Arbeitskraft nicht eine mehr mechanische, sondern im Gegenteil eine mehr vergeistigte Form. Fortgesetzt werden mehr und mehr grobe und einförmige Arbeiten in den Bereich der Maschine gezogen, und fortgesetzt wird die menschliche Arbeitskraft frei gemacht für eine körperlich leichtere und mehr durchgeistigte Tätigkeit. Nicht nur die Maschine arbeitet in diesem Sinne, sondern auch eine ganze Reihe anderer technischer Verrichtungen, so die Verbesserung des Transportswesens, der Wege-, See- und Kanalbau, die Flußkorrektionen, der Hochbau mit seinen Werkstätten und Arbeitsräumen, die umfangreichen Heizungs- und Beleuchtungseinrichtungen: sie alle zielen indirekt dahin, menschliche, mechanische, Arbeitskraft zu sparen und sie frei zu setzen für feinere Arbeitsformen, die weniger die Muskelkraft, aber mehr die Denkkraft in Anspruch nehmen. Die Folge zeigt sich in der geistig hochstehenden Arbeiterschaft der industriellen Stätten.

Diese fortschreitende Vergeistigung durch die. steigende Technik gilt nicht nur für die Arbeiterschaft in engerem Sinne, sie wirkt mittelbar auch ein auf die Menschheit; denn wenn auch einige Faullenzer der mechanischen und geistigen Arbeit sich tunlichst enthalten, im großen und ganzen ist die Menschheit eine einzige große Arbeiterschaft, und in alle Kreise spielen die technischen Vorgänge hinein. Ich möchte hier nicht mißverstanden werden. Ich behaupte nicht, daß die geistige Entwicklung allein von den Fortschritten der Technik abhängt. Die größte Wegstrecke in der Entwicklung des Denkens hat die Menschheit zurückgelegt bei der Ausbildung der Sprache. Denken und Sprechen gehen Hand in Hand. Eine weitere Schulung erfährt das Denken heute noch durch den Unterricht, durch das Studium, und vor allem durch die tägliche Übung im Getriebe des praktischen Lebens. Es gehört aber zum Wesen der Technik, daß sie vermöge ihrer Erfindungen die menschliche Arbeitskraft beständig zu höheren Aufgaben führt, daß sie immer weniger Muskelkraft und immer mehr Denkkraft in Anspruch nimmt und das durchschnittliche Arbeitsniveau beständig hebt. Keine andere menschliche Tätigkeit besitzt die gleiche schöpferische Kraft, denn keine hat ein so unerschöpfliches Reservoir an fremder Arbeits- und Hilfskraft zur Verfügung, wie die Technik es hat an der Natur. Alle Geistestätigkeit, die auf der Bearbeitung eines Stoffes beruht, der vorwiegend auf deduktivem Wege gewonnen worden ist, bleibt mehr oder weniger in dem Gedankenkreise des Altertums befangen, denn im deduktiven Denken hat dasselbe seine Meisterschaft erreicht. Ich verweise nur auf die Theologie, die Philosophie und selbst auf die Rechtsgelehrsamkeit. Alle Wissenschaft aber, die vorwiegend auf induktivem Wege operiert, die das Buch der Natur vor Augen hat, schreitet unaufhaltsam fort, und hat längst das Altertum überwunden. Dieser Fortschritt fällt bei der technischen Wissenschaft besonders in die Augen, weil er hier in materieller, greifbarer Form in die Erscheinung tritt. Die Buchdruckschnellpresse liefert heut an bedruckter Fläche den zehnfachen Betrag dessen, was die Handpresse einst vor sich brachte, aber ihre Bedienung stellt an den Drucker vorwiegend geistige Forderungen. Die Papiermaschine liefert zehnmal so viel Papier, wie ein Schöpfer und Gautscher zusammen erzeugen können, aber die Bedienung der Maschine erfordert vorwiegend eine geistige Tätigkeit.

Der Mensch ist aufgerückt zum Aufseher der neuen Sklaven, der eisernen Arbeiter, zum geistigen Leiter einer fremden mechanischen Arbeitskraft, deren Betrag er früher den eigenen Muskeln entnehmen mußte. Selbst ungelernte Arbeiter, selbst junge Mädchen, können leichtere Maschinen bedienen und sind in den Stand gesetzt, vermöge der Muskelkraft ihrer eisernen Sklaven und der Geisteskraft ihres eigenen Hirns ein Arbeitserzeugnis zu liefern, zu dem früher die volle Arbeitskraft eines gelernten Arbeiters erforderlich war. So wird fort und fort die Tätigkeit des Menschen mehr von der geistigen Seite in die Produktion hineingezogen. Die Anforderungen an das Durchschnittsmaß geistiger Tätigkeit steigen nicht nur extensiv, sondern auch intensiv. Selbst der gelernte Arbeiter muß nach der geistigen Seite hin mehr leisten, als seine Vorgänger vor vierhundert Jahren. Er verliert zwar einen Teil der Künstlerschaft, die in der alten Handarbeit beruhte, aber er gewinnt an Maschinenkunde, an Dispositionsvermögen, an schnellem Blick, an raschem Urteil, an höheren Gesichtspunkten. Auch mit Analphabeten ist dem industriellen Betriebe heut nicht mehr geholfen. Der Buchdrucker wird bereits höher bezahlt, als der Setzer, den man sonst gern als Bindeglied ansah zwischen Handwerk und Wissenschaft; aber der Buchdrucker bedient die Schnellpresse, die komplizierte, teure Maschine; hierzu bedarf es einer gesteigerten Intelligenz und diese ist schwer zu beschaffen, steht hoch im Wert. Es ist falsch, immer auf die wenigen Hilfsarbeiten an der Maschine hinzuweisen, die noch im Takt durch Menschenhand vollzogen werden müssen, und die man von jeher so gern hinstellte als ein Beispiel der Verdummung der Arbeiterschaft durch die Maschine. Diese wenigen taktweisen Hilfsarbeiten verschwinden heute schon in dem großen Getriebe und werden mehr und mehr von der Maschine aufgesaugt. Die ganze Entwicklung drängt dahin, diese Hilfsarbeiten in den Organismus der Maschine einzufügen, die menschliche Arbeitskraft von ihnen zu entlasten und die letztere mehr von der geistigen Seite auszunutzen. Diese steigende Inanspruchnahme des geistigen Vermögens folgt bei der Technik mit Notwendigkeit aus ihrem Wesen, ohne besondere Absicht, sie ist eine Folgeerscheinung der rationellen Produktion.

Nur weil die Technik mit einem immer kleineren Teil der verfügbaren menschlichen Arbeitskraft die materiellen Existenzbedingungen für die Gesamtheit erfüllt, kann der andere Teil, der sich der geistigen Kultur zuwendet, beständig größer werden. Immer mehr arbeitet die Naturkraft, immer weniger wird menschliche Arbeitskraft in Anspruch genommen für die mechanische Tätigkeit, immer kürzer wird die Arbeitszeit, immer mehr bleibt freie Zeit auch dem Arbeiter verfügbar für die edleren Güter des Lebens, immer mehr wächst er hinein in die geistigen Aufgaben, immer höher steigt im Volke das Durchschnittsmaß des Geistes und dem steigenden Geiste folgt die edlere Kultur. Die zwölfstündige Arbeitszeit ist auf die zehn- und neunstündige zurückgegangen, sie wird noch weiter sich einschränken lassen. In gleichem Maße hebt sich die körperliche und die geistige Frische des Volkes, wächst die nationale Kraft. Dieser Fortschritt ruht auf dem allgemeinen Gesetz von der steigenden Vergeistigung der menschlichen Arbeitskraft, und die Trägerin dieses Gesetzes ist die Technik.

Je mehr Geist bei den einzelnen Arbeitsweisen zur Anwendung kam, je verwickelter der Arbeitsvorgang wurde, desto mehr waren Übung und Geschicklichkeit erforderlich, deslo höher im Werte stieg die Arbeitskraft. Der geschickte Sklave fand den Weg zur Freiheit. Durch die ganze griechische und römische Geschichte zieht sich, immer wiederkehrend, die Freilassung, und im Mittelalter wiederholt sich der gleiche Vorgang. Die Entwicklung war im wesentlichen überall identisch. Wo sich ein siegreicher Stamm in einem bewohnten Lande niederließ, wurden die alten Einwohner herabgedrückt in Abhängigkeit, in eine mehr oder weniger ausgesprochene Form der Sklaverei. Den Boden teilten unter sich die Sieger, die Besiegten mußten ihn bebauen und dem neuen Herrn die Nahrungsmittel liefern. Ein Teil der alten Bewohnerschaft wurde als Gesinde an dem Herrenhof zusammengezogen, um die gewerblichen Arbeiten zu verrichten. In dieser Weise lebten die Griechen des Homer, und zweitausend Jahre später noch die Deutschen des Mittelalters. Wo keine Ureinwohner sich fanden, wie es bei der Einwanderung der Arier in Italien den Anschein hat, waren es Kriegsgefangene, welche die Sklavenarbeit zu verrichten hatten. Als mit der Zeit nun die Technik sich entwickelte, als die Geräte besser und der Arbeitsvorgang kürzer wurden, als der Unterschied von ungelernter und gelernter Arbeit anfing sich herauszubilden, merkte die Herrenklasse bald, daß sie am besten dann auf ihre Rechnung kam, wenn sie den Ehrgeiz der geschickteren Sklaven zu wecken wußte, wenn sie die Freilassung ihnen als lockendes Ziel zeigte und ihnen die Möglichkeit bot zum Freikauf.

Die vorgeschrittene Technik war es, welche den Sklaven des Altertums frei machte, welche die Städte mit Freigelassenen füllte, die nun mit unglaublicher Regsamkeit darauf bedacht waren, sich eine bürgerliche Existenz zu schaffen. Auf dem Lande, auf dem die Technik wenig galt, verfolgte die Geschichte den umgekehrten Weg. Der freie Bauer, der Nachkomme des alten Siegerstammes, verschwand aus den Dörfern, und der große Grundbesitzer trat auf mit seiner Sklavenschar. Wo sich ein Bauernstand erhielt, sank er meistens in Abhängigkeit vom Großbesitz, in persönliche Unfreiheit, in Fron und Zins, es bildete sich die Erbuntertänigkeit. Diese Vorgänge können wir im Altertum verfolgen in Griechenland, in Italien, in Gallien, in Spanien und in Afrika. Im Mittelalter sehen wir das gleiche Bild. Auch hier gehörte der Handwerker ursprünglich als Knecht zum Herrenhof. Durch die steigende Technik, durch die wachsende Geschicklichkeit und durch die gemehrte Produktivität der Arbeitsweise gelang ihm nach und nach die Ablösung der alten Dienstbarkeiten. Mit der Entwicklung der Städte tritt uns ein mehr oder weniger freies Bürgertum entgegen, das um das Jahr 1200 etwa seine persönliche Unabhängigkeit errungen hat. An die Stelle des Hofrechts tritt das Stadtrecht. In Magistereien und Innungen geeint beginnt das neue Bürgertum den Kampf gegen den Stadtadel. Auch hier zeigt die Landwirtschaft das umgekehrte Bild. Der alte freie Bauer, der Teilhaber der Geschlechts- und Gaugenossenschaft, verschwand und ward ersetzt durch den Zinsmann. Die in der ersten Zeit noch relativ günstige Stellung desselben sank mehr und mehr in Unfreiheit, als nach dem Jahre 1500 der große Grundbesitz sich entwickelte. Die Freizügigkeit ging verloren, Zins und Fron lasteten auf dem Bauern. Im Altertum und Mittelalter sehen wir im großen und ganzen die gleiche Erscheinung: die Freiheit folgte der Technik.

Als die großen Erfindungen des Mittelalters ihre sozialen Folgen geltend machten, wollte es das Schicksal, daß Deutschland aus der führenden Rolle ausschied, zum Teil aus politischen Gründen, aus der Zerrissenheit der Verwaltung und der Ohnmacht der Zentralinstanz, zum Teil aber auch deswegen, weil infolge der neuen technischen Erfindungen und Fortschritte der Handel andere Wege nahm, und die Industrie noch nicht genug entwickelt war, um sich ihre eigenen Handelswege zu erhalten. Wir sehen indessen in Holland, England, Frankreich die Gewerbe blühen und die persönliche Freiheit ihre Siegesbahn verfolgen.

Nur auf dem Lande seufzte an vielen Stellen ein mühseliges Volk von Bauern unter einer harten Herrenhand. Als dann die Dampfmaschine auf die Bühne trat, als die Technik wieder mit einem Schlage die Menschheit von einer großen Zahl grober und schwerer Arbeiten befreit hatte, da erwachte in den Gewerben und im Handel das Verlangen nach individueller Betätigung so mächtig, daß die junge Revolution die alten Schranken in Zunft und Zöllen niederwarf, die alten Herrenfesseln sprengte und auch das Landvolk mit sich riß in eine neue Zeit der politischen Freiheit, der Menschenrechte, in die Zeit einer reineren Sittlichkeit.

Jede materielle Arbeit, jede vernünftige Betriebsweise, belebt die Tätigkeit des Denkens, wenn sie dem technischen Fortschritt sich anbequemen muß, und daß sie dahin strebt, dafür sorgt die Zuchtrute der Konkurrenz. Wenn auch das Handwerk es zeitweilig versucht hat, durch innungsmäßige Regelung des Betriebes die Konkurrenz zu unterbinden, ganz war sie doch nie aus der Welt zu schaffen, solange das private Eigentum bestanden hat. Die Schule des Lehrers nimmt das Kind des Volkes nur bis zum 14. Jahre in sich auf, dann aber kommt die lange Schule des Lebens, in der die beste Zeit dem materiellen Erwerb geopfert wird. Gerade aus dieser langen Einwirkung geht der große Einfluß hervor, den die Technik auf die Ausbilduug der verstandesmäßigen Fähigkeiten übt. Aus der vermehrten Verstandesarbeit gehen in der Folge die anderen seelischen Tätigkeiten geläutert hervor, deren Zusammenhang mit dem Denken die Philosophie des Rationalismus so gern betont. Die eigentliche Quelle des sittlichen Fortschritts liegt aber in den sozialen Veränderungen, welche die Technik schafft, aus denen dann neue Aufgaben hervorwachsen für Staat und Gesellschaft. Die Technik schafft die Grundlage einer edleren Kultur, indem sie sich genügen läßt, auf eine rationelle Handhabung der Produktion bedacht zu sein. Der unverdorbene Mensch ist von Natur nicht böse, er ist nur roh und gefühllos. Wenn die materielle Kultur ihm die gleichen Vorteile im Wege einer feineren Gesittung bietet, die er bisher durch einen Akt der Grausamkeit nur zu erreichen wußte, dann leistet er auf die Grausamkeit Verzicht. Im Altertum und auch im Mittelalter wurden die Schiffe vorwiegend durch Ruder bewegt, namentlich galt das für die Kriegsschiffe. Millionen unglücklicher Menschen sind auf die Galeeren geschafft und dort zum Teil ans Ruder angeschmiedet worden. Die spanische Inquisition hat allein gegen 300000 Menschen auf die Galeeren geschickt; sie waren bürgerlich tot und hatten ein entsetzliches Los. Als die Takelung und der Bau der Schiffe verbessert worden waren, als es gelang, die Schiffe allein durch die Kraft des Windes zu bewegen, und man die Breitseiten für die Geschütze brauchte, hörte das elende Galeerenstrafsystem von selber auf.

Aus den Abstraktionen von dem großen Lebensprozeß in der Natur erwächst dem Menschen das erste Material für die Tätigkeit des Denkens. Vermöge dieses Denkens greift er nunmehr ein in den Prozeß und schafft die Technik. Aus den technischen Vorgängen erwachsen neue Abstraktionen, neues Material für die Anschauung und für das Denken. Die Folge ist ein erneutes Eingreifen in die Vorgänge der Natur, aber mit gesteigertem Bewußtsein und mit geklärtem Blick. Hieraus entspringt eine neue, höhere Form der Technik. An dieser Wechselwirkung zwischen Natur und Geist entzündet sich das Denkvermögen, bildet sich die Vernunft. Durch die vermehrten Einsichten wird auch das Gefühlsleben verfeinert und vertieft, und mit der materiellen wird auch die geistige Kraft gehoben.

Als das 19. Jahrhundert auf die Bühne trat, wurde das deutsche Volk zwar persönlich frei, aber es blieb arm bis zur Mitte des Jahrhunderts. Es erwuchs das verspottete Volk der Dichter und Denker; eine deduktive Philosophie beschäftigte die Geister, die im Erwerbsleben kein Feld für ihre Tätigkeit fanden. England war in der Technik weit voraus und erhob sich zu wundervoller Blüte. Erst als am Ausgang der ersten Hälfte des Jahrhunderts die Dampfmaschine auch in Deutschland ihren vermehrten Einzug hielt, als die Steinkohle ihren Sieg erfocht über die Holzkohle bei der Bereitung von Stahl und Schmiedeeisen, und nun die Schiene über das Land sich schob, erst da zog eine neue Zeit herauf. Jetzt kamen Verfassung und Parlamente, Geschworene und öffentliches Gericht, jetzt erhoben sich die Arbeiterscharen zum Kampf um eine menschenwürdige Existenz, jetzt folgten das gleiche Wahlrecht und die Versicherungsgesetze. Auch heute aber zeigt sich wieder die Kehrseite bei der Landwirtschaft. Aus der rückständigen Kultur der Untertänigkeit strömt das Volk in die Städte, in die Luft des freien Vertrages; nicht um der leeren Freuden willen, wie geärgerte Parteisucht behauptet, verläßt es seine Heimat, sondern aus dem sehr berechtigten Verlangen nach einem unabhängigen, freieren Leben. Auch heute wieder finden wir die Freiheit dort, wo die Technik herrscht, die Gebundenheit dort, wo sie fehlt. Vom Altertum bis heute: stets das gleiche Bild.

Der Landwirtschaft kann aus ihrer technischen Rückständigkeit an sich kein Vorwurf gemacht werden; es liegt in ihrer Natur, daß sie langsamer vorwärts schreitet, als die Industrie. Es kommt hier nur darauf an, die Tatsache zu betonen. Ebenso würde es verfehlt sein, die Bedeutung der klassischen Wissenschaften deswegen einzuschränken, weil sie mehr oder weniger noch in der geistigen Sphäre des Altertums befangen sind. Es ist allerdings zweifelhaft, ob es ein Segen war, daß wir das römische Recht übernahmen, ob es ein Glück war, daß wir die Fessel des Dogmas tragen mußten, und daß die Schule nur an den alten Sprachen und an einer überlebten Kultur den Geist unserer Kinder zu bilden wußte. Es ist vielleicht unser Verhängnis gewesen, daß wir uns nicht national entwickelt haben. Erst neuerdings bemerkt man die Anfänge einer nationalen Kultur. Nachdem die Technik Gewerbe und Handel befördert hat, bildet sich ein modernes Recht; nachdem sie die Masse des Volkes geistig gehoben hat, mildert sich die Herrschaft der Kirche; und seitdem die Naturwissenschaft ihre Siegeslaufbahn beschreibt, hören wir auch in der Schule mehr und mehr auf, uns von den Brosamen anderer Völker zu ernähren. Dennoch haben die klassischen Wissenschaften in formeller Hinsicht Großes geleistet, und sie erfüllen eine nationale Aufgabe auch heute noch, indem sie dem raschen Vorwärtsschreiten gegenüber das bleibende Element darstellen, den wohltätigen Ballast für das schwankende Schiff. Die klassischen Wissenschaften verknüpfen das Leben des Altertums mit dem der Neuzeit. Wenn der moderne Geist in seinen neuen Erfindungen sich ablösen will von dem Boden, aus dem er seine Nahrung zog, dann stellen sie ihn wieder zurück auf das Fundament, das die Alten gelegt haben, das unser Kulturgebäude trägt. Sie machen den spekulierenden Geist spekulativ, sie führen ihn auf die Bahn der Geschichte und rufen ihm die Erkenntnis zurück, daß alles Werden nur ein Wachsen ist.

Der Fortschritt in der Geschichte, d. h. die steigende Blüte der Volksmassen, geht in erster Linie aus von der Technik. Die meisten anderen Formen der Kultur treten erst in zweiter Linie auf, sind vielfach eine Folge der menschlichen Arbeitsweise. Die spekulative Geisteswissenschaft konnte im Altertum sich entfalten, aber sie blieb vorwiegend deduktiv und unfruchtbar, die Technik lag im Argen und das Volk seufzte in der Sklaverei. Heute geht die Wissenschaft auf induktivem Wege vor, sie sammelt die Naturgesetze; die Technik nutzt dieselben aus, indem sie nach diesen Gesetzen die Naturkraft fesselt, sie beugt zum Dienste des Volkes, das Volk selbst zum Lenker macht, es geistig hebt und aus der Dienstbarkeit befreit. Das ist der große Prozeß, in welchem die Menschheit sich bewegt, die Grundlage des intellektuellen und sittlichen Fortschritts.

Die Technik schafft der Menschheit die Arbeitsbedingungen, sie revolutioniert die sozialen Verhältnisse, sie greift ein in das Staatsrecht und beeinflußt die bürgerliche Gesetzgebung. Sie bringt die Menschheit weiter nicht nur nach der materiellen, sondern auch nach der geistigen Seite hin. Dem unparteiischen Beobachter zeigen sich drei Gruppen von Vorgängen, in denen sich die Einwirkung der Technik auf das soziale und geistige Leben vorzugsweise vollzieht. Diese Gruppen lassen sich etwa in folgender Weise gesetzmäßig zusammenfassen:

Durch die Technik wird die menschliche Arbeitskraft fortschreitend vergeistigt.

Der steigende Geist erkämpft sich im Staate die persönliche und die politische Freiheit.

Der befreite Mensch vertieft das seelische Leben und veredelt die Kultur.

Das erste Gesetz folgt aus der Wirksamkeit der Technik unmittelbar, das zweite und dritte folgen mittelbar aus dem Einfluß der Technik auf die sozialen Verhältnisse. Nur durch allmähliches Umgestalten, sagt Spencer, kann das menschliche Leben zu dem gemacht werden, was es sein sollte, nur durch Anpassen der organischen Konstitution an die Bedingungen. Diese Bedingungen schafft durch ihre erfinderische Tätigkeit die Technik. Alle kulturellen Erfolge sind errungen im Kampf mit der Natur. Nicht Moralvorschriften bessern den Menschen, sondern die langsame, arbeitsvolle Entwicklung an der Hand der Technik.

Programm.

Damit hätte ich dem Leser nun so ziemlich gesagt, worauf ich eigentlich hinauswollte. Es war vielleicht eine Dummheit von mir, das Ziel vorher zu zeigen und auch den Weg schon vorher anzudeuten. Weil aber das Ziel ein so bedeutendes und der Weg an sich ein so reizvoller ist, glaubte ich durch eine gründliche Einleitung das Interesse des Lesers eher zu erwecken, als abzuschwächen. Ich hoffte, er werde den späteren Mitteilungen mit mehr Interesse folgen, wenn er die einzelnen Kapitel gleich am Ziele messen und mit ihm vergleichen könnte. Ein Nachweis für die Richtigkeit meiner Behauptungen kann nur durch die Geschichte gegeben werden. Ich will diesen Nachweis versuchen, obschon ich mir der Schwierigkeiten und der eigenen Schwäche wohl bewußt bin und mich von vornherein darauf beschränken muß, nur die notdürftigsten Angaben zu machen. Ich will versuchen, die Fortschritte der Technik und ihre sozialen Folgen zu schildern, und dabei die Griechen, die Römer, die Deutschen im Mittelalter, die neuere Zeit bis 1800 und die Neuzeit zugrunde legen. Ich hoffe den Nachweis zu erbringen, daß die Vergeistigung der Arbeitsweise stetig fortgeschritten und daß die Freiheit der Arbeiterklasse ihr gefolgt ist, daß aber die Freiheit dort ausblieb, wo die Technik fehlte und eine Vergeistigung nicht schaffen konnte. Das erste und das zweite Gesetz lassen sich an den geschichtlichen Erscheinungen erweisen; viel schwieriger dagegen ist der Nachweis des dritten Gesetzes, insbesondere der Nachweis des Zusammenhangs mit der Technik. Bis heute hat die Wissenschafft noch nicht die Brücke schlagen können, die aus der Natur zum Geist hinüberführt, sie stellt wohl Behauptungen auf, hat aber nichts erwiesen. Doppelt schwierig muß es daher sein, den prinzipiellen Zusammenhang materieller Kulturerscheinungen mit den geistigen darzutun. Auf einen einwandsfreien Nachweis muß ich daher verzichten. Ich kann nur das lebendige Gefühl geltend machen und den Nachweis einer Wahrscheinlichkeit erbringen. Wenn sich zeigen läßt, daß die technischen Errungenschaften beständig fortschreiten, daß das Mittelalter mit besseren technischen Werkzeugen und technischen Überlieferungen die Bahn der Kultur beschreiten konnte als das Altertum; wenn wir sehen, daß im Mittelalter der materielle Fortschritt schneller eintrat und die persönliche Freiheit sich schneller entwickelte, daß dagegen die geistige Kultur nur langsam folgen konnte, dann werden wir ein Moment erkennen müssen, welches der Technik die Führerschaft zuspricht in der menschlichen Entwicklungsgeschichte. Je mehr Zwischenglieder zwischen der Technik und ihren Folgeerscheinungen eingeschaltet sind, desto langsamer muß die Einwirkung der Technik sein. Durch die meisten Zwischenglieder ist von der Technik aber das dritte Gesetz mit der Gruppe der geistigen Kulturerscheinungen getrennt. Technik und geistige Kultur bewegen sich aufwärts; aber während die Technik aufsteigt in stetiger Kurve, folgt die geistige Kultur in Schwankungen langsam nach. Ein Gesetz des Fortschritts ist also erkennbar und die Trägerin scheint die Technik zu sein.

Um nun die geistige Kultur der verschiedenen Zeitabschnitte in einem engen Rahmen überhaupt in Vergleich stellen zu können, schien mir ein Schema unerläßlich. Ich habe folgende Einteilung gewählt, die natürlich willkürlich gegriffen ist und ebenso gut durch eine andere hätte ersetzt werden können: Erziehung und Wissenschaft, Recht, Kunst, Religion und Sittlichkeit. Am

Schluß des 18. Jahrhunderts will ich versuchen, ein Fazit zu ziehen.

Ebenso wie bei den geistigen bin ich auch bei den sozialen Erscheinungen vom Schema nicht losgekommen. Obschon ich den Übelstand des Schemas lebhaft fühlte, wußte ich mir doch auf keine andere Art zu helfen, wenn ich den Gedanken an die Macht der Technik durch die Jahrtausende einheitlich schildern wollte und Vergleiche ziehen zwischen den einzelnen Abschnitten. Ohne die Augen zu schließen vor dem bunten Leben der Wirklichkeit, kann man den Faden der Ariadne nicht verfolgen.

Ich bin bei den Abschnitten über die geistige Kultur ausführlicher geworden, als ich eigentlich wollte und als der Aufgabe dieses Buches zu entsprechen scheint. Die Ausführungen hätten auf die Hälfte eingeschränkt werden können, wenn ich von der Voraussetzung hätte ausgehen wollen, daß der Leser das Material beherrschte und daß es genügen müßte, ihm die springenden Punkte andeutungsweise ins Gedächtnis zu rufen. Da ich dieses Buch aber nicht nur für studierte und gelehrte Kreise schreiben wollte, sondern auch für das Publikum, konnte ich diese Voraussetzung nicht machen. Es ergab sich daher bei der Bearbeitung die Notwendigkeit, das Urteil über die geistige Kultur in den einzelnen Abschnitten wenigstens etwas zu begründen. Leider muß ich in demselben Maße, wie ich die chronikmäßige Darstellung verlasse, meine persönliche Auffassung vorschieben, die nicht in allen Fällen derjenigen des Lesers entsprechen kann. Diese Folge läßt sich leider nicht vermeiden. Soviel wie möglich will ich mich beschränken auf die Wiedergabe von Tatsachen. Die Kapitel zwei bis fünf dienen somit vorzugsweise der induktiven Ermittlung des Tatsachenmaterials, die Kapitel eins und sieben seiner Sichtung und Ergänzung auf dem Wege der Deduktion.

Zweites Kapitel.

Die Griechen.

Bei den Griechen, deren Blüte im 5. Jahrhundert vor Chr. lag, war die Technik über das Handwerk noch wenig hinausgelangt. Man benutzte wohl das Pferd, das Maultier und den Ochsen zum Bewegen von Wagen und Pflug, man benutzte den Wind zum Bewegen der Schiffe, im übrigen aber beruhte die bewegende Kraft in der angewandten Mechanik vorwiegend auf der Arbeitskraft des Menschen. An Werkzeugen fehlte es nicht, mit denen die Hand bewaffnet werden konnte; es fehlte nicht am Spaten, an der Axt, am Schwert, an der Nadel, am Hammer und anderem Gerät. Es fehlte auch nicht an einfachen Arbeitsmaschinen, an der Drehbank, an der Mühle, an der Töpferscheibe, am Webstuhl u. a. m.; aber der Grieche wußte diese Maschinen nicht anders zu bewegen als durch die Kraft seiner Hände. Wohl war das Göpelwerk nicht unbekannt, wohl wird der Grieche so gut wie der Ägypter das Schöpfrad mit ihm in Drehung versetzt haben; aber diese Schöpfvorrichtung bildete zugleich den Gipfelpunkt des damaligen maschinellen Betriebes. Abgesehen von wenigen Ausnahmen beruhte die mechanische Arbeitsweise auf der unmittelbaren Tätigkeit des Menschen, der seiner Hände Kunst nur durch mehr oder weniger gute Werkzeuge Nachdruck zu verleihen wußte. Die Bearbeitung der Steine und der Metalle war zu hoher Meisterschaft gediehen, obschon in der Baukunst die horizontale Decke und in der Schmiedekunst die Bronze überwogen. Der Schiffbau stand in Blüte, und das griechische Handwerk erhob sich vielfach aus dem Rahmen der durchschnittsmäßigen Arbeitsweise hinaus in das freie Reich der Kunst.

In der Mathematik und in der technischen Mechanik war der Grieche wahrscheinlich weiter vorgeschritten, als man gewöhnlich glauben mag. Pythagoras hat sich jedenfalls sehr eingehend mit der Mathematik beschäftigt, da er sein philosophisches System auf der Zahl aufbaute; der Lehrer des Plato, Archytas aus Tarent, soll ein Werk über Mechanik geschrieben haben. Horaz rühmt ihn, daß er ätherische Räume erforscht und den runden Himmel durchschwebt habe. Von Aristoteles ist uns noch eine Abhandlung über mechanische Fragen erhalten; er kennt den Hebel, die Kurbel, das Rad, die Walze, die Rolle, den Flaschenzug und die Drehräder aus Erz oder Eisen zur Umkehrung der drehenden Bewegung. Aus dieser Schrift geht hervor, daß die Griechen im 4. Jahrhundert jedenfalls die Winde und das Vorgelege gekannt haben und daß ihnen mechanische Fragen keineswegs fremd gewesen sind, da sie die Elemente der Mechanik so scharf herauszuschälen wußten. Aristoteles hat bereits den Satz, daß ein Punkt, der sich auf der Peripherie eines Kreises bewegt, die gleichzeitige Tendenz nach zwei Richtungen hat, nach der Tangente und dem Radius. Euklids berühmtes Werk „Elemente der Arithmetik und Geometrie" wurde um das Jahr 300 geschrieben und wird in England noch heut benutzt. Der Alexandriner Apollonius von Perga behandelte im 3. Jahrhundert die Kegelschnitte, und um die gleiche Zeit erhob sich in Archimedes die Mechanik zu einer Höhe, die heute noch den Anfang der wissenschaftlichen Statik bezeichnet. Archimedes kannte das Hebelgesetz, er wußte, daß ungleiche Gewichte nur dann im Gleichgewicht stehen, wenn sie den Hebelarmen umgekehrt proportional sind, an denen sie angreifen. Er untersuchte die Schwerpunkte der Flächen und die Stabilitätsverhältnisse schwimmender Körper. Die wissenschaftliche Mechanik fand in Archimedes für nahezu 1800 Jahre ihren Abschluß. Einige Satelliten, die nach ihm aufgetaucht sind, werden wir bei den Römern kennen lernen. Zweifellos haben sich also die Griechen mit den Aufgaben der mechanischen Technik eingehend befaßt. Dennoch waren sie über die Prinzipien der Mechanik, über das Wirken der Kräfte im allgemeinen sich nicht klar. Der mechanische Fortschritt beruhte in erster Linie zweifellos auf dem Versuch. Von einer Ableitung der Lehrsätze aus allgemeinen Axiomen ist nichts zu merken. Anstatt der Methode werden fertige Sätze vorgeführt. An Nachdenken hat es wahrlich nicht gefehlt, aber es ging viel geistige Kraft verloren, weil eben die Schulung nicht vorhanden war, und die Versuche oftmals sich im Kreise bewegt haben müssen, während ein geschulter Geist auf methodischem Wege die Lösung leicht gefunden hätte.

In der chemischen Industrie sah es nicht viel anders aus. Über eine einfache Anwendung des Wassers und des Feuers war man im allgemeinen nicht hinausgekommen. Der Grieche brannte den Ton, er schmolz das Kupfer und das Zinn; er schmolz auch die Eisenerze und gewann das schmiedbare Luppeneisen, er schmolz und wusch auch Silber, Blei und Gold aus ihren chemischen Verbindungen und mechanischen Gemengen aus, er gerbte mit Salzen, namentlich mit Alaun, die tierische Haut. Rechnet man hierzu noch die Bereitung der Farben und die Gewinnung einiger minder wichtiger Verbindungen, so dürfte die chemische Technik des 5. Jahrhunderts im wesentlichen erwähnt sein. In der Handhabung des Tons und im Erzguß war der Grieche Meister. Das Fleisch briet die Griechin am Spieße, den Fisch auf dem Rost. Wichtig war der Blasebalg zum Entfachen des Kohlefeuers auf dem Herde, das nie erlöschen durfte, denn ein praktisches Feuerzeug war noch unbekannt. War aber die Glut erstorben, wenn die Hausfrau die Morgensuppe bereiten wollte, dann ging sie zur Nachbarin und holte mit der Lampe das Feuer wieder in das Haus.

Die ältesten Schilderungen griechischen Lebens verdanken wir den Gesängen des Homer. Wir sehen eine Erobererklasse, welche das Land mit dem Schwerte unterworfen und die vorgefundene Bevölkerung in ein dienstbares Verhältnis niedergezwungen hat. Das Land zerfällt in Gaue, an deren Spitze ein gewählter Fürst des Richteramtes waltet. Die Gaue schließen sich zu Stammesmarken zusammen, und der Stamm wählt einen höheren Fürsten, der als Richter, Heerführer und Verwaltungsbeamter die Stammesangelegenheiten ordnet. Der Stammesfürst beruft die Gaufürsten zur Vorberatung und die Gaufürsten begründen ihre Meinung in freier Rede. Die höchste Gewalt scheint in der Versammlung der Freien zu liegen; die Freien bejahen oder verneinen aber nur die vorgelegten Fragen. Das Privateigentum hat das Stammeseigentum verdrängt, obgleich noch nicht in der scharfen Form, wie die spätere Zeit sie erzeugt hat. Dem Fürstensohn Telemach muß das Recht der Übernahme des väterlichen Erbes erst bestätigt werden für den Fall, daß der Vater nicht wiederkehren sollte. Der Antritt der Erbschaft ist aber unabhängig von der Nachfolge im Fürstentum.

Der Stamm ist also seßhaft, er lebt von Viehzucht und Ackerbau. Man kennt die Brache und pflügt mit Stieren. Zum Herrenhof gehören Herden der Rinder, Schafe, Schweine und Ziegen. Ist das Gelände eben, so treten auch Pferde hinzu, so namentlich in Argos, dessen Pferdezucht berühmt ist. Der Acker wird mit Weizen, Klee, Spelt, Gerste und Hafer bestellt; tief wallen die unermeßlichen Saaten, wenn der Wind über sie hinfährt. Nicht nur die Rinder, sondern auch die Schafe werden gemolken. Man kennt die Käsebereitung. Die Gartenkultur ist hoch entwickelt, man baut Erbsen und Bohnen, zieht Birnen, Granaten, Oliven, Feigen und Äpfel. Die Gärten sind eingefaßt mit Hecken aus geflochtenen Dornenzweigen. Die Griechen lieben den Honig, und der Weinbau steht in hoher Blüte. Die Berge sind mit Wald beschattet. Hier zieht der edle Hirsch in freier Bahn einher, ebenso das ritterliche Schwarzwild und der Steinbock. Aber auch das Raubzeug ist stark vertreten, Fuchs und Wolf, aber auch Leopard und Löwe holen sich Tribut.

Der Gewerbfleiß ist im Aufstreben begriffen; er entwickelt sich als häusliches Gewerbe in der gleichen Weise, wie wir es im Mittelalter an unseren Fronhofsgenossenschaften verfolgen können. Im Frauenhause des Herrenhofs dreht sich die Spindel und schießt das Weberschiff. Penelopeia hat fünfzig Mägde, die alle die Kunst des Webens und der Nadel gelernt haben. Helena und Andromache weben Gewänder, welche sie mit mancherlei Bildwerk durchwirken. Am kunstvollsten sind allerdings die Gewänder, die aus Sidon kommen; die Phönizierin war die geschickteste Weberin des Altertums. Allgemein wird der Leibrock zart und weich gebildet, während der Mantel ein zottiges Gewebe zeigt. Klar und durchsichtig sind die Schleier, welche die Frauen umlegen beim Ausgang. Man verarbeitet den Lein und die Wolle. Die Behandlung der Metalle ist bis zur Meisterschaft gediehen. Meistens verarbeitet man noch die Bronze, das Erz; aber auch das Eisen wird schon in Behandlung genommen und muß sich dem Hammer bequemen. Man kennt die Kunst, das Metall zu gießen, unbekannt ist nur der Eisenguß. Der Steinbau ist ebenso allgemein gebräuchlich, wie der Holzbau. Es ist nicht mehr allein das häusliche Gewerbe, das den Anforderungen hier Genüge leistet, sondern es hat sich ein freier Technikerstand herausgebildet, den man zu Rate zieht, wenn gebaut werden soll. Neben dem Baumeister sind auch der Arzt, der Sänger, und wohl auch der Töpfer, freie Gewerbtreibende geworden. Schiffbau und Handel sind im Aufblühen.

Es herrschte um jene Zeit die Naturalwirtschaft. Wir müssen diesen Zustand und seine sozialen Folgen hier in Kürze einer Betrachtung unterziehen. Solange nicht die Technik durch die Mannigfaltigkeit ihrer Produkte einen lebhaften Tauschverkehr erzeugt, solange wird ein konstanter Wertmesser in der Form gestempelter Metallstücke nicht gebraucht. Solange fällt es aber auch dem freien Handwerker schwer, seine Erzeugnisse regelmäßig abzusetzen. Wenn er nicht verhungern will, muß er neben seinem Handwerk noch Ackerbau und Viehzucht betreiben. Das Land ist aber längst zum Eigentum geworden, ehe ein besonderer Handwerkerstand aus der Reihe der Handarbeiter sich ablösen konnte. Der Verkauf von Ländereien ist nicht üblich in der Zeit der Naturalwirtschaft, weil es an einem Gegenwert gebricht. Der geringen Produktion an gewerblichen Erzeugnissen steht ein geringer Bedarf gegenüber, und hieraus erwächst dem Grundbesitz die schrankenlose Übermacht. Es bleibt dem Handwerker kein anderer Ausweg übrig, als in ein Dienstverhältnis zu dem Grundbesitzer einzutreten, der ihm für die Produkte seines Fleißes ein Weniges von dem Nahrungsüberschuß zufließen läßt, den ihm selbst die Ernte liefert. Der Einfachheit wegen wird dem Handwerker ein Stück Acker zugewiesen, für dessen Nutzung er einen Zins entrichten muß. Er bezahlt den Zins in der Form seiner gewerblichen Erzeugnisse. Aus der Summe dieser Verträge entwickelt sich das Lehnwesen; dasselbe ist eine allgemein übliche, wirtschaftliche und soziale Durchgangsform, in welcher bei einem geringen Umfang der technischen Verrichtungen, bei einer geringen Ausbreitung des Handwerks, und bei einem schwachen Tauschverkehr, ein großer Grundbesitz verwaltet zu werden pflegt. Nicht nur der Handwerker wird belehnt, sondern auch der Ackerbauer, der Geistliche, der Krieger und die persönliche Dienerschaft.

Wenn der Handwerker den Vertrag mit dem Grundherrn lösen will und seines Weges ziehen, dann steht der Grundbesitzer in Gefahr, den Zins zu verlieren, da er bei dem schwachen Angebot an gewerblichen Kräften einen Ersatz so leicht nicht finden kann. Auf das verlehnte Land kommt es ihm nicht an, er will den Zins haben. Er wird also dem Abzug des Handwerkers sich widersetzen. Er wird geltend machen, daß der Handwerker durch die Annahme des Lehns zu einem Zubehör des Grundbesitzes geworden sei. Bei seiner Übermacht wird der Grundbesitzer auch seinen Willen durchsetzen, denn das Recht steht meistens auf der Seite, auf welcher sich die Macht befindet. Die Folge ist die Hörigkeit des Handwerkers. Ist nun dieser nicht als freier Mann, sondern als Sklave in das Machtbereich des Grundbesitzers gekommen, so ist die Zuweisung eines Zinslehns schon als der Akt einer besonderen Gnade zu betrachten. So ist der Handwerker in der Zeit der Naturalwirtschaft abhängig vom Grundbesitzer, auch wenn er sonst ein freier Mann ist, und der rechtliche Ausdruck für dieses abhängige Verhältnis ist die Hörigkeit.

Der Hörige gehört zur Grundherrschaft und darf sein Lehn ohne Erlaubnis dauernd nicht verlassen. Einen Grundbesitz, auf dem an einzelnen Stellen Hörige angesiedelt waren, nannte das Mittelalter einen Fronhof, und die Gesamtheit seiner Bewohner bildete die Fronhofsgenossenschaft. Sie unterstand dem Schutz, aber auch dem Gericht des Fronherrn, dem öffentlichen Gericht gegenüber mußte er sie vertreten. Der Fronhof hat aber nicht nur im Mittelalter bestanden, sondern auch zur Römerzeit, er ist offenbar eine Begleiterscheinung des Lehnwesens und der Hörigkeit. Der Hochstand der Technik ist im Jugendalter der Völker verschieden, er war im Mittelalter größer als zur Römerzeit, in beiden Fällen aber war der Entwicklungsgang des wirtschaftlichen Lebens im wesentlichen gleich. Der Unterschied zeigt sich darin, daß die Entwicklung bei der höher stehenden Technik schneller vor sich geht, als bei der tiefer stehenden. Immer aber muß ein jugendliches Volk erst die Zeit der Naturalwirtschaft durchlaufen, und um die Produktion soweit zu steigern, daß der Handel die Geldwirtschaft verlangt, braucht auch die höherstehende mittelalterliche Technik noch eine lange Zeit.

Wir werden also von vornherein annehmen können, daß auch im griechischen Mittelalter die Technik die gleichen wirtschaftlichen und sozialen Bildungen erzeugt haben wird, wie bei den Römern und den Deutschen, und in der Tat sind bei Homer Spuren vom Lehnstaat und vom Fronhof nachweisbar. Wir kehren hiermit zu Homer zurück. Menelaus sagt zu Telemach, daß er dem Odysseus gern eine Stadt und ein Haus in Argos geschenkt, oder eine der Städte ihm geräumt haben würde, welche Sparta umgrenzen und seinen Befehlen gehorchen. Aus diesem freien Verfügungsrecht über ganze Städte folgt entweder ein despotischer Staat, oder ein Lehnstaat mit dem Recht des Grundherrn. Da es ein Despotenreich in jener Zeit im Peleponnes nicht gab, bleibt nur die letztere Möglichkeit bestehen. Der Hof des Odysseus ist ummauert, wie die Fronhöfe des Mittelalters. Odysseus sowohl, wie auch Alexandros in Troja, haben (nach der Vossischen Übersetzung) einen Teil ihrer Paläste selbst gebaut. Da es bei dem relativen Hochstand der damaligen Technik ausgeschlossen ist, daß beide ihre Paläste wirklich selbst und allein gebaut haben, so liegt der Gedanke nahe, daß Homer unter dem „selbst" die gemeinschaftliche Arbeit mit den Hofhandwerkern verstanden wissen wollte. Daß in den Frauenhäusern, genau wie im Fronhof des Mittelalters, eine große Anzahl fleißiger Hände tätig war, habe ich oben schon erwähnt.

Penelopeia und Arete beschäftigten eine jede fünfzig Mägde mit Nähen und Weben. Den Hirten, die sich gut geführt hatten, wollte Odysseus ein Stück Land und ein Weib zum Eigentum geben, auch wollte er ihnen ein Haus errichten. Da Odysseus selber nicht über ein unbeschränktes Eigentum verfügte, kann diese Wohltat nur eine Belehnung bedeutet haben. Man darf wohl ohne weiteres annehmen, daß auch Handwerker ebenso werden belehnt worden sein, wie die Hirten. Im übrigen stand das Gesinde des Herrenhofs meistens in Sklaverei; es finden sich unter den Hirten aber auch freie Lohnarbeiter. Eine Stelle bei Homer läßt vermuten, daß um jene Zeit bereits eine Hausindustrie bestanden hat.

Dem unterworfenen Landmann ging es schlecht, Achill betont diese Tatsache ausdrücklich. Hesiod läßt ihn nackt den Acker bebauen, mit einer Sklavin und einem Pflugstier läßt er ihn die Wirtschaft beginnen. Aristoteles sagt, daß in Attika vor der solonischen Reform der gesamte Grund und Boden sich in wenig Händen befunden habe, daß die Hörigen fünf Sechstel von dem Ertrage ihrer Felder abzuliefern hatten und ein Sechstel nur behalten durften. Vergleicht man hiermit die Lage der Heloten und Penesten, die wir in Sparta und Thessalien finden werden, so kann man kaum zweifeln, daß die Landbevölkerung einer bösen Leibeigenschaft verfallen war, wenigstens da, wo sich der große Grundbesitz entwickelt hatte. An anderen Orten gab es auch einen freien Bauernstand.

Der Reichtum konnte in der Zeit des Homer sich vorwiegend nur in großen Herden zeigen, obschon das aufstrebende Gewerbe anfing, die Möglichkeit zum Erwerb kostbarer Gerätschaften und Waffen zu bieten. Auch in dem Bau der Häuser zeigte sich schon der Reichtum. Am Palast des Menelaos sind kostbare Materialien zur Anwendung gelangt, Erz, Silber, Gold, Ambra und Elfenbein. Die Produktion schritt vor, die Dörfer füllten sich mit Einwohnern, und je wertvoller das Eigentum sich gestaltete, desto mehr war man auf seine Sicherung bedacht. Man umzog das Dorf mit einer Mauer und schuf die Stadt. In den geschlossenen

Städten überwog erst recht die Macht des Grundbesitzes. Vom Grundbesitzer hing es ab, ob dem Handwerker, ob dem Kaufmann überhaupt die Möglichkeit gewährt werden sollte, in der Stadt seinen Wohnsitz zu nehmen. Der hohe Zins, den der Grundherr beziehen konnte, veranlaßte ihn allmählich aber doch, gegen milde Bedingungen immer mehr und mehr von seinem Grund und Boden abzutreten. Jeder Fortschritt in der Technik vermehrte die Produktion, verbesserte sie und machte ihre Erzeugnisse begehrenswerter. Es stieg der Tauschverkehr und die allgemeine Lebenshaltung, und mit ihr der Bedarf des Grundbesitzers. Als nun das Geld eindrang und das Tauschgeschäft erleichterte, da nahm die Macht der gewerblichen Erzeugnisse in ungewohnter Weise zu und legte in die Vorrechte der Grundbesitzer eine Bresche. Es entwickelte sich ein Gewerbestand, der persönlich frei und unabhängig war, wenn auch dem Grundherrn zu Zins verpflichtet und politisch ohne Rechte. Dieser Zustand war in Attika im 8. und 7. Jahrhundert v. Chr. eingetreten; die Reform des Solon ging aus ihm hervor.

Neben dieser aufwärtsgehenden Strömung ging nun freilich eine andere, abwärts führende, einher, die ihre Ursache darin hatte, daß die Technik in der Zeit der griechischen Kulturblüte im allgemeinen noch schwach und unentwickelt war. Jeder gewerbliche Aufschwung führt zu einer Erweiterung der Betriebe und einer Verstärkung der Arbeitskraft, und diese konnte zu jener Zeit sich nur vollziehen durch eine Vermehrung des Personals. Heute würden in einem solchen Falle in erster Linie mehr und stärkere Maschinen beschafft werden; der Bedarf an Personal käme nur soweit in Frage, als mehr Menschen nötig sein würden zur Bedienung der Maschinen und für die Zwischen- und Ergänzungsarbeiten, die von den Maschinen nicht geleistet werden könnten. Damals aber war der Arbeiter ein und alles. Gerade für die groben und schweren Arbeiten, die heute den Maschinen zufallen, war eine große Menschenzahl erforderlich, und ein Betrieb, der heute neben den nötigen Maschinen vielleicht mit hundert Arbeitern auskommt, bedurfte im Altertum für die gleiche Leistung der vier-

und fünffachen Zahl. Man denke nur an das damalige Hämmern der Drähte, die heut gezogen werden, man denke an das Hämmern der Bleche, die heut gewalzt werden, man denke an das Glätten der Eisenflächen, die heut von dem Messer der Hobelmaschine bestrichen werden bei einer hundertfachen Leistung. Der Bedarf an Arbeitskräften war damals also relativ größer als jetzt, aber woher sollte man die Menschenmenge nehmen? Das einheimische Arbeiterpersonal wurde für die Zwecke der Landwirtschaft, für die häuslichen Gewerbe und für die persönliche Bedienung gebraucht. Die Landgüter waren an kleine Landleute verpachtet, oder wurden wenigstens durch sie bestellt. Im Haushalt waren Spinnen und Weben, Backen und Schlachten noch allgemein übliche Verrichtungen. Kein Grieche oder seine Frau gingen auf die Straße, ohne daß sie von einem, oder mehreren Dienern begleitet wurden. Ein solcher Haushalt verlangte Personal. Äschines führt als Beweis seiner keineswegs glänzenden Vermögensverhältnisse an, daß er für seine Familie, die aus sechs Personen bestand, nur sieben Sklaven zur Bedienung habe. Für die Gewerbe blieben wenig Arbeitskräfte übrig. Eine Zufuhr freier Arbeiter aus anderen Industriegegenden fand wohl statt, aber nur in beschränktem Maße, weil dort ganz ähnliche Verhältnisse bestanden. Wollte man von dort Arbeiter beziehen, so mußte man sie gewaltsam fortnehmen als eine Beute des Krieges, ein Ausweg, der in der Tat auch oft genug beschritten worden ist. Den vollen Bedarf aber konnte man auf diese Art nicht decken, schon aus dem Grunde, weil man nicht immer siegreich war. Andrerseits waren solche gelernten Arbeiter zu wertvoll, um sie zu den groben und schweren Arbeiten zu verwenden, die gerade am meisten Arbeitskraft in Anspruch nahmen. Man wußte z. B. die Erze aus den Bergwerken nur von Hand zu Hand herauszuschaffen, und auch zur Bewältigung des Wassers kannte man nur die Menschenkraft. Wollte man also die Arbeiterzahl vermehren, so blieb nichts übrig, als auch ungelernte Arbeitskräfte einzuführen und auf die barbarischen Völkerschaften zurückzugreifen, die teils im heutigen Rußland, teils im Innern Kleinasiens hausten. Freiwillig aber bequemten sich die Barbaren nicht unter das Joch, das die griechische Kultur ihnen zwangsweise auferlegte. Ihr Leben als freier Nomade, oder freier Bauer, galt ihnen selbstverständlich unendlich mehr, als der harte, engbegrenzte Zwang in einer geistlosen Tätigkeit. Wollte man hier Arbeitskräfte holen, so blieb wieder nur die Gewalt übrig. Hatte man die Arbeitskräfte nach einem siegreichen Raubzug aber endlich an die zukünftige Stätte ihres Wirkens gebracht, dann benutzten sie die erste Gelegenheit, um wieder zu entlaufen, genau so, wie mehr als 2000 Jahre später noch die Soldaten Friedrichs des Großen, und anderer Souveräne. Man mußte also die Arbeiterschaft einem harten Zwange und einer stetigen Aufsicht unterwerfen, dann nur hatte man, was zunächst gewünscht worden war: willenlose, mechanische Arbeitsmaschinen.

Die Einfuhr solcher Arbeitskräfte wurde zur Zeit des gewerblichen Aufschwungs ein lohnender Handelszweig; man brachte sie in Menge auf den Markt und suchte sie dort so gut als möglich loszuschlagen. Ein Vermieten von Arbeitskräften kam wohl vor, die Regel aber bildete der Kauf. Der Händler war froh, wenn er die Ernährung der Arbeitskräfte nicht mehr zu bewirken hatte, und der Käufer konnte nur dann dauernd und uneingeschränkt im Interesse der Produktion über die Arbeitskraft verfügen, wenn er sie als Eigentum besaß. Auf diese Art entwickelte sich, vom Standpunkt des Gewerbetreibenden aus logisch und folgerichtig, das Sachenrecht an der Person, und dieses ganze System begriff man unter dem Namen der Sklaverei.

Wollte man die Kultur vorwärtsbringen, dann war die Sklaverei bei dem damaligen Zustande der Technik das einzige Mittel. Es gab keine andere bemerkenswerte Quelle für die mechanische Arbeitskraft, als den Menschen, und es gab kein anderes Mittel zu ihrer Anwendung, als den Zwang. Deshalb ist auch die Sklaverei im ganzen Altertum und bei allen Völkern verbreitet gewesen, am meisten natürlich bei denjenigen Völkern, die gewerblich und kulturell am höchsten standen und die meisten Arbeitskräfte brauchten. Die Sklaverei war nicht eine Folge der damaligen staatlichen Einrichtungen und der moralischen Anschauungsweise, sondern diese Zustände waren umgekehrt eine Folge der Sklaverei, und diese war ein Kind der Technik. So hat die Technik im Altertum nicht nur die Grundlage der sozialen Schichtung hervorgerufen, sondern auch der grundlegenden Auffassung im Staats- und Privatrecht und in der Moral eine dauernde Richtung vorgeschrieben. Die Technik brauchte die Sklaverei, also wurde sie eingeführt; sie galt damit für etwas Selbstverständliches, ebenso wie der Raub im Kriege, der durch sie bedingt wurde. Der sehr ernste und moralisch hoch veranlagte Xenophon sagt, es sei ein ewiges Recht bei allen Menschen, daß in einer eroberten Stadt Leben und Habe der Besiegten Eigentum des Eroberers werde. Immer haben die Menschen ihre Einrichtungen für ewig und unwandelbar gehalten, bis dann die Technik eines Tages eine neue Erfindung brachte und mit frischem Besen lachend den Kehraus hielt. War aber im Altertum die Sklaverei nun einmal da und notwendig, so war die unvermeidliche Folge die, daß sie nunmehr nicht nur auf den Gewerbebetrieb und auf die Landwirtschaft sich beschränkte, sondern allgemein wurde und in die häuslichen und öffentlichen Verhältnisse übergriff: nicht nur der Erzieher der Kinder, der Hauslehrer, sondern auch der Schutzmann waren Sklaven.

Obschon wir über die Eigenart der technischen Vorgänge in Griechenland wenig unterrichtet sind, lassen sich doch Anhaltspunkte finden, aus denen der allgemeine technische Fortschritt und die steigende Vergeistigung der Arbeitskraft nachgewiesen werden kann. Schon bei Homer ist Pallas Athene weit stärker als Ares: er wirft nach ihr mit dem Speer, doch sie wirft ihm einen Stein an den Hals:

Sieben Hufen bedeckt er im Fall und bestäubte das Haupthaar;
Und ihn umklirrte das Erz. Da lächelte Pallas Athene;
Mit jauchzendem Ruf die geflügelten Worte begann sie:
„Törichter, nie wohl hast du bedacht, wie weit ich an Kraft dir
Vorzugehen mich rühme, da mir voll Trotz du begegnest.“

An die Stelle über Pallas Athene und Ares reiht sich die niedliche Episode von Hephästos, Ares und Aphrodite sinngemäß an, in welcher der alte Techniker durch die Macht seiner Erfindungen auch die Form der geschlechtlichen Liebe unter die sittlichen Gesetze zwingt.

Die Kriegsschiffe waren zur Zeit des Homer nur mit einer Reihe Ruderer besetzt, in den Perserkriegen hatten sie schon drei Reihen. Bei Homer bauten die Fürsten ihr Haus, zimmerten sie ihr Inventar gelegentlich noch selbst mit ihren Hofhandwerkern, um das Jahr 400 dagegen war im Handwerk schon eine weitgehende Teilung der Arbeit durchgeführt. In der Holztechnik waren nicht nur die Zimmerleute von den Tischlern geschieden, sondern auch die Tischler hatten sich nach Spezialitäten getrennt; der eine machte Bettstellen, der zweite Pflüge, der dritte Tische und Stühle. Bei den Schuhmachern gab es besondere Zuschneider und Näher, welche die zugeschnittenen Teile zusammenfügten. Die gleiche Teilung zeigte sich auch bei den Schneidern. Auch das Bäckergewerbe hatte sich gespalten; die einen backten Brot, die anderen Kuchen, ganz wie bei uns der Bäcker und der Konditor. Man arbeitete vielfach auf Vorrat. Aus den Schriftstellern allein sind über vierzig verschiedene Gewerbe nachzuweisen. In Athen gab es die mannigfachsten Märkte. Genannt werden der Schuhmarkt, der Fisch- und Pökelmarkt, der Obstmarkt, der Pferdemarkt u. a. m. Schaffelle wurden industriemäßig zu Bettdecken verarbeitet. In Megara hatte sich eine ausgedehnte Konfektion entwickelt. Daß Athen der Einfuhr aus Megara seinen Markt verschloß, war eine der Ursachen des peloponnesischen Krieges. Es gab in den Städten besondere Kleidermagazine, welche der goldenen Hundertzehn in Berlin ungefähr entsprochen haben werden. Auch die Kriegstechnik machte Fortschritte. Delbrück weist in seiner Kriegsgeschichte darauf hin, daß noch im peloponnesischen Kriege die Griechen keine Stadtmauer anzugreifen wußten. Er ist der Meinung, daß die Griechen den Bau und die Anwendung von Kriegsmaschinen erst in Sizilien von den Karthagern gelernt haben. Gegen 400 v. Chr. entstanden in Syrakus die Katapulten und Petrobolen. An Stelle der Dreiruderer wurden Fünfruderer gebaut. Der Fürst von Syrakus, der ältere Dionysos, interessierte sich persönlich für die Arbeiten, berief geschickte Techniker aus allen Ländern, zeichnete die Leute auf alle Weise aus und zog sie auch an seine Tafel. Wir können die Zahl der Sklaven nicht angeben, die das Altertum hatte, nicht einmal diejenige Athens, daß es sich aber hier um hohe Zahlen handelt, folgt daraus, daß allein in den Silbergruben von Laurion Tausende von Sklaven beschäftigt waren. Philemonides hatte daselbst dreihundert, Hipponikos sechshundert und Nikias, der abergläubische und unglückliche Feldherr, sogar tausend Sklaven arbeiten. Für einen Bergwerksdirektor bezahlte er 16000 Mark. Als die Lakedämonier im peloponnesischen Kriege Dekeleja besetzt hielten, gingen mehr als 20000 athenische Sklaven zu ihnen über, und zwar zum größten Teil gelernte Arbeiter. Wir können also bei den Griechen den Übergang des häuslichen Gewerbes in das selbständige Handwerk und in die Industrie beobachten. Wir erkennen einen beständigen Fortschritt in der Technik und in der Arbeitsteilung. Die groben Arbeitsformen wurden der Muskelkraft derjenigen Sklaven überlassen, die kein Handwerk erlernt hatten, diesen menschlichen Arbeitsmaschinen, während der Handwerker selbst freigesetzt wurde für die feinere, kunstvollere Arbeit seiner Hände. Diese Vergeistigung der Arbeitskraft im Handwerk führte zur persönlichen Freiheit der Handwerker und zur Ablösung der alten Pflichten.

Als die unfreien Handwerker der Fronhöfe in der Bearbeitung der Naturerzeugnisse einen so hohen Grad von Geschicklichkeit erreicht hatten, daß sie in der gewöhnlichen Arbeitszeit nicht nur den Bedarf für den Fronhof decken, sondern darüber hinaus auch noch Waren für den Verkauf erzeugen konnten, zeigte sich die Möglichkeit, die Sklavendienste abzulösen. Der Eigentümer des Fronhofs hatte nur Interesse an einem möglichst hohen Gewinn. Wenn der Hörige nach wie vor den Bedarf des Fronhofs, sagen wir an geschmiedetem Eisen, deckte, von dem Herrn aber ernährt werden mußte, so hatte letzterer wohl seinen Bedarf an Schmiedeeisen gedeckt, darüber hinaus aber kein Geschäft gemacht. Wenn nun andrerseits der Hörige die Erlaubnis sich erwirkte, in seiner freien Zeit für Fremde arbeiten zu dürfen gegen Bezahlung, und wenn er dadurch in den Stand gesetzt wurde, sich selbst zu ernähren, so stand der Herr sich ohne Frage besser. Und wenn der Hörige obendrein noch dazu übergehen wollte, durch allmähliche Abzahlung seine persönliche Freiheit zu erkaufen, so hatte der Herr gar kein Interesse daran, dem Hörigen hinderlich zu sein; im Gegenteil, wenn der spätere Freigelassene nur den Bedarf den Fronhofs nach wie vor decken wollte, dann mochte er gern frei sein; der Herr war alsdann die Sorge um ihn los und den vielen Ärger, der ihm aus der Vertretung des Hörigen vor dem öffentlichen Gericht erwachsen mußte. Es konnte sich nur handeln um die Höhe der Freikaufssumme. Wollte der Handwerker zuletzt auch die Lieferungspflicht an den Fronhof ablösen, so ließ sich auch darüber reden, denn jede Ablösung brachte bares Geld, und bei der steigenden allgemeinen Produktion war es dem Herrn sogar lieb, wenn er seine Bedürfnisse nunmehr dort decken konnte, wo er glaubte, am besten bedient zu werden.

Die Handwerker waren im Altertum teils Hörige, teils Sklaven; beide Formen sind aber in der griechischen Geschichte schwer zu scheiden. Ich habe schon oben betont, daß nach meiner Überzeugung, am griechischen Herrenhof so gut wie am römischen, neben der Sklaverei auch die Hörigkeit bestanden hat, aber ich kann sie nicht nachweisen, abgesehen von den Spuren bei Homer, denn ich habe keine Angaben über sie gefunden. Die geschilderte Ablösung der hörigen Dienstbarkeiten ruht auf einem Analogieschluß aus der römischen, namentlich aber aus der mittelalterlichen Geschichte. Dagegen sind die gleichen Vorgänge bei der Sklaverei als eine Tatsache zu betrachten. Hier waren Freilassungen keine Seltenheit. Allein aus den Inschriften in Delphi sind über fünfhundert Fälle nachweisbar. Es kam vielfach vor, daß intelligente Sklaven eine selbständige Stellung erhielten zum Betriebe einer Werkstatt oder eines kleinen Ladens. Als Sokrates die Hetäre Theodote besuchte, die gerade einem Maler Modell stand, fragte er sie: „Sage mir, Theodote, hat du ein Landgut? — Nein, antwortete sie. — Aber wohl ein Haus, das dir etwas einbringt? — Auch dies nicht. — Oder Sklaven, die ein Gewerbe treiben? — Auch nicht. — Nun, wovon lebst du denn?" Diese gewerblich tätigen Sklaven erwarben ein Vermögen und kauften sich frei. Sie traten durch die Freilassung in das schutzrechtliche Verhältnis der Fremden ein, der Metöken. Wie diese mußten sie einen Patron haben, der sie vor Gericht vertrat. Vielfach mögen die Freigelassenen mit den Metöken verwechselt worden sein, wie auch das Wort Sklave nach Stahl und Grote öfter für die Freigelassenen gebraucht worden ist. Grote sagt in seiner Geschichte Griechenlands: „Nach meiner Meinung muß es in Attika stets eine gewisse Anzahl von intelligenten Sklaven gegeben haben, die von ihrem Herrn getrennt wohnten und in einem Zustande zwischen Sklaverei und Freiheit lebten, teilweise durch Zahlung eines bestimmten Tributs an den Herrn die halbe Freiheit erkaufend, teilweise ganz auf eigene Rechnung ihr Geschäft betreibend, — vielleicht galten auch diese letzteren nur noch für Sklaven, obgleich sie ihre Freiheit schon durch Ratenzahlungen erkauft hatten."

Aus dem Mißbrauch des Wortes Sklave scheinen also Irrtümer entstanden zu sein. Die Tatsache ist aber zweifellos, daß der intelligente Handwerker seine Freiheit sich erkaufen konnte. Kleisthenes verlieh vielen Freigelassenen sogar das Bürgerrecht, Aristobul wollte ein gleiches tun, und Aristoteles wollte allen Sklaven die Freiheit in Aussicht gestellt wissen, auch den ländlichen Arbeitern, obschon diesen der Freiheitshut wohl nur selten zuteil geworden ist.

Die Befreiung des Handwerks aus Hörigkeit und Sklaverei finden wir im Mittelalter so gut wie im Altertum; sie pflegt einzutreten mit dem Vordringen der Geldwirtschaft und pflegt mit dem Siege derselben beendet zu sein. Da Homer noch die Naturalwirtschaft hat, Solon aber schon die Geldwirtschaft, so muß diese in Attika im 8. und 7. Jahrhundert sich durchgesetzt haben und in der gleichen Zeit auch der Stand der freien Handwerker. Theseus soll schon die attische Einwohnerschaft in Patrizier, Ackerleute und Handwerker geschieden haben, und zur Zeit des

Solon bekämpften sich drei Parteien, die als die Einwohner der Ebene, der Berge und der Küste bezeichnet werden; unschwer erkennt man in dieser Dreiteilung den Großgrundbesitz, den Bauernstand und die städtische Bevölkerung. Die letztere eröffnete jetzt den Kampf um die politischen Rechte.

Sie bestand der Hauptsache nach aus Handwerkern und Kaufleuten, daneben gab es einen Stand der freien Lohnarbeiter. Sklaven kommen hierbei nicht in Betracht. Solon verlieh der ganzen freien Einwohnerschaft das Bürgerrecht, behielt dem Adel aber die Regierung vor, den Areopag. Die Wehrpflicht legte er auf Adel und Mittelstand und entschädigte den letzteren durch das Geschenk eines Senats von 400 Mitgliedern, der nur aus Adel und Mittelstand besetzt werden durfte. Die arme Bevölkerung faßte er in einer besonderen Klasse zusammen und gab ihr das Recht, als Gesetzgeber in der Volksversammlung und als Richter in den neuen Geschworenengerichten an der Verwaltung teilzunehmen. Außerdem wählte diese Klasse die Mitglieder des Areopags und des Senats.

Die Übermacht des Grundbesitzes blieb trotz der Solonischen Reform bestehen. Sie äußerte sich namentlich darin, daß die Wahl nur nach Geschlechtern vor sich gehen durfte, ähnlich wie in den Kuriat-Komitien in Rom. Niemand konnte gewählt werden, der nicht zu einem Geschlecht gehörte, zu einer Gens. Erst ein Menschenalter später wurde der Grundbesitz durch Kleisthenes aus dem Sattel gehoben, durch den Beauftragten des mobilen Kapitals. Er ersetzte das Schema der Geschlechter durch eine neue politische Einteilung des Staates und gab auch den Neubürgern die Anwartschaft auf Areopag und Senat. Der alte aristokratische Areopag wurde seiner Vorrechte entkleidet, teils zugunsten der Geschworenengerichte, teils zugunsten der politischen Versammlung des freien Volks. Es war der Sieg des Handwerks und der Kaufmannschaft, der Sieg der Technik über den großen Grundbesitz, der Sieg des Geistes über die Natur. Von dem Jahre 509 v. Chr., der Reform des Kleisthenes, stammt die Domokratie in Athen, die nun mit frischer, ungebrochener Kraft in die Perserkriege eintrat und den Glanz des hellenischen Namens auch auf dem Schlachtfelde bewährte. Sokrates fragt den Charmides: „Schämst du dich denn vor den Walkern, oder vor den Schustern, Zimmerleuten, Schmieden, Bauern, Kaufleuten, oder vor denen, welche auf dem Markt Handel treiben und nur darauf sinnen, was sie wohlfeil kaufen und wieder teuer verkaufen sollen? denn aus solchen Leuten bildet sich doch die Volksversammlung." Diese Volksversammlung war der Souverän des atheniſchen Staates, und unter ihrer Regierung entstanden die Kunst- und die Geistesblüten, an denen bis in die neueste Zeit hinein unsere geistige Kultur sich geschult hat.

Die Vergeistigung der Arbeitskraft durch die steigende Technik hat im athenischen Staate also das Volk zur Freiheit geführt. Es war die gelernte Arbeit, die sich befreite, in Athen, wie in den anderen Städten, überall, wo die Technik zur Geltung kam. Weiter ist das Altertum in sozialer Richtung überhaupt nicht vorgedrungen. Zur Freisetzung der ungelernten Arbeiterschaft reichte das technische Vermögen jener Zeit nicht aus. Auch das Landvolk wurde von der Freiheit nicht berührt. Auf dem Lande war die Technik am meisten rückständig. Man kannte nicht die Sense und nicht den Flegel; man schnitt das Getreide in halber Höhe mit der Sichel und drosch, indem man die Körner durch Pferde und Maultiere aus den Ähren treten ließ; ebenso kelterte man den Wein mit bloßen Füßen. Auch die Egge war unbekannt, mit der Schaufel brachte man den Samen unter die Erde, stützte sich also auf die Menschenkraft. Man pflügte dreimal die Brache um, die im Zweifeldersystem wechselte. Die landwirtschaftliche Theorie beruhte nicht auf einer vernünftigen Fruchtfolge, nicht auf einer Verwendung praktischer Maschinen, sondern auf einer intensiven Verwendung menschlicher, mechanischer Arbeitskraft.

Das Seitenstück zu Athen war Sparta. Während dort die Technik herrschte, Gewerbe und Handel blühten, wurde hier die Technik absichtlich fern gehalten, fehlten Gewerbe und Handel, und das Volk verharrte in einer schimpflichen Unfreiheit. Es scheint, daß in der Zeit der Blüte Griechenlands auf dem Lande der große Grundbesitz überwogen hat. Die Eigentümer saßen meistens in den Städten und stritten sich mit dem mobilen Kapital um die politischen Rechte. Ihr Landbesitz wurde von einer hörigen Bevölkerung bestellt, oder sogar von Sklaven. Daneben aber hatte sich an vielen Stellen ein freier Bauernstand erhalten. In dem größten Staate Griechenlands, in Sparta, war von einer freien Bauernschaft nun allerdings nichts zu bemerken. Hier hatte der große Grundbesitz die politische Herrschaft bewahrt, es war das Ostelbien Griechenlands, und wo der große Grundbesitz festen Fuß gefaßt hat, da hat er von jeher die Freiheit vernichtet und niedergehalten. In Sparta fanden sich drei Menschenklassen. Die erste war der Adel, der sogenannte Bürgerstand, die Nachkommenschaft der Eroberer. Die zweite Klasse bildeten die Periöken, die städtische Bevölkerung, das Handwerk. Die dritte und größte Klasse bestand aus dem Landvolk, der Helotenschaft. Der Adel lebte hier in offiziersmäßiger Abgeschlossenheit, verkehrte nur unter sich und speiste gemeinschaftsich im Kasino. Selten ist es einer Adelsgesellschaft vergönnt gewesen, ihre engherzigen Absichten in so gründlicher Weise zu verwirklichen, wie in Sparta. Aus der neueren Zeit kann nur die Adelsrepublik Polen diesem Staate etwa an die Seite gestellt werden. In Athen und in den anderen griechischen Staaten, die vermöge ihrer Lage zum gewerblichen Fortschritt, oder zum Handel, vorbestimmt waren, hat dem Adel alles Wiederstreben nicht geholfen, das Volk erkämpfte sich doch die Freiheit vermöge seiner aus der Technik fließenden Kraft. In Sparta aber waren Gewerbe und Handel von vornherein auf den geringen Umsatz angewiesen, dessen ein ackerbauender Staat mit meistens unfruchtbarem Boden bedarf. Sparta lag an der Südspitze des Peloponnes, an einer ungünstigen Stelle. Der ganze Handel zwischen dem europäischen Festland einerseits und den Inseln, den asiatischen und afrikanischen Küsten andrerseits, zog im Norden seine Straßen; Athen und Korinth haben ihn aufgenommen, Argos kam vielleicht noch in Frage. Die spartanischen Städte aber blieben unbedeutend, auch die, welche an der Küste lagen, und die Binnenstädte kamen über den dorfartigen Charakter überhaupt nicht hinaus. Wir sehen heute noch das gleiche Bild. Während Athen reich und groß geworden ist, liegt Morea still und öde da, heute wie vor zwei- und dreitausend Jahren. Hier konnte der Grundadel die Herrschaft behalten. Mit einer unglaublichen Eifersucht hielt er alle Keime fern, welche die gewerblichen Verhältnisse nur ein wenig hätten heben können. Wiederholt wies er die Fremden aus dem Staate aus, verbot er den eigenen Standesgenossen das Bereisen fremder Länder. Kein Handelsschiff sollte in die spartanischen Häfen kommen. Der Adel suchte an der Naturalwirtschaft festzuhalten, er zog die Gold- und Silbermünzen ein und gab eine eiserne Münze aus. Während Athen den Müßiggang seiner Bürger bestrafte, verbot Sparta seinem Adel jede Beteiligung an Gewerbe und Handel.

Der dritte Teil des Staats bestand aus brauchbarem Ackerland. Diesen hatte der Adel inne, er ließ ihn durch die schollenpflichtigen, leibeigenen Heloten bebauen. Die Bewohner der Städte lebten als zinspflichtige Untertanen. Die Beamtenschaft waltete ihres Amtes in den Städten wie auf dem Lande mit schonungsloser Willkür und machte mit dem Leben der Untertanen wenig Umstände. Bei dieser Despotie mußte der Adel auf alle erdenkliche Weise darauf bedacht sein, die Untertanenschaft gewaltsam in Gehorsam zu halten. Trotzdem wurde der Staat zeitweise durch heftige Aufstände erschüttert. Um seine Herrschaft aufrecht zu halten, griff der Adel zu den niederträchtigsten Mitteln. Er sandte Spione auf das Land und ließ die verdächtigen Bauern heimlich umbringen. Wie weit er in der Wahl der Mittel sich vergriff, kann der Leser aus einem Vorkommnis ermessen, an dessen Wahrheit ich gezweifelt hätte, wenn es nicht der eherne Griffel des Thukydides uns überliefert hätte. Der Adel scheute sich im peloponnesischen Kriege wieder einmal, das Land zu verlassen aus Furcht vor einem Aufstande der Heloten. Er ließ daher die Heloten zur Teilnahme am Kriege aufrufen und stellte den Teilnehmern die Freiheit in Aussicht. Es meldeten sich zweitausend Mann, in denen nun der Adel die gefährlichen Häupter zu erkennen glaubte. Die befreiten Heloten zogen in ihrem Freudenrausch bekränzt von Tempel zu Tempel und brachten den Göttern ihren Dank. Bald darauf wurden sie vom Adel in einen Hinterhalt gelockt und heimlich niedergemacht.

Es kam vor, daß Heloten freigelassen wurden, doch erlangten sie selbstverständlich nicht die volle Freiheit, sondern traten in den Stand der Neodamoden über, welcher dem der Periöken wohl entsprochen haben wird. Immerhin waren solche Freilassungen selten und meistens beruhten sie auf persönlichen Beziehungen. Zur politischen Freiheit ist das Volk in Sparta niemals vorgedrungen. Hätte Sparta seine Heloten für frei erklärt, wie nach der Katastrophe von Jena Preußen seine Bauern, es hätte seine militärische Macht vervielfachen können. Dagegen fehlte in Sparta die eigentliche Sklaverei. Der Grund lag darin, daß hier die Technik nicht zur Wirksamkeit gelangte. Der Helote konnte sich vermählen und konnte Kapital erwerben. Es wird erzählt, daß in einer Notlage der Helotenschaft die Freiheit für fünf attische Minen (375 Mark) pro Kopf angeboten worden sei und daß 6000 Heloten diese Summe bezahlt hätten. Als Entgelt dafür, daß die Sklaverei hier fehlte, fand aber auch die Freiheit als Allgemeingut keinen Eingang. Die Technik, die noch nicht die unorganische Natur in ihren Dienst zu zwingen weiß, bedarf der menschlichen Arbeitsmaschinen, um die Kultur überhaupt nur weiterzubringen; aber sie bietet dem geschickten Handarbeiter auch die Möglichkeit, sich die persönliche Freiheit zu erringen und sogar die politische Macht zu ergreifen. Auf dem Lande dagegen, wo die Technik fehlt, herrschen in der Freiheit keine Extreme, weder im Guten, noch im Bösen. Dafür lagert hier die gleichmäßig schwüle Atmosphäre einer beständigen Knechtschaft. Das politische Leben ist tot. Wie in Sparta, sah es auch in Kreta und in Thessalien aus. Später griff die Sklaverei in den Industriestaaten auch hinüber auf das offene Land. Zur Zeit des Xenophon und Theophrast wurde in Attika das Land durch Sklaven bebaut; diese aber hatten selten das Glück, die goldene Freiheit zu begrüßen, denn es fehlte die Befreierin Technik.

Sehen wir nun zu, wie die geistige Kultur sich entwickelt hat und beginnen wir mit der Erziehung.

Zur Zeit des Plato war die Ammenwirtschaft bereits eingerissen und zur Zeit des Plutarch bestand sie fort. Die Töchter wurden im Hause erzogen, mit Absicht spärlich ernährt und wenig unterrichtet; sie beschäftigten sich frühzeitig mit häuslichen Arbeiten. Die Söhne unterstanden einem Sklaven, dem Pädagogen. Bei der Auswahl desselben ließ der Grieche oft die nötige Vorsicht vermissen, wie er sich denn überhaupt um seine Kinder nicht all zu viel bekümmerte. Mit dem sechsten Jahr etwa wurden die Knaben in die Schule geschickt; sie empfingen dort den ersten Unterricht in der Gymnastik und auch in den Anfangsgründen der Wissenschaft. Mit vierzehn Jahren bezogen sie das Gymnasium, in welchem sie Grammatik, Mathematik, Literatur, Musik und auch wohl Zeichnen, übten. Die griechischen Gymnasiasten hatten das Glück einer nationalen Erziehung; sie brauchten sich nicht mit einer fremden Sprache zu plagen. Immer wurde ein Hauptwert auf Leibesübungen gelegt, die über die Übungen des Geistes nie vergessen werden durften. Im Gymnasium blieb der Athener bis zum achtzehnten Jahre. Dann wurde er in die Bürgerliste eingetragen und in die Epheben eingereiht, um seiner zweijährigen Dienstpflicht bei der Waffe zu genügen. Nach Ablauf der Dienstjahre hatte er das volle Bürgerrecht. Viele der jungen Leute widmeten sich jetzt dem akademischen Studium; sie hörten bei Privatgelehrten Vorträge über Philosophie, Nationalökonomie, Redekunst, Mathematik, Astronomie, Disputierkunst, Politik, Sittenlehre, Gedächtniskunst u. a. m.; Aristoteles betont, daß alle Erziehung nur die Lücken ausfüllen solle, welche die Natur gelassen habe; es könne sich nur fragen, ob die Erziehung vorzugsweise auf die Bildung des Verstandes, oder der Seele hinzuwirken habe. Er will die Knaben bis zum 14. Jahr vorzugsweise gymnastisch üben, dann sie drei Jahre in Grammatik und Musik ausbilden, hieran die Dienstzeit schließen, und nach dieser das akademische Studium folgen zu lassen. Jeder Beruf soll zuerst praktisch erlernt werden, dann erst theoretisch. Die Technik stand zwar noch in den Kinderschuhen, hatte aber eine große Verbreitung erlangt. Ein großer Teil der Bevölkerung widmete sich dem Handwerk und der Industrie, und die Folge war ein reger Verkehr. Dieser erfordert unbedingt eine gute Schulbildung und ist immer die Ursache eines gründlichen Unterrichts gewesen.

Eine Abweichung von den allgemeinen Erziehungsformen finden wir in dem Militärstaat Sparta, der die Knaben in Kadettenhäusern aufwachsen ließ und durch Gymnastik die Mädchen für den Beruf als Mütter körperlich zu kräftigen suchte. Die häuslichen Arbeiten fielen den Sklavinnen zu. In Athen galt die Beredsamkeit, in Sparta die Schlagfertigkeit. Kurz und soldatisch sollte die Antwort sein.

Die griechische Wissenschaft entwickelte sich zu einer bis dahin unbekannten Blüte, in erster Linie die Philosophie, und zwar als deduktiver Rationalismus. Zuerst hatte in Griechenland die Naturphilosophie überwogen. Nachdem der Geist aber angefangen hatte, sich selbst höher einzuschätzen, als die Natur, gab es kein Halten mehr, er schweifte ab in die Welt der Ideen. Die Technik war nicht mächtig genug, um das Interesse der Philosophie auf die Natur zurückzuführen, und die Wissenschaft von der Natur war noch unentwickelt. Nur in die Ethik spielten praktische Erfahrungen hinein und führten zu einer Philosophie für das Leben. Die großen Systeme des Plato, Aristoteles, Zeno und Epikur, haben bis ins 19. Jahrhundert hinein die abendländische Philosophie beeinflußt und die geistige Richtung für alle diejenigen auf Jahrtausende hin vorgezeichnet, die von den Fesseln der Kirche sich loszumachen strebten. Der arme Aristoteles mußte sogar für die kirchliche Philosophie des Mittelalters herhalten und als Grundbau dienen für die Scholastik. Die Griechen hatten einen ausgesprochenen Sinn für dialektische Fragen, und noch am Ausgang des Altertums hat dieser Sinn sie in hohem Maße befähigt, bei der Festlegung des römischen Rechts und bei dem Dogmenstreit der christlichen Kirche sich zu betätigen. Die Schwäche der Griechen war der Mangel einer systematischen Naturwissenschaft und des durch diese bedingten induktiven Verfahrens.

Unzweifelhaft war es den Griechen um vieles Wissen nicht zu tun; sie wollten Körper, Seele und Geist stärken und für das Leben tüchtig machen. Isokrates wirft den Theoretikern vor, daß sie ihre eigenen Angelegenheiten vernachlässigten und daß sie rechthaberisch, formlos und aufgeblasen seien, er tadelt also den Gelehrtendünkel. Er verlangt vom gebildeten Griechen, daß er dem praktischen Leben gewachsen sei, ein gesundes Urteil habe, gesellschaftliche Formen zeige, standhaft im Unglück sei und maßvoll im Glück, und daß er sich weniger einbilde auf angeborene Vorzüge, als auf die Erfolge, die er sich selbst errungen. Die Umgangsformen der Griechen waren fein und zart. Namentlich übte Athen aus diesem Grunde auf die Fremden einen unwiderstehlichen Zauber aus, ähnlich dem Paris des 18. Jahrhunderts. In feiner Weise sah der Grieche über die Unterschiede hinweg, die der Reichtum schuf. Sokrates, der blutarm war, der Sommer und Winter barfuß und ohne Hut einherging, wurde von den vornehmsten Athenern zum Essen eingeladen und verkehrte im Hause des Perikles, des ersten Mannes seiner Zeit.

Obwohl kein gesetzlicher Schulzwang herrschte, war der Zwang dennoch vorgeschrieben durch die Sitte. Die Einführung des Ostrakismos zeigt, daß um das Jahr 500 schon die stillschweigende Voraussetzung im Staatsrecht galt, daß jeder Bürger schreiben könne. Auch im Handwerk mußte der Vater seinen Sohn unterweisen lassen. Unterließ er diese Pflicht, dann war auch der Sohn der Pflichten gegen den gealterten Vater gesetzlich entbunden. Bei den höheren Klassen war die Ausbildung die gleiche bis nach erfolgter Dienstzeit. Dann trat die Trennung ein. Manche Berufe führten erst auf die Hochschule und andere unmittelbar ins praktische Leben. Selbstverständlich galt die geschilderte Erziehung nur für die freien Bürger und die Beisassen; die ganze Sklavenschar verharrte in völliger Unwissenheit, nicht nur in Athen, sondern in der ganzen griechischen Kulturwelt.

Im Rechtswesen hat ursprünglich die Blutrache bestanden, wie bei allen jugendlichen Völkern, die sich unter dem Einfluß der Gentilgenossenschaft entwickelt haben. Die Rache bestand als religiöse Pflicht, sie geschah auf den Befehl Apolls. Den Konflikt zwischen der religiösen Pflicht und dem weltlichen Recht hat Äschylos in den Eumeniden behandelt und durch die Stiftung des Areopag gelöst, des obersten Gerichtshofes mit dem Blutbann.

Je mehr die Technik an Tiefe und Ausdehnung gewinnt, desto mehr wandelt sich der Begriff des Eigentums, der zunächst aus dem Stammeseigentum in das Sondereigentum hinübergleitet. Die neu erkämpfte Freiheit des Handwerks hob die Würde des Menschen und führte zu einer Milderung des Schuldrechts. Solon hat der Stadt Athen neben der Verfassung auch ein bürgerliches Recht gegeben. Er hob die Personalhaft der Schuldner auf und stellte grundsätzlich die menschliche Freiheit hin als ein Gut, das durch materiellen Gewinn nicht mehr aufgewogen werden konnte. Andererseits betonte er wieder das persönliche Eigentum gegenüber dem Kollektiveigentum der Gens. Er führte das Testament ein für den Fall, daß Leibeserben nicht vorhanden waren. Als solche galten in erster Linie die Söhne, die aber die Schwestern verheiraten und ausstatten mußten. Die Höhe der Mitgift schränkte Solon gesetzlich ein. Im 6. Jahrhundert herrschte in Athen schon das Gesetz, der Geschlechterstaat war dem Rechtsstaat gewichen. Um das Jahr 509 schied Kleisthenes das Recht schärfer von der Verwaltung und gab den Geschworenengerichten eine vermehrte Zuständigkeit. Das junge Handwerk machte auch hier seine Stimme geltend. Bald darauf wurde Athen die Vormacht im griechischen Städtebunde, als solche zog es die Rechtsprechung an sich. Die Bundesgenossen hatten ihren Gerichtsstand in Athen, und das Richteramt blieb den athenischen Bürgern vorbehalten. Es gab 6000 Richter in Athen, die zuweilen zu Tausenden in den verschiedenen Gerichtshöfen tagten. Perikles hatte ein Tagegeld eingeführt. Für Handelsprozesse war der Erledigungstermin auf längstens vier Wochen festgesetzt. Die gerichtliche Verhandlung selbst pflegte man an einem Tage zu bewältigen. Ein Drittel der Zeit blieb der Anklage vorbehalten, ein Drittel der Verteidigung und ein Drittel der Beratung.

Das griechische Recht ist niemals kodifiziert worden; es bestand nur eine Anzahl einzelner Gesetze, die man bei den Buchhändlern kaufen konnte. Auf den Einzelgesetzen fußte die Verhandlung, an ihnen entwickelte sich die griechische Beredsamkeit. Eine Hauptaufgabe für den Verteidiger bestand darin, die Richter weichherzig zu stimmen. Der Angeklagte hielt den Zweig des Flehens in der Hand; neben ihm saßen sein Weib und seine Kinder.

Da ein kodifiziertes Recht nicht bestand, gab es in Griechenland auch keine eigentlichen Juristen. Jeder Bürger konnte als gerichtlicher Redner auftreten. Ankläger und Verteidiger riefen die Zeugen selber auf, ließen durch den Gerichtsschreiber die Gesetze verlesen. Sobald aber die Geschworenengerichte mehr Gewicht erlangten, entwickelte sich der Beruf der Sophisten und der gerichtlichen Redner als eine Spezialität. Maulfertigkeit vermochte viel. Der griechische Gerichtshof legte weniger Wert auf den Zeugenbeweis, als auf das Hin- und Widerreden der Parteien. Die Zeugen galten für bestochen. Das Sprichwort sagte: „Die Richter haben bei der Zeugen Lug und Trug zur Not die Sache nach langem Wiederkäun erkannt." Die Geschworenen fanden das Recht nicht nur in der Festlegung des Tatbestandes, sondern auch in der Auslegung der Gesetze. Berüchtigt war die Sippe der Sykophanten, der gewerbsmäßigen Ankläger; sie brachten den guten Ruf Athens geradezu in Gefahr. Die reichen Leute mußten den Sykophanten den Hof machen, denn sie waren ihren Angriffen aus dem Grunde am meisten ausgesetzt, weil bei einer Vermögenskonfiskation ein erheblicher Teil auf den Ankläger entfiel. Bestechung war in Griechenland allgemein üblich.

In das Rechtswesen spielte die Technik noch insofern grundlegend hinein, als sie die Ursache war der Sklaverei. Nur der freie Mann war rechtsfähig, der Sklave war eine Sache. Wie in jedem Sklavenstaat herrschte auch in Griechenland die Folter. Der große Redner Demosthenes erklärte die Folter für das ausgezeichnetste und unfehlbarste Untersuchungsmittel. In erster Reihe wandte man die Folter auf die Sklaven an, aber auch der freie Mann war vor ihr nicht sicher, wie er auch Prügelstrafe gelegentlich zu erwarten hatte. Wie sehr aber die Sklaverei jedes menschliche Mitgefühl untergrub, ersieht man aus der Tatsache, daß es allgemein üblich war, zum Beweise der Wahrheit die Folterung der Sklaven des Angeklagten in Anspruch zu nehmen, auch wenn diese von keiner Schuld belastet waren. Bei Beschädigung werde man Ersatz leisten, lautete der Trost. Es bestanden keine anderen Bedenken gegen dieses infame Verfahren, als die Sorge um einen materiellen Schaden!

Man sieht, ideale Zustände herrschten im griechischen Gerichtswesen gerade nicht. Die Justiz war prompt, aber sie war bestechlich, hatte die Folter und bot dem bösen Willen leicht Gelegenheit.

In der Darstellung des Schönen sind die Griechen ja bekanntlich unsere Lehrer gewesen. Wie der Vogel sein Nest baut, die Biene ihre Zelle, so bildete der Grieche seine Statuen, der Trieb war mächtig in ihm, in weiten Kreisen des Volkes. Wem das Schicksal lächelte, der ließ ein Bildwerk formen und brachte es einer Gottheit dar als Weihgeschenk. Jeder Tempel war ein Sammelpunkt für Kunstwerke aus Marmor und Erz, aus Silber und Gold. Solon setzte sogar Strafen fest in Kunstwerken; auch der Staat gab den Zehnten an die Gottheit vielfach in künstlerischer Form. Für die Reichen war es ein nobile officium, Kunstgegenstände den Göttern zu weihen, Tempel zu bauen, Opfer zu verrichten oder Chöre auszustatten.

In der griechischen Tragödie sehen wir den Menschen im Kampf mit dem Geschick, mit Sitte und Gesetz. Neben dem Helden steht der Chor; er hebt die Zuschauer über die irdische Welt hinaus und verweist sie auf das unabänderliche Walten der Gottheit. Zu der Sprache tritt der Gesang, die Musik, der Tanz, eine bewegte Plastik. Auch die griechische Epik und Lyrik haben Bedeutendes geleistet. Der Liederquell entströmt nach Mommsen nur dem Griechen und dem Germanen. Aus der Griechenzeit ist uns eine reiche Blütenlese überkommen.

Über den Begriff des Schönen waren die Griechen sich nicht klar; das Gefühl war ihnen alles. Aristophanes warf dem Euripides vor, daß er das Denken in die Kunst hineingetragen habe. Die Griechen verwechselten schön und zweckmäßig, verlangten Nutzen von der Kunst und maßen sie an ihrem sittlichen Wert. Sie unterschieden nicht die Kunst vom Handwerk. Die Kunst war ihnen nur eine feinere Art des Handwerks, und diese im Grunde genommen ganz richtige Auffassung ist auch maßgebend geblieben, bis die Ideenlehre des 19. Jahrhunderts das Schöne aus dem Himmel kommen ließ, und so die Kunst dem Handwerk gegenüberstellte. Der Grieche hat immer daran festgehalten, daß die Technik, das Handwerk, auch die Grundlage der Kunst sei.

Aristoteles stellte der Kunst in der Poetik hohe Aufgaben. Die Dichtung soll uns erziehen und beleben, sie soll unser Gefühlsleben reinigen und vertiefen. Er sieht die Wirkung des Schönen in einem Lustgefühl. Die Tragödie insbesondere soll durch Mitleid und Furcht die Schlacken abstreifen von der Seele, sie soll den Blick aufwärts richten dem Ewigen und Göttlichen entgegen. Darin erblickt er den Wert des Theaters als Erziehungsanstalt.

Der starke Zug nach Individualismus, der im Griechen steckte, ist ihm auf dem Felde der Kunst zugute gekommen, so sehr er ihm auf dem Felde der Politik geschadet hat. Trotzdem ist der Grieche über das Gattungsmäßige eigentlich nicht hinausgegangen, nicht bis zum individuellen Schönen vorgedrungen. In der Plastik kennt er wohl das Porträt, aber im allgemeinen bildete er den reifen Mann als Zeus, den Jüngling als Hermes oder Apoll; die Gestalten haben kein Blut, sie sind „göttlich heiter". Das ist kein Vorzug, sondern ein Nachteil. Es fehlen die seelischen Eigenschaften, das Gesicht ist starr, das Auge leer. Nach der Beschreibung Lucians scheint auch die Malerei in einer frostigen Allegorie sich bewegt zu haben. Auf dem Theater sprach der Schauspieler durch die Maske, stolzierte er auf dem Kothurn. Es fehlte das Minenspiel, würdevoll und langsam war die Bewegung. Auch hier sehen wir nicht den einzelnen Menschen als den Vertreter der Gattung, sondern eine allegorische Darstellung des Gattungsmäßigen selbst. Trotz der eminenten Gestaltungskraft, trotz des feinen Gefühls für das Schöne, zeigt die griechische Kunst doch einen Mangel an geistiger Tiefe.

Die griechische Religion beruht auf der Vorstellung von einer Reihenfolge geistiger Wesen, wie u. a. Plotin sie später systematisch zu entwickeln suchte. Allerdings ist die griechische Götterwelt nicht aus dem Reich des Geistes auf die Erde gekommen; sie wurde aus den irdischen Vorgängen abgeleitet und ging aus ihnen durch Abstraktion hervor. Dem Naturmenschen ist die Sonne ein wirklicher Gott, ebenso die Wolke, der Regen. Erst in späterer Zeit stellt die Phantasie den Gott neben die Sonne, neben die Wolke und den Regen. Der auf Anschauung beruhende Bildungstrieb der Griechen verlieh diesen Gottheiten menschliche Gestalt und Eigenschaften. Der Olymp zeigt diejenige Form der gesellschaftlichen Gliederung, welche kurz vor der homerischen Zeit bestanden haben wird; er ist eine Schöpfung der epischen Poesie; er war anschaulich und wirkte auf das Volk mit bestrickender Macht. Plato war ganz im Recht, wenn er auf die Dichter schalt, welche die göttliche Welt in eine irdische verwandelt hatten. Der gebildete Grieche faßte die Götter als geistige Wesen auf; an ihren Werken sollte man sie erkennen. Die religiöse Auffassung der Griechen deckte sich mit seiner wissenschaftlichen. Die Materie, wie die Gottheit, waren ewig; über den kleinen Göttern des Olympos thronte die stärkere Naturgewalt, die Moira, der auch die Götter unterworfen waren. Das religiöse Gefühl des Griechen war tief und ernst. Er hatte den Glauben an eine sittliche Weltordnung, an eine Gerechtigkeit, die meistens schon im irdischen Leben zu einem Ausgleich führte, sonst aber nach dem Tode.

Die Gedanken- und Gefühlswelt, welche der Religion zugrunde lag, hatte ihren Inhalt teils aus der Natur entnommen, teils aus dem häuslichen Leben, zum großen Teil aber aus der Technik. Diese ist im Altertum in hohem Maße religionsbildend gewesen und hat eine ganze Reihe ~~von~~ Gottheiten beeinflußt in ihren Eigenschaften und in ihrem Tun. Ich erinnere an die Göttinnen der Jagd, des Ackerbaues, an den Gott des Weines, namentlich aber an den Gott der Schiffahrt, an den des Handels, an die Göttin der Webekunst und den Gott der Schmiede. Auch die Parzen, die Schicksalsgöttinnen, waren spinnende Frauen. Der

Grieche glaubte an eine individuelle Fortdauer. Schon auf der Erde lebte er mit seinen Göttern in einer unausgesetzten Gemeinschaft, von deren Lebhaftigkeit und Innigkeit wir unreligiösen Menschen gar keine Vorstellung mehr haben. Mit den Göttern beriet er sich vor jedem wichtigen Schritt, er unternahm keine Reise ohne vorheriges Befragen. Menschenopfer kommen in der geschichtlichen Zeit eigentlich kaum noch vor. Ein vereinzeltes Menschenopfer soll vor der Schlacht bei Salamis stattgefunden haben. Plutarch, der hiervon spricht, weiß nur eine einzige Quelle anzugeben; der gewissenhafte Herodot sagt nichts von diesem Opfer.

Die großen religiösen Feste waren Tage der Freude für das Volk. Der Lebensquell sprudelte unaufhaltsam hervor, wie ein Waldbach im Frühling. Hier zeigte sich das Volk in vollem Licht und Schatten. Die Staatsgeschäfte ruhten, Handel und Gewerbe lagen still. Als Xerxes schon mit seinem Heer in Hellas stand, saßen die Griechen noch in Olympia und feierten das Fest. Die Religion war mit dem Volksleben fest verwachsen, aus ihm hervorgegangen, war eine Blüte der Volksseele, durchaus national, getragen vom Wollen und Fühlen des Volks. Nichts war aufgezwungen, kein Dogma, keine Satzung, kein Glaubensbekenntnis. Unfaßbar wäre dem Griechen der Gedanke gewesen, daß er den Glauben an seine Götter anderen Menschen aufdrängen, wohl gar mit Gewalt und mit Blut verbreiten sollte. Heliodor läßt den Isispriester nach Delphi gehen und dort als Priester des Apoll amtieren. Xerxes opferte in Pergamon der Athene und der Themis. Die Religion der Griechen stand allen Menschen offen; wer zu ihren Göttern beten wollte, war willkommen; jedermann konnte ihnen Opfer bringen, er bedurfte keines Priesters. So war die Religion der Griechen tatsächlich eine Religion der allgemeinen Duldsamkeit. Wollte der Opfernde eines Priesters sich bedienen, so konnte er auch das. Eine Vergebung der Sünden freilich konnte auch der Priester nicht versprechen, diese Frage mußte ein jeder in seiner eigenen Brust beantworten.

Bei alledem blieb die Religion zu äußerlich. Auf die dringendere Frage nach dem jenseitigen Leben gab der orphische Kultus, gaben die Mysterien die Antwort. Scharen orphischer Priester durchzogen im 6. Jahrhundert die griechischen Lande und predigten die Religion der Erlösung. In den Mysterien wurde vermutlich die Geburt nach dem Tode anschaulich dargestellt. Wie der Keim aus dem Weizenkorn, das der Demeter heilig war, so stieg aus dem toten Körper die Seele hervor. Vermutlich war diese Geheimfeier mit okkulten Gebräuchen verbunden. Die jagenden Lichter der Fackel steigerten den Eindruck bis zum Schauer vor einer andern Welt. Auch hier sieht man wieder die reine Anschaulichkeit, nichts Doktrinäres, keine Abstraktionen, keinen Formelkram. Wenn wir dem Athenäos glauben wollen, ging man sogar noch weiter und stellte die natürliche Schönheit des Weibes in den Dienst der Religion. Mit dem Fest der Demeter in Eleusis war auch eine Feier der Venus verbunden. Ihr Tempel lag am Meeresufer, vor ihm leuchteten in blauer Ferne die Felsen von Salamis. Das Volk stellte sich auf zwischen Meer und Tempel. Dann trat Phryne aus dem Tempel heraus, ließ das Gewand heruntergleiten und schritt, wie Zeus sie geschaffen, durch die Gasse hindurch, die das Volk ihr öffnete. Das volle Licht der Sonne umspielte den weißen Leib und senkte sich in die Nacht der schwarzen Locken. Sie trat in die Wogen, tauchte unter und erhob sich wieder, aus dem Schaum geboren: Venus Anadyomene! Hinter ihr rauschte das Meer.

Bei aller Schönheit, aller Anschaulichkeit, aller Kunstform, die wir an der griechischen Religion bewundern, fehlt ihr doch die geistige und sittliche Tiefe. Sie war der getreue Spiegel des griechischen Lebens. Der Gedanke der allgemeinen Menschenliebe wurde vom Griechen unbewußt ins Praktische übersetzt dadurch, daß seine Tempel jedem offen standen. Ausgesprochen findet man den Gedanken an die Liebe aber höchstens bei den Tragikern und auch dort nur an wenigen Stellen. Die Gewohnheit der Sklaverei konnte bei einer natürlichen Religion den Gedanken an eine allgemeine Liebe gar nicht aufkommen lassen, da die Verwirklichung an den Erfordernissen der Technik gescheitert wäre. Das Christentum kam über diese Schwierigkeit dadurch hinweg, daß es das

Schwergewicht der Existenz in den Himmel verlegte. Der Grieche wollte aber im irdischen Leben wirken. Die Technik schuf die Arbeitsbedingungen, diese die sozialen Verhältnisse, die Menschen teilten sich in Herren und Sklaven. Die Herrenwelt bildete sich eine Religion für ihre Zwecke, einen Widerschein des eigenen Lebens. Für die Sklaven war daselbst nur wenig Raum, denn sie waren Sachen, keine Menschen. So greift die Technik — unbewußt natürlich — in ihren Folgen sogar hinüber in die Tiefe der religiösen Vorstellung.

Im Sittlichen maß der Grieche den Wert des Menschen nach der Tat. Was halfen gute Vorsätze, was Gesinnung, wenn sie nicht zur Tat wurden! Im Schlafe waren alle Menschen gleich, gute und schlechte. „Der Gedanke des Zeus ist die Tat", sagt Äschylos. Pindar stellt den Sieg, die Tat, höher als die Ehre, die Folgen. Ähnlich äußern sich Sophokles, Aristoteles und andere. Der Grieche wußte von den sittlichen Gesetzen in der Brust, er nannte sie „ungeschriebene Gesetze". Den Konflikt zwischen diesen und der Menschensatzung haben die Tragiker mit Vorliebe behandelt und immer dahin entschieden, daß der Held der inneren Stimme folgen müsse, als der Offenbarung des Göttlichen.

Groß war beim Griechen das Gefühl für Freundschaft. Zweifellos lag hier in vielen Fällen ein perverses Geschlechtsleben zugrunde, aber es kann wohl nicht bestritten werden, daß in vielen Fällen die Freundschaft eine reine, durchaus uneigennützige war. Der Kultus der Hetären ist eine schwache Seite des Griechen; daß die vornehmen Hetären Fürsten und Könige heirateten, ist eine Erscheinung, die zu allen Zeiten wiederkehrt; in dieser Hinsicht haben wir den Griechen schwerlich etwas vorzuwerfen. Mit Ausnahme von Sparta war die Frau etwas mehr vom öffentlichen Leben ausgeschlossen, als bei uns, sie hatte wohl auch weniger Rechtsfähigkeit; keineswegs aber war sie mehr geknechtet. Sie herrschte im Hause ebensogut wie heute und beherrschte in den meisten Fällen auch den Gemahl. Eine besondere Innigkeit zeigte das Familienleben nicht.

Im Kampfe haben sich die Griechen stets bewährt, weniger in der Politik. Zur Zeit der Perserkriege wiesen die Athener einen Sonderfrieden noch voll Entrüstung zurück. Sie fühlten sich mit allen Griechen solidarisch. Später wurde die Käuflichkeit allgemein. Äschines und Demosthenes bezichtigen sich gegenseitig der Bestechlichkeit; Polybios klagt, daß trotz aller Vorsicht in Griechenland dieses Laster nicht zu bannen sei.

Den höchsten Moralbegriff sah der Grieche im Sittlichschönen, in der bewußten Ausübung der Tugend mit Rücksicht auf einen höheren Zweck. Die Ausübung des Sittlichschönen war oft mit Unlust verbunden, ganz im Sinne der Pflichtbegriffe Kants. Die Unlust mußte überwunden werden, das Triebleben mußte sich durchläutern bis zum bewußten Einklang aller Tugenden, das menschliche Leben sollte ein Kunstwerk sein. Durch Gewöhnung war die Tugend zu festigen, allmählich sollte sie mit Lust geübt werden und jene Glückseligkeit erzeugen, die das Ziel des Griechen war. „Kein Wolf oder sonst ein wildes Tier", sagt Aristoteles, „kann einen schönen Kampf bestehen; das kann nur der mutige Mann."

Der Begriff des Sittlichschönen konnte natürlich nur den höchstgebildeten Frauen und Männern soweit in Fleisch und Blut übergehen, daß sie im Augenblicke der Gefahr in bewußter Weise danach handelten; die griechische Geschichte hat solche Beispiele aber vorzuzeigen. Das Volk folgte seinen natürlichen und geselligen Trieben. Man faßte es gern bei seiner Eitelkeit, sprach ihm mancherlei vor von Klugheit, von Ruhm und Ehre, und selten ohne Erfolg. Der souveräne Volkshaufen war unschwer zu leiten, er ließ sich leicht hinreißen zu verhängnisvollen Beschlüssen und war voll grausamer Gewalttätigkeit.

Eine besondere Stellung in der griechischen Sittlichkeit nahm der spartanische Adel ein, der seine Söhne einseitig für den Krieg erzog, in dem Sinne unserer heutigen Kadetten. Er schlug aber besondere Wege ein; er richtete sie ab zur Unsauberkeit, zum Schleichen und Stehlen und bestrafte die Ungeschickten durch Prügel in grausamer Weise. Es war eine Gaunermoral, die notwendig zu dem System des Verrats und der Hinterlist führen mußte, das wir oben in der Behandlung der eigenen Bauern gefunden haben. Mit Hilfe des persischen Goldes erhob sich Sparta, der rückständigste aller Staaten, zur Vormacht in Griechenland. Der spartanische Feldherr Lysander zog an der jonisch-asiatischen Küste entlang, stürzte überall die liberalen Verfassungen und führte die Reaktion wieder ein. Dreitausend gefangene Athener ließ er kalten Blutes niedermachen. Dieselben Athener hatten aber vorher den Beschluß gefaßt, allen Kriegsgefangenen den Daumen der rechten Hand abzuhauen, damit sie keinen Spieß führen, aber doch zum Rudern gebraucht werden könnten.

Eine Sozialethik war in Griechenland schon aus dem einen und durchschlagenden Grunde ausgeschlossen, weil die Technik der Sklaverei bedurfte und die Anerkennung der Menschenrechte ausschloß. Auch die Kriegführung wurde hierdurch beeinflußt und war brutal. Vernichtung des feindlichen Eigentums, Raub und Plünderung, Niedermetzelung der Einwohner, Verkauf in die Sklaverei, und zwar auch Verkauf von Griechen durch Griechen, waren alltägliche Erscheinungen.

Blicken wir nun zurück auf das griechische Leben, so sehen wir eine Handtechnik, welche die Erzeugnisse der Natur im wesentlichen nur dadurch zu bearbeiten weiß, daß sie die menschliche Arbeitskraft anwendet. Soll die Bahn einer steigenden Kultur beschritten werden, so muß die Zahl der mechanischen menschlichen Arbeitskräfte erheblich wachsen, denn alle Kultur beruht in letzter Linie auf der mechanischen Arbeitsleistung. Die Folge bei den Griechen ist die Sklaverei. Ein großer Teil des Volkes wird durch eine schroffe Kluft von der freien Bevölkerung geschieden; er wird brutal behandelt, in Unwissenheit und Stumpfsinn gehalten, vor Gericht mit der Folter gequält, bei der Arbeit mit der Peitsche getrieben. Die unvermeidliche Folge ist, daß ein feines Gefühl sich auch bei der aristokratischen Minderheit nicht entwickeln konnte. Dem Griechen ist es überall da nicht gelungen, in die Tiefe vorzudringen, wo das Gefühlsleben in Frage kommt Durch die Fortschritte der Technik breiteten die Gewerbe sich aus, gewannen sie an Einfluß im gesellschaftlichen Leben. Die Vergeistigung der gelernten Arbeitskraft vollzog sich auf dem Boden der Sklaverei, führte aber zur Ablösung der Dienstbarkeiten, zur

Freiheit der Person und bald darauf zu Einfluß und Macht im Staatswesen. Die gewerbliche Blüte rief eine geistige Kultur hervor. Im abstrakten Denken hat die griechische Philosophie Hohes geleistet, aber in der Kunst und in der Religion ist der Grieche bis zur vollen Durchgeistigung des Stoffes, bis zur Betätigung eines feinen seelischen Lebens, nicht vorgedrungen. Der Hellene war in seinem Benehmen frei, aufrecht und stolz, orientalische Sitte und Unterwürfigkeit waren ihm fremd; aber er verkaufte sich an den Meistbietenden. Eine Aristokratie, welche auch für ihre Träger die Prügelstrafe und gelegentlich die Folter kannte, welche den besiegten Feind zu töten oder zu verkaufen liebte, nnd welche die ganze arbeitende Klasse verachtete, die ihr doch erst die Mittel gab zu ihrem freien Leben, werden wir heute unbedenklich als eine barbarische bezeichnen dürfen. Das alte stolze Wort der Griechen fällt heute auf sie selbst zurück. Der Grieche verachtete die Arbeit als die Aufgabe der Sklaven, er wollte der Muße leben. Dennoch trifft den Griechen selbst kein Vorwurf. Er war das Kind seiner Zeit, d. h. seiner Technik, wie jedes andere Volk auch. Eine Zeit, die auf einer Technik reiner Handfertigkeit und der ersten chemischen Anfangsgründe eine rege Industrie aufbaut und einen lebhaften Handelsverkehr, verfällt notwendig der Sklaverei. Der Grieche hat aus diesen Elementen heraus eine Kulturentwicklung geschaffen, so hoch und glänzend, wie sie möglich war. Die freie Bevölkerung führte ein relativ glückliches Leben, sie brauchte keine fremden Sprachen zu lernen, sie kannte keinen Schnaps, keine Juristen und keine Priester. Durch die Sklaverei wird aber das Gefühlsleben beeinträchtigt; eine solche Zeit mag künstlerisch gar vieles haben und auch im kalten Denken vieles geben, doch läßt sich nicht an ihrem Busen ruhn.

Drittes Kapitel.

Die Römer.

Die griechische und die römische Kulturblüte sind durch einen Zeitraum von etwa fünfhundert Jahren geschieden, wenn man die Zeiten des Perikles und des Augustus als maßgebend ansieht. Für die langsame Entwicklung der damaligen Technik bedeutet dieser Zwischenraum nur eine kurze Zeit. Die Technik der Römer ist daher von derjenigen der Griechen nicht wesentlich verschieden. Der Römer zeichnete sich nicht aus durch neue Erfindungen; der eigentliche technische Sinn war ihm fremd; dagegen war er geschickt zu einer umfangreichen Anwendung und Ausnutzung der vorhandenen Kenntnisse, dabei fußend auf der Größe des Reiches und der politischen Macht. Gleichwohl aber ist auch in technischer Hinsicht ein Fortschritt zu verzeichnen, zunächst in der mechanischen Technologie. Wir wissen, daß die Archimedische Schraube in den Bergwerken Spaniens zum Heben von Wasser fleißig benutzt wurde. Ktesibios erfand im Jahre 140 v. Chr. die Druckpumpe. Die römischen Kriegsmaschinen warfen Steine von drei Zentnern Gewicht und Pfeile von zwölf Ellen Länge. Zu ihrer Bedienung waren besondere Geschützmeister erforderlich, die beaufsichtigt wurden durch den Maschinenbauer, den Ingenieur. Ein besonderes Geniekorps haben die Römer übrigens schon seit der Servianischen Reform beständig im Heere gehalten. Die Römer bauten Schiffe mit einem Raumgehalt von 2670 Tonnen. In einer Schrift, welche dem Lucian zugeschrieben wird, ist von einem Getreideschiff die Rede, welches 60 m lang, über 15 m breit und ebenso tief war. Im Schiffsraum stand die Pumpe. Das Schiff hatte Segel aus Tierfellen, es enthielt Anker und Winden, hatte eine Kajüte, aber nur einen Mast, während der Verfasser weiter unten sogar von Dreimastern spricht. Als Konstantin den großen Obelisken aus Ägypten nach Rom bringen ließ, mußte ein besonderes Schiff erbaut werden, das durch dreihundert Ruder bewegt wurde. Man hob den Obelisken mit Winden und Seilen, die über hölzerne Türme geleitet wurden. Jedenfalls haben hier wohl die Flaschenzüge geholfen. Im Jahre 1588 wurde derselbe Obelisk durch Fontana von neuem aufgestellt. Vitruv beschreibt Windeböcke mit Flaschenzügen von drei und fünf Rollen. Außer anderen Bewegungsmechanismen, die Aristoteles schon erwähnt, hat er den Drehkrahn zum Be- und Entladen der Schiffe; er hat Archimedische Schrauben, Hub- und Druckpumpen und unterschlägige Schöpfräder.

Dem Kaiser Vespasian bot sich ein Ingenieur an, der große Säulen mit geringen Kosten aufs Kapitol schaffen wollte. Der Kaiser belohnte ihn zwar für seine Erfindung, fand ihn aber doch mit der Einrede ab, daß er dem armen Volke Brot geben müsse, das hieß also, daß er kein Geld übrig habe für die Versuche. Die Mühlen, die im 3. Jahrhundert v. Chr. noch mit der Hand gedreht wurden, haben um die Zeitwende vielfach schon den Antrieb durch Tiere erhalten, sei es mit Treträdern oder Göpelwerk. Als Caligula das Zugvieh aus den Kornmühlen in Beschlag nahm, fehlte es in Rom an Brot. Vitruv kennt auch die Wassermühlen schon, die durch unterschlägige Schaufelräder bewegt wurden. Mithridates soll schon um das Jahr 100 v. Chr. eine solche Mühle besessen haben, und Tiber verurteilte einen römischen Ritter zur Zwangsarbeit in einer Wassermühle. Nach und nach wurde die bewegende Kraft des Wassers mehr ausgenutzt; auch die Walkereien wurden anscheinend durch sogenannten Mühlenbetrieb in Bewegung gesetzt, und zur Zeit Belisars scheinen Wassermühlen schon allgemein üblich gewesen zu sein.

Die wissenschaftliche Mechanik zeigt wenig Fortschritte und ist über Archimedes eigentlich nicht hinausgelangt. Ktesibios in Alexandria erfand im 2. Jahrhundert v. Chr. Bewegungsmechanismen, Wasserpumpen und Wasseruhren. Sein Schüler Heron schrieb über die Mechanik, die Astronomie und über Maschinenelemente. Die Alexandrinische Schule erhielt sich noch in später Zeit, und noch am Ausgang des Altertums, im 4. Jahrhundert n. Chr., finden wir daselbst zwei ausgezeichnete Köpfe mit mathematischen und mechanischen Aufgaben beschäftigt: den Diophantes, der algebraische Gleichungen und die Buchstabenrechnung behandelte, und den Pappus, der Inhalts- und Schwerpunktsbestimmungen vornahm. Er unterschied zwischen wissenschaftlicher und praktischer Mechanik; zur letzteren rechnete er auch die Tätigkeit der „Zauberer", die mit Flaschenzügen Lasten höben, und zwar auf eine unnatürliche Weise und unter Anwendung einer kleinen Kraft. Aus diesem Eingeständnis der Unnatürlichkeit und dem Namen Zauberer folgt hinlänglich, daß auch Pappus von der Verteilung und dem Wirken der Kräfte, von dem Verhältnis der Kraft zu Last und Zeit, so gut wie keine Ahnung hatte.

Im Zwölftafelgesetz ist die Zeitangabe nur nach Morgen und Abend enthalten. Später unterschied man auch die Mittagszeit. Ein Diener der Konsuln mußte die Zeit ausrufen, wenn er vom Rathause aus die Sonne zwischen der Rednerbühne und dem Standorte der auswärtigen Gesandten sah. Neigte sich die Sonne an der Manischen Säule nach dem Staatsgefängnisse hin, so verkündete er den Abend. Die Nachtzeit wurde nach dem Tierkreis beobachtet. Bei Regenwetter war man ratlos. Hieran änderte auch die Sonnenuhr nichts, die im ersten punischen Kriege aufgestellt wurde. Erst im Jahr 159 v. Chr. ließ Scipio Nasica eine Wasseruhr aufstellen, durch welche er zugleich die erste Stundenteilung gab.

In der Weberei sind in der Zeit nach Perikles große Fortschritte eingetreten. Die hellenistischen Griechen kannten nach Bruno Bucher eigentlich schon die wichtigsten Elemente der Webekunst; sie kannten die Leinen-, Atlas- und Ripsbindung, sie hatten den Sammet und musterten die Gewebe durch Wirken, Malen, Drucken und Sticken. Im 4. Jahrhundert n. Chr. scheint die Seide aufgetreten zu sein. Unter Justinian fand die Zucht der Seidenraupe Eingang im oströmischen Reiche.

Auch die chemische Industrie läßt zweifellose Fortschritte erkennen. Die Griechen scheinen kein Glas fabriziert zu haben; die

Römer dagegen brachten es zu großer Vollkommenheit im Blasen und Färben des Glases, im Zusammenschmelzen und Schleifen. Zur Zeit Konstantins gab es Glashütten in Thessalonich und Konstantinopel. Eiserne Waffen hatten zwar die Römer schon im Kriege gegen Porsenna von Clusium um das Jahr 507; dennoch ist die vielseitige Verwendung des Eisens erst ein Kind der späteren Zeit. Der ältere Plinius sagt: „Mit dem Eisen durchfurchen wir die Erde, pflanzen wir Bäume, scheren wir die Baumgärten, schneiden wir das Schlechte von den Reben und zwingen sie, sich jedes Jahr zu verjüngen, mit ihm bauen wir Wohnungen, hauen wir Steine; wir brauchen es zu vielerlei anderem Nutzen, aber auch zum Kriege, zum Morde und zum Raube, und zwar nicht nur in der Nähe, sondern auch im Wurfe und Fluge .... wir haben dem Tode Flügel gemacht und dem Eisen Schwingen gegeben." Im Norden hat von alters her eine ausgedehnte Eisenindustrie bestanden. Die Kimbern, die gegen Marius fochten, hatten eiserne Säbel und Harnische; auch die Kelten des Ariovist scheinen eiserne Schwerter gehabt zu haben. Wie im allgemeinen, so erfolgte aber auch hier der Sieg der Römer nicht nur durch die geschicktere Taktik, sondern auch durch die Überlegenheit der Waffen, denn sie hatten die bessere Rüstung an, und ihre Schwerter waren verstählt. Das norische Eisen war berühmt, ebenso das spanische und das damaskenische. In Cremona, in Toletum, in Antiochia, in Edessa und in Damaskus waren römische Waffenfabriken. Die Eisengewinnung selbst war wohl die gleiche noch wie in der griechischen Zeit. Man schmolz die Erze mit Hilfe des Blasebalgs in kleinen Öfen und gewann auf diese Art ein poröses, schmiedbares Eisen, das sogenannte Luppeneisen. Horaz erwähnt das Ausschmelzen des Eisens:

„Du magst atmende Lüfte, gezwängt in Bälge von Bockshaut,
Die stets fortarbeiten, bis weich in der Hitze der Stahl fließt,
Wie dir gefällt, nachahmen."

Er kommt auch sonst öfter auf das Eisen zurück. Den Stahl bereiteten die Römer nach Vituv und Plinius durch wiederholtes Ausglühen und Abschrecken, und gerade in der methodischen Stahlbereitung werden wir den Fortschritt gegen die Griechen erkennen müssen. Die in den Bergwerken von Neu-Karthago vorgefundenen Werkzeuge waren aus einem sehr harten Stahl und in sehr zweckmäßiger Gestaltung hergestellt. Auch die Behandlung des Schmiedeeisens vervollkommnete sich. Während die Griechen einen Riegel vor die Tür schoben, hatten die Römer bereits Schlösser und Schlüssel. Vom Schuppenpanzer schritt man fort zum Ketten- und Ringelpanzer. Das Gußeisen blieb auch den Römern unbekannt; eine Hitze von mehr als 1200° C. vermochten sie nicht zu erzielen. Die Reduktion zu Luppeneisen geht schon bei etwa 700° C. vor sich. In Gallien kamen zur Kaiserzeit schon Glasfenster vor. Das Hildesheimer Silbergerät ist nach Mommsen wahrscheinlich aus gallischen Werkstätten hervorgegangen.

Groß und ausgedehnt war der Bergbau der Römer, namentlich derjenige der spanischen Silbergruben. Bei Neu-Karthago hatten die Stollen eine Tiefe von 210 m. Mehr als 40000 Sklaven waren hier beschäftigt. Dennoch kam man bei aller Großartigkeit der Anlage über den Handbetrieb nicht hinaus. Es fehlten die Maschinen zum Antrieb, wie zur Arbeit. Daß die Archimedische Schnecke dort gebraucht wurde, ist oben schon gesagt. Die Förderung der Erze aber geschah von Hand zu Hand. Plinius sagt: „Man schafft sie Tag und Nacht auf den Schultern heraus, indem man sie in der Finsternis immer dem Nächststehenden übergibt; nur die letzten sehen das Tageslicht.“ Zum Auswaschen des Goldes aus den Erzen wurden Flüsse abgeleitet. „Die Täler werden durch unterbaute Röhren verbunden, anderwärts werden unwegsame Felsen durchhauen und gezwungen, als Lager für die ausgehöhlten Balken zu dienen.“ Dieses rücksichtslose Durchgehen über Täler und durch Felsen ist das Zeichen einer Technik, die noch in den Anfängen steckt; die Kosten waren zweifellos in vielen Fällen höher, als sie gewesen wären, wenn man sich dem Gelände besser angeschmiegt und die Hindernisse umgangen hätte.

Die Betriebsweise der Römer verfehlt ihren Eindruck nicht; die einheitliche Bewegung der zahlreichen Arbeitskräfte zwingt zur Bewunderung. Dennoch ist der Betrieb nicht durchgeistigt gewesen; eine Verstärkung konnte immer nur erfolgen durch eine Vermehrung der arbeitenden Hände, durch eine Häufung der Einer. Auch beim Ausschmelzen der Erze wußte man nur die Zahl der kleinen Öfen zu vermehren. Ein Vervielfältigung der Arbeitsleistung durch die bewußte Konstruktion einer Spezialmaschine, oder durch die analytische Ermittlung einer neuen Beschickungsart der Öfen, war gänzlich unbekannt. Maschinenbau und Hüttenkunde hielten noch ihren Todesschlaf. Wenn etwas relativ Großes trotzdem zuwege kam, so konnte das nur geschehen durch eine schonungslose Ausbeutung der menschlichen Arbeitskraft, d. h. durch die verstärkte Anwendung von Sklaven. Betrachten wir nun, wie die Sklaverei zustande kam.

Die Gründer Roms waren Bauern. Sie waren angesiedelt an den Ufern des Tiber, und zwar an jener Stelle, welche für die damaligen Segelschiffe noch gerade erreichbar waren. Durch diese Lage war Rom ausersehen zu einem Marktflecken und späteren Emporium. Die Bauern kamen mit den phönikischen, etruskischen und griechischen Kaufleuten früh in Berührung, kauften ihnen die Waren ab und vermittelten den Vertrieb in die Berge und ins Innere Latiums. Das Land an den Ufern des Tiber hatten die Bauern zu ihrem Eigentum gemacht, es zuerst wohl gemeinschaftlich bebaut und später im Einzelbetrieb. Es wird erzählt, daß der letzte König die Bauernschaft, die zugleich die Bürgerschaft der neuen Stadt war, stark in Anspruch genommen habe für das öffentliche Bauwesen. Er baute Hoch- und Tiefbauten, Tempel und Kanäle, und die Bürgerschaft mußte nicht nur die Spanndienste leisten, sondern auch Handdienste. Ein Gemeinwesen, das solche Bauten ausführt, unter denen z. B. die cloaca maxima noch heut unsere Bewunderung erregt, stand bereits auf einer hohen Stufe. Bei der zweifachen Erwerbsquelle als Landwirt und Kaufmann war es unvermeidlich, daß innerhalb der Bürgerschaft reichere Elemente sich ausschieden und die Güter verarmter Genossen aufkauften.

Soweit unsere Kunde reicht, war schon ein Ritterstand vorhanden, allemal das untrügliche Zeichen des Großbesitzes. Die

Ländereien wurden aufgeteilt und verarmten Freien zu Lehn gegeben gegen Fron und Zins. Es entstand in Rom die Hörigkeit, die wir im vorigen Kapitel schon betrachtet haben als die übliche Form der Unfreiheit in der Zeit der Naturalwirtschaft. Nicht nur Ackerbauer, sondern auch Handwerker wurden als Hörige angesiedelt, und wie in Griechenland der Demos, ging in Rom aus ihnen und den zugewanderten Fremden die Plebs hervor. Mommsen betont ausdrücklich, daß die römische Plebs der Hörigkeit entstammt. Die Gesamtheit der Hörigen eines Grundherrn bildete eine Genossenschaft, die clientela, die Fronhofsgenossenschaft des späteren Mittelalters. Innerhalb der Genossenschaft war der Hörige persönlich frei und rechtsfähig, nach außen hin mußte er durch den Patron vertreten werden. Bei den Galliern fand Cäsar die Fronhofswirtschaft vor, ebenso schildert sie Tacitus bei den Germanen. Auch auf der Igeler Säule zeigen die Reliefs den Gutsherrn beim Empfang der Naturalgefälle.

Mit der steigenden Technik und mit der Verbreitung des Handwerks wuchs die Produktion und wuchs der Tauschverkehr. Die unvermeidliche Folge war die Geldwirtschaft, die nun ihrerseits wieder eine steigende Produktion zur Folge hatte. Im Jahre 269 v. Chr. ging man in Rom zur Silberwährung über. Man brauchte jetzt vermehrte Arbeitskräfte; aber freie Arbeiter waren im alten Rom ebensowenig verfügbar wie in Griechenland. Auch die Zahl der Hörigen war beschränkt, denn die Verlehnung von Land hat ihre Schranke an der Grenze des Landes; sie läßt sich nicht beliebig ausdehnen. Für einen intensiven Betrieb, wie ihn z. B. der Bergbau mit sich brachte, war die soziale Form der Hörigkeit auch nicht geeignet, man hatte die Hörigen zu wenig in der Hand.

Heut werden die schwierigsten Arbeiten, der Antrieb und die Lastenbewegung, durch die Dampfmaschine bewältigt, damals verblieben sie der menschlichen Muskelkraft. Weder freie noch hörige Menschen unterziehen sich aber dieser Schinderei aus freien Stücken, oder nur gegen außergewöhnlich hohen Lohn, ein Ausweg, der die Produktionskosten dann wieder unliebsam verteuerte. Der hörige

Bauer arbeitete weit lieber auf seinem Acker, als im Bergwerk. In der Kaiserzeit, als die Sklaven knapp wurden, half man sich auf die Art, daß man in der Nähe der großen spanischen Bergwerke die hörigen Bauern zu leibeigenen machte und sie mit den Bergwerken rechtlich verband, man führte den Begriff der glebae et metallis adscripti ein.

Im allgemeinen aber fehlte es an Arbeitskräften, deren die Technik damals in verhältnismäßig großer Menge bedurfte, weil fast alle und jede Verrichtung durch die menschliche Hand zu erledigen war. Das vorhandene freie und hörige Proletariat konnte diesen Bedarf der erwachenden Industrie und der intensiveren Landwirtschaft unmöglich decken, dazu war das Land noch viel zu dünn bevölkert. Während im Altertum in Italien vielleicht 20 bis 30 Menschen auf das Quadratkilometer zu rechnen sind, hat das heutige Italien auf dem gleichen Flächeninhalt 113 Köpfe. Brauchte man also an einzelnen Stellen vermehrte Arbeitskräfte, so war auch hier wieder der einzige Ausweg ein gewaltsamer Import. Damit aber diese freien, gewaltsam herbeigeholten Leute sich in die angestrengte Arbeit fügten, war der Zwang nicht zu umgehen. Man versuche einmal eine Schar gefangener donischer Kosaken nach Westfalen in ein Bergwerk zu bringen und sie dort täglich zwölf bis vierzehn Stunden zum Tragen von schweren Lasten zu verwenden. Sie würden nach acht Tagen in alle Winde zerstreut sein, wenn sie nicht gewaltsam zurückgehalten würden. Genau so lagen die Verhältnisse im Altertum. Wir wissen, daß z. B. der achäische Bund mit Makedonien einen Auslieferungsvertrag für entlaufene Sklaven abgeschlossen hatte. Woher sollten die Römer nun die Arbeitskräfte nehmen? Maschinen gab es nicht, freiwillige Arbeiter nicht in genügendem Maße, so blieb als einziger Ausweg nur der Zwang. Eine moralische Entrüstung ist dabei wenig angebracht, es ging eben nicht anders. Die Sklaverei war die notwendige Folge der damaligen Technik. Weil die Technik wenig Menschen nur ernähren konnte, war die Bevölkerung dünn und verstreut. Sollte eine Industrie geschaffen werden, so mußte man die Arbeitskräfte kaufen; da es eiserne nicht gab, so nahm man fleischliche. Die antike Welt mußte Sklaven haben, oder auf eine Industrie Verzicht leisten.

Große Betriebseinheiten verlangen ein präzises Ineinandergreifen aller Teilfunktionen, verlangen eine genau geregelte, maschinenmäßige Tätigkeit. Wie der Feldherr die taktischen Befehle nur erteilen kann in der Voraussetzung, daß die Truppenkörper gleichsam automatisch diese Befehle vollziehen, so kann auch der Betriebsleiter nur dann das Ineinandergreifen aller Teilarbeiten regeln, wenn diese genau nach dem vorgeschriebenen Schema funktionieren, wenn die Arbeiter auf allen Eigenwillen, auf alle menschliche Besonderheit verzichten und automatisch tätig sind. Jede intensive Betriebsleitung führt zur Maschine. Eine Industrie in unserem Sinne, welche Tausende von Arbeitern an einer Stätte vereint, haben die Römer vielleicht nur im Bergbetrieb und bei ihren großartigen Bauten gehabt, weil es an einer zentralen Bewegungskraft gebrach. Dennoch werden sie Betriebe von 30 Arbeitern ebensogut gehabt haben, wie die Griechen, und auch eine ebenso weit gehende Teilung der Arbeit. Dabei spielt es keine Rolle, ob der Betrieb in Rom stand, in Damaskus oder in Toletum. Auch Betriebe von 20 und 30 Arbeitern aber setzen schon ein maschinenmäßiges Ineinandergreifen voraus, sonst rentiert das Unternehmen nicht.

Die Notwendigkeit eines maschinenmäßigen Betriebes schließt die Freiheit und die Intelligenz der Arbeiterschaft so wenig aus, wie der automatische Angriff die Intelligenz der Truppe. Im Gegenteil! Gerade die freiwillige, bewußte Einordnung in den Mechanismus läßt das große Räderwerk erst vorschriftsmäßig funktionieren. Diese freiwillige Eingliederung fehlte aber im Altertum; die eingeführten Arbeitskräfte hatten zur Arbeit nicht den Willen. Immer wieder tönt die Klage: die Sklaven sind eine minderwertige Menschensorte, sie sind hinterlistig und faul. An den schweren, mechanischen Arbeiten scheiterte die menschliche Freiheit. Solange diese Arbeiten nicht von der Naturkraft geleistet werden, solange die menschliche Muskelkraft sie bewältigen soll, ist der sklavische Zwang nicht zu umgehen. Bei der Erledigung der groben Arbeiten durch die menschliche Kraft sind zahlreiche Arbeitskräfte nötig, für die gleiche Leistung die drei- und vierfache Zahl wie heut. Sie müssen mit Gewalt herbeigeholt werden und widerstreben naturgemäß der Aufgabe, in der Tretmühle eines Bergbaubetriebes, in der Nacht der Schächte, sich der schwersten, geistlosesten Arbeit ihr ganzes Leben lang zu unterziehen, sie sind unzuverlässig, unlustig und träge. Was ich hier vom Bergbau gesagt habe, gilt in sinngemäßer Einschränkung vom ganzen gewerblichen Getriebe, gilt auch von den großen Betriebseinheiten in der Landwirtschaft.

In der ersten Zeit kann der Sklavenbesitzer durch persönliche Einwirkung auf den Sklaven manches erreichen. Der Übergang von der Arbeit der Freien und Hörigen zu derjenigen der Sklaven war auch in Rom ein allmählicher. Man kam zuerst mit wenig Sklaven aus und behandelte sie durchaus so menschlich, wie es den Umständen nach möglich war. Plutarch sagt, daß die Römer mit ihren Sklaven früher sehr liebreich und vertraulich umgegangen wären, weil sie mit ihnen einerlei Lebensweise geführt hätten. Gegenüber der vermehrten Sklavenschar aber war der Herr nicht mehr imstande, die Beaufsichtigung persönlich durchzuführen. Das vertrauliche Verhältnis löste sich, es traten Aufseher an des Herren Stelle. Jetzt wurde der Sklave allein nach seiner Arbeitsfähigkeit bewertet und damit ward er zur Maschine. Aristoteles nennt die Sklaven beseelte Werkzeuge. Die Konkurrenz trieb zur Anspannung aller Kräfte, und die Folge war die rücksichtslose Ausbeutung des Sklavenmaterials, das nur abwechseln durfte zwischen Arbeiten und Schlafen. Der Grieche hat nie vergessen, daß auch im Sklaven noch ein Mensch enthalten war, der Römer hatte sich diese Schwäche bald abgewöhnt. Er sah in seiner Sklavenschar nur eine Herde lebendiger Maschinen. Als Plautus das griechische Lustspiel Stichus in Rom auf die Bühne brachte, glaubte er vor dem Publikum sich entschuldigen zu müssen wegen der vielen Freiheiten, die der Sklave genoß: in Athen sei das so eingeführt. Auf den Gütern trieb man, wie die Schafe, so auch die Sklaven des Abends in den Stall. Cato, „der letzte Römer", der aber nebenbei blaue Augen und rote Haare hatte, riet, die alten unbrauchbaren Sklaven zu verkaufen, und Vedius Pollio mästete mit ihnen seine Fische. Die Zahl der Sklaven war eine beträchtliche; der beständige Krieg gab reiche Beute. Durch einen Machtspruch verurteilte der Feldherr ganze Städte zur Sklaverei. Trotzdem wird die Zahl der Sklaven vielfach überschätzt. Mommsen nimmt für die gute Zeit der Republik die freie Einwohnerschaft Italiens zu 6—7 Millionen Köpfen an, die Sklaven zu 13—14 Millionen. Beloch kommt in seinen eingehenden Untersuchungen dagegen nur zu 2,5 Millionen freier Einwohner und zu 2 Millionen Sklaven.

Weil im Altertum die Technik nur auf der Handarbeit beruhte, vermochte sie auch nur dem Handwerker die persönliche Freiheit zu erwirken. Nur die gelernte Arbeiterschaft wurde frei; zunächst die in der Hörigkeit und später auch die in der Sklaverei befangene. Die ungelernte Arbeiterschaft, die keine geschickte Hand besaß und keine qualifizierte Arbeit leisten konnte, verblieb in Sklavenfesseln. Jede Befreiung breiter Schichten eines Volkes setzt eine gestiegene Vergeistigung der Arbeitsweise voraus, eine Entlastung von mechanischer Arbeit und einen vermehrten Ersatz durch die geistige. Wir haben gesehen, daß die Technik unleugbar Fortschritte gemacht hatte unter der Römerherrschaft, daß sie aber bis zur methodischen Ausbildung maschineller und chemischer Hilfsmittel nicht vorgeschritten war. Dagegen haben die Römer durch die großen Bauausführungen auf dem Gebiete des Ingenieurwesens Werke hergestellt, welche zu einer Verminderung der mechanischen Arbeitsleistung erheblich beigetragen haben. Hier sind zuerst die umfangreichen Wegebauten zu erwähnen. Zur Römerzeit führten allein neun Straßen über die Alpen. Die Kaiser schufen eine Post, zunächst allerdings nur für amtliche Zwecke. In Griechenland bewunderte man die Leistung des Philopömen, der auf der Straße von Argos nach Megalopolis an einem Tage mehr als 75 Kilometer zurücklegte; in Rom rechnete man bei eiligen Depeschen dagegen eine durchschnittliche Tagesleistung von 300 Kilometern! Wie muß dem Kaufmann der Transport der Waren erleichtert, wie muß der Handel belebt worden sein durch diesen musterhaften

Straßenbau. Wieviel Zeit, wieviel Verlust, wieviel mechanischer Arbeitsaufwand wurden da gespart! Dem Straßenbau gesellten sich die Brückenbauten. Cäsar schlug seine feste Brücke über den Rhein in zehn Tagen! Die Brücke Trajans über die Donau war 1127 m lang und hatte Spannweiten von 38 m Länge, die durch armierte Hölzer überdeckt waren. In Rom selbst kamen allmählich steinerne Brücken auf; die erste aus dem Jahre 62 v. Chr. hatte bereits eine Spannweite von 25 m. Ebenso hat Rom im Kanalbau Großes geleistet. Von Regensburg aus führte ein Leinpfad die untere Donau entlang. Marius legte einen Kanal an der Rhone, Drusus einen andern am Rhein an. Der Kaiser Probus büßte den Kanalbau an der Drawe sogar mit seinem Leben. An Entwässerungen, an Hafenbauten, an Befestigungsanlagen haben die Römer bedeutende Werke geschaffen. Zur Zeit der Kaiser konnte in Rom Jedermann einen Auslaß aus der allgemeinen Wasserleitung in seinem Hause haben. Antiochia und Alexandria hatten die gleiche Einrichtung, auch an der nächtlichen Beleuchtung fehlte es nicht mehr.

Im ganzen Altertum hat sich in der Zeit der wirtschaftlichen Blüte ein freier Technikerstand aus dem Handwerk abgelöst. Schon bei Homer wird der Baumeister erwähnt. In Ägypten sind die Baumeister anscheinend aus der Priesterkaste hervorgegangen, wie auch in der ersten Zeit in Rom und im späteren Mittelalter. Der Papst trägt heute noch in der Bezeichnung als pontifex maximus die Würde zur Schau, die seine heidnischen Vorgänger durch ihre Technik sich erworben haben. Die griechischen Baumeister wurden vom Staate teils gegen Tagelohn beschäftigt, teils waren sie fest angestellt. Das Staatsbauwesen unterstand in Athen einer besonderen Kommission. In Rom gehörte das Bauwesen zunächst zum Zensor- und Ädilenamt, später wurde es von den Kaisern übernommen, ganz wie in dem heutigen modernen Staate. Die Architekten rangierten in der Klasse der bezahlten Beamten, waren also subaltern und standen auf gleicher Höhe mit den Haruspicues, den Ärzten und den Dolmetschern. Neben den Hochbauern gab es besondere Baumeister für den Wasser- und Wegebau, daneben auch besondere Landmesser. Die hohe Zeit des Bauwesens war wohl die erste Hälfte des 2. Jahrhunderts unter Trajan und Hadrian.[1]) Ganz unverkennbar hat in bautechnischer Richtung in Rom ein großer Fortschritt stattgefunden, der in Gemeinschaft mit den gewerblichen Fortschritten, namentlich im Schiffbau und in der Eisenindustrie, sehr wohl geeignet war, einen großen Teil der fortlaufenden mechanischen Arbeitsleistung aufzuheben und Menschenkräfte freizusetzen für feinere, mehr vergeistigte Arbeitsweisen.

Die Abscheidung eines freien Handwerkerstandes aus der Hörigkeit, die wir in Griechenland gefunden haben, ging auch in Rom vor sich. Der Anfang liegt in der vorgeschichtlichen Zeit. Die Hörigen haben durch Abzahlung das Dienstverhältnis nach und nach abgelöst und sich zu einem persönlich freien, politisch allerdings noch machtlosen Stande erhoben, zu der sogenannten Plebs, der nunmehr die Gesamtheit der Patrone als Patriziat gegenüberstand. Das freie Handwerk gliederte sich nach den Zünften. Schon König Numa soll die Zünfte begründet haben, die damals Priester, Augure, Erzgießer, Flötenspieler, Goldschmiede, Zimmerleute, Färber, Schuster, Gerber, Schmiede und Töpfer umfaßten. Die übrigen Handwerker wurden in einer gemeinschaftlichen Innung vereint. Der Zweck der Zünfte war die Bewahrung des Herkommens und der gottesdienstlichen Gebräuche, unter denen wohl auch die gemeinschaftliche Regelung des Begräbniswesens verstanden werden muß. Das Zunftwesen scheint in der späteren Zeit beständig zugenommen zu haben und eine zunftmäßige Gliederung allgemein üblich gewesen zu sein. Aus Philadelphia in Lydien wissen wir von zwei Quartieren, dem der Wollenweber und der Schuster, aus Ephesus von der Zunft der Wollenweber. Lucian spricht wiederholt von Zünften. In Karthago waren sogar die Richter zunftmäßig organisiert; gegen ihre bestechliche Mißwirtschaft war Hannibal vergebens aufgetreten. In Rom bildeten auch die Kaufleute eigene Genossenschaften, wenigstens in der Fremde, so in Griechenland und Ephesus. Neben dem Senat und

[1]) Vgl. Merckel, Ingenieurtechnik im Altertum, S. 596ff.

der Ritterschaft traten in Rom die Zünfte als repräsentative Körperschaften auf; sie setzten dem verstorbenen Augustus Bildsäulen und wurden neben Senat und Ritterschaft von Kaiser Claudius zum Essen eingeladen.

In der alten Zeit ruhte in Rom, wie in allen Orten, das Bürgerrecht auf dem Grundbesitz. Nur der freie, grundbesitzende Bauer war aktiv und passiv wahlberechtigt, er allein aber auch verpflichtet zum Heeresdienst. Da man indessen nicht hindern konnte oder wollte, daß auch die Plebs und der freie Kaufmann oder Handwerker Eigentumsrechte am Boden erwarben, deckte sich schon im 6. Jahrhundert die Bürgerschaft nicht mehr mit dem Grundbesitz. Die neuen Grundbesitzer erhoben nun Anspruch auf politische Rechte, bald folgte auch die nichtansässige Plebs. Der Kampf um den Ausgleich ist derjenige Abschnitt in der Entwicklung des römischen Volkes, mit dessen Erzählung die römische Geschichte eigentlich erst ihren Anfang nimmt.

Mit diesem Kampfe Hand in Hand ging ein anderer Kampf der armen Bürger gegen die reichen, insbesondere gegen das grausame Schuldrecht. Wer diesen Abschnitt in der römischen Geschichte des Livius ruhig liest und mit der heutigen Entwicklung vergleicht, kann sich des Eindrucks nicht erwehren, daß ein bewußter Fortschritt in der politischen Geschichte nur dadurch erreicht werden kann, daß man das Volk gewaltsam, zum Teil gegen seinen Willen, vorwärts reißt. Die Plebejer hatten durch einen Generalstreik zu ihrem Schutze das Institut der Volkstribunen erlangt, und man muß sagen, daß die Tribunen sich ehrlich bemüht haben, das Interesse des Volkes zu fördern. Sie hatten durch ihren Einspruch bei der Aushebung endlich durchgesetzt, daß die Beamten zum Teil aus der Plebs gewählt werden durften; aber das Volk machte von seinem Rechte keinen Gebrauch, es hatte das freie Wahlrecht und wählte konservativ! So mächtig war der Einfluß der wirtschaftlichen und sozialen Verhältnisse, ganz ähnlich, wie nach der Reform des Kleisthenes in Athen und wie heut noch in Preußen. Nur in unaufhörlichen, verfassungsmäßigen Kämpfen konnten die Tribunen die Gleichberechtigung den Konservativen abringen. Nie ist eine Partei engherziger und kurzsichtiger aufgetreten, als die römische konservative Partei des Grundbesitzes in der Zeit der jungen Republik. Sie verlor den Boden Schritt für Schritt, aber sie blieb verständnislos für die umgestaltende Macht der Technik, der freien Arbeit und des von ihr geschaffenen mobilen Kapitals. Nach zweihundert Jahren hatte der alte Grundbesitz die Schlacht auf der ganzen Linie verloren. Um das Jahr 310 v. Chr. wurde durch das Vorgehen des großen Reformators Appius Claudius der Zensus die Grundlage des Bürgerrechts, und alle Ämter, alle Rechte waren nunmehr unabhängig vom Grundbesitz, allen denen zugängig, die ein minimales Vermögen nachweisen konnten. Es folgte im Jahre 287 das Hortensische Gesetz, nach welchem sogar die Versammlung der Plebs in ihren Beschlüssen ebensoviel galt, wie die römische Gemeinde. Es war der Sieg des Handwerks. In stetem verfassungsmäßigem Ringen, nur durch die Überlegenheit seiner Einsichten und seiner wirtschaftlichen Kraft, hatte das Handwerk diesen Sieg errungen, ohne Blutvergießen, ohne gewaltsame Erschütterung des Staates. Höchstens wurde der parlamentarische Streit einmal durch eine Holzerei unterbrochen. Wie lebhaft um diese Zeit die Entwicklung des Handwerks gewesen ist, folgt aus dem Gesetz des Jahres 357, welches den Freikauf mit einer Steuer von fünf Prozent belegte. Livius sagt, daß durch dieses Gesetz eine nicht unbedeutende Einnahme in die Schatzkammer geflossen sei. Im Jahre 209 griff man auf den so angesammelten Schatz zurück und nahm 4000 Pfund Gold heraus. Rechnet man mit Beloch dieses Gold zu 16 Millionen Sesterzen und den Freikauf durchschnittlich zu 2000 Sesterzen, so ergeben sich für das Jahr 1080 Freikäufe; da aber mit den 4000 Pfund der Schatz noch nicht erschöpft war, wird man 1100 Freikäufe rechnen können. Philipp, der Makedonier, hielt der Stadt Larissa im Jahre 214 Rom als Muster vor, dessen Größe zum Teil auf der Freimütigkeit beruhe, mit welcher den freigelassenen Handwerkern das Bürgerrecht verliehen werde.[2]) Volle Gleich-

---

[2]) Vgl. Beloch, Die Bevölkerung der griechisch-römischen Welt, S. 414.

berechtigung hat das Handwerk in Rom gleichwohl nicht erlangt. Das Stimmrecht besaß es, aber es war in der Ausübung beschränkt, etwa so wie heute noch in Preußen. Die Zünfte wurden aber durch ihre ständige Anwesenheit in den folgenden drei Jahrhunderten, neben der Beamtenklasse, die eigentlichen Vertreter des römischen Volkes.

Die Plebs war aus der Hörigkeit hervorgegangen. Auch später hat die Hörigkeit noch bestanden, wurde aber überwuchert und verdrängt von der Sklaverei. Die Hörigkeit war da zweckmäßig, wo es sich für den Gutsherrn um die Gewinnung des Lebensunterhaltes handelte; wenn er aber Geld verdienen wollte, dann war auf diesem Wege nichts zu machen. Die Hörigen waren zu selbständig, um ein Mittel zur Spekulation zu sein. Wollte der Gutsherr ein Gewerbe in größerem Maße selbst betreiben, dann mußte er Sklaven einstellen, lebende Maschinen. So sehen wir mit der Geldwirtschaft, mit dem Betrieb von ländlichen und städtischen Gewerben die Sklaverei sich ausdehnen und auch auf die gelernte Arbeiterschaft sich mehr und mehr erstrecken. Auch bei der Sklaverei aber kamen in der ganzen Folgezeit Freikäufe vor, da es auch hier dem geschickten Arbeiter gelang, über das durchschnittliche Quantum hinaus zu produzieren und das Mehr zu seinem Freikauf anzulegen.

Man hüte sich vor dem Gedanken, daß in der Zunahme der Freilassungen eine mildere Gesinnung zu erkennen sein möchte. Es kam ja wohl vor, daß persönliches Wohlwollen dem Sklaven zur Freiheit verhalf, namentlich fand diese Begünstigung bei den Haussklaven statt; der sterbende Patron vermachte seinen Lieblingssklaven wohl testamentarisch die Freiheit. Derartige menschliche Regungen bildeten aber die Ausnahme. In den weitaus meisten Fällen war es der ganz gemeine Egoismus des Patrons, der besser auf seine Rechnung zu kommen glaubte, wenn er die Sorge für den Sklaven sich vom Halse schaffte und ihm nur die dauernde Verpflichtung auferlegte, nach wie vor für den Patron zu arbeiten. Der Patron hatte aus diesen Pflichten den gleichen Nutzen wie früher, brauchte den Sklaven aber nicht mehr zu ernähren und strich noch obendrein die Ablösungssumme ein. Mit dem ungeschickten oder ungelernten Arbeiter ließ sich ein derartiges Abkommen freilich nicht treffen, denn dieser hatte kein Äquivalent zu bieten. Die vorgeschrittene Technik hatte aber eine solche Differenzierung in der Bearbeitung der Naturerzeugnisse längst hervorgerufen, daß der geschickte Handwerker mehr als andere leisten und sich freikaufen konnte.

Die sogenannten Freigelassenen, die später in Rom so zahlreich vertreten waren, entstammen also dem Sklavenstande und unterscheiden sich dadurch von der Plebs. Es gab für sie zwei Arten des Freikaufs. Bei der einen gelangte der Sklave in den völligen Besitz der persönlichen Freiheit, unter Umständen sogar des römischen Bürgerrechts. Dieser Akt war die sogenannte vindictio. In den meisten Fällen aber war die Freilassung nur eine beschränkte, ebenso wie in Griechenland. Der Sklave wurde wohl persönlich frei, d. h. er konnte nicht mehr verkauft werden, blieb aber privatrechtlich beschränkt und der Familie des Patrons untergeben. Der Freigelassene war dem Patron zu Dienst und Abgaben verpflichtet, hatte ihm die Treue zu halten, und mußte nach außen hin, namentlich in gerichtlichen Fällen, von ihm vertreten werden. Der Sklave trat also mit der Freilassung aus der Sklaverei in eine neue Art von Hörigkeit. Meistens sind die Bedingungen und der Grad der Freilassung wohl durch Vertrag geregelt worden, ein Ausweg, den wir auch in Griechenland gefunden haben. Zur Zeit des Augustus hatte die völlige Freilassung einen solchen Umfang angenommen, daß man von den zahlreichen Neubürgern eine zu schnelle Zersetzung der Bürgerschaft befürchtete, und die vindictio gesetzlich beschränkte. Für Augustus war auch der Grund von Wichtigkeit, daß mit den vielen Fällen von vindictio die Zahl der Mäuler bedenklich wuchs, die berechtigt waren, am Empfange des Getreides teilzunehmen.

Die Zahl der Freigelassenen muß sehr beträchtlich gewesen sein. Nach Mommsen war der Kleinhandel und das kleine Handwerk fast ganz in ihren Händen, aber sie drangen auch ein in die höheren Gesellschaftskreise. Tacitus erzählt, daß unter Neros

Regierung einmal im Senat der Antrag gestellt worden sei, die Freilassung widerruflich zu machen für den Fall, daß sich der Freigelassene den übernommenen Verpflichtungen entzöge. Von anderer Seite sei aber geltend gemacht worden, daß die stimmberechtigten Bürger, die Ratspersonen in den Kolonien und Provinzen, die Subalternbeamten, Subalternpriester und die Soldaten, zum größten Teil aus Freigelassenen hervorgingen, ja, daß die meisten Ritter und viele Senatoren von Freigelassenen stammten; wolle man die Freigelassenen einschränken, so würde man in Verlegenheit kommen, wie man das Getriebe des Staates aufrecht halten solle. Auch in späterer Zeit ist das Ansehen der Freigelassenen beständig gewachsen. In Ostrom wurden durch den Codex Theodosianus mehr als vierzig Zünfte von den Amtslasten befreit. Die Neigung zum Kastenwesen, die seit Diokletian allgemein geworden war, zeigte sich auch hier, denn die Zunftstellen waren erblich. Man kann wohl als sicher annehmen, daß mit der Erblichkeit auch die Geschlossenheit verbunden war. In diesem Falle würde sich also hier schon die gleiche Erscheinung gezeigt haben, die wir im späten Mittelalter wiederfinden. Die Zunft der Waffenschmiede hatte einen besonderen Gerichtsstand, und zwar vor dem Oberhofkanzler. Die Waffenschmiede waren militärisch organisiert; die Leute dienten zwei Jahre und behielten mancherlei Freiheiten auch nach Beendigung des Dienstes bei.[1]) Justinian hob endlich alle Zwischenstufen zwischen dem Sklaven und dem Bürger auf; wer die Freiheit erlangte, trat fortan in ihren Vollbesitz.

Bis in das 3. Jahrhundert hinein war Rom trotz seiner Ausdehnung ein Stadtstaat geblieben. Das Bürgerrecht der Stadt Rom ergab immer noch bedeutsame Vorteile. Die nivellierende Macht der Technik hatte im ganzen Reich das Handwerk gehoben, die Industrie geschaffen, das Kapital vermehrt; sie hatte den Provinzialen die produktive Kraft gegeben, durch welche sie an wirtschaftlicher Bedeutung den bevorzugten römischen Bürgern längst an die Seite getreten waren. Der Handel führte die Erzeugnisse

[1]) Vgl. Beck, Gesch. d. Eisens. I, S. 560ff.

der Provinzen der Hauptstadt zu, die Schiffe durchkreuzten nach allen Richtungen hin das mittelländische Meer, sie fuhren zwischen den Säulen des Herkules hinaus in den Ozean. Mit Indien, mit China tauschte das Römerreich seine Erzeugnisse. Dem Welthandel war die Ausbildung des Weltrechts gefolgt, des Rechtes der Völker, und die großen Juristen waren selber Kinder der Provinz. Der Verkehr drängte mächtig nach einer Vereinheitlichung in Recht und Verwaltung. Die Einheit des Rechts kam unter der Regierung des Afrikaners Caracalla zur Verwirklichung, der allen freigeborenen Einwohnern des römischen Reiches das Bürgerrecht gab; zugleich verlieh er ihnen die unbeschränkte Freizügigkeit. Die Einheit in der Verwaltung kam erst ein Menschenalter später zum Durchbruch in der Regierungszeit des Kaisers Diokletian.

Aus diesen Angaben geht hervor, daß nicht nur in Griechenland, sondern auch im römischen Reich, diejenigen Bevölkerungskreise aus der Unfreiheit sich erheben konnten, die im technischen Leben standen. Hörigkeit war die Folge der Naturalwirtschaft, Sklaverei die Folge der Geldwirtschaft gewesen in jener Zeit, in welcher die Technik fast ausschließlich auf der menschlichen Arbeitskraft begründet war. Diese Arbeitskraft wurde vergeistigt durch den technischen Fortschritt und durch die großartigen technischen Leistungen im Dienste der Kultur. So weit der erwachende Geist einging in die Form der mechanischen Arbeit, hat er ihr zur Freiheit verholfen. Nur in der gelernten Arbeit konnte damals eine solche Teilung eintreten, daß persönliche Fähigkeiten in Betracht kamen, daß der Geist in der manuellen Geschicklichkeit wirksam wurde, und nur hier winkte die Freiheit. Die ungelernte Arbeiterschaft blieb die ungegliederte, unterschiedslose Masse, deren technisches Können zum Erwerb der Freiheit nicht ausreichte. Sie mußten die schweren und groben Arbeiten leisten, die damals noch keine Naturkraft übernahm, und die schwere Arbeit fesselt den Arbeiter.

Der geschilderte Freiheitsprozeß vollzog sich in den Städten. Auf dem Lande blieb der technische Fortschritt fern, oder er hielt sich doch in so bescheidenen Grenzen, daß der Betrieb im großen und ganzen nach der Väter Weise weitergehen mußte. Die Folge der anfänglichen Technik waren soziale Bildungen, deren Werdegang nicht nur unabhängig war von der städtischen Bewegung, sondern die zum Teil sogar eine entgegengesetzte Richtung einhielten. Sehen wir zu, wie es hiermit bestellt war.

Neben dem Grundbesitz und dem kleinen Handels- und Handwerkerstand war mit der Größe des Reiches allmählich auch der große Kaufmann aufgekommen. Zunächst stellte die Grundbesitzerkaste auch die Großkaufleute. Als den senatorischen Familien im Jahre 218 v. Chr. aber der Handel gesetzlich untersagt worden war, ging er über auf den Ritterstand. Die römische Kapitalmacht erwuchs recht eigentlich als das Ergebnis eines Raubsystems. Rom lebte in der Tat zum guten Teil vom Kriege. In der ersten Zeit der Republik hatte der Adel beständig sich bereichert durch die ausschließliche Okkupation des eroberten Landes, später beschränkte er sich mehr auf die Plünderung mobiler Werte. Die Beamten kamen stets als reiche Leute zurück aus den Provinzen. Die junge Kapitalmacht kräftigte sich an der Pacht der Zölle, der Steuern und der Bergwerke. Bald ging sie über in ein wüstes Spekulantentum, vorzugsweise in Getreide, in Sklaven und in Grundstücken. Sie übernahm die Lieferungen für die Armee und schuf in Rom den Geldmarkt für das Reich. Zur industriellen Produktion war der Kaufmann nicht geneigt, der Gewinn war zu mühselig und zu langsam, Rauben wirkte besser. Seit die Gracchen das Geschworenengericht dem Spekulanten ausgeliefert und die Provinz Asien ihm aufgelassen hatten, konnte er plündern gehen in schönster Harmonie mit dem Gesetz. Als er große Geldmittel zusammengescharrt hatte, kaufte er die Bodenwerte auf und spielte den feinen Mann in der Rolle des Großgrundbesitzers. So drängte das Kapital sowohl vom alten Grundadel, als auch von der hohen Finanz aus, sich zusammen zur Erhöhung der Bodenpreise.

Seit der Zeit der griechischen Kulturblüte hatte auch der Landbau immerhin einige Fortschritte gemacht. Die Sense hatte die Sichel verdrängt, Dreschwalze und Dreschflegel das Austreten des Getreides durch das Vieh; mit der fortgeschrittenen Eisentechnik wird auch der Pflug ein besserer geworden sein. Man spannte zuweilen acht Ochsen vor einen Pflug. Man kannte auch eine Theorie der Fruchtfolge. Trotzdem beruhte die Kultur des Bodens in erster Linie auf der fleißigen Bearbeitung durch die Menschenhand, der nur etwa beim Bewegen des Pfluges und des Wagens das Tier zu Hilfe kam. Eine Differenzierung der Arbeitsweise war wenig eingetreten. Die Arbeit war gleichförmig, grob und schwer, aber nicht schwierig zu erlernen, sie konnte von jedem Sklaven geleistet werden. Der Angriff der Bodenflächen durch das große Kapital hatte den Großbetrieb zur Folge. Die Bauern in Italien wurden ausgekauft, das eroberte Land, an welchem der römische Staat das Bodeneigentum in Anspruch nahm, wurde als Domäne verwaltet oder in einer anderen Form in Pacht gegeben, immer aber in großen wirtschaftlichen Einheiten, nach dem Vorbild des in der Kultur älteren Karthago. Man ging vielfach zur Viehzucht über und scheute nicht davor zurück, Ackerland in Weide zu verwandeln; es zeigt sich hier bereits derselbe Vorgang, den wir später in England wiederfinden. Welchen Umfang diese Betriebsweise annahm, geht u. a. daraus hervor, daß zur Zeit des Tiberius in Italien fast ein neuer Sklavenkrieg ausgebrochen wäre, und zwar durch die Hirtensklaven in Kalabrien und Apulien. Es wurde speziell der Domitia Lepida der Vorwurf gemacht, daß sie ihre Sklavenheere in Kalabrien in schlechter Zucht gehalten habe und dadurch Italiens Frieden bedrohe. Auf denjenigen Besitzungen dagegen, auf denen der Getreidebau bestehen blieb, nahm die Zahl der Sklaven in noch erheblicherem Maße zu. Im Jahre 8 v. Chr. starb Cäcilius Claudius und hinterließ, trotzdem er im Bürgerkriege große Verluste gehabt hatte, 4116 Sklaven und 3600 Joch Ochsen. Man rechnete um jene Zeit auf ein Joch Ochsen 35 Morgen Acker. Nimmt man das Ackerland zu 60% des Ganzen an, so ergibt sich für den Claudius eine Besitzung von neun Quadratmeilen. Plinius rühmt die frühere Bewirtschaftung durch freie Bauern und bricht im Hinblick auf den späteren Zustand in die Worte aus: „Jetzt verrichten gebundene Füße, verdammte Hände und gebrandmarkte Stirnen die gleiche Feldarbeit!"

Vielfach fand man es aber angenehmer, nicht zum Großbetrieb überzugehen, mit dem doch immer noch ein wirtschaftliches Risiko verbunden war; man zog es vor, kleinere Besitzungen aufzukaufen oder größere zu zerschlagen und schollenweise an kleine Pächter abzugeben. Zum Teil mag das Prekarium noch in diese Zeit hinübergeglitten sein, die alte Form der Hörigkeit, die wir oben schon besprochen. Die Reform des Appius Claudius aus dem Jahre 310 v. Chr., welche dem Städter das Bürgerrecht verliehen hatte unabhängig vom Grundbesitz, hatte schon die besitzlosen Landleute von dieser Vergünstigung ausgeschlossen. Später kam in Rom der Begriff der Erbpacht auf, der griechischen Emphyteuse. Der Pächter war hiernach zu dauernder Zinszahlung verpflichtet; blieb er mit dieser länger als drei Jahre rückständig, so konnte die Stelle ihm ohne weiteres entzogen werden. Aus der Erbpacht ging dann die Leibeigenschaft hervor, das spätere Kolonat. Die harte Bedrückung des kleinen Pächters, der oft unbekümmert um Krieg und Mißwachs den Zins zu leisten hatte, auf dessen Schultern immer in letzter Linie die Last der Steuern sitzen blieb, führte naturgemäß zu einem Abströmen des Landvolks nach den Städten, in die Luft der Freiheit. Die kleinen Pachtstellen mit Sklaven zu besetzen, erschien nicht rätlich. Der Grundbesitzer stand sich besser, wenn er dem Pächter die Möglichkeit gewährte, sich ein kleines Vermögen zu erwerben, er belebte dadurch die Arbeitslust und sicherte sich so auf die beste Art den Zins. Es mögen auch mehrfach Sklaven als Kolonen ansässig gemacht worden sein. Als die Ausdehnung des römischen Reiches ihre Grenzen erreicht hatte, nahm die Einfuhr von Sklaven ab; die Ware stieg daher im Preise, und mancher Sklave mag sich zum Kolonat erhoben haben. Im allgemeinen aber waren es freie Erbpächter, die hier in Frage kamen, und gerade ihre Freiheit genierte den Grundbesitzer. Der Sklave konnte nicht abwandern, die Kinder des Erbpächters aber konnten es; hier lag das eigentliche Übel: der Abwanderung mußte gesteuert werden. Diese Forderung führte dazu, den Pächter mit dem Boden dauernd zu verbinden, ihn und seine Nachkommen. Wie sehr es der Landwirtschaft zur Zeit des

Vespasian bereits zeitweilig an Arbeitskräften fehlte, ergibt sich aus der Tatsache, daß es damals schon Wanderarbeiter gab; wir wissen von solchen, die alljährlich zur Ernte aus Umbrien ins Sabinerland hinüberzogen. Auch im Bergbau half man sich mit der Leibeigenschaft, als es an menschlichen Arbeitskräften fehlen wollte.

Die römischen Domänen wurden durch kaiserliche Beamte verwaltet, welche den Titel Prokurator führten. Sie übten in den großen Liegenschaften eine eigene Gerichtsbarkeit aus, bereiteten also die Immunität vor, welche später im Deutschen Reich zur Zersplitterung der Kaisermacht führen sollte. Die Domänen wurden an Großpächter vergeben, an die Konduktoren, die nun ihrerseits die kleinen Kolonen zu schröpfen bemüht waren. In Gallien war es zu Cäsars Zeiten bereits üblich, daß kleine Grundbesitzer sich freiwillig in eine Schutzherrschaft begaben. Dort herrschte in schrankenloser Freiheit der Großgrundbesitz. Am schlimmsten war es vielleicht in Afrika bestellt, dessen Bodenwert in wenigen Händen gewesen sein soll. Im Laufe des 2. Jahrhunderts nach Christo scheint die Form der Leibeigenschaft, oder Erbuntertänigkeit, allgemein üblich geworden zu sein; ihr folgte die rücksichtslose Ausbeutung. Man siedelte gefangene Germanen als Leibeigene an den Grenzen an und machte sie zu Soldaten. Im Jahre 285 standen in Gallien die leibeigenen Bauern auf unter dem Namen der Bagauden und lieferten ein Vorspiel der mittelalterlichen Bauernkriege. Um die gleiche Zeit erhoben sich in Afrika die Bauern als Zirkumzellionen und entwickelten im Bunde mit religiösem Eifer einen wilden Fanatismus. Die Hofdienerschaft der Kaiser raffte die Güter der Verurteilten an sich. Ammianus Marcellinus sagt: „Wie aus klaren Urkunden erhellt, war es Konstantin zuerst, der seinen Umgebungen den Schlund öffnete, Konstantius aber mästete sie mit dem Marke der Provinzen." An einer anderen Stelle heißt es von den illyrischen Bauern, daß sie bei ihrer gänzlichen Verarmung und dem Unvermögen Steuern zu zahlen, entweder von Haus und Hof vertrieben wurden, oder ihrem Leben durch den Strick ein Ende machten.

In den Jahren 348, 408 und 434 wiederholten sich die Aufstände in Gallien und Afrika, 452 in Spanien.

Wir sehen also, während in den Städten die Technik den Sklaven das Mittel an die Hand gab, sich die persönliche Freiheit zu erkaufen, das alte freie oder hörige Landvolk entweder dem Sklavenbetriebe weichen, oder in die Erbuntertänigkeit versinken, ohne die Möglichkeit, sich wieder zu erheben. Um die gleiche Zeit, in welcher die Zünfte in Ostrom von Abgaben befreit wurden, erklärte Konstantin die Kolonen als ständig an die Scholle gebunden; Theodosius fügte noch hinzu: „mit Kindern und Kindeskindern und für ewige Zeiten." Der Grundherr konnte den Kolonen züchtigen und anketten. Mit der Technik fehlte hier das Mittel zur Freiheit; stumpfe, gleichförmige, mechanische Arbeit war hier der Tagesdienst. An eine Freilassung war um so weniger zu denken, als ja die Landwirtschaft an Arbeitskräften Mangel litt und lieber noch mehr Arbeitskräfte eingestellt, als von den vorhandenen welche freigegeben hätte. Die schwache Technik hatte eine rückständige Kultur zur Folge. Hier war der Unterschied zwischen gelernter und ungelernter Arbeit noch nicht eingetreten, oder er war doch unwesentlich geblieben. Hier kam es im wesentlichen auf die Kopfzahl an. Ist bei einem solchen Zustande ein großer Grundbesitz vorhanden, so ist die Knechtschaft die unweigerliche Folge; das galt für Rom, wie es später für Deutschland galt, insbesondere für Ostelbien. Nur die steigende Technik kann die Fessel lösen. — Wir schreiten zur Besprechung der geistigen Kultur.

Die Erziehung der römischen Kinder war insofern sorgfältiger, als die der griechischen, als der Vater an der Erziehung mehr Anteil nahm. Der Sohn war der ständige Begleiter des Vaters, er folgte ihm sogar in die amtlichen Sitzungen. Cato unterrichtete seine Kinder selbst, Augustus seine Enkel. Die Geschichte Roms tritt uns in einer Zeit entgegen, in welcher die Technik, Gewerbe und Handel, schon von einflußreicher Bedeutung geworden sind. Der Handwerker, und vor allem der Kaufmann, muß lesen, schreiben und rechnen können, sonst kann er seine Korrespondenz nicht führen und nicht unterrichtet sein über sein Soll und Haben. Eine verbreitete Technik bedingt Kenntnisse. Dementsprechend war auch der Unterricht im alten Rom wohl allgemein verbreitet, wenn auch gemeinschaftliche Schulen erst nach dem zweiten punischen Kriege entstanden sind, und zwar als private Unternehmungen elementarer und höherer Art. Die Lehrer waren, wie in Griechenland, ursprünglich Sklaven, später Freigelassene. Julius Cäsar erst erteilte an Lehrer und Ärzte allgemein das Bürgerrecht. Der elementare Unterricht bezog sich natürlich auf Lesen, Schreiben und Rechnen; im 3. Jahrhundert v. Chr. entwickelte sich die römische Grammatik, die dann im 2. Jahrhundert mit der Rednerkunst im Unterricht gelehrt wurde. Zu Ciceros Zeit lernten die Kinder auch das Gesetzbuch auswendig, wie heut den Katechismus.

Eine eigene Wissenschaft besaß das Rom der Republik noch nicht; im 2. Jahrhundert hielt die griechische Philosophie jedoch ihren Einzug. Namentlich der Stoa war es vorbehalten, in Rom ihre zweite Heimat zu finden, da ihr rücksichtsloser Fatalismus zu der schweren und ernsten Lebensauffassung des Römers paßte. Die angeborene römische Sittlichkeit löste sich auf in einen Katechismus der Ethik. Auch auf die Religion hat die griechische Spekulation zersetzend eingewirkt. Cato und Domitian haben die Philosophen ausgewiesen. In der Schule lehrte man jetzt die sieben freien Künste, die Grammatik, Rhetorik, Philosophie, Astronomie, Geometrie, Arithmetik und die Musik. Eine besondere Tiefe des Unterrichts war schwerlich vorhanden. Die Philosophen spielten übrigens in Rom bei weitem nicht die Rolle, wie in Griechenland, zum Teil durch eigene Schuld. Ihre schäbige Kleidung, das kurze Haar und der Bocksbart, gaben ihnen schon äußerlich ihr besonderes Gepräge; sie traten mit Vorliebe auf als Tugendlehrer, und der Gegensatz zwischen ihren Worten und Werken zog sie ins Lächerliche. Sie waren die Mönche des Altertums.

Mit 16—17 Jahren pflegte der junge, adlige Römer in den Stab eines Konsuls einzutreten, um das Kriegshandwerk zu erlernen. Er wurde bald zum Stabsoffizier (Kriegstribun) ernannt und kehrte nach einigen Jahren zurück, um die Ämterlaufbahn durchzumachen. Dio Cassius verlangt, daß Senatoren- und Rittersöhne in den Knabenjahren fleißig zur Schule gehen und wenn sie zu Jünglingen heranwachsen, reiten und fechten lernen, und daß der Staat beide Arten von Lehrern besolde. Die bürgerlichen Kinder konnten es in der Armee nur bis zum Hauptmann (centurio) bringen, sofern das Konsulat sie nicht zum Imperator machte. An die Sklaven, d. h. an die kleinere Hälfte des Volkes, dachte natürlich kein Mensch. Vespasian war der erste, der die höheren Lehrkräfte aus öffentlichen Mitteln unterstützte, in der späteren Kaiserzeit gab es Universitäten. Zu einer eigenen Wissenschaft ist Rom nur in der Rechtsentwicklung vorgeschritten.

Von dem römischen Volksrecht ist uns wenig überliefert. Das römische Recht tritt uns gleich dem griechischen in einer Fassung entgegen, in welcher die Blutrache, und auch die Symbolik, ziemlich geschwunden sind. Das Recht hat sich dann weiter entwickelt durch die Gewohnheiten und die gerichtliche Praxis, durch die Gesetzgebung und die Edikte der Prätoren. Die Gerichtsverfassung beruhte auf dem Zusammenwirken der Magistrate und der Schöffen, oder Geschworenen. Später traten daneben die senatorischen und die kaiserlichen Gerichte auf. Erst seit dem Zwölftafelrecht war eine schriftliche Unterlage gegeben.

Das Recht teilte sich in das bürgerliche und in das Völkerrecht, das jus civile und das jus gentium; ersteres galt für die Stadt Rom und ihre Bürger, letzteres für die Fremden und für die Provinzialen. In den Provinzen selbst ist stets nach Willkür das Recht gesprochen worden. In der Zeit der Republik lag die Handhabung des Rechts bei den Prätoren; in der Kaiserzeit ging die oberste Rechtsinstanz über auf den Polizeipräsidenten (praefectus urbi) für die Stadt, und auf den Kommandeur des Gardekorps (praefectus praetorio) für die Provinzen. Diokletian schaffte das Institut der Geschworenen ab und begründete damit die Kabinettsjustiz.

Dasjenige Recht, welches zur eigentlichen Berühmtheit gekommen ist, hat sich herausgebildet aus den Gutachten römischer

Rechtsgelehrter aus der Kaiserzeit; sie wurden vom Kaiser beauftragt, zu den vorliegenden Streitfragen in seinem Namen Gutachten abzufassen. Diese Gutachten wurden dann der Urteilsfindung zugrunde gelegt. Dazu kamen die Verordnungen der Kaiser und die Lehrbücher der Juristen. Das sogenannte römische Recht ist sonach ein Gelehrtenrecht, das aus dem Volksrechte hervorgegangen ist. Klar war das Recht in der großen Zeit der sogenannten Rechtsbildung keineswegs. Ammianus Marcellinus klagt, daß die eigentliche Rechtswissenschaft durch die Menge der sich widersprechenden Gesetze so gut wie aufgehoben sei. Das war Wasser auf die Mühle der Advokaten; sie zettelten erst die Prozesse an und dehnten sie dann möglichst aus; sie beschimpften sich in den Plaidoyers auf eine unschöne Weise, namentlich „wenn sie einer unhaltbaren Sache nicht durch nachdrückliche Gründe eine Stütze zu leihen vermochten." Es galt schon damals der alte Satz, wer schreit, oder schimpft, hat Unrecht. Schwierig war die Stellung der Advokaten gegenüber den Richtern, die ihr Amt um schweres Geld erkauft hatten, und nun darauf ausgingen, ihre Nebenmenschen auszuplündern. Bestechungen der Richter waren keine Seltenheit. Selbst Titus trieb als Kronprinz einen schwunghaften Handel mit den Entscheidungen seines Vaters.

Schon das Zwölftafelrecht war eigentlich kein Volksrecht, es war ein Recht der Herrenklasse, geschmiedet zur Knechtung der Armen. Die Materie des bürgerlichen Rechts wird in letzter Linie immer von der Technik geliefert, teils aus der sozialen Schichtung heraus, teils in der Form der Produktion, der Entwicklung von Handel und Verkehr. Als der Verkehr noch lokaler Natur war, kam Rom noch aus mit dem Zwölftafelrecht, später mit dem bürgerlichen Recht. Als der Verkehr aber die Länder des Mittelmeers und das Binnenland umfaßte, mußte auch ein neues, internationales Recht geschaffen werden, das jus gentium, das Völkerrecht. Von dem Schuldrecht ist oben schon gehandelt worden; der unvermögende Schuldner wurde der Sklave des Gläubigers. Er durfte vor Gericht sich nicht einmal selbst verteidigen. Mehrere Gläubiger durften den Schuldner in Stücke schneiden. Das Verlangen Shylocks hatte also seine gute geschichtliche Unterlage. Hypothekenforderungen gab es nicht, das Grundstück des Schuldners ging ohne weiteres über in das Eigentum des Gläubigers, wenn der Fehlbetrag dadurch gedeckt werden konnte. Erbgüter waren unbekannt, freie Teilbarkeit entsprach allein dem Interesse der Kapitalistenklasse. Nur der Kauf, der sich in Gegenwart von Zeugen und in bestimmten Worten vollzogen hatte, war klagbar, der gewöhnliche Kredit hatte keinen rechtlichen Schutz. Man wollte dem Schuldner die Möglichkeit des Leugnens nehmen. Ein pedantisches Formelwesen beherrschte den Prozeß, ein falsches Wort konnte zum Verlust der Klage führen. Der Beamte leitete das Verfahren, das Urteil fanden die Geschworenen; sie wurden aus den Kapitalisten ausgewählt.

Erst allmählich, als neben dem alten Grundadel ein freier Handwerkerstand erwachsen war, wurde das Recht etwas gemildert. Der Kampf der Plebejer ging ebenso, wie ums Staatsrecht, auch ums bürgerliche Recht vor sich. Nunmehr wurde das Recht wenigstens aufgeschrieben. Allmählich bildete sich eine tiefere Rechtsauffassung aus, böswilliges und fahrlässiges Verschulden wurden jetzt erst unterschieden. An der griechischen Philosophie schulte sich das juristische Denken, bis es dann in der Kaiserzeit seine Triumphe feierte. Unzweifelhaft zeigt das kaiserliche Recht einen Fortschritt zur Milde. Das Recht der Frauen und der Kinder war gestiegen, die patria potestas eingeschränkt. Streng bestraft wurde die Beleidigung; der Vertrag wurde nicht entschieden nach dem Wortlaut, sondern nach dem Geist; der Schuldner verlor nicht mehr seine Freiheit, er konnte durch Vermögensabtretung seine Schuld einlösen, und, sehr wichtig, der Richter machte durch ein falsches Urteil sich ersatzpflichtig. Leider kam aber das mildere Recht doch nur der einen Hälfte der Einwohnerschaft zugute, denn die andere Hälfte lebte in der Sklaverei, und der Sklave war eine Sache. Dies Verhältnis galt für indiskutabel, bis Ulpian zu zweifeln begann, ob denn das Sklavenherhältnis tatsächlich ein natürliches sei. Er verneinte die Frage und erklärte das Verhältnis aus der Zweckmäßigkeit. Er hatte die richtige Einsicht, eigentlich das erste klare Urteil wieder seit Aristoteles.

Aber auch abgesehen von den Sklaven war das Recht in vieler Hinsicht roh, und namentlich im Strafverfahren spiegelt sich die Gefühllosigkeit der Zeiten wieder. In der Strafbemessung herrschte die Willkür. Jeder Patrizier hatte seinen Hauskerker, den er mit seinen Hörigen und Schuldnern füllte, denn die Exekutive hatte vielfach nicht der Staat, sondern der Kläger. Er wurde überdies belohnt. Die Belohnung der Ankläger zieht sich durch die ganze römische Geschichte. Mit Ruten peitschen und dann hinrichten, war noch zur Zeit des Hannibal die gewöhnliche Todesart. Verstümmelung war keine Seltenheit. Die Folter sollte nur gegen Sklaven gebraucht werden, aber man brauchte sie auch gegen Freie, namentlich in der Zeit der klassischen Jurisprudenz. Es kam vor, daß Verwandte bei der Hinrichtung der Ihrigen zugegen sein mußten, eine Grausamkeit, die auch im 18. Jahrhundert noch nicht erloschen war. Auch Frauen wurden unbedenklich der Folter unterworfen, und Jungfrauen, die den Tod verwirkt hatten, wurden „von Amts wegen" zuvor durch den Henker geschändet. Eine Vestalin, die das ewige Feuer hatte erlöschen lassen, wurde vom Oberpriester gepeitscht, hatte sie die Keuschheit verletzt, wurde sie lebendig begraben. Die Priester spielten auch sonst wohl die Schergen in eigener Person.

Außerhalb der Stadt wurde das Recht nach Willkür gehandhabt, insbesondere befand der Feldherr über Leben und Tod der Soldaten; Prügelstrafe war an der Tagesordnung, sie war sogar zulässig auch beim Stabsoffizier.

Eine Kunst hat sich in Rom erst spät herausgebildet, und die Blüte des römischen Volkstums, die große republikanische Zeit, die etwa um die Mitte des 2. Jahrhunderts aufhört, hat sich entwickelt ohne nationale Kunst und Literatur. Öffentliche Spiele freilich hatte Rom schon früher gesehen, aber nicht als ein nationales Fest, sondern als eine bürgerliche Belustigung, bei welcher fahrendes Volk berufsmäßig seine Künste zeigte, zunächst in der Rennbahn. Dann kam allerdings eine Art Volkstheater auf, wie es scheint, um das Jahr 400, zuerst als Tanz in der Begleitung der Flöte. Dann trat allmählich der Gesang hinzu, übermütige, possenhafte Weisen, die sich nach und nach abklärten zu wirklichen Bühnenstücken mit einheitlicher Handlung, und zuletzt in die sogenannten Atellane übergingen. Mit der Tragödie war in Rom nichts zu machen. Der römische Bürger hatte für die hohe Aufgabe der Bühne kein Verständnis, er wollte sich amüsieren, wenn er ins Theater ging. Seit dem Jahr 200 etwa kamen auch hier griechische Einflüsse auf, und die neuere griechische Komödie wurde in römischer Bearbeitung geboten. Die Liebe erwarb sich um jene Zeit das Bürgerrecht auf der Bühne, das sie seitdem behauptet hat. Im übrigen aber sah das römische Volk auf der Bühne eigentlich nur den possenhaften Widerschein des eigenen, öden und gemütsarmen Lebens. Man spielte nur zu gewissen Zeiten und errichtete für diesen Zweck in jedem Falle ein hölzernes Gebäude. Erst Pompejus baute ein massives Theater. Auch die alexandrinische Dichterschule übte in Rom ihren Einfluß aus in ihrer schwerfälligen Kunst, bis dann die Kaiserzeit eine eigene Literaturblüte hervorrief, die sich vielfach bewegte in der Form der Hofdichtung. Lied und Roman kannte der Römer nicht, er hatte kein weiches Seelenleben. Virgil erzählt zwar, daß die Bäuerin am Webstuhl abends mit Gesang sich die Weile verkürzte, aber was sie gesungen hat, wissen wir nicht.

In der bildenden Kunst findet sich bis zur Mitte des 2. Jahrhunderts noch kaum ein Anfang, dagegen trat die Sammelleidenschaft hervor, je mehr die politischen Siege Kunstwerke ins Land brachten. Syrakus, Pergamon, Ambracia, Korinth, Karthago mußten hergeben, was sie hatten. Wohl wurden auch in Rom Strafgelder für Kunstzwecke angesetzt; andrerseits aber scheute sich selbst der Zensor Quintus Fulvius nicht, den Tempel der Juno in Bruttium des Daches zu berauben und seinen eigenen Neubau damit einzudecken, den er der Fortuna weihen wollte. Man protestierte gegen diesen Vandalismus, aber nur aus religiösen Gründen.

Erst um die Kaiserzeit kam eine eigene Kunst auf, nicht wie in Griechenland als eine Blüte des Volksgeistes, sondern mehr als ein Erzeugnis des materiellen Reichtums. Cajus Gracchus zahlte für Silberarbeiten schon den zwölffachen, Crassus den vierzehnfachen Metallwert. Cäsar kaufte zwei Gemälde für 48000 Mark. Der nüchterne Charakter des römischen Volkes und der Mangel an künstlerischer Phantasie zeigten sich darin in deutlicher Weise, daß das Handwerk des künstlerischen Schmuckes ermangelte, bis die Macht des Geldes auftrat und den organischen, künstlerischen Trieb durch einen äußerlichen Luxus ersetzte. Die künstlerische Tätigkeit galt selbstverständlich auch in Rom für eine handwerksmäßige, und selbst die klarsten Köpfe stellten das nutzlose Schweifen in der Gedankenwelt, wie der erste beste bocksbärtige Philosoph es fertig brachte, in der Theorie weit über die Tätigkeit eines Phidias. Die Technik ist in Rom hauptsächlich da zur Kunst geworden, wo sie raumgestaltend aufgetreten ist. In der Kaiserzeit erhob sich das architektonische Rom, dessen Tempel- und Theaterbauten, Bäder- und Marktanlagen später den Kaiser Konstantinus zur Bewunderung hinrissen und bis in die neueste Zeit hinein die Phantasie unserer Architekten befruchtet haben. Cäsar bezahlte den Bodenwert für die Errichtung seines Forums mit etwa 2000 Mark für das Quadratmeter, ein Preis, der heute in Berlin in der südlichen Friedrichstraße gezahlt wird. Leider strömte der Reichtum nicht immer in die Adern der Kunst. Der Luxus war kein edler, nicht geläutert vom Geschmack, wie in Athen; er war vielfach ungeschlacht und protzenhaft. Große Sklavenscharen, ein Schwarm von Begleitern auf der Straße, kostbare Purpurgewänder am gesalbten Leibe, zahlreiche Ringe an den dicken Fingern, und vor allem eine grobe Üppigkeit bei Tisch, das war die Sehnsucht nicht nur der Parvenüs, sondern vielfach auch der anderen Klassen, die auf Bildung Anspruch machten. Lucian sagt von einem Gastmahl treffend: „Da kann man die Wollust durch alle Pforten der Seele, durch Augen und Ohren, Nase und Gaumen und jeden anderen Kanal allenthalben in sich einziehen".[1] Das blieb auch später so. Zur Zeit Konstantins wurden die Künstler und die Gelehrten mit den

---

[1] Lucian bei Reclam, Heft 1047, S. 32.

Fremden aus der Stadt Rom wieder einmal ausgewiesen, weil man eine Hungersnot befürchtete. Die Schauspielerinnen aber und die dreitausend Tänzerinnen blieben da, mit ihnen die Musikanten und Tanzlehrer.

Die begriffsmäßige Erkenntnis des Schönen gelangte in Rom nur in wenigen Köpfen zur Klarheit, eine Erscheinung, die nicht wundernehmen kann, da es auf diesem Felde auch in Griechenland nicht anders ausgesehen hatte. Die Stoa verwechselte das Schöne mit der Tugend, Epikur verwarf die Kunst. Die Alexandriner unterschätzten den Gedanken und gingen auf im Schauen, in der Ekstase. Für die Ästhetik hatten sie keinen Sinn. Gleichwohl finden sich in einzelnen Schriften Gedanken eingestreut, die ein ästhetisches Verständnis in sich schließen. Man kannte das charakteristische Schöne, man sprach vom Schönen als einem Gefühl der Lust. Bei der Beurteilung eines Gemäldes ist die Rede von den Umrissen, der Farbe, der Verteilung von Licht und Schatten, von dem Verhältnis der Teile und der Harmonie des Ganzen; man glaubt, einen modernen Kritiker zu hören. Die Kennerschaft stand hoch im Ansehn, doch erstreckte sie sich nicht auf das Wesen des Schönen. Hier ist nur Plotin zu nennen, der große Neuplatoniker; er sah in der Schönheit die Form, die Erscheinung des Begriffs. Er folgt eigentlich unmittelbar auf Aristoteles, und nach ihm versank die Ästhetik in einen Todesschlaf von fünfzehnhundert Jahren, gleichwie die wissenschaftliche Mechanik nach dem Tode des Archimedes.

Die Religion der Römer war durch Abstraktion aus der Naturbetrachtung hervorgegangen, gleich der Religion der Griechen, und die abstrahierten Götter wurden in Rom, wie in Griechenland, in persönliche Form gebracht. Während aber der Grieche sich die Götter in menschlicher Gestalt und in menschlichen Eigenschaften dachte, blieben die Götter Roms mehr unbestimmter, geistiger Natur. Die Götterwelt der Römer war eine geistige Wiederspiegelung der irdischen Welt. Jupiter ist der Gott des bürgerlichen Lebens, Mars der Gott des Krieges, Juno die Hausfrau, Ceres ist die Göttin des Ackerbaues. Auch die Technik hat dem römischen Volke neue Gottheiten gegeben, oder doch vorhandene Gottheiten in ihrem Sinne umgedeutet. Ich nenne nur Minerva, die Göttin der Erfindungen und der Gewerbe, sodann Vulkan, den Gott der Esse, Merkur, den Gott des Handels und Herkules, der bei allen gewagten Unternehmungen und Spekulationen dem Römer hilfreich zur Seite ging. Das Schalten des Gesindes in Küche und Keller spiegelt sich wieder in der heimlichen Tätigkeit der Laren. Aber die Götter traten nicht in Familienbeziehung zueinander, hatten keine Kinder wie bei den Griechen und wurden nicht bildlich dargestellt. Erst allmählich, und wohl durch griechische Einflüsse, kam der Bilderdienst dann auf. Jetzt aber war die Statue noch nicht das Bild des Gottes, sondern sie war der Gott selbst. Als nach der Zerstörung Vejis die Statue der Juno nach Rom gebracht wurde, da war es die Göttin selbst, die ihren Einzug hielt, denn diese Statue war die Göttin. Als aus Anlaß einer Pest die Statue des Äskulap nach Rom geholt wurde, da soll im Schiff sich eine Schlange gezeigt haben, und nun galt allgemein diese Schlange für den Gott. Unglaublich schal und flach waren die religiösen Vorstellungen der Römer. Von einer tieferen Auffassung, wie sie im Adoniskult und in der Feier der Demeter und Proserpina, in den Mysterien, sich zeigte, findet in Rom sich keine Spur. Dagegen war dort eine äußere Werkheiligkeit vertreten und ein streng geregeltes Formelwesen, allemal das Zeichen einer einflußreichen Priesterschaft.

Es gab in Rom priesterliche Genossenschaften und auch priesterliche Einzelämter. Den gesamten Gottesdienst leitete der damalige Papst, der pontifex maximus; zuerst wurde dieses Amt von den patrizischen Familien bekleidet, später übernahmen es die Kaiser. Man brauchte nicht erst vom Christentum zu lernen, wie die Religion als Mittel zur Herrschaft verwertet werden kann, man verstand sich im alten Rom auf diese Kunst vortrefflich. Die Gottheit wurde befragt und offenbarte ihren Willen in dem Vogelflug, sogar im Fressen der heiligen Hühner und in der Lage der Eingeweide. Nur die Priester konnten diesen Willen lesen, und da bei jeder irgendwie bedeutenden Handlung die Götter befragt werden mußten, sogar bei der Beamtenwahl und vor der Senatssitzung, so hatte die Beamtenschaft allezeit es in der Hand, die Wahlen, oder auch andere Akte, nach ihrem Willen zu beeinflussen und zu lenken. Im Geheimen lachte man natürlich über den Formelkram. Als Cäsar einmal die Nachricht erhielt, die Eingeweide seien unglückverheißend, ließ er dem Haruspex sagen, sie würden schon glücklicher werden, sobald er es nur wolle. Polybios sagt, daß bei den Römern die Furcht vor der Gottheit in solchem Maße gesteigert sei, daß ein höheres Maß nicht erreichbar wäre. Wenn ein Staat aus lauter weisen Männern gebildet werden könne, so würden solche Mittel überflüssig sein. Da aber die Menge von leidenschaftlichen Wallungen beherrscht werde, so bleibe nichts übrig zu ihrer Bändigung, als die Furcht vor dem unbekannten Jenseits und die fürchterlichen Schilderungen von den Göttern und dem Hades. Das ist die Auffassung, in welcher heute noch unsere mittelalterlichen Mächte befangen sind. Aus der religiösen Angst leitet Polybios die Ehrlichkeit der Römer her, im Gegensatz zu der Bestechlichkeit der Griechen. Wenn er geahnt hätte, wie es hundert Jahre später aussehen würde! Mucius Scävola unterschied eine Religion für das Volk und eine andere für die Gebildeten, natürlich die Philosophie. Man war sich also völlig klar über den religiösen Schwindel; dennoch ließ man ihn bestehen als ein Mittel zur Macht. Auf der Dummheit des Volkes gründete die herrschende Klasse ihren Einfluß, damals wie heut.

Im zweiten Jahrhundert v. Chr. zog die griechische Philosophie ein in die Stadt Rom, bald gefolgt von ägyptischen und syrischen Kulten und von der Schar der Astrologen, der Chaldäer. Man wies die Philosophen aus, sie kamen wieder. Der Dienst der Isis mit seinen entmannten Priestern, und der Dienst des Serapis wurden untersagt; aber sie tauchten wieder auf. Man verjagte öffentlich die Astrologen und bewahrte sie im Geheimen doch! Die meisten römischen Kaiser standen in Verbindung mit ihnen und glaubten an ihre Wissenschaft. Ein finsterer Aberglaube beherrschte im Altertum fast alle Klassen. Das Essen der Eltern, das Trinken des Blutes der erschlagenen Feinde, war im Altertum mehrfach verbreitet, es fand sich bei den Massageten, den Skyten und den Indern. Man wollte sich die Kräfte der Toten aneignen, man hatte ernste, sittliche Absichten dabei. In der christlichen Religion wurde diese Handlung zum Symbol. Auch andere Symbole, die in der christlichen Kirche heut geboten werden, haben vielfach schon den früheren Gottheiten gedient. Das Brechen des Brodes, das Waschen der Füße, die unbefleckte Empfängnis, geweihtes Wasser, Weihrauch, Ablaß, das ewige Licht, sind Dinge, die nicht das Christentum erfunden hat. Um die Zeitwende gab es Leute, die auf dem Wasser und durchs Feuer gehen, Geister zitieren, Tote ins Leben rufen, Besessene befreien und böse Geister austreiben konnten. Die Wunder, die Christus angedichtet wurden, waren für jene Zeit durchaus nichts Außergewöhnliches. Man sah den Geist des Augustus zum Himmel fahren, Sterne und Wunder zeigten sich bei seiner Geburt, man sah den Vespasian Blinde und Lahme heilen durch die Berührung mit seiner Hand. Damals war dieser Glaube frisch und lebendig, später wurde er zur Methode, er wurde in ein System gebracht und zum Dogma gestempelt.

Eine Unzahl von Feiertagen lähmte im alten Rom die bürgerliche und die amtliche Tätigkeit, Betfeste, Dankfeste, Prozessionen wechselten sich ab und mußten wiederholt von Staats wegen gemindert werden. Der Buß- und Bettag, das Kirchengebet für den Landesfürsten, sind römisch-heidnische Einrichtungen. Der Reliquienhandel kam auf, das Opfermesser der Iphigenie, der Stock des Proteus, die Locken der Isis, waren gesuchte Gegenstände. Man konnte schon damals Menschen heilig sprechen, insonderheit rückten die Kaiser nach ihrem Tode in die Schar der Heiligen auf. Die Festessen der Priesterkollegien, alias Opferschmäuse, waren aus religiösen Gründen sehr notwendig, und schon Marius pilgerte den Weg zu den Müttern, den später Faust auf des Mephisto Rat beschritt.

Die Geister der Abgeschiedenen umschwebten die Menschenwelt in ihrem Treiben und Tun, oder sie lebten in der Unterwelt. Die Stoa brachte pantheistische Gedanken in die geistige Nacht der

Römer und bereitete sie langsam vor für die Gedankenwelt des Christentums. Solange aber die römisch-heidnische Religion aufrecht stand, war auch sie, gleich der griechischen, eine Religion der Freude. Sie suchte das Volk aufzurichten in der Verzagtheit, den gesunkenen Mut zu beleben durch den geoffenbarten Beistand der Götter. Die Religion umfaßte alle Menschen mit gleicher Duldsamkeit und hatte einen großen Einfluß. Nie war sie intolerant, aber sie war oberflächlich und ging nicht in die Tiefe.

Man rühmt gerne die frühe Zeit der Römer als eine Pflanzstätte für häusliche Zucht und kriegerischen Sinn. Diese Zucht beruhte aber zum guten Teil auf dem Züchtigungsrecht des Vaters, das wir in diesem Umfang längst als bedenklich anerkannt und abgeschafft haben; und mit dem kriegerischen Sinn war es oft nur schwach bestellt. Aus der alten, sagenhaften Zeit führt man heroische Taten an, um die sittliche Größe der Römer zu beleuchten, so den Tod der Lucretia und Virginia, bedenkt aber nicht, daß uns das Altertum noch andere Taten von Heroismus überliefert hat, die nicht durch die Sage, sondern durch die Geschichte bekundet sind. Ich erinnere nur an den Tod karthagischer und pontischer Frauen. Auch heute ist der freiwillige Tod einer Frau aus Anlaß ihrer Liebe und ihrer jungfräulichen Ehre keine so große Seltenheit; man macht nur kein Aufheben davon. Mit dem männlichen Heroismus stand es in Rom nicht besser. Auch ihn hat uns die sagenhafte Zeit nur überliefert, während die Geschichte heroische Taten nicht nur von halbwilden Völkern meldet, sondern auch aus Sagunt, Capua, Nesactium. Mit Regulus hört der angebliche Heroismus der Römer auf, er geht über in eine nackte Wirklichkeit mit allen Fehlern und Schwächen.

Kriegerisch waren die Römer ja, aber keineswegs immer kriegsbegeistert. Dem Plebejerstand gelang es nur dadurch, in die Regierungskreise hineinzukommen, daß das Tribunat dem Kriege beständig Schwierigkeiten entgegensetzte. Die in das Heer eingestellten Freigelassenen und Sklaven schlugen sich ebensogut, wie die Bürger, und mehr als einmal ist das Bürgerheer schmählich ausgerissen. Meuterei war keine Seltenheit.

Auch die politische Befähigung ist den Römern sicherlich nicht abzustreiten, aber vieles verdanken sie dem Glück, das ihnen Gelegenheit gab, die Gegner nacheinander und einzeln zu besiegen. Die unvergleichliche Lage Roms im Zentrum des Mittelmeers, der damaligen Kulturstätte, und zwar auf der nördlichen, entwicklungsfähigen Seite, barg in sich den Keim zur handelspolitischen Größe. Es herrschte in der alten Republik eine Anzahl bürgerlicher, stolzer Geschlechter; ihre Hand ruhte schwer auf den Armen, aber sie brachte eine große Anzahl begabter Köpfe hervor. Nicht auf einzelnen Schultern erwuchs die römische Macht, sondern auf der gesamten Bürgerschaft. Durch die Jahrhunderte hindurch lebte der Sinn für vaterländische Größe, für die politische Tat; aber daneben stand der Gehorsam gegen das Amt und gegen die Gesetze. Was dem Römer fehlte, war der Sinn für die Technik und für die alltägliche Arbeit. Wohl hat er die Technik angewandt zu kühnen Unternehmungen, aber sie war ihm stets nur das Mittel zu einem dahinter liegenden Ziele, zu Macht und Reichtum. Nie hat er den Segen gefühlt, der aus der täglichen Arbeit fließt. Der Sinn des Römers war ins Große gerichtet, auf Politik, Krieg, Gewalt und Recht, auf Spekulation und materiellen Genuß. Der innere Seelenfrieden war ihm fremd. Er war im Grunde ein unglücklicher Mensch, trübsinnig und schwer, und wenn ein Lächeln über sein Antlitz zog, so war es nicht das goldene Lächeln des Humors, sondern der diabolische Zug der kalten Satire.

Die Zeit einer mehr unbewußten Sittlichkeit begann sich zu zersetzen, als um das Jahr 200 v. Chr. die griechische Philosophie anfing, in Rom gelehrt zu werden. Sie griff ein in die Lebensauffassung auch nach der religiösen Seite hin. Dazu kam, daß durch die beständigen Freilassungen der von allen Seiten herbeigeschleppten Sklaven Senat und Bürgerschaft eine Zersetzung des Blutes erlitten. Das ursprüngliche Volkstum löste sich auf. Die siegreichen Kriege des zweiten Jahrhunderts schleppten die Goldmassen und die Kunstwerke aus Griechenland, Asien und Afrika herbei, und ihnen folgte das wilde Heer der weiblichen

Musikanten, der Harfen- und Flötenspielerinnen, der Tänzerinnen, der Spaßmacher und Hofnarren, das unter dem äußerlichen Schein des Anstandes nunmehr seinen Einzug hielt in das römische Bürgerhaus. Nur derjenige Reichtum kann Segen bringen, der auf Arbeit und Bildung ruht. Es hat sich in sittlicher Hinsicht schwer gerächt, daß der Römer den Segen der mechanischen Arbeit nicht erkannte; in dieser unglücklichen Überhebung lag bereits der Keim zu Roms Verfall. Als eine Siegesbeute wuchs der eine Teil des Reichtums hervor, aufgeführt in triumphalischem Schaugepränge, und ihm folgte bald der andere Teil aus der raffinierten Herrschaft über die besiegten Untertanen. Ein grober, verschwenderischer Luxus war die Folge, und ein schmählicher Mißbrauch der aus dem Gelde fließenden Macht. Mit dem Erscheinen der Macht wuchs die Begierde. Die Sitten lockerten sich. Die Ämter wurden käuflich und die Bestechlichkeit bald allgemein. Polybius rühmt noch das römische Pflichtbewußtsein, aber schon Jugurtha brüstet sich lachend im Taumel des Erfolges, daß in Rom alles käuflich sei. Die Ehelosigkeit nahm zu, und die Ehescheidung wurde eine alltägliche Erscheinung. Römische Frauen waren früher wohl bestraft worden, wenn sie Ehebruch getrieben hatten; im Gefolge der asiatischen Kulte entdeckte man im 2. Jahrhundert aber schon eine weit verzweigte Gesellschaft, die regelmäßig ihre Bacchanalien feierte. Die Technik, welche die Sklaven brauchte, wirkte aus dieser Notwendigkeit heraus entsittlichend auf das weibliche Gefühl. Schon im Ausgang der Republik hatten die vornehmen Damen nackte Knaben um sich; um ungestraft ihren Lüsten leben zu können, verzichteten manche auf Rang und Stand, und ließen sich in das Verzeichnis der öffentlichen Dirnen eintragen. Die Mutter Marc Antons galt zu ihrer Zeit für eine der vortrefflichsten und tugendhaftesten Frauen, dennoch wollte sie das ganze Gesinde foltern lassen, aus keinem anderen Grunde, als weil ein silberner Becher verschwunden war. Fulvia, die Gemahlin Marc Antons, des ersten Mannes im Staat, bezeugte ihre zarte Seele dadurch, daß sie den abgeschnittenen Kopf des Cicero anspie, ihn dann auf den Schoß nahm, den Mund öffnete, die Zunge herauszog und sie im Gefühl gesättigter Rache unter Spott und Hohn durchstach mit Nadeln aus ihrem Kopfputz.

Die Leidenschaften waren am Ausgang der Republik so erhitzt, daß der Kampf der Parteien nicht mehr auf verfassungsmäßigem Wege vor sich gehen konnte; es entzündete sich der Bürgerkrieg. Dieses Geschlecht zerfleischte sich selbst in schonungslosem Morden, und es war das kleinere Übel, als, gestützt auf die Soldaten, ein einzelner Wille sich geltend machte, der über den Parteien stehen konnte. Man ging zurück auf das alte Königtum, aber bis zur Errichtung eines Parlaments ist das Altertum nicht vorgedrungen. Neben dem Senate war der Kaiser absolut, beide hatten ihren abgegrenzten Wirkungskreis. Die geistige und sittliche Unreife, die sich vielfach in den vornehmen römischen Kreisen fand, trieb nun ihre wilden Schößlinge. Der Übermut, der aus den mühelos erworbenen Reichtümern emporstieg, und schon in der Republik zu einer Verwilderung der Sitten führte, überschritt nun alles Maß, als bei den Kaisern auch die Macht noch zu der Begierde sich gesellte. Unglücklicherweise glaubte man für die Regentschaft auf den alten, verkommenen Adel zurückgreifen zu müssen, und so kam die Claudische Familie zur Regierung. Hier nun bildete sich die stinkende Pfütze im Staate Rom. Es gab und gibt keine Gemeinheit, kein Verbrechen, das diese Kaiserzunft sich nicht gestattet hätte: Feigheit und Verrat, Geilheit und Ehebruch, natürliche und perverse Laster, Ämter- und Stellenkauf, Betrug und Gotteslästerung, Bruder- und Muttermord, jede Art von Schändlichkeit war hier zu finden. Der feige Senat lag auf dem Bauch und klatschte Beifall! Er gratulierte dem Nero, als dieser aus Anlaß einer Verschwörung die nächsten Verwandten der Senatoren getötet hatte, und er gratulierte ihm zum Muttermord. Aus diesem Pfuhl haben erst die bürgerlichen Kaiser wieder herausgeführt, wie denn Roms größte Kaiser, die, welche die Marksteine waren in der Kaisergeschichte, bürgerlicher Abkunft gewesen sind. Der Stammbaum des Augustus war bekanntlich mehr, als zweifelhaft, und Vespasian, Titus, Diokletian und Justinian, waren bürgerlichen Blutes.

Man würde aber fehlgreifen, wenn man aus den lasterhaften Höfen auf das Volk schließen wollte; selbstverständlich fand das böse Beispiel viele Nachahmer, namentlich in Beamten- und Offizierskreisen; am meisten angefressen war der Senat, und daß die Kapitalistenklasse über die bürgerliche Moral sich hinwegzusetzen wußte, war in einem Sklavenstaate selbstverständlich. Dennoch war das Volk gesund, und auch aus den senatorischen Familien sind uns viele Züge überliefert worden, die nicht nur auf ein inniges Familienleben, sondern auch auf eine seltene Seelengröße schließen lassen. Man konnte nichts machen gegen den lasterhaften Hof, der Bürgerkriege war man satt, es war eine müde Zeit, die sich nach Ruhe sehnte; sie gebar aber aus ihrem Schoße die Bauten der Kaiserzeit, das römische Recht und das Christentum. Man fand sich in das Wüten der Kaiser, wie in ein höheres Verhängnis. Die Stoa, mit ihrem stillen Verzicht auf Betätigung im Leben, trieb jetzt ihre Blüten. „Es steht in unserer Gewalt, mit dem vollen Gefühl der Freiheit die Schuld der Natur zu bezahlen," sagte Thrasea Paetus, als er dem kriechenden Senat, der in Ehrfurcht ersterben wollte, voll Ekel seinen Rücken wandte. Nirgends hat die Geschichte so mit stählernem Griffel in Erz auf die Notwendigkeit verwiesen, dem Regenten ein gesundes Parlament an die Seite zu stellen, wie in den Anfängen der römischen Kaiserzeit. „Bedenke, daß mir zu tun alles erlaubt ist", schrieb der halbverrückte Kaiser Cajus; er hatte den springenden Punkt getroffen, hier lag der Fehler.

Im Kriege war der Römer ebenso grausam, wie der Grieche. Der große Frömmler Scipio Africanus major ließ nach der Eroberung von Neu-Karthago die römischen Truppen erst einige Zeit „morden". Sie hatten den Befehl, jeden niederzumachen, der ihnen in den Weg kommen würde. Die Plünderung durfte erst beginnen, wenn das Zeichen gegeben war. Bei solchem Rausch der menschlichen Bestie im Wollustkitzel des Mordens kam es oftmals vor, daß nicht nur Menschen getötet, sondern auch Hunde entzweigeschnitten und anderen Tieren einzelne Gliedmaßen abgehauen wurden. Der große Julius Cäsar ließ nach der Eroberung von Uxellodunum den heldenmütigen Einwohnern samt und sonders die Hände abhauen!

Zum Vergnügen der Römer gehörte bekanntlich der Tier- und Menschenkampf in der Arena. In Griechenland blühten die Spiele mehr, als in Rom; aber vor solchen Ausschreitungen bewahrte die Griechen doch ihr ästhetisches Gefühl. Wir haben auch bei den Griechen die Regungen eines tieferen Gefühlslebens vermißt; aber diese edle Oberflächlichkeit wurde bei den Römern noch lange nicht erreicht, hier zeigte sich die bestialische blutdürstige Grausamkeit. Noch Konstantin, den die Geschichte den Großen, die christliche Kirche den Ihrigen, die griechisch-katholische sogar ihren Heiligen nennt, warf in Trier die gefangenen fränkischen Fürsten den wilden Tieren vor, zum Gaudium des Volks.

Um den Kaiserthron sammelte sich eine Dienerschaft, der neue Adel, der als Blutsauger auf den Provinzen lag. Aber bis zum Untergang des Römerreiches hin laufen immer wieder große Züge unter, tauchen immer wieder große Menschen auf; ich nenne aus der letzten Zeit nur Theodosius, den Vater, Ambrosius und Aëtius. Auch Schriften sind aus der Römerzeit auf uns gekommen, die ein so feines und zartes Gemütsleben atmen, daß sie auch vor dem modernen Empfinden standhalten, so Plutarch und Seneca, im Agrikola auch Tacitus. Schrankenloser Übermut des Amts und bewunderungswerte Seelengröße im Privatleben durchdrangen sich im Römertum, viel Schatten, aber auch viel Licht. Horaz preist den echten Römer: „Schreckenlos steht er, umkracht von Trümmern", aber er warnt auch vor der Bewunderung menschlicher Größe. Es war ein hartgesottenes Herrengeschlecht in einem Sklavenstaate, sein Egoismus war in bewußter Weise nur gebändigt durch die Klugheitsmoral.

Woran ist Rom zugrunde gegangen? Die Antwort lautet: am Despotismus. Die Geschichte spricht von jugendlichen und dann wieder von alten und greisenhaften Staaten; Völker sollen angeblich erblühen und absterben wie Individuen. Wie ist das möglich, da die Menschheit doch ewig neu geboren wird? Die geschichtliche Ideenlehre hilft sich wohl mit der Erklärung, daß jede Idee nur zeitweise eingehe in die Form der Erscheinung, also auch die höhere Idee, die sich im Staate offenbart; die materialistische Weltauffassung spricht von einem allgemeinen Werden und Vergehen nach mechanischen Gesetzen, dem auch die Völker unterworfen sind. Mit solchen allgemeinen Erklärungen aber kommt man nicht auf den Grund. An derselben Stätte, an welcher einst Menschen gestrebt und gelitten haben in der Gemeinschaft eines untergegangenen Staatswesens, streben und leiden auch jetzt noch Menschen in der Gemeinschaft eines anderen Staatswesens, die Nachkommen der früheren Geschlechter. Warum besteht der alte Verband nicht heute noch? Er kann überrannt worden sein von einem stärkeren Nachbar, aber diese Möglichkeit soll ausscheiden. Die Frage, um die es sich handelt, lautet nach der Ursache der Jugend und Greisenhaftigkeit der Staaten, die angeblich erblühen und absterben aus Mangel an innerer Lebenskraft, eines natürlichen Todes.

Ein staatliches Gemeinwesen kann nur erwachsen auf Grund der gemeinschaftlichen Tätigkeit seiner Mitglieder, die sich äußert in der Bearbeitung der Erde und ihrer Erzeugnisse. Nur durch die Arbeit findet die Bewohnerschaft die Mittel zu ihrer Existenz. Ein Staatswesen ist nur dann einem gesunden Organismus zu vergleichen, wenn alle seine Teile in richtiger Wechselwirkung stehen, d. h. wenn alle Teile in der Verwaltung des Staats diejenige Bedeutung haben, welche ihnen zukommt nach Maßgabe dessen, was sie beitragen zum Leben des Staates, d. h. nach Maßgabe der von ihnen geleisteten zweckmäßigen Arbeit. Die Art und die Form der Arbeit hängt in erster Linie ab von der Natur des Landes und von dem Hochstande der Technik. Erstere steht im allgemeinen fest, letztere ist wandelbar und schreitet fort. Die Form der nationalen Arbeit erzeugt die soziale Schichtung. Haben die sozialen Schichten den Anteil an der Regierung des Staates, der aus ihrem Anteil an der allgemeinen Arbeitsleistung folgt, so haben sie auch Interesse an seinem Fortbestand; derselbe ist in diesem Falle jung, und wenn er tausend Jahre alt wäre. Allmählich aber ändert sich die Technik; neue Erfindungen tauchen auf, eine neue Arbeitsweise ist die Folge, und der Arbeitsweise folgt unabänderlich die soziale Schichtung. Ändert sich dementsprechend auch die Staatsverfassung, so bleibt der Staat jung und leistungsfähig; im andern Falle tritt ein Zustand ein, den man als den gealterten bezeichnet. Das Interesse an der Erhaltung dieses Staates schwindet, weite Kreise setzen nicht ihre Kraft mehr ein zu seinem Fortbestand, er wird schwach und trägt in sich die Neigung zum Zerfall. Alle künstlichen Machenschaften, die Verdummung und geistige Irreführung durch Schule, Kirche und Presse, verfangen nicht; der gemachte Patriotismus ist kein natürlicher. Der Staatsmann muß beständig darauf bedacht sein, das Interesse aller Kreise an dem Fortbestand des Staates frisch zu halten; nur wenn er jeden bevorrechteten Drohnenstand beseitigt und jeder jungen Kraft die Bahn freihält zum Aufsteigen, ist er imstande, die wirtschaftlichen und sittlichen Mächte im Augenblicke der Gefahr auch auszuspielen. Immer ist das treibende Element die Technik, Verfassung und Recht haben nur die Aufgabe, ihr zu folgen.

In Friedenszeiten geht das Volk seinem Berufe nach und überläßt auch der Regierung vertrauensvoll den ihrigen. Diese mißbraucht das Vertrauen leicht unter dem Anreiz der Macht, und verwendet das Heer, das gefährliche Spielzeug, das man in ihre Hände gab, zum Nachteil der Einwohner. Jede Regierung hat die Tendenz, sich zum Despotismus umzubilden. Es wächst der Etat, aber die Verfassung bleibt bestehen. Mit dem Etat wächst die Macht der Regierung. Je mehr sie in ihrer Macht sich fortentwickelt, desto mehr schaltet sie die arbeitende Klasse aus der Verwaltung aus. Ist der Despotismus fertig, dann ist die Lebensader unterbunden, der Staat alt und greisenhaft, zum Sterben reif. Ein solcher Zustand führt im günstigsten Falle zur Revolution oder zu Reformen, im anderen Falle zum Zusammenbruch vor jedem gesunden Angreifer. So war das Frankreich der Bourbonen ein gealterter Staat, es konnte nicht einmal Herr werden über das ebenso gealterte deutsche Reich. Aber es fand in sich die

Kraft zur Revolution, zum Umsturz der veralteten Zustände, und war nun plötzlich wieder jung geworden und stark genug, nicht nur Deutschland, sondern das halbe Europa über den Haufen zu werfen. So hatte sich die Kraft gemehrt nur durch das Zurückgehen auf das Volk, durch das Anpassen der Regierungsweise an die damalige soziale Schichtung. Wenn Frankreich nicht revolutioniert hätte, wäre es heut vielleicht eine englische Provinz. Deutschland und Preußen fanden in sich nicht die Kraft zur Umgestaltung, sie wurden niedergeworfen und haben schwer gebüßt. Erst als sie, aufgerüttelt aus ihrem Schlummer, nun an Reformen gingen, fanden sie mit Hülfe von Österreich und Rußland die Kraft wieder zum Auferstehn.

Wie stand es nun mit Rom? Im Anfang ruhte die nationale Arbeit auf der Tätigkeit der Bürger und der Hörigen. Nur die Freien kommen bei der Staatenbildung in Frage, die Hörigen und Sklaven scheiden aus. Die Verfassung zeigte zuerst die bekannten drei Elemente: den König, den Rat der Alten und den Kreis der freien Männer. Jeder Freie hatte teil an der Verwaltung des Gemeinwesens; er hatte das aktive und passive Wahlrecht, er stimmte bei der Gesetzgebung und beim Gericht, er war aber auch mit seinen Genossen allein verpflichtet zum Heeresdienst. Diese Verfassung war klar und angemessen, sie verteilte die Rechte nach der Arbeitsleistung, Stimmrecht und Wehrpflicht deckten sich. Als Rom das Haupt des latinischen Städtebundes geworden war, gesellte sich zum römischen Heer das Kontingent der verbündeten Regierungen.

Indessen schritt die Technik weiter vor und es verbesserte sich die Arbeitsweise. Ein selbständiges Handwerk trat auf neben dem Ackerbau, es erhöhte seine Produktivität, es kaufte aus der Hörigkeit sich frei und erhob sich zu einer Macht neben dem alten Herrenstand. Die soziale Schichtung hatte sich geändert. Die nächsten Jahrhunderte waren erfüllt vom Kampf der freien Gewerbe um das Bürgerrecht. Der Sieg war auf der Seite der Technik, und zu den Altbürgern gesellten sich die Neubürger, im wesentlichen zu gleichen Rechten. Wieder fielen Stimmrecht und

Wehrpflicht zusammen, wieder war die Macht verteilt nach Maßgabe der Arbeitsleistung. Die Folge war der politische Aufschwung des römischen Reiches, das rasch nacheinander die siegreichen Kämpfe schlug gegen die Italiker, Tarent, Karthago, die Illyrier, Syrien und Makedonien. Damit hörte nun aber die römische Regierung auf, die Verwaltung eines Stadtgebiets zu sein, Rom war ein Staat geworden. Jetzt trat die Scheidung ein zwischen Siegern und Besiegten, zwischen Bürgern und Untertanen. Die Mitglieder des früheren Städtebundes verlangten gleiche Rechte mit den Römern; es kam zum Bürgerkriege und Rom mußte nachgeben. Nebenher ging der zweite Befreiungsprozeß des Handwerks, das sich jetzt, in der Zeit der Industrie, aus der Sklaverei erheben mußte. Die Freigelassenen blieben in ihrem Stimmrecht eingeschränkt, etwa wie heut noch die Bevölkerung in Preußen, es haftete an ihnen noch ein Rest der Untertänigkeit. Jetzt nun trat der Zwiespalt ein zwischen den römischen Siegern und den besiegten Untertanen, zwischen Recht und Pflicht, zwischen Macht und Arbeit. Die Bürger waren frei von Steuern, diese mußten die Untertanen zahlen; letztere trugen also die Lasten, hatten aber keine Rechte. Seit Marius schoben die römischen Bürger auch die Pflicht zum Heeresdienste ab und bezahlten Söldnertruppen mit dem Gelde der Untertanen. Aus dem Gegensatz zwischen Grundbesitz und Kapital, aus dem Streit über die Ausschlachtung der Untertanen, ging das Kaisertum hervor, das sich nun in die Herrschaft mit dem Adel teilte. Die Regierung lag zum Teil in den Händen des Kaisers, zum Teil aber auch in den Händen des Senats. Die Bürgerschaft genoß zwar noch den Schutz der Gesetze, während die Untertanen nach Willkür behandelt wurden, im übrigen aber verlor auch sie nunmehr die politischen Rechte. Die Geschworenenliste enthielt zum größten Teil nur noch die Namen von Adligen, das Heer wurde ein stehendes Söldnerheer, es bestand zur Hälfte aus dem Bürgerproletariat, zur Hälfte aus Untertanen. Der Bürgergeist war aus ihm geschwunden und nur der Korpsgeist blieb zurück, erhöht durch das gemeinschaftliche Verlangen nach Raub und Beute. Die Arbeitskraft war jetzt von den politischen Rechten ausgeschlossen, die Machtverteilung unlogisch und unorganisch, der Staat geschwächt. Um das Jahr 260 n. Chr. fingen die Provinzen an sich abzulösen; der Römerstaat ging aus den Fugen. Diokletian vollendete den Despotismus, schaltete den Senat von der Regierung aus, schaffte die Geschworenengerichte ab, setzte das Heer aus geworbenen Barbaren zusammen und warf die Bürger in eine Klasse mit den Untertanen. Die Regierung war jetzt von der Bevölkerung geschieden, beherrschte sie und sog sie aus. Das Volk, welches den größten Teil der Arbeit leistete und die Werte schuf, an denen sich der Hof willkürlich bereicherte, war von allen Rechten ausgeschlossen, hatte nur zu zahlen und zu gehorchen. Das war das Ende des stolzen Römerstaates!

In den technischen Zuständen lag für die alten Staaten eine Ursache ihres kurzen Lebens. Die Technik bedingte die Sklaverei, und das Kapital schleppte die menschliche Arbeitskraft aus allen Weltteilen zusammen. Aus der Unfreiheit erhob sich aber ein neues Bürgertum, das sich allmählich mit den alten Kreisen mischte. Das alte Bürgerblut zerrann, der politische Gedanke schwand, der Bürgerstolz wich dem Bediententum, der unablöslichen Folge von Sklaverei und Untertänigkeit. Die besiegten freien Völker kamen nicht dazu, am Regiment des Staates teilzunehmen; der Gedanke an eine parlamentarische Vertretung ist im Altertum nicht ausgereift, denn die Intensität von Handel und Verkehr, die Vielseitigkeit der Verbindungswege und des Gedankenaustausches blieben auf einer Stufe stehen, welche eine Vereinheitlichung des Staates im modernen Sinne nicht möglich werden ließ. So ward in Rom der Despotismus groß.

Nunmehr war das Römerreich ein gealtertes Staatswesen, wie alle Despotien, eine Maschine, kein Organismus mehr. Der staatliche Organismus beruht ewig und unveräußerlich auf der Selbstverwaltung des Volkes; das Volk muß seinem Willen Geltung verschaffen können, aber auch die Verteidigung des Landes selbst in die Hand nehmen. Hier liegt die Grenze zwischen Despotie und Volksregierung. Wenn das Volk gemäß seinem Beitrag, den es zur Existenz des Staates liefert, auch an den Segnungen des Staates teil hat und an der Regierung, dann ist der Staat gesund, denn jeder Teil des Volkes setzt seine ganzen Kräfte ein, um diesen Staat zu schützen und zu erhalten. Solch ein Staat entwickelt eine unglaubliche Kraft und Ausdauer. Ein solcher Staat war Rom im Hannibalschen Kriege. Das despotische Regiment zieht im allgemeinen die Soldtruppe vor, es verzichtet lieber auf Reserven und fällt oft nach einer unglücklichen Schlacht. So fiel Makedonien durch die eine Schlacht bei Pydna, Preußen durch die eine Schlacht bei Jena, so glitt das Ägypten der Ptolelmäer in die Hände der Römer, fast ohne Kampf.

Die römische Religion war zur Zeit des Unterganges ohne Kraft, die neue war nicht national. Das alte Stammland Italien war entvölkert durch den großen Grundbesitz. Die Größe des Reiches war auch nach der Teilung noch zu gewaltig, als daß bei der damaligen Technik und den schlechten Verkehrsverhältnissen, ohne Dampfbahn und Telegraphie, eine einheitliche Verwaltung auf die Dauer möglich gewesen wäre. Die Lage am Mittelmeer erleichterte den Verkehr, als Binnenstaat wäre Rom so alt nicht geworden. Es fehlte seit Diokletian die Verflechtung der Interessen, es fehlte das sittliche Band im Staate, es war kein Ineinander da, nur ein Nebeneinander. Der Zusammenhang zwischen Volk und Heer war zerrissen durch die fremden Truppen, die Verbindung zwischen Volk und Thron war zerstört durch die Vernichtung des Adels, denn Konstantin hatte den Erbadel ganz aufgehoben. Der Mittelstand war entrechtet, die Arbeiterschaft in Sklaverei, der Bauernstand leibeigen, der große Befreiungsprozeß der Technik war gelähmt durch die Fesselung des Bürgertums. Jeder ging seinen Weg, so konnte es zu keiner Revolution kommen, und da auch die Reformen ausblieben, mußte das lockere Gefüge auseinander gehen.

Blicken wir nun im allgemeinen zurück auf das gewaltige Altertum, so müssen wir staunen über die vollbrachten Leistungen. Griechische Philosophie und Kunst, römische Architektur und römisches Recht haben einen Teil des modernen Geistes geboren. Dennoch blieb die Kultur befangen in den Schranken, welche ihr die Technik zog. Die Bearbeitung der Naturerzeugnisse konnte sich damals nur vollziehen durch die Menschenkraft; aus dem Tier- und Pflanzenreich und aus der anorganischen Welt die bewegende Kraft zu entnehmen, hatte die Technik noch wenig gelernt. Der Mensch war bewegende Kraft und Arbeitsmaschine zugleich, er so ziemlich allein. Der Fortschritt der mechanischen Vorgänge, wie der chemischen, war mehr ein Gegenstand der Versuche, als der methodischen Handhabung. Ein Wachsen der Betriebe, eine gewerbliche und ländliche Industrie waren nur möglich durch eine Vermehrung der menschlichen Arbeitskräfte. Die allgemeine Arbeitsweise ruhte auf der menschlichen Hand; sie trennte sich aber schon in gelernte und ungelernte Arbeit, in das Handwerk und in die Arbeiterschaft im engern Sinne. Aus dieser Arbeitsweise folgte nun die soziale Schichtung, bei der wir aber zwei Formen unterscheiden müssen, je nachdem die Technik noch mit der Naturalwirtschaft auskam, oder durch die gesteigerte Produktionsfähigkeit und Ausbreitung bereits die Geldwirtschaft hervorgerufen hatte. In den Zeiten der Naturalwirtschaft sehen wir in den Staaten vorwiegend nur zwei Klassen, die Eroberer und die Eroberten, Herrschaft und Hörigkeit, in verschiedenen Graden. Mit der Geldwirtschaft gehen die Hörigen über in die persönliche Freiheit, sofern sie sich auf die vorgeschrittene Technik stützen, die sich damals im Handwerk konzentrierte. Die freigewordenen Hörigen reifen aus zu Neubürgern. Allmählich führt die steigende Produktion zur Industrie. Diese letzte kann sich wieder nur auf der menschlichen Arbeitskraft erheben und ruft die Sklaverei ins öde Dasein. Mit der Sklaverei wird ein zweiter Freiheitsprozeß lebendig, der aber nur in eine neue Form der Hörigkeit ausmündet, in das sogenannte Klientenwesen. Das ist das ungefähre Schema der sozialen Vorgänge im klassischen Altertum. Aus diesen Vorgängen klären sich die Klassen der Bevölkerung nun ab. Wir haben in den Städten des Altertums vier Klassen, Altbürger, Neubürger, Freigelassene und Sklaven. In Rom waren die Neubürger durch den Besitz noch in Ritter und Bürger gespalten. Die Kämpfe dieser Klassen um die politischen Rechte füllen die innere Geschichte aus in den Städten des Altertums.

Aus diesem Boden erblühte die geistige Kultur. Mord, Raub und Brand waren im Kriege allgemeine Sitte; im Recht galt die Folter, in der Religion gab es menschliche Götter, in der bewußten Sittlichkeit überwog die Klugheit, und selbst die klügsten Männer hatten den Dummstolz einer vornehmen Geburt und die Verachtung der mechanischen Arbeit. Die Sklaverei wirkte hemmend ein auf die Verfeinerung des Seelenlebens. Man hatte nur Interesse für die äußere Welt, ins Innere drang der Geist nicht ein. Da der Gedankenaustausch vorwiegend nur auf mündlichem Wege möglich war, konnte auch die Befreiung des Geistes nicht denjenigen Grad erreichen, den sie heute hat. Unsere Abstraktionen gehen weiter, als die des Altertums. Der Grieche und der Römer aus ihrer guten Zeit werden immer unsere Vorbilder bleiben für Mannesstolz und Bürgertugend. Aber die Sklaverei und die Hörigkeit waren eine Bedientenschule, auch für den Freigelassenen, Schmeichelei und Hinterlist waren die Folge. Die Befangenheit des technischen Geistes war das Verhängnis des Altertums.

Viertes Kapitel.

Die Deutschen im Mittelalter.

Die älteste Kunde über die Deutschen haben uns Cäsar und Tacitus gegeben. Zur Zeit Cäsars waren die Deutschen erst zum Teil seßhaft geworden, sie schweiften nomadenartig umher, nährten sich hauptsächlich von Milch, Käse und Fleisch, trieben also in erster Linie Viehzucht. Daneben gingen sie über zum Ackerbau, den sie gemeinschaftlich in der Weise ausübten, daß sie alljährlich die abgeernteten Felder verließen und neue in Angriff nahmen. Ihre Kleidung bestand aus Fellen. Straßenraub galt für ehrenvoll, nur nicht im eigenen Lande; es blühte das Gefolgschaftswesen. In dieser Weise lebten insbesondere die Sueven. Die gewerbliche Tätigkeit war noch nicht erwacht, man hatte im Handel keine anderen Tauschmittel zu vergeben, als die Kriegsbeute. Die Usipeter und Tenchterer waren im Ackerbau etwas weiter vorgeschritten, sie hatten Höfe und Dörfer, und die Ubier trieben angeblich einen lebhaften Handel. Bei allen Germanen konnte der römische Kaufmann das Land ungehindert durchziehen, der Fremde galt für heilig und unverletzlich. Als 150 Jahre später Tacitus seine Germania schrieb, hatte die Kultur sich gehoben; die Deutschen waren seßhaft geworden, aber auch damals noch war die Viehzucht ihr Haupterwerb. Edle Metalle wußten sie nicht zu schätzen; sie brauchten den geschenkten, silbernen Pokal gedankenlos zu den gleichen häuslichen Zwecken, wie das irdene Geschirr. Es herrschte durchaus die Naturalwirtschaft. Ihre Waffen bestanden aus Schwert, Lanze mit eiserner Spitze und Schild; es kamen jedoch auch Schutzwaffen aus Eisen vor, so Helm und Panzer. Man lebte in Dörfern, die Wohnung war aus hölzernen Stämmen aufgeführt. Neben den Tierfellen waren gewebte Gewänder aufgekommen, teils mit, teils ohne Ärmel. Die Gewänder woben die Frauen der Knechte, die abgesondert wohnten und für die Germanen die ländliche Arbeit verrichteten. Als Schmuck trug man eiserne Armringe. Der Germane aß Getreide, Obst, Wildpret und saure Milch, er trank einen gegorenen Aufguß von Gerste, oder Weizen, eine Art süßes Bier. Den Ackerbau betrieb er in Feldgemeinschaft, ein Teil der Felder blieb als Brache liegen. Zum Teil bestand zwischen den Römern und den Deutschen ein lebhafter Handel, so namentlich in Augsburg und Regensburg.

Die Gallier hatten dagegen eine höhere Kultur. Die Veneter, die an der Rheinmündung wohnten, trieben schon zu Cäsars Zeit einen lebhaften Handel mit Britannien. Ihre Schiffe waren aus Eichenholz gebaut und mit einem Verdeck versehen, sie wurden nur bewegt durch die Kraft des Windes. Die Römer mußten die Überlegenheit der gallischen Schiffe anerkennen und konnten sich in der Seeschlacht nur behaupten durch die leichtere Lenkbarkeit ihrer eigenen Schiffe, die sie durch Ruder bewegten. Das Segel der Veneter bestand aus Fellen und dünnem Leder. Cäsar bezweifelt aber, daß die Veneter nicht imstande sein sollten, das Segel auch aus Leinwand zu fertigen; er hebt hervor, daß der Anker nicht wie bei den Römern an Seilen, sondern an Ketten hing. Er nennt die Gallier äußerst sinnreich und geschickt zu gewerblichen Arbeiten, sagt, daß sie viel in Eisengruben arbeiteten und ihre Städte mit Mauern und Fachwerk umgaben; er rühmt wiederholt den Reichtum und die Blüte des Landes, und sagt speziell noch von den Aquitaniern, daß sie viele Bergwerke besäßen. Durch das ganze Land zog der römische Kaufmann, und ein starkes Proletariat aus entlaufenen ländlichen und gewerblichen Arbeitern wird ausdrücklich erwähnt. Britannien scheint an Kultur etwa die Mitte gehalten zu haben zwischen Gallien und Germanien. Die Häuser glichen den gallischen, stark war die Viehzucht, aber auch die gewerbliche Tätigkeit muß nicht unerheblich gewesen sein, da man schon das Stabgeld kannte, Zinn und Eisen selbst ausschmolz, das Kupfer dagegen einführte. Zur Zeit des Tacitus war das Land fleißig angebaut, brachte Gold, Silber und andere Metalle hervor, der Handel griff schon auf Irland hinüber.

Aus diesen Angaben geht zweifellos hervor, daß der Norden schon in der Anfangszeit des Christentums eine technische Höhe erklommen hatte, welche die Gewähr einer selbständigen Fortentwicklung in sich trug. Allgemein waren die Völker seßhaft geworden, allgemein betrieb man neben der Viehzucht schon den Ackerbau; meistens lebte man in Dörfern, aber auch schon in Städten; man wob die Kleidung, gerbte das Leder, schmolz und hämmerte die Metalle aus. Namentlich wird die Bearbeitung des Eisens allgemein und immer wieder erwähnt, nicht nur zu Lanzenspitzen und Schwertern, sondern auch zur Rüstung und zu Ankerketten. Mag auch die Kultur der Deutschen um jene Zeit noch schwächer gewesen sein, als die der Gallier, das Eisen schmolz auch der Germane aus den Erzen aus, nicht nur dieser oder jener Stamm, sondern die Gesamtheit der Stämme. Tacitus schreibt das Eisen den Germanen zu ganz allgemein, er erwähnt es noch im besonderen bei den Stämmen, die an der Ostsee wohnten und bei denen, die an den Quellen der Elbe und der Weichsel saßen. Die Altertumsforschung hat im ganzen mittleren Europa Spuren der Eisengewinnung aufgedeckt aus der vorgeschichtlichen Zeit, so in Oberösterreich und im Jura, der allein 400 Eisengruben und Schmelzstätten ergab. Wir haben oben schon gesehen, daß die Cimbrer und Teutonen mit eisernen Schwertern gegen Marius fochten, ebenso taten es die Sueven gegen Cäsar. Thor, der Gott der Schmiedekunst, führte seit vorgeschichtlicher Zeit den eisernen Hammer, und in der Edda und im späteren Amelungenlied feierte die Sage von Wieland, dem Schmied, bereits das Kunsthandwerk der Waffenschmiede.

Die Eisentechnik war also in Deutschland allgemein in Übung, und ein Volk, das sich auf diese stützt, trägt in sich den Keim zum gewerblichen Fortschritt. Der Zusammenbruch des römischen Reiches kann auf diesen Fortschritt nur geringen Einfluß gehabt haben. Es sei hier noch einmal darauf hingewiesen, daß speziell das Eisen aus Noricum, (Salzburg, Steiermark, Kärnten), zur

Römerzeit bereits in hohem Rufe stand und zweifellos die Ursache zur Gründung der Waffenfabrik in Cremona gewesen war, eine Annahme, aus welcher die Ebenbürtigkeit des norischen Eisens mit dem syrischen hervorgehen würde, das in Damaskus, und mit dem spanischen, das in Toletum verarbeitet wurde. Nach den alemannischen Gesetzen hatten Schmied, Goldschmied und Bäcker schon ein höheres Wehrgeld, als die anderen Handwerker; ebenso schätzten das salische und burgundische Gesetz den Schmied höher ein. Karl der Große unterschied bereits die Grobschmiede von den Schildarbeitern, an anderer Stelle erscheint um diese Zeit das Schmiedehandwerk sogar in drei Spezialfächer schon gespalten. Die Kaufkraft Roms war seit der Überflutung durch die nordischen Völker und dem Zerfall des Reiches zweifellos zurückgegangen, die Nachfrage nach Luxuswaren hatte zweifellos erheblich abgenommen; es mögen auch einige Gewerbe im weströmischen Reiche aus Mangel an Aufträgen zeitweilig ganz verschwunden sein, so vielleicht der Bronzeguß, vielleicht auch die Glasbereitung und die Kunst der feineren Gewebe. Dafür fand die Technik aber ihre Fortentwicklung bei den Byzantinern und den Arabern, und die gröberen Arbeitsweisen, diejenigen Verrichtungen, welche die noch in den Anfängen der Kultur stehenden nordischen Völker für ihre eigenen Zwecke brauchten, speziell die Eisentechnik, haben diese Völker selbständig und in stetiger Arbeit fortgebildet. Ein gewisser Einfluß aus dem römischen Reiche war ja zweifellos auch hier vorhanden. Da viele Germanen im römischen Heere dienten, wird auch manch einer in den römischen Waffenfabriken gearbeitet und nach seiner Entlassung die neugelernte Technik in die Heimat getragen haben. Wer sich über die Geschichte des Eisens eingehend unterrichten will, dem kann ich das treffliche Werk von Beck sehr empfehlen: „Die Geschichte des Eisens." Viele Angaben habe ich diesem Werke entnommen.

Die Technik, wie die Wissenschaft, sind international; wohl sind die Arbeitsverhältnisse verschieden nach der Lage der Arbeitsstätten, nach der Intelligenz der Arbeiterschaft, nach der Beschaffenheit des Landes, des Marktes, der Transportverhältnisse; aber wenn diese Bedingungen günstig sind, und wenn das nötige Vorschußkapital vorhanden ist, dann streben die technischen Einrichtungen an den verschiedenen Arbeitsstätten dahin, sich auszugleichen. So arbeitet man heut in den Fabriken in Rußland, speziell in Lodz, mit den gleichen Maschinen, wie in England; man erleuchtet dort die Räume in gleicher Weise mit elektrischem Licht. Das gleiche Bestreben nach Ausgleich fand statt in den Anfängen des Mittelalters. Wenn auch die Betriebsamkeit der Deutschen durch die eindringenden frischen Stämme, die sogenannte Völkerwanderung, immer wieder unterbrochen wurde, und wenn auch der deutsche Markt nicht annähernd wetteifern konnte mit den alten Kulturstätten in Konstantinopel, in Kairo und Damaskus, so war doch in Deutschland die technische Grundlage wenigstens annähernd die gleiche, nicht für die feinen Arbeiten, für die es hier an Bedarf und Schulung fehlte, wohl aber für die gröberen. Um ein Kunsthandwerk ins Leben zu rufen, bedarf es reicher Leute, die nicht nur Geld, sondern auch Neigung haben, diese feinen Arbeiten zu bezahlen, denn feine gewerbliche Arbeiten sind teuer. Deutschland war zunächst ein armes Land, nach feinen Arbeiten war gar keine Nachfrage vorhanden, infolgedessen wußte man sie auch nicht herzustellen. Der Deutsche brach und bearbeitete aber den Stein mit den gleichen eisernen und stählernen Werkzeugen, wie der Römer, er zerschnitt die hölzernen Balken mit der gleichen Säge, wie der Römer; die erste vom Wasser getriebene Sägemühle soll sogar im 4. Jahrhundert in Deutschland gestanden haben. Daß der Deutsche, so gut wie der Römer, die Metalle suchte und aus ihren Verbindungen löste, haben wir oben schon gesehen. Im Schiffbau waren die Veneter, die Bewohner der Provinz Germanien, den Römern scheinbar überlegen; in der Weberei und in der Lederbearbeitung waren sie weit vorgeschritten, und es kann wohl keinem Zweifel unterliegen, daß die benachbarten Friesen von ihnen diese Technik bald erlernen mußten, wie denn friesische Wollgewänder im frühen Mittelalter tatsächlich schon gesucht waren. Daß die Technik durch den Zerfall des römischen Reiches tatsächlich keinen Rückschritt erlitten hat, zeigen aufs deutlichste die Denkmäler der Baukunst. Während die Ostgoten Italien beherrschten, entstand in Ravenna der Kuppelbau von San Vitale, und in Byzanz die kühne konstruktive Schöpfung der Sophienkirche. Die Kunst des Wölbens haben die Deutschen von den Römern übernommen, und selbst die ältesten Kirchenbauten zeigen gewölbte Archivolten und eine gewölbte Krypta. Es kann also keinem Zweifel unterliegen, daß die Deutschen auf einer ganz anderen technischen Grundlage ihre Kulturlaufbahn beginnen konnten, als die Griechen und die Römer.

Der Fortschritt, den die Technik nun während des Mittelalters gemacht hat, war im großen und ganzen sehr erheblich. Es würde zu weit führen, wenn ich diesen Fortschritt im einzelnen erörtern wollte; ich will nur kurz die hauptsächlichsten Gesichtspunkte betonen. Wir haben oben gesehen, daß im Altertum die mechanische Arbeitskraft ganz vorzugsweise auf der menschlichen Hand und Muskel beruhte, und daß man erst zur Zeit der Römer anfing, die Tiere und die Kraft des Wassers zur Bewegung der Mühlen in vermehrtem Maße anzuwenden. In dem Bemühen, die menschliche Arbeitskraft mehr und mehr durch tierische und anorganische Arbeitskräfte zu ersetzen, ist nun das Mittelalter beständig fortgeschritten. Schon die alten Volksrechte aus dem 6. und 7. Jahrhundert gaben den Wassermühlen ihren Schutz. Schon vor dem Jahre 718 sollen die Mühlen in Böhmen allgemein durch den Wind bewegt worden sein, und in einer französischen Urkunde aus dem Jahre 1105 werden ausdrücklich Wind- und Wassermühlen unterschieden. Walter von der Vogelweide spricht von der Mühle, in welcher der Stein im Schwung sich dreht und das Rad so unmelodisch geht. Was die Ablösung der Menschenkraft vom Getreidemahlen besagen will, wird erst klar, wenn man bedenkt, daß um jene Zeit das Getreide das weitaus überwiegende Nahrungsmittel war, da man die Kartoffel noch nicht kannte. Die Schmiede stand in früher Zeit im Walde, tief und einsam. Der Schmied ging teils den Erzen, teils dem Holze nach, aus dem er sich die Kohlen wohl selber brannte. Neben dem Meiler stand der Schmelzofen, neben diesem der Feuerherd mit Blasebalg und Amboß. Um diese weltabgelegenen Stätten wob die Sage ihre Schleier. Zum Waldschmied ging Siegfried hin, ein Schwert zu schmieden, vom Waldschmied sind auch wohl die berühmten Schwerter der Karolingischen Helden geschmiedet worden, die Joyuse, Altekläre, Durandel, Almanze, Malagir usw.; ebenso war es ein Waldschmied, der in Ruhla den Landgrafen Friedrich den Eisernen hart schmiedete zum Kampfe gegen den Adel. Im Anfang des 14. Jahrhunderts war nun die Mechanik soweit vorgeschritten, daß sie den Bau von Arbeitsmaschinen in größerem Umfange bewirken, und als Triebkraft für dieselben das Wasser verwenden konnte. Hier setzt ein fundamentaler Abschnitt in der Entwicklung der Technik ein, die im großen durchgeführte Ablösung der menschlichen Arbeitskraft durch mechanische Verrichtungen. Die Technik lernte den Blasebalg der Schmiede durch die Wasserkraft bewegen; infolgedessen verließ der Schmied seine alte, waldumrauschte Arbeitsstätte und stieg ins Tal hinunter an den Strom. Durch die vermehrte Kraft in der Gebläsevorrichtung erzielte die Technik jetzt eine größere Hitze im Schmelzofen, sie lernte nun auch das Eisen schmelzen und schuf damit einen zweiten fundamentalen Abschnitt in ihrer Entwicklungsgeschichte, die Gewinnung des schmiedbaren Eisens auf indirektem Wege. Die Technik schmolz das erhaltene Gußeisen jetzt von neuem ein und blies ihm den lebendigen Odem solange in die Nase, bis es in Stahl oder Schmiedeeisen überging. Das neue Verfahren war sicherer und ergiebiger als das alte, und trug in sich den Keim zu seiner späteren großartigen Ausgestaltung in dem Bessemerprozeß. Jetzt lernte die Technik auch das Zerkleinern der Erze mechanisch zu bewirken, es traten die Pochwerke an die Stelle der römischen Sklaven; jetzt lernte sie auch das Schmieden mechanisch vorzunehmen; wieder nahm sie dem Sklaven den Hammer aus der Hand und gab ihn den Naturgewalten, die nun in den mechanischen Hämmerwerken das Stabeisen und die Bleche schweißten. Durch die größere Kraft des Blasens konnten die Schmelzöfen höher werden, die Füllung umfangreicher und der Betrieb ergiebiger.

Die Eisentechnik des Altertums kannte nur den Schuppen- und den Kettenpanzer, in der Zeit der Völkerwanderung kam der Ringelpanzer, und im 14. Jahrhundert der Plattenpanzer auf. Mit den Drahtzügen entwickelte sich das Nadlergewerbe. Im 15. Jahrhundert zeigten sich die Anfänge der Walzkunst, aus ihr erwuchs eine elegantere Herstellung der Bleche. Nachdem im 14. Jahrhundert schon Geschütze aus Bronze aufgetreten waren, zeigte der Krieg gegen die Hussiten im Jahre 1422 solche aus gegossenem Eisen. Aus den Bergwerken hob man das Wasser durch des Wassers Kraft empor. Auch die Drahtzüge wurden durch Wasserräder bewegt, ebenso die Sägemühlen, die Walkereien, die Papiermühlen, die zwischen Schleifsteinen, oder in Stampfwerken, die gewebte Pflanzenfaser zerkleinerten. Die Weberei der Tuche schritt in Deutschland beständig fort, während diejenige der Seide zunächst in Byzanz und Bagdad, bald aber auch in Italien ihre eigentliche Heimstätte fand. Um das Jahr 1000 erfand der Mönch Gerber in Rheims die mechanischen Turmuhren; er gab der Welt die neuen Zeitmesser, die nicht mehr einfroren, wie die alten Wasseruhren, und bald von allen Türmen den Bürgern die Stundenteilung wiesen. Die Baukunst entwickelte mehr und mehr eine konstruktive Kühnheit, welcher selbst die Römer nicht gewachsen gewesen waren. Im Dom zu Köln ist das konstruktive Prinzip aufs äußerste betont und auf die Knotenpunkte eingeschränkt, während die Zwischenfelder für die großen Glasflächen geöffnet wurden. Zu diesen Fortschritten der alten Technik gesellten sich nun die großen Erfindungen des Kompasses, des Schießpulvers und des Buchdrucks, deren soziale Folgen erst später hervortreten und daher im folgenden Kapitel erörtert werden sollen. Die wissenschaftliche Mechanik hat dagegen bis zum Jahre 1500 eine nennenswerte Förderung nicht erfahren, ebenso stand es mit der Chemie.

Schon Tacitus berichtet von Sklaven und Freigelassenen der Germanen, unter denen wohl hörige Leute in mehr oder weniger abhängiger Stellung zu verstehen sind. Diese Sklaven lebten meistens nicht im Hause des Herrn, sondern auf besonderen Hufen, in die das Herrenland zerlegt war. Sie mußten an das Herrenhaus nicht nur die Nahrungsmittel, sondern auch die gewerblichen Erzeugnisse liefern, insbesondere die gewebten und gegerbten Bekleidungsgegenstände. Die Freigelassenen hatten keine wesentlich andere Stellung, mit Ausnahme derjenigen, die an despotischen Fürstenhöfen sich aufhielten als die persönlichen Diener der Fürsten. Diese haben damals schon, wie vordem ihre Genossen im alten Rom, die Grundlage für einen neuen Adel abgegeben, der aus dem fürstlichen Bediententum zu allen Zeiten sich entwickelt hat. Die eigentlichen Träger des Staates waren die freien Männer, die Eroberer des Landes und ihre Nachkommen. Neben diesen aber hatte schon vor langer Zeit sich ein Stammesadel ausgeschieden, dem eine einflußreiche Priesterschaft zur Seite stand. Der Stamm zerfiel in Gaue oder Hundertschaften; an der Spitze des Gaues stand der Häuptling, an der Spitze des Stammes der aus dem Adel gewählte, aber keineswegs unumschränkte König. Wir finden hier die altgriechische und die altrömische Verfassung wieder: die Volksversammlung, den Rat der Alten oder Fürsten, und den König, daneben eine Priesterschaft.

Der Grund und Boden war gemeinschaftlich, er gehörte dem Gau oder dem Dorfe; für das Land war die Bezeichnung Mark in Gebrauch, sowohl für die Landes- oder Stammesmark, als auch für die Gau- oder Dorfmarken. Nicht alles Land war angebaut, das von dem Stamme in Besitz genommen war. In die ganze Stammesmark waren die Dorfmarken eingestreut, und das zwischen ihnen gelegene, von den Dorfschaften nicht in Besitz genommene Land fiel dem König zu, nicht als Eigentum, sondern als Grundstock für die öffentlichen Ausgaben, für den Fiskus. In den Dorfmarken übten die Markgenossen die grundherrlichen Rechte aus, in der ungeteilten Mark der König. Diese Rechte gaben dem Grundherrn die freie Verfügung über das Feld, den Wald, das Wasser, die Wege, also auch über die Jagd, den Fischfang, das Strandgut und die Bodenschätze, kurz, über die gesamten Nutzbarkeiten. In den Dörfern wurde das Land genossenschaftlich verwaltet. Jeder Markgenosse erhielt sein Landlos zugewiesen, das er nach gemeinschaftlichem Plane zu bebauen hatte. Nach einiger Zeit wurden die Lose neu verteilt. Wald und Wege, Wasser und Weide blieben der gemeinschaftlichen Benutzung vorbehalten und wurden zusammengefaßt unter dem Namen Dorfalmende. Die Landlose gab der Markgenosse in einzelnen Teilen an seine Hörigen ab gegen Zins an Nahrungsmitteln und gewerblichen Erzeugnissen. Er selbst lag auf der Bärenhaut, zechte, würfelte und hatte nur Sinn für Jagd und Krieg.

Bei dieser Indolenz für alle wirtschaftlichen Fragen konnte es nicht ausbleiben, daß einzelne Freie, die auch dem Erwerbsleben ihr Interesse zuwandten, sich nach und nach über ihre Stammesgenossen durch den Anspruch auf größere Losgüter zu erheben wußten. Der von Tacitus erwähnte Adel setzt eine solche Bevorzugung voraus. Namentlich aber entstanden Unterschiede, als um die Zeit der Völkerwanderung das gemeinschaftliche Feld in Sondereigentum übergegangen war, und nunmehr jeder Eigentümer durch Einzäunung oder Abmarkung seines Landes aus der genossenschaftlichen Verwaltung ausscheiden konnte. Das deutsche Recht kannte ursprünglich nur den Besitz, das Eigentum entstand erst später an diesen abgemarkten Landteilen. Je weiter die Bodenkultur vorschritt, desto mehr erwünscht mußte dem intelligenten Markgenossen die Abmarkung seines Landes sein, denn durch diesen Schritt gingen die grundherrlichen Rechte von der Genossenschaft auf ihn über, er wurde zum freien Grundherrn. Mit der Abmarkung war auch die Veräußerung des Gutes möglich geworden, und mit dieser entsprang nunmehr die eigentliche Quelle der Ungleichheit. Die üblen Folgen, welche die Ausbildung des freien Eigentums am Grund und Boden in späterer Zeit hervorgerufen hat, sah man damals nicht voraus.

Mit zunehmender Bevölkerung wurden neue Dörfer gegründet, teils in der Dorfmark, teils in der früher ungeteilten Mark des Landesherrn, teils auf den abgemarkten Bezirken der neuen Grundherren. Der Bodenbesitz zersplitterte sich einerseits, andrerseits sammelte er sich in einzelnen Händen. Da in der Zeit der Naturalwirtschaft der Landbesitz die überwiegende und sicherste Einnahmequelle war, pflegte der Grundherr das Land nicht als Sondereigen, sondern nur als Sondernutzung herzugeben, ein Rechtsverhältnis, aus dem die Begriffe von Lehneigen und Zinseigen hervorgegangen sind. Dem Lehneigner wurden auch die grundherrlichen Rechte leihweise übertragen, dem Zinseigner nur die Bodennutzung; daraus erwuchs der Unterschied von Herrenland und Bauernland.

In der fränkischen Zeit wurde das Königtum erblich und wuchs sich in gewissem Sinne aus zur Obergrundeigentümerschaft. Das nicht im Privatbesitz befindliche Land fiel bei Eroberungen der Krone zu. Auch das Amts- und Hausgut der besiegten Stammeskönige, und mehrfach sogar das ganze Land der besiegten Völkerschaften, wurde als neu erworbenes Krongut angesehen, so beim Siege über die Araber, über die Avaren und die Slaven. In Gallien fielen zweifellos viele Latifundien dem König zu, die von ihren römischen Besitzern in Stich gelassen waren. Diese gewaltigen Ländermassen verschenkte der König zum großen Teil an seine Dienerschaft und sein Gefolge. Das Reich wurde in Gaugrafschaften eingeteilt, und dem Grafen die Verwaltung, das Gericht und der Heerbann übertragen. Auch diesen Beamten aber konnte der König in der Zeit der Naturalwirtschaft nicht gut in anderer Form ein Einkommen überweisen, als durch die Belehnung mit Grundeigentum. Die Folge war eine neue Ungleichheit im Besitz, und das Entstehen einer neuen Anzahl großer Grundherrschaften. Der König, der Hof- und Dienstadel und die Kirche, waren die Besitzer. Die kleinen Freien ergaben sich vielfach selbst in ein abhängiges Verhältnis, um gegen die Willkür der Grafen den Schutz des Lehnherrn zu genießen. Wir finden hier die gleiche Erscheinung wieder, die zur Zeit des Cäsar schon in Gallien bestand.

Die Grundherrschaften zerfielen in Salland und Zinsland. Das erstere bebaute der Grundherr auf eigene Rechnung, den anderen Teil gab er an freie, oder unfreie Kolonen ab gegen Zins und Fron. Die Einwohner der Grundherrschaften standen sämtlich in einem Abhängigkeitsverhältnis zum Grundherrn, denn bei der Naturalwirtschaft konnte auch der landlose Freie nicht gut einen anderen Unterhalt gewinnen, als aus dem Anbau einer verlehnten Feldmark. Für eine solche Verlehnung mußte er Zins leisten, und die rechtliche Folge aus dieser Zinspflicht war, daß niemand die Grundherrschaft ohne die Zustimmung des Grundherrn dauernd verlassen durfte; die Einwohner gehörten zu der Grundherrschaft, waren hörig. Was für die ursprünglich Freien galt, das galt für die mehr oder weniger Unfreien erst recht, unter denen sich verschiedene Grade der Liten, der Kolonen, der Schutzhörigen und der Freigelassenen bewegten. Da zu den grundherrlichen Rechten auch die niedere Gerichtsbarkeit aus der Markgenossen Zeit gehörte, wurde auch die Straf- und Zivilgerichtsbarkeit dem Grundherrn bezw. dem Vasallen, mit verlehnt. Bald gingen auch Aufgebot und Anführung im Kriege auf ihn über, er hatte die Steuern zu erheben im Auftrage des Königs und bildete mit seiner Grundherrschaft auf diese Art einen Staat im Staate, den der öffentliche Beamte nicht mehr zu betreten hatte. Der Grundherr war jetzt im Besitz der Immunität, der Freiheit von der öffentlichen Gewalt, die Grundherrschaft war zur integritas geworden, dem Fronhof, Herrenhof des Mittelalters.

Wir haben den Fronhof bei den Griechen, bei den Römern, bei den Galliern gefunden; er scheint, wie ich wiederholt betont habe, die allgemein übliche Form zu sein zur Verwaltung eines großen Grundbesitzes in der Zeit der Naturalwirtschaft. Er ist bedingt durch den Entwicklungszustand und die Verbreitung der Technik und der allgemeinen Produktionsweise. Ich kann aus Mangel an Raum auf die Entwicklung der Grundrechte des Mittelalters hier nicht weiter eingehen und verweise den Leser, der sich gründlicher unterrichten will, auf die Spezialwerke von Maurer, Inama-Sternegg, Grimm u. a. Hier kam es nur darauf an, die Entstehung der großen Fronhöfe zu schildern. Der Fronhof ist die Quelle der späteren Landeshoheit gewesen. Es brauchten dem Vasallen, dem Besitzer des Fronhofs, nur etwa die Erblichkeit, das Blutgericht, die Steuerquelle und das Geleitsrecht zuzufließen, und der neue Landesherr war fertig. Auch ohne diese landesherrlichen Rechte aber bildete der Fronhof ein kleines Reich für sich. Seine Hörigen hatten, wie schon zur Zeit des Tacitus, Nahrung und Kleidung an den Herrenhof zu liefern. Mit der freieren Technik und mit fortschreitendem Reichtum traten andere gewerbliche Erzeugnisse auf, so an Holz-, Leder- und Metallgeräten. Die Folge war eine Teilung der Arbeiten, welche die Hörigen zunächst in zwei große Gruppen schied, in Handwerker und Ackerbauer.

Die Hörigen entstammten zum größten Teil den unterworfenen Völkerschaften, Germanen, Römern, Wenden, Slaven, teils auch wohl verarmten Freien. Neben der Hörigkeit ging die Sklaverei einher. Meistens werden wohl die Knechte des Herrenhofs, d. h. die, welche das Salland bebauten, im Sklavereiverhältnis gestanden haben, während das Kolonat den Hörigen zufiel. Zum guten Teil aber war die Bevölkerung der Fronhöfe gemischt. Mit der steigenden Teilung der Arbeit und mit den steigenden gewerblichen Bedürfnissen wuchs die Kolonie der Handwerker. Sie scharte sich um den Herrenhof und wurde umgeben mit einer gemeinschaftlichen Mauer; die dorfartige Niederlassung verwandelte sich in eine Stadt. War der Fronhof innerhalb einer Markgenossenschaft erwachsen, so waren in den meisten Fällen neben dem Herrn des Fronhofs noch andere freie Grundherrn in der Dorfgemarkung vorhanden. Schon um ihrer Sicherheit willen ließen sie ihre Höfe durch die gemeinschaftliche Mauer mit umgrenzen. Sie wohnten fortan in der Stadt, traten in den Ritterstand und bildeten einen Teil der patrizischen Geschlechter, als später ein eigenes Stadtrecht aufgekommen, die Stadt aus dem Hofrecht ausgeschieden und zu einem selbständigen Rechtssubjekt geworden war.

Erinnern wir uns, daß im Altertum der eigentliche Aufschwung der Sklaverei immer erst um diejenige Zeit einzutreten pflegte, in welcher die Technik soweit vorgeschritten war, daß sie feine und grobe, gelernte und ungelernte Arbeit geschieden, daß sie einen freien Handwerkerstand geschaffen, die häusliche durch die gewerbliche Arbeit verdrängt und den Markt soweit gehoben hatte, daß eine industriemäßige Bearbeitung der Naturerzeugnisse lohnend war, dann werden wir a priori annehmen können, daß, ebenso wie in den alten Zeiten Griechenlands und Roms, die Sklaverei auch in den Anfängen der deutschen Kultur nur spärlich vertreten sein konnte. Die Geschichte gibt dieser Vermutung Recht. Wohl bestand im Mittelalter die Unfreiheit in allerhand Formen und Graden, die sich aber meistens in die eine große Form der Hörigkeit einfügen lassen, dieselbe Form, die wir in den frühen Zeiten in Griechenland allerdings nur vermutet, in Rom aber gefunden haben, und deren Ergebnis in Griechenland der Demos, in Rom die Plebs gewesen ist. Wohl bestand auch in Deutschland, wie im Altertum, neben der Hörigkeit die Sklaverei; aber sie war keineswegs besonders weit verbreitet. Wohl gingen auch in Deutschland, wie in Griechenland und Rom, die Handwerker aus der Hörigkeit zur Freiheit über, ein Prozeß, den wir sogleich erörtern werden. Als aber um das Jahr 1400 dieser Prozeß beendet und der gleiche Zustand eingetreten war, den wir in Griechenland zur Zeit des Kleisthenes, im alten Rom zur Zeit des Hortensischen Gesetzes gefunden haben, dort um das Jahr 509, hier um 287, da hätte auch in Deutschland mit dem gewerblichen Aufschwung die Sklaverei in vermehrtem Maße ins Leben treten müssen, wenn die Technik noch die gleiche gewesen wäre, wie im Altertum. Wir haben aber gesehen, daß die Technik im Anfang des 14. Jahrhunderts die menschliche Arbeitskraft von groben Arbeitsformen wesentlich entlastet und Luft und Wasser dafür in ihren Dienst gestellt hatte. Mit den neuen Arbeitsmaschinen, mit den Pump- und Poch- und Hämmerwerken, den Mahl- und Walk- und Sägemühlen, nahm sie abermals einen erheblichen Teil der mechanischen Arbeitsleistung von den Schultern des Menschen ab. Diese Arbeitsleistung war im Altertum eine wesentliche Ursache der Sklaverei gewesen; durch die Erfindungen des Mittelalters wurden hier Arbeitskräfte freigesetzt für feinere Arbeitsformen, und infolge dieser Vorgänge wurde die menschliche Arbeitskraft auf der ganzen Linie mehr vergeistigt.

Eine Erweiterung des Betriebes, die im Altertum nur durch die Vermehrung der menschlichen Hände möglich gewesen war, konnte jetzt durch eine maschinelle Anlage am fließenden Wasser geschaffen werden, es bedurfte nicht mehr der Herbeiführung ganzer Sklavenheere. Die Menschenmenge, welche für die Bedienung der Maschinen und für die noch übrigen Arbeiten nötig war, die von den maschinellen Anlagen damals noch nicht geleistet werden konnten, die war im deutschen Reich vorhanden, es bedurfte also keines Importes mehr. Die einheimische Bevölkerung arbeitete gern und freiwillig, die Bedingungen der Sklaverei waren eingeschränkt, und tatsächlich sehen wir im Mittelalter die Sklaverei erlöschen um die gleiche Zeit, in welcher sie unter den Arbeitsverhältnissen des Altertums ihren Aufschwung hätte nehmen müssen. Die Sklaverei wurde nicht aufgehoben durch Gesetze, sie starb von selber aus durch die reformatorische Macht der Technik. Die verstorbenen Sklaven wurden durch hörige oder freie Arbeiter ersetzt. Die Sitte, die kriegsgefangenen Feinde als Sklaven zu verkaufen, soll nach Jakob Grimm im 10. Jahrhundert gegen die Slaven zum letztenmal in Anwendung gekommen sein, starb also wohl aus um das Jahr 1000. Gleichwohl war die Sklaverei damit nicht aus der Welt. Grimm schätzt selbst die Zahl der Unfreien, die verschenkt werden konnten, um jene Zeit noch auf wenigstens die Hälfte der deutschen Landbewohner. Boccaccio führt uns in seinen Erzählungen verschiedentlich noch Sklaven vor, doch scheint um das Jahr 1400 die Sklaverei in den Städten und Bergwerken im großen und ganzen erloschen zu sein.

Wir sehen nun das Handwerk am mittelalterlichen Fronhof in der gleichen Weise sich erheben und ablösen wie in Griechenland und Rom. Die Handwerker durften zunächst nur für den Fronhof arbeiten. Als die Teilung der Arbeit und die manuelle Geschicklichkeit eine erhöhte Leistungsfähigkeit zur Folge hatten, als mehr Gegenstände fertig wurden, als der Fronhof brauchte, erhielten die Handwerker die Erlaubnis, zeitweilig auch für die Öffentlichkeit tätig zu sein. Schon in den Stammesrechten des 6. bis 9. Jahrhunderts haben einzelne Handwerke sich durch höheres Wergeld über die Menge erhoben; ich habe diesen Punkt oben schon berührt. Nach dem burgundischen Recht hatten der Eisen-, der Silber- und der Goldschmied, nach dem salischen der

Eisen-, der Goldschmied und der Zimmermann, nach dem alemannischen der Eisen-, der Goldschmied und der Bäcker das höhere Wergeld. Immer steht die Bearbeitung der Metalle oben an. Neben den Handwerkern waren die Frauen im Gewerbe tätig, im Spinnen, Nähen, Weben, Schafscheeren, Waschen und anderen Verrichtungen. An der Spitze des Frauenhauses stand die Schaffnerin, genau wie am Hofe des Odysseus. Leider scheute man sich nicht, die Frauen im Nebenamte auch geschlechtlich zu beschäftigen, denn mit dem Frauenhaus war häufig ein Bordell verbunden. Die öffentlichen Frauen standen als freies Gewerbe unter dem Hofmarschall. Ferdinand I. hob die Frauenhäuser auf. Eine Urkunde aus dem Jahre 817 besagt, daß sowohl die leibeigenen Handwerker (servi), als auch die verheirateten Frauen drei Wochentage an ihren Arbeiten für den Fronhof tätig sein, drei Tage aber für ihren eigenen Zweck verwenden sollten; ausgenommen war nur die Zeit der Pflugdienste.

Unter Karl dem Großen war das Gewerbe schon in eine erhebliche Zahl von einzelnen Handwerken gespalten. Jedes Handwerk stand unter einem Magister, alle gemeinschaftlich unter einem Hofamt, meistens wohl unter dem Ministerium des Hofmarschalls; der auch die Gerichtsbarkeit ausübte. Die Handwerker waren also Ministerialen. Sie waren größtenteils auf Ländereien angesiedelt und lieferten als Zins ihre gewerblichen Erzeugnisse. Wie alle Hörigen mußten sie nach außen hin vertreten werden und kamen geschäftlich nur dann mit der Außenwelt in unmittelbare Berührung, wenn sie die Erlaubnis hatten, für Fremde zu arbeiten. Diese Erlaubnis zu erteilen, lag durchaus im Interesse des Grundherrn, weil er aus der Einnahme des Handwerkers auch für sich noch einen Vorteil erzielen konnte. Als die gestiegene Technik eine vermehrte Produktion und einen lebhafteren Tauschverkehr hervorgerufen hatte, und als infolge davon als Tauschmittel das Geld aufkam, entwickelte sich aus der Erlaubnis, für den Markt zu arbeiten, der sogenannte Gewerbekauf. Für die Ablösung der Dienste wurde daneben noch das Halbanum erhoben. Neben diesem persönlichen und wirtschaftlichen Ablösungsprozeß ging ein anderer daher, verwaltungsrechtlicher Natur. Das einzelne Handwerk erwarb das Recht, sich den Magister selbst zu wählen, der fortan die gerichtlichen Befugnisse innerhalb des Handwerks auszuüben hatte. Es erwarb auch sonst das Recht der Selbstverwaltung und des Grunderwerbes, meistens wohl noch in der Form des freien Magisteriums. Als aber ein eigenes Stadtrecht sich entwickelte, ging die alte hofhörige Bezeichnung über in den Namen Zunft, der eine Befreiung des Handwerks von den alten grundherrlichen Lasten in sich schloß. Die Zunft bedingte eigene Gesetzgebung, eigene Verwaltung und eigenes Gericht. Im allgemeinen war die Ausbildung der Zunft um das Jahr 1200 wohl beendet; um die gleiche Zeit ist auch die Befreiung des Handwerks aus der Hörigkeit als eine vollzogene Tatsache anzusehen, ein Vorgang, der auch hier wieder ganz allein nur sich entwickeln konnte aus der produktiven Kraft der steigenden Technik, die, in Anwendung gebracht, die Geschicklichkeit und Fähigkeit des Handarbeiters fortgesetzt erhöhte und ihn selber fähig machte, in der gleichen Zeit mehr und höhere Werte zu erzielen. Diese Werte ermöglichten den Freikauf. Philipp II. verlieh um 1204 den Webern von Etampes die zünftlerischen Rechte, er befreite sie zugleich von allen Abgaben, ließ sich aber dafür jährlich zwanzig Pfund Silber zahlen.

War der Handwerker nun auch persönlich frei, so wurde er doch nach wie vor von der Altbürgerschaft mit Verachtung angesehen, namentlich dort, wo der Kaufmann herrschte. Niemand durfte zur Kaufmannsgilde gehören, der „mit schmutzigen Händen" oder mit „blauen Nägeln" sein Handwerk trieb. An anderer Stelle wird der Gegensatz betont zwischen dem Patrizier und dem Manne „ohne Herd und Ehre, der von der Arbeit lebt"; das Stadtrecht von Brüssel aus dem Jahre 1229 gestattet ausdrücklich, den Handwerker zu ohrfeigen, wenn er es an der schuldigen Ehrfurcht fehlen ließ. Gegen diese schmähliche Behandlung lehnte sich das Handwerk auf, und es folgte jetzt der Kampf des Handwerks um den Anteil an der Stadtverwaltung, die bis dahin allein in den Händen der Geschlechter gelegen hatte. Die Geschlechter waren hervorgegangen aus den Altfreien, den ersten Grundeigentümern in der Stadtmark und aus den Ministerialen, der ritterlichen Dienerschaft des Grundherrn. Vielfach finden sich auch Kaufleute unter den Geschlechtern. Es tritt uns nun die gleiche Erscheinung entgegen wie in Griechenland und Rom. In Athen begann der Kampf des Handwerks etwa um das Jahr 700 v. Chr., er endigte mit dem Siege desselben um die Zeit des Kleisthenes, hat also rund zweihundert Jahre gedauert. In Rom begann der gleiche Kampf nach der Revolution und endete etwa im Jahre 312 mit der Reform des Appius Claudius; auch hier hat er rund zweihundert Jahre in Anspruch genommen. Im Mittelalter, speziell in Deutschland, begann der Kampf um das Jahr 1200 und hat sich hingezogen bis gegen 1400, also wiederum zweihundert Jahre gedauert. Man sieht, soziale Umgestaltungen lassen sich nicht von heut auf morgen machen. Der Kampf des vierten Standes hat in der Mitte des 19. Jahrhunderts begonnen. Nach dem vorstehenden kann man sich über die voraussichtliche Entwicklung ungefähr ein Urteil bilden. Der Erfolg war im Mittelalter in den verschiedenen Städten sehr verschieden, doch kann man im allgemeinen sagen, daß um das Jahr 1400 das Handwerk auf der ganzen Linie gesiegt und seinen Anteil an der Stadtverwaltung sich erstritten hatte. Athen ging um das Jahr 400 offiziell zur Silberwährung über, Rom zentralisierte 269 die Silberprägung; in Deutschland vollzog sich der Sieg des Silbers nach 1200. Man kann also im ganzen und großen wohl sagen, daß der Sieg des Handwerks in der Stadtverwaltung einzutreten pflegt mit dem Siege der Geldwirtschaft.

Auf dem Lande war die vorherrschende Wirtschaftsform der Fronhof, die große Grundherrschaft mit ihrem Kolonat. Der König bedurfte einer Beamtenschaft und einer persönlichen Dienerschaft; die letztere bestand zum Teil aus unfreien Leuten, doch trat auch der Adel in den Hofdienst, der sich nie geniert hat, bei den Mächtigen in ein gleiches Dienstverhältnis einzutreten, für das er selbst sich seine Kammerdiener hielt. Der König mußte Beamten- und Dienerschaft besolden und konnte in der Zeit der Naturalwirtschaft den Sold zweckmäßig nur gewähren durch Verlehnung von Ländereien, aus deren Ertrag der Beamte und der Diener ihren Unterhalt zu entnehmen hatten. Durch diese Verlehnung wurde die Königsmacht insofern aber selbst geschwächt, als sie der alleinigen Einnahmequelle sich entäußern mußte, die um jene Zeit bestand. Alle Einnahme floß aus dem Grundeigentum. Es ist m. W. das Verdienst Oppenheimers, darauf hingewiesen zu haben, daß der Versuch, ein großes Reich auf der Basis der Naturalwirtschaft zu gründen, zum Zerfall der Zentralgewalt führen muß, eben weil sie die Beamten auf keine andere Weise besolden kann, als durch Belehnung mit den in ihrem Besitz befindlichen Ländereien. Auf diese Art wird der Zentralgewalt mit der Einnahmequelle auch die Machtquelle entzogen und der Grund gelegt zu einem übermächtigen Vasallentum. Der römische Staat ging erst dann in größerem Maße erobernd vor, als die Geldwirtschaft durchgedrungen war, er konnte sich halten. Dagegen krankten das persische, das fränkische und das deutsche Reich an der Verselbständigung des Vasallentums. Da mit dem 9. Jahrhundert die Immunität, mit dem 11. Jahrhundert die Erblichkeit der Lehen eingetreten war, hatte sich bis zum Jahre 1200 der neue Stand der Landesherren neben dem Königtum herausgebildet. Unter den neuen Landesherren wiederholte sich nun der Verlehnungsprozeß, denn auch diese bedurften einer Beamten- und einer Dienerschaft und konnten auch um jene Zeit beide nur besolden durch die Aufteilung ihres Grundbesitzes. Neue Immunitäten und neue Erblichkeiten waren die Folge. Um das Jahr 1200 zerfiel das Reich zunächst in das noch gerettete eigentliche Reichsland, die Reichsvogteien, und in die Hausmacht des Königs; ferner in die weltlichen und geistlichen Landesfürstentümer und die freien Herrschaften. Die ersten vier Gebiete gliederten sich wieder in die Lehen der Beamten, der Vasallen und der Dienerschaft, der Ministerialen. Aus den Lehnsmännern des Königs war der hohe, aus den Lehnsmännern der Landesherren der niedere Adel hervorgegangen. Zwischen den adligen Lehngütern waren noch vereinzelte freie Bauernschaften eingesprengt, welche unmittelbar unter dem König standen. Sonst aber war der ganze Landbesitz in den Händen des Adels. Unter ihm bewegte sich der Bauernstand, der aber nicht mehr auf seinem freien Erbe, sondern auf der zinspflichtigen Hufe saß. Die Urbarmachung der verlehnten adligen Ländereien hatte zur Gründung zahlreicher neuer Dorfgemeinden geführt, die nun auf Herrenland erwachsen waren. Erst als die Städte sich zu selbständigen Gemeinwesen erhoben, entwickelte sich neben dem Adel ein neuer Herrenstand.

Der Bauer hatte seine grundherrlichen Rechte also verloren, er war vom echten Eigen abgekommen und auf Herrenland geraten. Zunächst hatte dieser Eigentumsverlust für ihn keine bösen Folgen, er war mehr theoretischer als praktischer Natur. Bis ins 14. Jahrhundert hinein waren nicht nur im Innern Deutschlands, sondern auch in den neu eroberten Ostmarken große Landstriche zu kolonisieren, daher war der Bauer ein gesuchter Mann. Zwischen Elbe, Oder und Ostsee entstanden neue Bistümer; Albrecht der Bär und Heinrich der Löwe siedelten in der Mark Brandenburg, in Lauenburg und Mecklenburg große Scharen rheinischer Kolonisten an. Der deutsche Orden in Preußen, die Piasten in Schlesien, die Könige von Böhmen, Polen und Ungarn suchten deutsche Einwanderer, die bis nach Livland hinauf und bis nach Siebenbürgen hinunter die deutsche Sitte trugen. Man gab ihnen das Land in Erbpacht, sie hatten die selbständige Verwaltung ihrer Gemeindeangelegenheiten, auch die eigene Verwaltung des Gerichts; es ließ sich gar nichts sagen gegen die Liebenswürdigkeit der Herrenklasse; aber die Bauern saßen auf Herrenland, hatten keine grundherrlichen Rechte und dieser Punkt wurde ihnen bald darauf verhängnisvoll. In der Mitte des 14. Jahrhunderts war das verfügbare Land besetzt, die Wälder waren gebannt und es traten Verbote auf, in ihnen durch Rodung neue Anwesen zu gründen, und der landlose bäuerliche Nachswuchs, die jüngeren Söhne, waren dem Grundherrn wehrlos ausgeliefert.

Einen großen Teil der Bevölkerung hatten im 13. und 14. Jahrhundert die aufblühenden Städte in sich aufgenommen; vergebens war das Bemühen des Grundherren gewesen, dieser

Abwanderung Einhalt zu tun. Als aber das Zunftwesen zu einer selbständigen Macht sich entwickelt hatte, als die Meister des Handwerks die Gesetzgebung in ihrem Gewerbe selber regeln durften, suchten sie die Produktion zu monopolisieren und den städtischen Markt in den Bereich ihrer alleinigen Zuständigkeit zu ziehen. Die nächste Folge war, daß man die Zahl der Handwerksmeister auf ein Maximum begrenzte, damit der Divisor nicht zu groß wurde, der in die Einnahme sich teilen konnte. Die zweite Folge war, daß man die Produktion begrenzte, damit die Preise nicht fallen konnten. Die Zahl der Gesellen wurde eingeschränkt. Diese Maßnahmen sperrten den Zustrom der Landbevölkerung, und die Familie der Bauern wurde auch von dieser Seite auf den Grundherrn zurückgewiesen. Um das Unglück des Bauern voll zu machen, war inzwischen auch die Geldwirtschaft zum Durchbruch gelangt. Solange der Grundherr nur von den Naturgefällen lebte, konnte er einen nennenswerten Luxus nicht entfalten, denn er konnte das Gelieferte nur aufessen, jeder Tausch war mit Schwierigkeit verbunden, und auch in den Städten wurden Luxusgegenstände um jene Zeit noch wenig fabriziert. Als aber die gewerbliche Tätigkeit mit dem befreiten Handwerkertum ihren Aufschwung nahm, als das Geld als Tauschmittel zur Anwendung gelangte, als in den Städten der Reichtum stieg und der Luxus zunahm, da erwachte auch im Grundherrn das begreifliche Verlangen nach einem gesteigerten Wohlleben. Er konnte um so mehr Annehmlichkeiten haben, je mehr Geld er aus seinem Lehn herauszuwirtschaften verstand, d. h. je mehr Gegenstände er verkaufen konnte. Die Folge war eine Getreideproduktion für den Verkauf. Je mehr Fronen der Bauer leistete, desto intensiver konnte der Grundherr wirtschaften, desto mehr Getreide konnte er bauen und verkaufen, und nun ging es auf den Bauern los!

Die Landesherren hatten mit der Immunität auch das Aufgebot, die Gerichtsbarkeit und die Bedeerhebung in ihrer Mark erworben und an ihre Vasallen mit verlehnt. Die Bauern waren somit die Untertanen der Vasallen. Die Pflicht der Fronen, die Bestellung des adligen Guts, hatten die Bauern schon früher übernehmen müssen, z. B. in der Mark Brandenburg, allwo die Bauern schon im 13. Jahrhundert die Untertanen (subditi) des Vasallen sind. Man erzwang jetzt eine verschärfte Schollenpflichtigkeit und verwandelte die Fuhrendienste in Pflugdienste. In der zweiten Hälfte des 15. Jahrhunderts hatte nach v. Inama-Sternegg jedes Dorf im Brandenburgischen seinen bestimmten Gutsherrn. Der Bauer hatte jetzt zu leisten: erstens die landesherrliche Steuer, die Bede; zweitens die Abgaben für den herrschaftlichen Beamten, den Vogt; drittens den Zehnten für die Kirche; viertens den Zins für das Grundstück an den Grundherrn, und außerdem die verschiedenen Fronen für den Landesherrn, den Vogt und den Grundherrn, die letzteren jetzt in verschärfter Fassung. Dazu kam, daß nun dem Grundherrn nicht mehr an einer zahlreichen Kolonenschar gelegen sein konnte, an die er sein Gut zur Bewirtschaftung hätte verteilen können; er verlangte eine erfolgreiche Getreideproduktion, eine möglichst große Betriebseinheit, und nicht mehr Arbeitskräfte, als zur Bestellung dieser Einheit nötig waren. Diese Arbeitskräfte sicherte er sich durch seine Machtmittel, den Überschuß aber schob er ab. Da auch die Städte gegen den Zuzug sich abgeschlossen hatten, so zog um das Jahr 1500 ein zahlreiches Proletariat durchs deutsche Land, das sich von Betteln und Stehlen nährte und zum großen Teil sogar zunftmäßig organisiert war. Da die Technik international ist, sind es auch ihre Wirkungen, und so traten auch damals die sozialen und wirtschaftlichen Vorgänge im großen und ganzen zur gleichen Zeit und in gleicher Weise an verschiedenen Orten auf. In Frankreich hatte die Knechtung des Bauern schon früher zum Konflikt geführt, weil dort kein Kolonisationsgebiet lindernd eingewirkt hatte. Dort brach in der Mitte des 14. Jahrhunderts schon der Aufstand los, ganz ähnlich den Kämpfen des Bagaudentums zur Römerzeit. In Deutschland zog sich das Gewitter um das Jahr 1500 erst zusammen. Wir werden seinen Ausbruch im nächsten Kapitel zu berühren haben. Hier sei nur gesagt, daß um das Jahr 1500 es am Horizonte wetterleuchtete und daß der Donner in dumpfem Grollen über das Land hinrollte. Als Illustration zu der damaligen Übermacht des Adels seien hier nur zwei Vorkommnisse angeführt, welche die Jagdverhältnisse beleuchten, und zugleich einen Einblick in die damalige Strafrechtspflege bieten. Ein Herr von Eppstein ließ im Jahre 1494 einen Bauern hinrichten, weil er Krebse gefangen hatte, und Ulrich von Württemberg ließ den Wilderern die Augen ausstechen.

Wir sehen also hier zum drittenmal den gleichen Vorgang sich vollziehen: wenn ein Volk anfängt, die Bahn der Kultur zu beschreiten, dann besteht seine Bevölkerung meistens aus Herren und hörigen Knechten. Ein Teil der Knechte widmet sich dem Handwerk, er steigt zur persönlichen Freiheit auf und erkämpft sich den Anteil an der Verwaltung des Gemeinwesens. Der andere Teil widmet sich dem Ackerbau und erreicht im besten Falle die Stellung eines hörigen Kolonen. In dem Maße, in welchem die Anwendung der Technik sich vertieft und ausbreitet, entwickelt sich neben der qualifizierten feinen Handarbeit eine vermehrte, mechanische Arbeitslast, die weniger Geschicklichkeit, aber desto mehr Muskelkraft erfordert. Ist die Technik selbst noch unreif, dann verwendet sie für diesen Zweck die Arbeitskraft des Menschen, und die Folge ist die Sklaverei. Ist die Technik weiter vorgeschritten, dann nimmt sie neben dem Menschen auch die Tiere und die anorganische Natur in Anspruch und beschränkt die Tätigkeit des Menschen vorwiegend auf die feineren Arbeitsformen. Die Folge davon ist, daß die Technik der Sklaverei nicht mehr bedarf und auch dem ungelernten Arbeiter seine Freiheit läßt. Das gilt für die Städte. Auf dem Lande kommt die Technik nicht zur Geltung; hier bleibt die grobe Arbeitsform zu bewältigen durch die Menschenkraft, daher erhält sich hier die Unfreiheit. Der hörige Bauer, der im Mittelalter mit Erlaubnis seiner Herrschaft aus einem Dorf ins andere zog, wechselte nur die Hörigkeit; der Bauer aber, der aus dem Dorfe in die Stadt zog, wurde frei, wenn er dort unangefochten Jahr und Tag gewohnt hatte. „Stadtluft macht frei", sagte das Sprichwort; die Technik hob ihre Jünger im Altertum und Mittelalter zu Amt und Würden empor, der Grundbesitz zwang seine Leute in Knechtschaft und Fron.

Wir schreiten jetzt zur Betrachtung der geistigen Kultur.

Der Ritter des Mittelalters erzog seine Töchter nicht viel anders, als der Grieche und der Römer die ihrigen. Die Mädchen besuchten entweder eine Klosterschule, oder genossen den Unterricht einer Hauslehrerin. Isolde hat allerdings auch männlichen Unterricht empfangen, hat Musik und fremde Sprachen gelernt, doch war sie eine Ausnahme. Die allgemeine Bildung stand im Mittelalter auf einer tiefen Stufe. Karl der Große hatte allerdings einen energischen Versuch gemacht, den Unterricht zu heben, aber nur an der Hand der Kirche. Die Kirchen und Klöster sollten den Unterricht der Jugend pflegen; der Kaiser schritt sogar zum Schulzwang vor. Es war aber bei der Ausdehnung des Reichs nicht möglich, diesen Gedanken dauernd Geltung zu verschaffen, und nach seinem Tode zerfielen seine Stiftungen. Die Klosterschulen haben sich erhalten, und im 13. Jahrhundert kamen daneben die weltlichen Schulen auf, die Stadtschulen, vielfach nur im Kampf mit der Kirche und mit Interdikt und Bann. Fast will es scheinen, als ob im Mittelalter der Unterricht der Söhne noch weniger ernst genommen worden ist, als derjenige der Töchter. Theodorich der Große konnte nicht seinen Namen schreiben, ebensowenig konnten es die deutschen Kaiser Heinrich I. und Otto I., selbst Karl der Große zirkelte nur mit Mühe in seinen freien Stunden einige Buchstaben auf die Tafel. Es ging auch so! Man sieht, daß für einen tüchtigen Regenten eine umfassende Bildung nicht die unerläßliche Bedingung ist. Auch die Ritter waren nur vereinzelt des Lesens und des Schreibens kundig. König Heinrich III. wurde von seinem Kanzler Wipo im Jahre 1041 vergebens gebeten um Erneuerung des Schulzwanges für die Ritter. Nicht einmal Wolfram von Eschenbach konnte schreiben. Später, als die weltlichen Schulen durchdrangen, besuchten auch die Ritter die Stadt- und Dorfschule. Götz von Berlichingen war allerdings nur ein Jahr in die Schule gegangen, dann wurde er Page, Knappe und Ritter. Hans von Schweinichen lebte in späterer Zeit; er hatte zwei Jahre die Dorfschule besucht und in seiner freien Zeit die Gänse gehütet. Dann wurde er Page, bezog mit 14 Jahren die lateinische Schule in Goldberg und ging dann wieder in den Hofdienst über. Wie wenig auch im 15. Jahrhundert noch es üblich war, moderne Sprachen zu erlernen, zeigt die Heirat zwischen dem Habsburger Maximilian und Maria von Burgund. Das junge Paar verstand wohl die Sprache der Liebe, im übrigen aber mußte es der Dolmetscher sich bedienen, denn er konnte nicht französisch und sie konnte nicht deutsch.

Die geistige Bildung lag mehr bei den Geistlichen, als bei den Laien. Die Wissenschaft erhob sich zur Scholastik. Ihre Aufgabe war die Versöhnung des Wissens mit dem Glauben. Im allgemeinen machte man sich diese Aufgabe nicht schwer, da man aus der Gedankenwelt beliebig Schlüsse zog auf die Wirklichkeit. Zum Höchsten, was gedacht werden kann, gehört der Begriff der Existenz, also muß ein persönlicher Gott existieren, folgerte Anselm v. Canterbury in seinem berühmten ontologischen Beweise. Allmählich sah man ein, daß die christlichen Dogmen nicht beweisbar waren, blieb aber blind gegen die Natur. Von einer exakten Wissenschaft ist bis zum Jahre 1500 wenig zu merken.

Die Universitäten kamen in größerer Anzahl erst im 15. Jahrhundert auf. Hier war die Unterrichtssprache die lateinische, und gelehrt wurde in der Hauptsache Theologie, kanonisches Recht und griechische Wissenschaft. Äneas Piccolomini, der nachmalige Papst, tadelt am Ausgang des 15. Jahrhunderts an der Universität Wien die Überschätzung der Dialektik; das Studium gehe auf in Sophistereien, für Rede- und Dichtkunst sei kein Sinn vorhanden. Da Gewerbe und Handel im Mittelalter auf bescheidener Höhe blieben, war auch der Unterricht nicht allgemein. Die Geistesbildung war im Mittelalter, selbst beim Adel, lange nicht so weit verbreitet, wie unter den freien Griechen und Römern. Das höhere akademische Wissen bahnte sich erst an, es beruhte aber auf der Kultur der Alten und wurde in ihrer Zunge vorgetragen.

Das Recht der Markgenossen wurde gesprochen aus dem freien Gefühl der Volksversammlung. Herkommen und Sitte werden nicht ohne Einfluß gewesen sein. Das gewohnheitsmäßige Recht ist erst im oder nach dem 6. Jahrhundert bei einzelnen Stämmen zur Aufzeichnung gelangt. Sieht man von den Edikten der Könige ab, so folgt auf diese Stammesrechte wieder eine lange Zeitdauer, in welcher die Fortbildung des Rechts auf Kopf und Herz des Volkes ruhte; es entwickelte sich ein Landrecht, ein Lehnrecht, ein Hofrecht und ein Dienstrecht, je nach den Bevölkerungsklassen der freien Landsassen, der Vasallen, der Hörigen und der Ministerialen. Das Feld der Technik war noch zu wenig ausgebreitet, um dem Recht eine ergiebige Materie zu liefern, kam aber dennoch im Hof- und Dienstrecht mit zur Geltung, denn die Handwerker gehörten zum Fronhof und waren Ministerialen. Erst im Stadtrecht gelangte auch die Technik zu vermehrtem Einfluß und zur Bildung eines freien Bürgerstandes. Die unfreie Bevölkerung hatte kein Recht. Das Land- und Lehnrecht der Sachsen und das allgemeine kaiserliche Land- und Lehnrecht sind im 13. Jahrhundert aufgeschrieben worden. Um das Jahr 1300 entwickelte sich das Stadtrecht, meist in den Stadtbüchern verzeichnet, aber zum Teil auch in besonderer Bearbeitung erschienen, wie z. B. das Berliner Rechtsbuch aus dem Jahre 1397.

Im ursprünglichen Volksrecht war als Strafe nur die Todesstrafe üblich; neben ihr gab es Geldbußen, das Wergeld. Dem Geschlechtsverband, der Sippe, lag die Wahrnehmung ihres verletzten Rechtes ob; sie hatte die Wahl, als Entschädigung das Wergeld anzunehmen oder zur Blutrache zu schreiten. Später trat das öffentliche Gericht an die Stelle der privaten Sitte, aber auch dieses erkannte zunächst neben dem Wergeld meistens nur auf Tod. Erst im 12. und 13. Jahrhundert trat als gemilderte Strafe die Verstümmelung auf. Ein Rest des Sippenrechts erhielt sich bis ins 15. Jahrhundert hinein in dem Recht des Verletzten, sich die Strafe von dem Verurteilten abkaufen zu lassen; es war das eine offenkundige Begünstigung des reichen Übeltäters, wie sie in unserm Strafgesetz sich bis heute noch erhalten hat. In der Gärungszeit des 11. Jahrhunderts konnte das öffentliche Gericht nicht durchdringen, die Selbsthilfe trat als Faustrecht in den Vordergrund. Es gab bis in die neuere Zeit hinein eine ganze Anzahl Stegreifritter, welche gegen gute Bezahlung die Fehde gewerbsmäßig ausübten. Götz von Berlichingen zählt hierher. Mit der

Verkündigung des Landfriedens im Jahre 1495 wurde der Eigenhilfe, sowohl in der Form der Blutrache, wie auch der Fehde, auf dem Pergament wenigstens, ein Ende gemacht.

Das Schuldrecht der Deutschen war in frühen Zeiten ebenso grausam, wie das der Griechen und der Römer, auch hier verfiel der zahlungsunfähige Schuldner dem Gläubiger mit Gut und Blut. Zinsen zu nehmen war allerdings nur den Juden gestattet, die Kirche duldete die Zinsen nicht bis ins 16. Jahrhundert hinein. Man sieht, wie schwer eine grundlegende, wirtschaftliche Neuerung sich durchsetzt. Jahrhunderte hindurch hatte die Kirche von ihren Grundstücken den Zins erhoben; aber Zins in Geldform, das war etwas anderes, dieser galt für unmoralisch. Die Ehe kam durch den Kauf des Mädchens zustande, galt aber erst dann für rechtsgiltig, wenn das Beilager vollzogen war; das erste Beilager fand statt in Gegenwart der beiderseitigen Familien. Bis ins 12. Jahrhundert hinein galten die Bande des Bluts für wichtiger, als die Bande der Ehe. Um das Jahr 1400 kam die priesterliche Trauung auf.

Wie im alten Rom der König nur Frager des Rechts war, so war es auch der Gaugraf der Deutschen; das Urteil sprach hier wie dort der Umstand, die Versammlung der freien Männer. Karl der Große führte die Schöffengerichte ein, die an öffentlicher Stätte tagten. Mit Vorliebe aber hat das deutsche Recht am Genossenschaftswesen festgehalten: vor dem Grafen, dem Grundherrn, vor dem Schultheiß, immer waren es die Genossen des Angeklagten, die das Urteil über ihn zu finden hatten. Als Beweismittel galt in erster Linie der Eid mit Helfern, in zweiter Linie galten die Ordalien, Kampf, Feuer- und Wasserprobe, das heiße Eisen u. a. m. Die Abendmahlsprobe wandte Gregor VII. in Canossa an gegen Heinrich IV. Er nahm die Hostie, teilte sie und aß die eine Hälfte mit den Worten: „Wenn ich die mir zur Last gelegten Verbrechen wirklich begangen habe, dann möge mich diese Hostie vertilgen; wenn du ebenso frei bist von Schuld, so iß die andere Hälfte.“ Der Kaiser weigerte sich.

Nach deutschem Recht hatte der Angeklagte seine Unschuld zu beweisen, nicht der Kläger dessen Schuld. Dafür war die Entlastung durch den Eid im allgemeinen auch nicht schwer. Das eigene Haus war eine Freistatt, niemand durfte in seinem Hause verhaftet werden, auch der Geächtete fand im eigenen Hause Schutz. Mit der Frankenzeit drang ein lästiges Formelwesen ein in das gerichtliche Verfahren, es trat eine Art von Rechtsanwälten auf, die Vorsprecher. Im 14. Jahrhundert wurden die Ordalien unwirksam, bis auf den Kampf, der sich ja leider im Duell bis heute noch erhalten hat. Zugleich kam die Vehme auf, nach Siegel ein kaiserliches Gericht, das die Erlaubnis hatte, im ganzen Reiche zu richten, dessen angebliches Tagen in Höhlen und mit vermummten Schöffen aber auf Täuschung beruht. Als Beweismittel galt auch hier der Eid mit Helfern, als Strafe der Tod am nächsten Baum. In den Stadtgerichten wurde der Leumund mehr berücksichtigt, den zu bekräftigen sonst die Aufgabe der Eideshelfer war. Wenn der Rat in der Stadt einen Angeklagten als Übeltäter bezeichnete, senkte sich die Wage leicht zu seiner Schuld.

Mit dem 15. Jahrhundert starben die Volksgerichte aus, eine neue Zeit zog herauf durch das Eindringen des kanonischen und des römischen Rechts. Im Jahre 1495 wurde das kaiserliche Reichskammergericht in Speyer eingesetzt als oberster Gerichtshof für das bürgerliche Recht. Da es fortan der Gelehrsamkeit bedurfte, um das Recht zu finden, wurde in Speyer die erste Bank für gelehrte Richter aufgestellt. Auf die Folgen des fremden Rechts komme ich im nächsten Kapitel noch zurück. Hier sei kurz darauf hingewiesen, daß um das Jahr 1500 die Blutrache und das Fehderecht erst langsam ausstarben, daß Formelwesen und Symbolik aber noch in Blüte standen. Sowohl bei den Griechen, als bei den Römern, waren diese Erscheinungen mit Eintritt der geschichtlichen Zeit bereits geschwunden. Da die Gedanken des römischen Rechts auf die deutschen Rechtskenner im 15. Jahrhundert in ihrer logischen Geschlossenheit wie eine Offenbarung wirkten, bedarf es keiner weiteren Beweismittel dafür, daß die formelle Überlegenheit des antiken Rechts gegenüber dem deutschen außer Zweifel stand.

Die hochentwickelte antike Kunst ging zu Grabe mit dem Christentum. Der Grundgedanke der christlichen Lehre lief hinaus auf eine Verachtung der irdischen Welt und auf die Ablenkung des Egoismus nach dem Himmel. Die hellenische Lebensfreude war erloschen; der Römer hatte ernst und freudenlos gelebt, aber der echte Christ lebte nur noch widerwillig und in der Hoffnung auf das Jenseits, dort suchte er das wahre Leben. In dieser Welt herrschte die Sünde, der Tod, hier hatte Christus gelitten. Die Leidenschaft des Fleisches mußte gebändigt, die Seele mußte von irdischem Verlangen gereinigt, der Geist gekräftigt werden zum Siege über das Fleisch, und zum Eingehen in die Form der Seligen am Tage des Weltgerichts. Daher Haß dem Fleische, Haß der Schönheit, welche die Gefahr der Sünde mit sich brachte. „Schöne und mannigfaltige Formen, glänzende und anmutige Farben, sollen meine Augen nicht fesseln", sagte Augustinus, nachdem er sein Leben genossen hatte, „sie fessele nur Gott, der sie gemacht hat". Nach seiner Meinung forderten die religiösen Bildwerke der Heiden zur Unzucht auf. Das Anachratentum stand in hoher Blüte, als die christliche Lehre Boden faßte. Entsagen, Weltflucht, Versenken ins innere Leben, Betrachtungen, Beten, Bußübungen, zogen die Menschheit an. Der antike Mensch war durchs Leben hingegangen mit dem Gedanken an die Außenwelt, er hatte ein lebhaftes Seelenleben, aber die grüblerische Selbstbetrachtung war ihm fremd. Im Gegensatz zu ihm verschloß der Christ die Augen und versenkte sich ins Innere. Bald entstanden die Klöster, Sammelstätten begeisterter Schwärmer, aber auch Sammelstätten des geringen wissenschaftlichen Lebens, das aus den Trümmern der antiken Welt in das Mittelalter hinübergerettet wurde. Die christliche Religion war als Kind des Judentums zunächst den Bildern feindlich gesonnen, erst später kam, wohl durch griechische Einflüsse, der Bilderdienst auf. Was die Kunst des ersten Mittelalters geschaffen hat, ist vorzugsweise von der Kirche ausgegangen; diese rief die religiöse Baukunst ins Leben und schuf die Werke der Plastik und der Malerei zur Ehre Gottes. Die erste Kunst war religiöse Kunst, wie bei den Griechen auch.

Die Kunst kann sich nur da entwickeln, wo ihr Aufträge zuteil werden, die Blüte der Kunst erhebt sich stets auf materieller

Unterlage. In den Anfängen des Mittelalters waren die deutschen Stämme arm, sie hatten die Kultur des Altertums nicht genossen, hatten kein Verständnis für die Kunst und keinen Bedarf an Kunstsachen. Der freie Markgenosse war ein Bauer, er lebte für den materiellen Wohlgenuß, für Jagd und Raub. Die Kirche war für die Kunst die einzige Zufluchtsstätte. Christus mit der Dornenkrone, gegeißelt von den Knechten, oder am Kreuze leidend um der Menschheit willen, das war der Gedanke, der auf den Bildern immer wiederkehrte. Nicht die Schönheit war der Gegenstand der Kunst, sondern das Leiden, nicht die Freude, sondern der Schmerz. Die naive Einheit zwischen Form und Inhalt war zerrissen; an die Stelle des unmittelbaren Empfindens war das Denken getreten, die bewußte Vorstellung von der Not des Lebens und der Macht der Finsternis. Die Kunst wurde zur Trägerin des Gedankens, dem Inhalt nach vielleicht vertieft, aber sie verlor die schöne Form. Diese wurde absichtlich verworfen als ungeeignet für die Darstellung der Seelenqual, und die Form ward zu einem nebensächlichen und dienenden Gliede für die Verklärung der Idee. Hatte die antike Kunst auf Intuition beruht, so beruhte die Kunst des Mittelalters auf Reflexion; waren dort Form und Gedanke einheitlich erfaßt und dargestellt gewesen, so waren sie hier auseinander getreten in dem bewußten Gegensatz von Objekt und Subjekt, von Natur und Geist.

Die Hauptaufgabe der christlichen Kunst war der Bau des Versammlungshauses für die Gemeindemitglieder zum Anhören der Predigt. Das Gotteshaus der Alten war eben nur ein Haus des Gottes gewesen, das Volk blieb diesem Hause fern; im mittelalterlichen Gotteshause dagegen sollte auch das Volk Platz finden. Das Erfordernis war also ein großer Raum und weite Spannungen. Der Fortschritt des technischen Geistes kam dieser Aufgabe zu Hilfe. Die Kunst des Wölbens entwickelte sich und führte über dem runden zum spitzen Schildbogen, durch die malerische Form der romanischen Kirchen zur weiten, konstruktiven Kathedrale. Hier, in derjenigen Kunst, in welcher es in erster Linie auf die bewußte Technik ankam, hat das Mittelalter die Griechen und die Römer eingeholt, zum guten Teil nur deswegen, weil die mechanische Technik des Mittelalters derjenigen der Alten überlegen war. In den anderen Künsten, in Malerei und Plastik, in denen das naive Empfinden die Grundlage bildet, behielt das Altertum die Meisterschaft über dem befangenen Blick des Mittelalters. Die Kunst ist im Mittelalter auch nicht annähernd in der Weise zum Allgemeingut des Volkes geworden, wie sie im Altertum es bei den Griechen war. Der Ritter des Mittelalters schätzte Gewand und Waffen nur nach der Kostbarkeit und Gebrauchsfähigkeit; von ihrem künstlerischen Wert hatte er keine Ahnung. Strafen und Steuern in Kunstwerken festzusetzen, Weihgeschenke in der Form von Kunstwerken zu stiften, ist eine Sitte, wie sie in dieser Allgemeinheit nur in Hellas möglich war.

Von der ursprünglichen Poesie des Volkes ist nichts erhalten. Erst die Heldengesänge verkünden in schmuckloser Erzählung die Erlebnisse; sie wurden gesungen von den fahrenden Sängern, pflanzten sich wohl durch mündliche Überlieferung fort und sind erst später aufgeschrieben worden, ähnlich den Werken Homers. Die besten Gesänge sind die Gudrun und die Nibelungen. Mit der Abklärung der Fürstenhöfe und der Ritterschaft trat um das Jahr 1200 eine feinere Form der Dichtung auf, weniger Erzählung, aber mehr Kunst, mehr Reflexion und Phantasie. Hier sind in erster Linie Parcival, sowie Tristan und Isolde aufzuführen. Auch das Lied kam wieder zur Geltung, zum ersten Male wieder, seit der griechische Mund verstummt war. Als Sänger des Liedes stand an erster Stelle Walter von der Vogelweide. Er besang die Frauen, die Liebe, keineswegs in schmachtender Form, sondern in anschaulicher, gesunder Sinnlichkeit. Er trat ein für Zucht und Sitte mit einem Mute und einer Mannhaftigkeit, die unserm heutigen, vor Rücksicht ersterbenden Geschlecht als Muster dienen sollte. Er griff nicht nur Rom an und die habsüchtige Geistlichkeit, sondern auch die Fürsten. Leider kehrt eine ewige Bettelei in seinen Liedern wieder, es ging ihm schlecht, und er droht, den Fürsten seinen Lobgesang zu entziehen, wenn sie ihn nicht belohnen wollen. Das grenzt nahe an Käuflichkeit. Phantasie und eine bilderreiche Sprache hatte auch Walter nur in beschränktem Maße. In den dramatischen Versuchen der Kirche, in den Passionsspielen, waltet natürlich der Gedankenschematismus des Christentums vor. Das deutsche Drama hat sich gleich dem griechischen aus dem religiösen Kultus entwickelt. Keinenfalls aber kann die Poesie des Mittelalters der griechischen sich an die Seite stellen; das gleiche gilt für die bildende Kunst; nur die Architektur hatte sich mächtig entwickelt durch die gehobene Technik.

Das Christentum war ursprünglich eine jüdische Sekte und ruhte auf dem Glauben an Jesum, als den Messias. Durch die Taufe konnte man Mitglied werden, weitere Umstände waren nicht erforderlich. Christus sollte den Leiden des jüdischen Volkes ein Ende machen und ein irdisches Reich aufrichten mit dem Judentum als der herrschenden Klasse. Nach der schmählichen Hinrichtung glaubte man an seine Wiederkunft, man hielt fest an der Idee des jüdischen Vollendungsreiches. In diese jüdische Sekte warf Paulus die Brandfackel, als er auch Heiden aufnehmen wollte. Der Kampf endete mit dem Siege des Heidentums, die Heidenchristen erhielten die Übermacht. In diesen Kämpfen hatten sich Spaltungen gebildet. Die Gnostiker wollten die Juden ganz ausscheiden, dagegen wehrten sich die Montanisten. Am Ende des 2. Jahrhunderts hatte sich eine Reihe führender Köpfe abgehoben, die fortan als Priesterstand sich zu behaupten wußten, ohne allen Zweifel im Gegensatz zu der religiösen Auffassung Christi. Diese Priester entwickelten sich zum Patriziat in der Gemeinde; sie formulierten fortan das Dogma, fochten die religiösen Streitigkeiten aus und handhabten das geistliche Gericht. Der Geist des Christentums hatte sich herausgebildet als die Lehre von der Dreieinigkeit, der Erbsünde, der Vermittlung Christi und der Gnadenwahl. Der Geist ging aber verloren mit der Entwicklung der Priesterschaft. Schon im 4. Jahrhundert treten Klagen auf über die Üppigkeit und die Sinekure des römischen Bischofs. Die Heiligenscharen hielten ihren Einzug, gefolgt von den Reliquien; an die Stelle der Gesinnung setzte sich eine äußerliche Werkheiligkeit.

Der weltliche Staat mußte den geistlichen ernähren. Wie bei den weltlichen Großen konnte auch bei den geistlichen in der Zeit der Naturalwirtschaft der Unterhalt in keiner anderen Form gewährt werden, als durch Verlehnung von Ländereien. Aus der Vasallität erwuchs das geistliche Fürstentum, ein Zwitterding aus Priester- und Laienstand. Durch sogenannte freiwillige Stiftungen, die wohl meistens durch die Todesfurcht eingegeben waren, mehrten sich die Ländereien der Kirche in einem solchen Maße, daß schon zur Zeit der Karolinger die fränkische Kirche den dritten Teil des Bodens in ihren Händen gehabt haben soll. Die Folge war die Verweltlichung des Kirchenregiments. Bis ins 15. Jahrhundert hinein sehen wir die Kirchenfürsten in weltlichen Kämpfen stehen, und die ganze Literatur des Mittelalters, die Chroniken und die Geschichtsschreiber, die Hofdichter und die Minnesänger, klagen über die Verweltlichung des geistlichen Standes.

Wir haben oben gesehen, daß die Technik des Altertums die Sklaverei bedingte, und daß die Sklavenschaft, die wohl die Hälfte der Gesamtbevölkerung umfaßte, unter einem grausamen Zwang ihre Aufgabe als lebendige Arbeitsmaschinen im Interesse der Industrie erfüllen mußte. Gerade in der Zeit der Römerherrschaft war dies System zur höchsten Ausbildung gelangt, denn die materielle Kultur drängte vorwärts, die zusammengescharrten Reichtümer wollten verzinst sein, und Grundbesitz wie Kapital verlangten danach, in sinnlichem Luxus und leiblichem Behagen ihr Leben zu genießen. Je mehr Sklaven nun aber andrerseits durch die vorschreitende Technik in die relative Freiheit des Patronats, oder gar in die Freiheit des vollen Bürgerrechts eintreten konnten, desto mehr mußte der Gedanke an die natürliche Berechtigung des Sklaventums erschüttert werden. Es war unvermeidlich, daß die Spekulation diesen Punkt aufgriff, daß sich der Zweifel an das absolute Recht der Gewalt heranwagte und die Frage in Erörterung zog, ob nicht Herr und Sklave von Natur die gleichen Eigenschaften hätten, und ob der soziale Unterschied nicht durch Glück, Zufall und Gewalt hervorgerufen sei. Die Griechen hatten diese Frage noch verneint; so hält Aristoteles noch fest an dem

Gedanken von Herren- und Sklavennaturen; die Stoa beantwortet dagegen diese Frage schon mit ja, unterstellte alle Menschen dem gleichen Naturrecht und Sittengesetz, legte den größten Nachdruck auf die Gesinnung, auf Tugend und Weisheit, und klagte über die allgemeine Verderbtheit des menschlichen Geschlechts. Die Ideen der Vorsehung, des Mittlers zwischen Gott und Welt, der Askese, der Dämonen und Engel, der Offenbarung, des ewigen Lebens, durcheilten die geistige Welt. Die Zeit war vorwiegend spekulativ und rationalistisch angelegt. Dazu kamen mystische Unterströmungen, die namentlich in der Ekstase in der alexandrischen Schule zutage traten. Der Glaube an Wunder war allgemein, wie mehr oder weniger in jeder Zeit, welche den mechanischen Zusammenhang des Naturganzen nicht übersieht. In diese geistig bewegte Zeit fiel nun die Entstehung des Christentums. Hier fanden die besseren Elemente der bürgerlichen Gesellschaft die Gedanken verwirklicht, welche ihnen die Philosophie seit hundert Jahren gepredigt hatte. Hier bot sich zum erstenmal seit Jahrtausenden auch der geängstigten und gequälten Schar der Armen ein Trost und ein liebevoller Anschluß dar. War es ein Wunder, wenn da von allen Seiten die Menschen herbeiströmten und sich taufen ließen, wenn die junge Gemeinde mit unwiderstehlicher Kraft und Begeisterung sich Anerkennung errang entgegen allen Hindernissen, allem Widerstande von der Gesellschaft und vom Staat? Das Christentum war die Religion der geistig Armen, war die Religion der Ausgestoßenen, der Sklaven. Hieraus ging seine Größe hervor, denn überall und zu allen Zeiten entspringt die Quelle der sittlichen Kraft in den unteren Klassen des Volkes. Das Christentum lehrte das irdische Leben verachten, es zeigte ein himmlisches Leben in lockender Nähe, das alle Unterschiede der irdischen Geburt auslöschen und ein Dasein in ungetrübtem Glück und in ewiger Seligkeit gewähren sollte. Der Tod war die Eingangspforte zur Seligkeit, hier lag der Trost. In diesem Erbarmen, in dieser Liebe zum Volke ruhte die Größe, ruhte der Adel und die Spannkraft des Christentums in den ersten schweren Kämpfen.

Man darf ruhig behaupten, daß die Bedingungen für die Ausbreitung des Christentums ebensogut durch die Technik erfüllt sein mußten, wie durch die Philosophie, ehe ein religiöses System auf der gemeinschaftlichen Grundlage erwachsen konnte. Die Technik hatte den Boden bereitet für das Christentum durch die Schrecken der allgemeinen Sklaverei, welche notwendig die Reaktion des Erbarmens hervorriefen. Sie hatte den Boden bereitet durch den Verkehr, den sie über die Wogen des Mittelmeers und über die angrenzenden Länder geführt hatte, der dem Christentum die weite Verbreitung und den internationalen Charakter möglich machte. Im übrigen konnte die Technik auf eine Religion nur wenig Einfluß haben, die nicht gleich der griechischen und römischen durch Abstraktion aus der irdischen Welt auf natürlichem Wege entstanden war, sondern, wie alle damalige Philosophie, aus der Gedankenwelt heraus als ein spekulatives System auf die Erde herabkam, im Wege der Deduktion, in der Form der sogenannten Offenbarung.

Wie rein und wie tief aber auch Christus, dessen Lebensanschauung mit diesem System verflochten wurde, den Gedanken der Menschenliebe erfaßt haben mochte, bald war der Same hineingeweht, der sie als Unkraut überwuchern sollte. Das Christentum war aus dem Judentum erwachsen; aus diesem übernahm es die Unduldsamkeit gegen Außenstehende und den Sinn für das dialektische Gezänk. Man nannte die jüdische Religion die philosophische, da sie keine Bilder und keine Tempel hatte und das Schwergewicht in den Geist verlegte. Unzweifelhaft hat Christus aus einem reinen und edlen Herzen gelehrt; Gedanken, wie die Bergpredigt sie aussprach, hatte die Welt noch nicht vernommen. Bald aber überzog die Spekulation diese klaren Gedanken, und der Glaube an den Stifter wurde unwillkürlich zum Unterschied zwischen Christen und Nichtchristen. Aus dem Widerstreit der Meinungen ging eine bestimmte Formulierung des Glaubens hervor, die nun für die Christen ausschließlich maßgebend sein sollte, und aus dem mystisch-philosophischen Gebäude entstand das Dogma. Sobald das Christentum Staatsreligion geworden war, ging es über zur Unterdrückung der Andersgläubigen, verfolgte und vernichtete es die Heiden und bald auch die freie Meinung der eigenen Angehörigen. Das Dogma trat seine Herrschaft an. Der Polizeistaat des untergehenden Römertums schrieb nunmehr den Untertanen den Inhalt ihrer religiösen Überzeugung vor und vernichtete hiermit die Gedankenfreiheit in einer bisher unerhörten Weise. Das Unglaublichste, das Widersinnigste, das die Menschheit je erdacht hatte, hier wurde es zum Ereignis. Der Glaube, dieses feinste Destillationsprodukt der menschlichen Seele, dessen charakteristische Eigenschaft gerade die subjektive Überzeugung, die individuelle Eigenart ist, wurde von Amts wegen formuliert und schematisiert, und mit dem individuellen Seelenleben schwand die geistige Freiheit aus der Welt. Es gab fortan nur noch einen Hirten und eine Herde, Schafe natürlich, und der Despotismus des sinkenden Altertums war um ein Gewaltmittel reicher. Wer gegen den vorgeschriebenen Glauben sich auflehnte, büßte mit dem Tode. Gegen die Waldenser und die Hussiten wurde der Krieg gepredigt „zur Ehre Gottes". Wo war Christi Lehre geblieben: liebet eure Feinde, segnet, die euch fluchen, tut wohl denen, die euch verfolgen? Wer noch irgendwie eine eigene Überzeugung, einen eigenen Glauben hatte, mußte ihn in sich verschließen. Die Folge war eine steigende Gleichgiltigkeit und Heuchelei. Vergegenwärtigt man sich hierzu die oben geschilderte Verweltlichung des Priestertums, so wird man vor der Religion des 15. Jahrhunderts eine besondere Hochachtung nicht hegen können.

Das Christentum war von vornherein die Religion der Wunder; auch die Symbole der Taufe und des Abendmahls sind nur als Wunder zu verstehen. Daß dieser Wunderglaube 1500 Jahre sich unberührt erhalten konnte, beruhte allein darauf, daß die Naturwissenschaft bis zum Jahre 1500 noch auf der gleichen Stufe stand, wie zu Christi Zeit. Über der Erde erhob sich das Himmelsgewölbe, auf dem Gott mit seinen Engeln thronte, und unter der Erde schmorten die verfluchten Seelen im höllischen Feuer. Jede freie Geistesregung wurde erstickt; wie ein gewaltiger Alp lag die Kirche über dem Mittelalter, ein spekulatives System mit einer

Priesterschaft, mehr zur Verdummung und zur Knechtung des Volkes, als zu seiner Erleuchtung und zu seinem Frieden.

Daß es nach dem Gesagten mit der Sittlichkeit nicht weit her sein konnte, leuchtet ohne weiteres ein. Eine besondere Sittlichkeitslehre und ein sittliches Prinzip gab es im Mittelalter nicht. Die Sittlichkeitslehre war nach jüdischem Vorbild von der Religion übernommen worden und blieb, kümmerlich genug, beschränkt auf die zehn Gebote. Die Lehre des neuen Testaments war noch nicht ins Volk gedrungen, denn die Übersetzungen der Bibel kamen erst am Ausgang des 15. Jahrhunderts in den Druck und auf diesem Wege in die Hände des Volkes. Wie wenig um jene Zeit die menschliche Bestie gezügelt wurde, erkennt man aus den Judenschlächtereien, die im 14. Jahrhundert von der Schweiz bis nach Norddeutschland in den meisten Städten wüteten und den Tod zahlloser Juden zur Folge hatten, teils von der Hand des Pöbels, teils auf dem Scheiterhaufen, und vielfach erst nach den niederträchtigsten Qualen. Es scheint, als wenn weder die Kirche, noch die Fürsten, den Versuch gemacht haben, dem Wüten des Pöbels zu steuern, nur in Avignon soll der Papst die Juden in seinen Schutz genommen haben. Unter der Bürgerschaft war das Gefühl für eheliche Treue und der feinere Ehrbegriff für die Heiligkeit des Weibes so wenig entwickelt, daß nach Äneas Sylvius, in Wien wenigstens, der Gatte selbst den adligen Herren die eigene Frau zeitweilig abzutreten pflegte, indem er mit vielsagendem Lächeln zur richtigen Stunde das Haus verließ. Hutten erzählt vom gemeinschaftlichen Baden beider Geschlechter, das um jene Zeit durch keine Kostüme verzuckert war. Auch die Sittlichkeit der höheren Stände erscheint in einem zweifelhaften Licht. Um das Jahr 1200 hatte sich die Gesamtheit der Grundherren und Vasallen, die reich genug waren, um beim Heerbann zu Pferde zu erscheinen, abgeklärt zu einem besonderen Stande, dem sogenannten Reiter-, oder Ritterstand. Dieser Stand bildete sein eigenes Recht, namentlich aber seine eigene Sitte aus, in welcher als die Hauptsache ein überschwänglicher Kultus der Frau erscheint. Daß es dabei auf den einen springenden Punkt abgesehen war, von dem Mephisto sagt, daß die Frauen aus ihm so vielfach zu kurieren seien, versteht sich von selbst. Äußerlich umgab man die Minne mit einem Aufwand von Anstandsregeln und strengen Formen. Der Ritter diente einer Frau, seiner Herrin; er war ihr Treue, Gehorsam, Ergebenheit schuldig, namentlich konnte sie über sein Schwert verfügen. Es ging ein starker Zug von Masochismus durch die Ritterwelt. Die Herrin war aber auch ihrerseits verpflichtet, den Ritter zu achten und zu ehren, sein Interesse wahrzunehmen, ihn vor Gefahr zu schützen und im Unglück ihm zu helfen. Im Rittertum fand sich wirkliche Freude am Leben, der Sinn war weltlich, die Kirche ausgeschaltet, der Ritter dachte nur an Tjost und Minne. Erst im Ordensritterwesen griff auch die Kirche ein in das Rittertum.

Die Gastfreundschaft stand in hohem Ansehen, und es war durchaus nichts Unschickliches, daß der ritterliche Gast von jungen Damen bedient, gebadet und zu Bett gebracht wurde, genau wie bei Homer Telemach im Hause des Nestor. Sogar die Königin und ihre Tochter gehen ungeniert ein und aus, während Tristan im Bade sitzt. Als König Artus, der Vielgepriesene, zusammen mit der Königin des Morgens noch im Bette lag, trat der Ritter Seyramors in den Raum und riß, um die allerhöchsten Herrschaften zu wecken, ihnen die Bettdecke fort. Der König und die Königin mußten über diese Unart nur herzlich lachen, die dadurch an pikantem Beigeschmack gewann, daß man um jene Zeit noch nackt im Bette lag. Als der Ritter Orilus seine Frau auf ungetreuen Wegen glaubte ertappt zu haben, führte er sie auf einem Klepper halbnackt mit sich durchs Land. Eine feine Schamhaftigkeit hat also um jene Zeit der Blüte des Rittertums sicherlich nicht bestanden. Auch der höfische Brauch, die sogenannte feine Sitte, konnte um jene Zeit noch recht unfein werden. In dem Sange „Der Rosengarten“ bittet eine Hofdame um Gnade für den im Kampf bedrängten Rüdiger; die Prinzessin Krimhild schlägt sie dafür auf den Mund, daß sie Blut spuckt. Im Parcival wird sogar erzählt, daß eine Hofdame, eine Herzogin, bei den Zöpfen gefaßt und vom Seneschall tüchtig mit dem Stock verprügelt worden sei. Als ein Ritter den Seneschall zur Rede stellen wollte, bekam auch er seine Tracht. Weitere Folgen hatte das Ereignis nicht; man gab dem Seneschall zwar Unrecht, aber er redete sich heraus damit, daß er hofgemäßen Brauch gewahrt habe in der Absicht, die Herzogin zu bessern. Wolfram von Eschenbach rühmt diesen Seneschall und wünscht sogar, daß der Landgraf Hermann in Eisenach auch so einen ernsten, sittenstrengen Beamten haben möchte.

Das Sündenregister der Geistlichen will ich hier nicht erst berühren, sonst könnte ich das Buch damit allein anfüllen. Ich will nur der Meinung kurz entgegentreten, daß die christliche Kirche zur Abschaffung der Sklaverei erheblich mitgewirkt habe. Die Kirche hat in der ersten Zeit des Christentums die Sklaven an der frohen Botschaft teilnehmen, sie in die christliche Gemeinschaft eintreten lassen, und diese Tat wird ihr unvergessen bleiben. Die Kirche mag dann später als Grundherr das Los ihrer Sklaven und Hörigen manches Mal gemildert haben; sie tat dadurch nicht mehr, als jeder andere wohldenkende Mensch auch. Für die Abschaffung des Systems der Sklaverei dagegen konnte die Kirche nichts tun, solange nicht die technische Möglichkeit gegeben war. Wie, wann und wo aber hat die Kirche im großen jemals den Versuch gemacht, für die Freiheit des Menschen einzutreten, dieselbe Kirche, die im ausgehenden Mittelalter ihre Henkersknechte durch die Länder sandte, um Andersgläubige mit dem Scheiterhaufen zu vertilgen? Wie die Sache in Wahrheit stand, zeigt der fehlgeschlagene Versuch des edlen Mönches Arnold von Brescia. Dieser wollte schon im 12. Jahrhundert die Befreiung von Sklaverei und Hörigkeit durchsetzen, bevor die Technik das erlösende Wort gesprochen hatte. Fand nun Arnold die Unterstützung der Kirche? Nein, sie schickte ihren unbequemen Sohn auf den Scheiterhaufen.

Werfen wir zum Schluß einen Blick noch auf die Throne. Auch hier will ich alle Vorkommnisse früherer Zeit mit dem Mantel der Liebe bedecken und nur ins 15. Jahrhundert ein wenig hineinleuchten. Unter den Anklagen, welche die Kurfürsten gegen den Kaiser Wenzel erhoben, war auch die, daß er Raub, Mord und

Brand und viele anderen Übeltaten im römischen Reich geduldet, daß er Leute vor sein Gericht geladen habe, nicht um des Rechtes willen, sondern um Geld von ihnen zu erpressen. Wenzel warf dagegen seinem Bruder Sigismund, dem späteren Kaiser, vor, daß er die böhmischen Juden und Kammerknechte ihrer Schuldurkunden beraubt und diese den Schuldnern gegen Entgelt wieder zugestellt habe; Sigmunds Leute hätten Jungfrauen, Witwen und Weiber geschändet und gemißbraucht, er selbst aber hätte Leute ohne Veranlassung und Recht gebrandschatzt. Karl der Kühne ließ in dem Kriege „für das öffentliche Wohl" nach der Eroberung von Dinant achthundert Einwohner paarweise aneinandergebunden in die Maas werfen, die Stadt selbst machte er dem Erdboden gleich; mit der Stadt Lüttich verfuhr er ebenso. Der Krieg wurde allgemein mit Brand und Mord geführt, ganz wie im Altertum, nur der Verkauf in die Sklaverei hatte aufgehört, weil die Technik der Sklaven nicht mehr bedurfte. Hier liegt ein wirklicher Fortschritt in der Sittlichkeit, der einzige, den das Mittelalter dem Altertum gegenüber erkennen läßt: ein Fortschritt auf technischer Grundlage. Seit dem 13. Jahrhundert war den Herren die Gewalt über Leben und Tod der Sklaven genommen, in der Folge wurde ihnen auch das willkürliche Peinigen und Schlagen untersagt. Am Ende des 14. Jahrhunderts war die Sklaverei erloschen und mit ihr waren alle grausamen Folgen aus der Welt geschwunden, die diese Form der anfänglichen Produktion sonst mit sich bringt. Ein feineres Gefühl hatte dieser Fortschritt im Mittelalter allerdings noch nicht erzeugt, dazu war die Frist zu kurz gewesen. Als Kaiser Sigismund 1412 im Kriege gegen die Venetianer das feste Schloß Motta erobert hatte, ließ er einhundert und achtzig Mannen die rechte Hand abhauen, ganz wie Cäsar in Uxellodunum. Ludwig XI. ließ seinen Minister, den Kardinal de la Balue, in einen eisernen Käfig sperren von etwa dreiviertel Quadratmeter Grundfläche und ließ ihn in diesem Gelaß zehn Jahre sitzen. Derselbe König scheute auch weder Verrat, noch Meuchelmord. Herzog Ernst von Bayern ließ die edle Agnes Bernauer, die Gemahlin seines Sohnes Albrecht, heimlich festnehmen, der Zauberei beschuldigen und von der Donaubrücke herab vor allem Volke in den Strom werfen. Als sie sich retten wollte, faßte der Henker ihr Haar mit der Stange und drückte sie hinab. In England tobte um die gleiche Zeit der Kampf der weißen und der roten Rose. Das gegenseitige Morden war beispiellos. Eduard IV. schwur bei seiner Landung in York auf die Monstranz, daß er nur als Herzog komme; nach einigen Tagen nahm er die Würde eines Königs an. Richard III. hatte seine Neffen ermorden lassen und bot darauf seiner Nichte seine Hand. Sowohl die Prinzessin selbst, als auch deren Mutter, empfanden kein Grauen vor diesem nackten Zynismus, sie waren im Gegenteil beide von dem Gedanken hoch beglückt.

Verrat und Mord, Treubruch und Gift wüteten durcheinander. Die Tapferkeit des Soldaten zeigt auch die roheste Söldnergruppe, ein Zeichen höheren sittlichen Wertes ist sie nicht. Von sittlichen Wallungen edlerer Art weiß die Geschichte jener Zeit aber wenig zu melden. Eine knechtische Gesinnung zog durch die Menschheit, die Folge der noch viel verzweigten Vasallität und Hörigkeit. Vor dem Schöffengericht fiel der Umstand auf die Knie, wenn das Urteil gesprochen war, und blieb solange liegen, bis ihm der Beamte durch einen Wink aufzustehen erlaubte. Die Magd kniete vor der Frau, die Jungfrau vor dem Helden, der Knecht vor dem Herrn; und, wenn man Windecke Glauben schenken will, dann fielen die deutschen Kaiser vor dem Papst auf die Knie und küßten ihm Hand und Fuß. Bei der Kaiserkrönung setzte irgend ein Pontifex dem Kaiser die Krone schief auf das Haupt; der Kaiser kniete nieder, und der Papst rückte die Krone gerade mit seinem Fuß!

Bevor wir das Mittelalter verlassen, wollen wir noch einen kurzen Rückblick tun und das Ergebnis unserer bisherigen Untersuchungen prüfen. Wir haben gesehen, daß die Technik des Mittelalters erhebliche Fortschritte zu verzeichnen hatte gegenüber der Technik des Altertums; nicht in den feinen Luxusgewerben, sondern in jenen umfangreichen und grundlegenden Arbeitsweisen, welche den Grundbau bilden für die aufsteigende Kultur, so in der Bearbeitung der Metalle und im Bauwesen, namentlich aber im

Ersatz der menschlichen Arbeitskraft durch Tiere, Luft und Wasser, und in der vermehrten Verwendung von Arbeitsmaschinen. Die Folge dieses Fortschritts war das Aufhören der Sklaverei. Zu ihrem Aussterben trug auch bei die Beendigung der Grenzkriege; aber Rußland hätte sicherlich den Sklavenbedarf gern gedeckt, wenn nur Nachfrage gewesen wäre. Die ausschlaggebenden Ursachen für das Aufhören der Sklaverei waren die zahlreichen Arbeitsmaschinen und die vermehrte Anwendung der Wasserkräfte, die gerade im 14. Jahrhundert zur Einführung kamen, als das deutsche Gewerbe sich die politische Gleichberechtigung erkämpft hatte und nun in die Zeit der technischen Blüte trat. Wir haben gesehen, daß in den gleichen Fällen im Altertum unweigerlich die vermehrte Einführung von Sklaven die Folge war, in Athen nach Kleisthenes, in Rom nach Hortensius. In den Bergwerken Roms arbeiteten Sklaven, in denen des Mittelalters zuerst Hörige, bald darauf aber freie Männer. Die Technik des Altertums hatte es vermocht, das Handwerk, die gelernte Arbeitskraft, aus der persönlichen Unfreiheit teilweise zu erlösen. Die Technik des Mittelalters erlöste nicht nur die gelernte, sondern auch die ungelernte Arbeitskraft, soweit sich dieselbe damals schon herausgebildet, und in den Dienst des Handwerks und des Handels gestellt hatte. Den Bauern dagegen vermochte auch die Technik des Mittelalters nicht zu schützen vor dem Versinken in Unfreiheit, vorwiegend aus dem Grunde, weil auf dem Lande die Technik nicht zur Anwendung gelangte. Ursprünglich war der Bauer frei gewesen, im Altertum, wie auch im Mittelalter; als aber im 15. Jahrhundert der Grundbesitz sich konzentrierte, als mit der Geldwirtschaft die großen Betriebseinheiten auftauchten, die nun auf Grund der Handarbeit und mit einer veralteten Technik den Getreidebau zu entwickeln strebten, da war die unvermeidliche Folge die sinkende Freiheit der Arbeiterschaft. Da der Bauer in Person diese Arbeiterschaft stellte, sank er in Hörigkeit, in Schollenpflicht und Untertänigkeit gegenüber „dem gnädigen Herrn“.

Die geistige Kultur des Mittelalters war derjenigen des Altertums bei weitem nicht gewachsen. Der freie Grieche und der

Römer standen dem deutschen Ritter an Bildung weit voran; das deutsche Recht entwickelte sich erst am römischen; die deutsche Kunst hatte der antiken nichts an die Seite zu stellen, als die Architektur, nur den Zweig, in welchem die Technik ausschlaggebend war. Die Religion des Mittelalters war derjenigen des Altertums im Prinzip überlegen durch die stärkere Vergeistigung der Gottheit, durch die Barmherzigkeit gegenüber den Armen und Ausgestoßenen; aber sie war erstarrt im Dogma und befangen in weltlichem Sinn; sie brachte für das Volk in keinem Falle ein vermehrtes Maß von Trost und Freudigkeit, als die Religionen des Altertums. Nie hat die christliche Religion in gleichem Maße im Volke Wurzel gefaßt, wie die natürlichen Religionen in den alten Völkern. Der Grund lag nicht in einer vorgeschrittenen Bildung des Mittelalters, sondern in dem Mangel an Volkstümlichkeit der Religion, der unvermeidlichen Folge des mystisch-philosophischen Systems mit seinen Dogmen und Wundern, die selbst der Gebildete, selbst der eigene Priester, nicht verstehen konnte, weil sie nicht zu verstehen waren. In der Sittlichkeit hat das Mittelalter noch keinen anderen Fortschritt erreicht, als daß der Verkauf in die Sklaverei aufgehört hatte, lediglich aus technischen Gründen.

Von allen Formen der Betätigung des menschlichen Geistes hatte im Mittelalter allein die Technik einen nennenswerten Fortschritt aufzuzeigen gegenüber dem Altertum, und zwar einen Fortschritt, den sie erreicht hatte ohne die Mithilfe der Wissenschaft, insbesondere ohne die Naturwissenschaft, die erst im 16. Jahrhundert erwachte. Hier sehen wir aufs neue die Vermutung bekräftigt, daß das grundlegende Element im Leben der Menschheit in erster Linie die Technik ist. An der mechanischen Arbeit entzündet sich sowohl die Knechtschaft, als die Freiheit; aus ihr gehen die materielle und zum Teil auch die geistige Kultur hervor; die letztere wächst aber erst dann in nennenswertem Maße, wenn die Technik soviel überschüssige Werte erzielt hat, daß ein größerer Teil der menschlichen Gesellschaft sich der materiellen Arbeit enthalten kann. Die geistige Kultur setzt Kapitalbildung voraus; nur auf diesem Boden kann die bis dahin gemeinschaftliche Arbeit in materielle und in geistige sich scheiden. Das Altertum konnte dies Kapital nur schaffen durch die vermehrte Einstellung von Sklaven; das Mittelalter erzielte dieses Kapital durch die vermehrte Nutzbarmachung mechanischer Naturkräfte. Das Kapital des Mittelalters hatte um das Jahr 1500 eine solche Höhe erreicht, daß ein Teil der Zinsen auf die geistige Tätigkeit entfallen konnte. Wir stehen daher an der Vorstufe des geistigen Erwachens.

Fünftes Kapitel.

Die Zeit von 1500—1800.

Das 16. Jahrhundert brachte große Ereignisse, sowohl in geistiger, als in politischer Richtung. Der menschliche Geist zerbrach die Fessel, mit welcher ihn die Kirche umklammert hatte und griff zurück auf die Kultur des Altertums. Die freie Entwicklung der menschlichen Fähigkeiten war wieder der leitende Gedanke geworden, im Gegensatz zu der Niederhaltung dieser Fähigkeiten durch das spiritualistische System der Kirche. Der oströmische Despotenstaat war erobert worden durch die kräftige Barbarenhorde der Türken; die gelehrte Welt hatte die Flucht ergriffen und war hinübergesegelt nach dem alten Stammesland Italien. Die Gelehrten brachten mit sich die Überlieferung des griechischen Zeitalters und weckten in Italien die Lust zu einem neuen Studium der Antike. Die Verweltlichung der Kirche rief eine Reformation hervor, teilweise eine Umformung der Lehren, teilweise einen Rückgriff auf die Bibel und den Augustinus. Die Folge war eine Spaltung der Kirche im mittleren und westlichen Europa. Die Erfindung der Buchdruckerkunst ermöglichte einen ungeahnten Austausch der Gedanken und einen neuen Aufschwung des Geistes. In Spanien war die alte, maurische Kultur in dem gleichen Jahre erlegen, in welchem die Technik den Triumph erlebte, daß ihre Schiffe sich auf das freie Weltmeer wagen und zur Entdeckung der amerikanischen Küste führen konnten. Das deutsche Ordensland war in polnische, Nowgorod, das alte Handelsemporium, war in russische Hände geraten; Frankreich war politisch geeint, Italien, Flandern und England waren in technischer Hinsicht erstarkt, der Handel war in die Hände der Portugiesen, der Spanier, der Holländer und Engländer gefallen. Die Häfen des Mittelmeers verloren jetzt ihre Bedeutung als Stapelplätze für den Okzident und den Orient. Mit dem Kompaß durchfuhren die Schiffe das mittelländische und das atlantische Meer, um unmittelbar an den westeuropäischen Küsten zu landen. Deutschland sah den Durchgangsverkehr aus seinen Händen gleiten und sah sich fortan angewiesen auf seine innere Kraft. Die Erfindung des Kompasses, der Fortschritt im Schiffbau, legten die alten Handelswege tot und riefen andere ins Leben; Völker erblühten und Völker welkten durch den einen Fortschritt in der Technik.

Der weitere Entwicklungsgang vollzog sich auf dem technischen Gebiete zunächst in der Weise, daß die Erfindungen des 15. Jahrhunderts vervollkommnet und weiter ausgebaut wurden. Das Wasserrad entwickelte sich mehr und mehr zur gesuchten Kraftmaschine. Leonardo da Vinci kannte schon die Kreiselräder, er entwarf zahlreiche hydraulische Maschinen, Kanäle und Schleusen. Eiserne Zahn- und Kegelräder, Hebe- und Drehkrane, waren eine allgemeine Errungenschaft. Die Teilung der Arbeit führte zu besonderen Zain-, Reck- und Raffinier-Hammerwerken, die nunmehr, abgelöst von den Stätten des Schmelzens und Frischens, zu einer eigenen Industrie auswuchsen. Die Folge war die Bereicherung des Marktes mit einer neuen Ware, mit dem Handelseisen, das nun dem Schmied die Arbeit erleichterte. Die Kunst des Walzens und des Ziehens der Drähte vervollkommnete sich und führte zu neuer Teilung im Schmiedehandwerk. Die Schlosserei wurde ein selbständiges Gewerbe, ebenso die Gewehrfabrikation und die Nadlerei. Die Plattnerkunst war vordem schon erblüht. Im Jahre 1605 übernahm die Nürnberger Plattnerzunft die Anfertigung von 400 Hauben und 400 Schilden für den Kaiser bei einer Lieferzeit von nur drei Monaten.

Am Ausgang des 16. Jahrhunderts soll in Danzig die Bandmühle erfunden worden sein, wahrscheinlich ein gewöhnlicher Webstuhl mit einer Erleichterung für das Weben der Bänder. Um das Jahr 1600 tauchte aber schon ein anderer Webstuhl auf, der sogenannte Mühlstuhl, der auf einem Räderwerk und mechanischem

Antrieb beruhte. Die Bewegung ging aus von der menschlichen Hand. Rastlos sann der erfinderische Geist darüber nach, wie er die Arbeitsvorgänge erleichtern könne. Seine Erfindungen eilten der politischen Anpassungsfähigkeit zuweilen voraus, und die Folge war, daß man den Erfindungen die Einführung versagte. Die Arbeiterschaft schrie über Konkurrenz und befürchtete eine allgemeine Brotlosigkeit; die kaiserliche Kanzlei verfaßte in den Jahren 1681, 1685 und 1719 immer neue Verordnungen, welche die Anwendung des Mühlstuhls in der deutschen Industrie verboten. Erst das fleißige Sachsen gewährte dem Mühlstuhl seinen Schutz und suchte seine Anwendung sogar durch Prämien zu befördern, als es galt, die schweren Wunden zu heilen, die der Siebenjährige Krieg geschlagen hatte. Die Spitzenfabrikation nahm im 16. Jahrhundert einen neuen Aufschwung, und in England wurde der Wirkerstuhl erfunden, der das Stricken mit der Hand ersetzen sollte.

Das 17. Jahrhundert war wenig fruchtbar an Erfindungen; wie Leibniz das 14. Jahrhundert im Hinblick auf die geringe geistige Regsamkeit das dümmste von allen genannt hat, so könnte man das 17. Jahrhundert in technischer Hinsicht mit einem gleichen Schmeichelwort belegen. Um so kräftiger dagegen setzte das 18. Jahrhundert ein. Die Baumwolle war schon um 1600 nach Europa gebracht worden, und die technische Welt mühte sich beständig ab mit der Erfindung eines mechanischen Spinnstuhls. Es zog aber das Jahr 1738 herauf, ehe durch den Engländer Paul die erste brauchbare Konstruktion zustande kam. Eine mechanische Spinnerei arbeitete 1741 in Birmingham, eine andere zwei Jahre später in Northampton. Die erstere wurde mit Göpelwerk und Eseln, die zweite mit dem Wasserrad getrieben. Arkwrights Erfindung verdrängte dann die Paulsche Spinnmaschine und hatte die allgemeine Ausbreitung der mechanischen Spinnerei für Baumwolle und Wolle, am Ausgang des 18. Jahrhunderts, zur Folge.

Ich muß mich bei den technischen Fortschritten auf die allernotwendigsten Daten beschränken, da ich keine Geschichte der Technik schreiben, sondern nur ihren Entwicklungsgang skizzieren und ihre Wirkungen in sozialer und geistiger Hinsicht beleuchten will. Es sei also kurz gesagt, daß in die Zeit von 1763 bis 1785 Watts epochemachende Erfindungen fallen, durch welche er ein neues Zeitalter heraufbeschwor. Seit 1782 wurden nicht nur Fördermaschinen der Bergwerke, sondern auch Spinnereien, Walzwerke, Mahlmühlen, Brauereien und andere industrielle Betriebe durch die Dampfkraft bewegt.

Der Straßenbau, und zwar die Anlage der Chausseen, war in Frankreich schon im 17., in Deutschland im 18. Jahrhundert, in Aufnahme gekommen. Im Jahre 1779 wurde die eiserne Bogenbrücke über den Severn dem Betriebe übergeben, die in einem einzigen Bogen von 30,62 m Spannweite über den Fluß gelegt war. Gleichzeitig entwickelte sich der Bau der Kanäle. In Deutschland wurde die Havel mit der Oder und mit der Elbe, die Brahe mit der Netze, die Ostsee mit der Nordsee verbunden, ein Zeichen für die gewaltige Zunahme des Verkehrs, für die vermehrte Produktion von Waren, für die rastlose Arbeit der Technik.

Neben der mechanischen entwickelte sich die chemische Bearbeitung der Naturerzeugnisse zu immer größerer Vollkommenheit. Im 17. Jahrhundert hatte Deutschland noch die Führung in der Eisenindustrie. In Westdeutschland und in Ostfrankreich standen die höchsten Schmelzöfen. Aber England arbeitete sich empor. Die englische Regierung hatte die Eisenwerke im Jahre 1674 zum Teil eingehen lassen, weil der Wald zu sehr gelichtet wurde durch den Bedarf an Holzkohlen. Die Regierung wollte das Bauholz für die Flotte nicht opfern. Gegen diese Maßregel erhob sich Yarranton; er sagte: „Die Hebung der Eisenindustrie ist ein wichtiges Mittel, um die Holländer zu besiegen, durch welche wir jetzt noch eine Menge von Eisenwaren von Lüttich, Solingen, Köln usw. beziehen. Wieviel Hände könnten beschäftigt werden, wenn die Waren im Inlande erzeugt würden! Seht nach Sachsen hin; infolge der hochentwickelten Industrie gibt es dort keine Armen".[1]) Im Jahre 1679 wurde in England der Zoll auf

---

[1]) Beck, Gesch. d. Eisens, II, 1273.

Eisen eingeführt. Da England kein Holz mehr hatte, fällte man die irländischen Wälder, aber um 1700 war auch Irland kahl geworden. Jetzt trat die Steinkohle auf den Plan. Seit zwanzig Jahren hatte man die Verkokung schon betrieben. Im Jahre 1306 war von Eduard I. das Verbrennen der Steinkohle verboten worden wegen des Rauches und des üblen Geruchs, und 1788 lieferte sie 79% des ganzen englischen Roheisens.

Der Guß der Bronze und des Eisens nahmen zu; man goß eiserne Öfen, namentlich aber bronzene und eiserne Geschütze. Schon im Jahre 1515, als die Venetianer Verona belagerten, warfen sie in elf Tagen zwanzigtausend Kugeln in die Stadt. Um das Jahr 1500 kam die Majolika auf, um 1700 das Porzellan, um 1775 wurde die Schnellgerberei erfunden und — leider — auch der Kartoffelschnaps. Die Stahlbereitung gewann an Umfang durch Frischen und Zementieren; um 1784 wurde in England das Puddeln patentiert, das erste Herstellen des Stahls aus Roheisen in einem geschlossenen Ofen.

Das verbindende Glied zwischen dem Altertum und der Zeit der Renaissance sind in wissenschaftlicher Hinsicht die Araber gewesen. Ihre hohen Schulen in Bagdad, Samarkand, Damaskus und Cordova pflegten die Mathematik, die Buchstaben- und Sinus-Rechnung, sie kannten auch die sphärische Trigonometrie. Wie weit um das Jahr 1500 das Bewußtsein von der Gesetzmäßigkeit der Naturereignisse in klaren Köpfen bereits vorgedrungen war, lehrt eine Stelle aus den Schriften des Leonardo da Vinci: „Es gibt keine Gewißheit in den Wissenschaften, bei welcher man nicht einige Teile der Mathematik anwenden könnte, oder die nicht davon in gewisser Beziehung abhinge." Leonardo nahm damit den Gedanken vorweg, den dreihundert Jahre später Kant aussprach, als er sagte, daß diejenigen Gründe der Welterscheinungen einzig und allein der Begreiflichkeit fähig seien, die auf den Bewegungsgesetzen der bloßen Materie beruhen. Mit dem Ausgang des 16. Jahrhunderts bahnte die Mathematik ihre Herrschaft an. Kopernikus, Galilei und Keppler stürzten das alte Weltgebäude, sie entthronten die Erde und machten die Sonne zur Herrscherin.

Im Anschluß an diese Revolution schuf Galilei die Bewegungslehre, denn alle Mechanik hatte bis dahin sich mit ruhenden Körpern nur befaßt. Es folgten die Entdeckungen des Toricelli, die analytische Geometrie des Descartes, die Arbeiten von Huyghens über die Pendelgesetze und die Zentralbewegung, und als Grundlage der modernen Mechanik erschien im Jahre 1687 die Philosophia naturalis von Newton. Er und Leibniz dehnten die Rechnungsmethoden aus auf unendlich kleine Teile, es wurde das Fundament gelegt, auf dem später sich die Elastizitätslehre erhob. Die folgenden Arbeiten von Daniel Bernoulli, Euler, d'Alembert, Lagrange, vollendeten den Ausbau der Mechanik, die zunächst aber vorwiegend nur als wissenschaftliches System bestand und noch keine Anwendung hatte auf die praktischen Aufgaben der Technik.

Der Ausbau einer technisch-wissenschaftlichen Mechanik fällt in den Anfängen wohl noch in das 18., in seiner großen Hauptsache aber erst in das 19. Jahrhundert. Selbst die exakten Wissenschaften hatten noch unter der alten Überlieferung zu leiden, nach welcher die Spekulation alles Wissen aus sich selbst heraus glaubte finden zu können, ohne der Beobachtung, ohne der Versuche zu bedürfen. Man konstruierte auf Grund abstrakter mathematischer Vorstellungen. So hatte Newton vergeblich versucht, die Bewegungsgesetze fester Körper auf Flüssigkeiten anzuwenden; er kam auf falsche Resultate. So hatte Euler den großen Springbrunnen in Sanssouci berechnet, aber das Ergebnis war ein Mißerfolg. Friedrich II. schrieb an Voltaire im Jahre 1778: „Ich wollte einen Springbrunnen in meinem Garten einrichten; Euler berechnete die Kraft der Räder, um das Wasser in ein Bassin steigen zu lassen, von wo es durch Kanäle zurückfallen sollte, um in Sanssouci zu springen. Mein Räderwerk ist mathematisch ausgeführt worden und hat keinen Tropfen bis auf funfzig Schritte vom Bassin heben können. Eitelkeit der Eitelkeiten, Eitelkeit der Mathematik!"[1])

---

[1]) Kannegießer, Briefe Friedrichs d. Gr., S. 365.

Die Pariser polytechnische Schule wurde im Jahre 1794 begründet, die Berliner Bauakademie im Jahre 1799, die anderen technischen Unterrichtsanstalten Deutschlands und Österreichs sind alle erst im 19. Jahrhundert entstanden.

Wie mit der mechanischen, so ging es auch mit der chemischen Wissenschaft in ihrer Anwendung auf die Technik. Auch die Chemie hat sich in der Zeit von 1500—1800 aus einer „schwarzen" spekulativen Kunst zu einer exakten Wissenschaft entwickelt, aber erst im Ausgang des 18. und im Anfang des 19. Jahrhunderts hat sie durch Lavoisier und Berzelius, durch die Erklärung des Sauerstoffs und der chemischen Proportionen, einen Abschluß erreicht, der sie befähigen konnte, nunmehr auch technische Aufgaben systematisch zu bearbeiten. Es hat aber auch hier bis zum Jahre 1800 eine Befruchtung der Technik durch die Wissenschaft nicht stattgefunden. Die Praxis war vorausgeeilt, ihre Ergebnisse konnten erst im 19. Jahrhundert nachträglich die wissenschaftliche Bestätigung erfahren.

Somit stehen wir vor der Tatsache, daß auch bis zum Jahre 1800 noch die Technik allein ihre Wege wandeln mußte, ohne von der jüngeren Schwester Naturwissenschaft eine nennenswerte Förderung zu erfahren. Wohl waren auch in der Technik im 18. Jahrhundert mehr naturwissenschaftliche Kenntnisse vorhanden, als in den früheren Jahrhunderten, aber eine wissenschaftliche Methode war nicht zur Ausbildung gelangt. Die Anwendung der niederen Mathematik hat zweifellos in vielen Fällen stattgefunden, eine Tatsache, die man allein aus Dürers darstellender Geometrie schon folgern könnte; im großen und ganzen aber fehlte das konstruktive Element, und der technische Fortschritt blieb bis zum Jahre 1800 im wesentlichen angewiesen auf den Versuch.

Im vorigen Kapitel ist der Befreiungsprozeß der menschlichen Arbeitskraft vorzugsweise in der Art geschildert worden, wie er aus dem Fronhof sich entwickelt hat; es bleibt noch ein Blick auf die Entwicklung des städtischen Lebens zu werfen. Da es sich in beiden Fällen im wesentlichen um den gleichen Vorgang handelt, werden sich Wiederholungen nicht ganz vermeiden lassen, die der Leser dem Wunsche nach Klarheit geneigtest zugute halten wolle. Der Kürze wegen beschränke ich mich auf die Schilderung desjenigen Städtetypus, der aus dem Dorfe hervorgewachsen ist. Eine solche Stadt war zunächst nichts, als ein befestigtes Dorf; durch Mauer, Wall und Graben war an der Verfassung nichts geändert worden. Das Bürgerrecht beruhte also auf dem Grundbesitz, ganz wie im alten Rom, und im übrigen fand sich hier zunächst der gleiche Zustand wieder, den wir im vorigen Kapitel als die Dorfverfassung kennen lernten. Jeder Stadtbürger hatte in der Stadt seinen Hof und sein Haus, vor dem Tor ein Besitztum in der geteilten, und außerdem seinen ideellen Anteil an der ungeteilten Mark. Jeder Stadtbürger hatte seine hörigen Bauern, die ihm das Land bestellten, und in der Stadt seine hörigen Handwerker, die ihm die gewerblichen Erzeugnisse lieferten. Die Hörigen bildeten die große Familie des Mundherrn, sie bildeten auch sein bewaffnetes Gefolge, und die Streitigkeiten in den Städten, die uns z. B. Shakesspeare in dem Zwist der Montecchi und der Capuletti anschaulich geschildert hat, sind durch die Gefolgschaften geführt worden. Wir finden hier den gleichen Zustand wieder, wie im alten Rom, auch dort galt es für vornehm, sich mit einem großen Gefolge auf der Straße zu bewegen, und auch dort gründete sich die Politik der Faust, gründeten sich die Parteikämpfe, die Straßenkrawalle auf dem Gefolgschaftswesen.

Zwischen die altfreie Bürgerschaft und die Hörigen schob sich nun der Kaufmannsstand hinein. Die Kaufleute waren freie Männer, ihre Reisen bedingten völlige Bewegungsfreiheit; sie waren auch wohlhabend, denn bei dem damaligen Kreditmangel war die Barzahlung weit mehr erforderlich, als heute. Naturgemäß nahmen die Kaufleute ihren Wohnsitz mit Vorliebe in den Städten, deren Markt sie zu beschicken pflegten. Da sie aber nicht Grundeigentümer waren, ließen sie entweder von einem Vollbürger aus dessen Grundbesitz, oder von der Stadt aus der gemeinen Mark, eine Baustelle gegen Zins sich überweisen. Neben den Kaufleuten strömten auch freie Handwerker in die Stadt, denn neben den hörigen Handwerkern hat es auch immer freie Handwerker gegeben. Auch diese mußten sich Land verlehnen lassen. Da aber nur der Eigentümer politisch vollberechtigt war, so kamen Kaufleute und freie Handwerker in ein Schutzverhältnis, entweder zu den einzelnen Bürgern, oder zu der Stadt. Später war es ihnen unbenommen, durch Grunderwerb sich zu Vollbürgern zu erheben, im Gegensatz zum alten Rom, das wohl den Grunderwerb gestattete, aber zunächst keine politischen Rechte damit verband. Im Mittelalter konnten sogar die hofhörigen Handwerker Grundeigentümer werden, sie wurden es auch zum Teil, und die Folge war ein aus freien und hörigen Elementen gemischter Bürgerstand. Als mit dem 12. Jahrhundert die Hörigkeit geschwunden war, umfaßte die Bürgerschaft nur freie Männer; dagegen bestand in der Einwohnerschaft der Unterschied noch fort zwischen Altbürgern und Schutzhörigen, zwischen Grundsassen und Beisassen.

Die Verwaltung der Stadt lag bei den Altbürgern, welche ursprünglich die ganze Stadtmark in Besitz gehabt hatten. Wohl hatten sich die Zustände geändert. Die alte Realgemeinde war durch den Verkauf und die Zerstückelung des Bodens in eine Geschlechtergemeinde übergegangen, und die Geschlechter führten zwar das Regiment, hatten aber nicht mehr den realen Titel. Sie waren reich geworden durch die Zerstückelung ihrer Liegenschaften und die Verlehnung ihres Landes, sie lebten aber nach wie vor von Ackerbau und Viehzucht und sahen voll Verachtung auf die Hintersassen. Den Kaufmann ließen sie allenfalls noch gelten, da er nicht von seiner Hände Arbeit lebte. Der Kaufmann durchsetzte sogar den Patrizierstand, teils durch Heirat, teils durch Aufnahme in die Geschlechterzahl, und in den Städten, die in späterer Zeit als Handelsstätten gegründet worden waren, führte meistens der Kaufmann allein das Regiment. Immer aber war es eine Geschlechterherrschaft, eine Aristokratie, welche die Stadtverwaltung in ihren Hätten hatte, und bei der politischen Bedeutung der Städte verband sich mit diesem Recht eine umfassende Gewalt.

Inzwischen hatte die menschliche Arbeitskraft, die in den Zünften und Gilden vereinigt war, an umfassenden Leistungen für das Gemeinwohl den Grundbesitz überholt; auf ihr beruhte die Steuerkraft und die Waffenfähigkeit, auf ihr die leibliche und geistige Blüte der Einwohnerschaft. Es war unvermeidlich, daß die Arbeitskraft, nachdem sie die persönliche Freiheit errungen hatte, nun auf die politische Anspruch erhob. Es kam in allen Städten zu den Verfassungskämpfen, die im vorigen Kapitel schon erwähnt wurden; sie füllten das 13. und 14. Jahrhundert und waren um das Jahr 1400 meistens zugunsten der Arbeitskraft entschieden. An die Stelle der Geschlechtergemeinde war die politische Gemeinde getreten. Das Recht, das aus dem Grundbesitz erwachsen war, sah sich verdrängt durch das lebensvollere, höhere Recht der freien Arbeit.

Bis zur Mitte des 14. Jahrhunderts hatte sich die Produktion wohl ausschließlich in der Form des Kleinbetriebs entwickelt. Nur in Oberitalien und vielleicht auch in Belgien war das Verlagssystem anscheinend schon hervorgetreten, das ich unten erörtern werde. Im allgemeinen war der Betrieb dem Handwerker zunftmäßig vorgeschrieben. Dafür konnte der Lehrling mit ziemlicher Sicherheit darauf rechnen, daß er bald nach Beendigung der Lehrzeit eine eigene Werkstätte werde eröffnen können. Um die Mitte des 14. Jahrhunderts aber, als das verfügbare Land im deutschen Reiche in Besitz genommen war,[1]) als der Adel allmählich in verstärktem Maße zum Getreidebau überging, und der Bauer nach und nach in ein untertäniges Verhältnis kam, wurde auch der Zustand im Handwerk ein anderer. Der Ritter drängte den Bauern im Besitz zurück, um seine eigene Ackerfläche zu vergrößern, die Kinder der Bauern fanden auf dem Lande nicht mehr ihren Unterhalt und strömten nunmehr in die Städte. In der ersten Hälfte des 14. Jahrhunderts war ein eigentlicher Arbeiterstand in den Städten im allgemeinen noch nicht vorhanden. In der zweiten Hälfte geschah seiner aber schon Erwähnung in den Zunftartikeln,

---

[1]) Eigentlich war es ja nicht das deutsche, sondern das römische Reich; hier aber, wie auch anderswo, wähle ich der Einfachheit und Klarheit wegen die Bezeichnung deutsches.

und in den englischen Städten wurden die Gesellenvereine in den Jahren 1383 und 1387 schon verboten. Die soziale Stellung der Gesellen war indessen keine schlechte, ihr Lohn war wenig geringer, als das Meistergeld. Um das Jahr 1400 schlossen sich die Zünfte ab gegen den Zustrom vom Lande, Söhnen von Bauern wurde der Eintritt untersagt. In demselben Maße, wie die Städte aufblühten, steigerte sich die Unzufriedenheit der Bauern, wuchs das Proletariat, trotz des eingeführten Söldnertums. Im Anfang des 16. Jahrhunderts, als der Aufruhr losbrach, zogen Scharen von Bettlern und Landstreichern umher. Sie hatten ihre eigenen Hauptleute. Goethe hat sie im Goetz auf die Bühne gebracht. In England waren die Zustände die gleichen. Eduard VI. verordnete im Jahre 1547: „Wenn jemand zu arbeiten weigert, soll er als Sklave der Person zugeurteilt werden, die ihn als Müßiggänger denunziert hat.“ [1])

Die rastlose Produktion in den Städten, und der Handel, der von Italien bis England, von Flandern bis Rußland zog, erzeugten Kapital, das nutzbringend angelegt sein wollte und in Schwierigkeiten kam mit den Zunftbestimmungen. Der Umfang der Produktion war gewachsen, der technische Fortschritt und die steigende Zahl der Gesellen, der Knechte des Handwerks, stellten diese Frage außer Zweifel. Schon in der zweiten Hälfte des 14. Jahrhunderts traten die Gesellen in der Form von Bruderschaften hervor, damals schon begann der Kampf mit den Meistern um den Lohn, um die Arbeitszeit und um die Arbeitsweise. Nach und nach nahm auch die Zahl der Zünfte zu, und mithin auch die Zahl der Meisterstellen. In Paris wuchs die Zahl der Zünfte von 83 im Jahre 1674 auf 124 im Jahre 1691. Eine energische Vermehrung der Produktion war bei den Zünften aber nicht beliebt. Man wollte keine Konkurrenz, man hielt den Zudrang fern und nahm bei der Einstellung von Lehrlingen gewissenhafte Ahnenproben vor. Zahlreiche Berufe wurden für unehrlich erklärt und die Söhne von den Zünften ausgeschlossen, so namentlich die

---

[1]) Marx, das Kapital, I, 765.

niedere Polizei, die Gerichts- und Stadtknechte, die Turm-, Holz- und Feldhüter, die Nachtwächter, die Totengräber, die Barbiere und die Bader. Erst im Jahre 1731 wurden diese Berufe durch kaiserliches Mandat ehrlich und zunftfähig gemacht. Den inneren Betrieb in der Werkstätte überwachte, regelte und beschränkte der Vorstand der Zunft; er schrieb die Arbeitszeit vor, die Zahl der Gesellen und die Arbeitsweise, und die Gesamtheit der Zünfte stellte sich wie eine geschlossene Phalanx allen Bemühungen des Kapitals entgegen, in die Werkstätten einzudringen und durch Erweiterung der Einzelbetriebe eine produktive Anlage zu schaffen. Das Kapital konnte bei der zunftmäßigen Produktion sich nur in der Weise betätigen, daß es einer größeren Zahl von Meistern gleichzeitig Aufträge erteilte, ihnen das Rohmaterial übergab und dieses nach einheitlichem Plane in den einzelnen Werkstätten veredeln ließ. Diese Geschäftsführung war ein Mittelding zwischen handwerksmäßigem und fabrikmäßigem Betriebe, zwischen Einzelarbeit und zentralisierter Oberleitung. Namentlich war es die Seidenindustrie in Lyon, die dieses System im großen entwickelt hatte. Die Kapitalisten, welche das Rohmaterial beschafften und die Aufträge erteilten, hießen maîtres marchands, die arbeitenden Webermeister maîtres ouvriers. Hier hatte sich bereits im Jahre 1731 die Zahl der Gesellen auf die zehnfache Zahl der Meister gehoben; außerdem aber war hier eine ungelernte Arbeiterschaft entstanden, welche die Zahl der Gesellen wieder um das fünf- bis sechsfache übertraf. Die Seidenindustrie in Lyon beschäftigte 90 Händler, 800 Meister, 8000 Gesellen und 41000 ungelernte Arbeitskräfte, welche sich aus Männern, Frauen und Kindern zusammensetzten.

Neben dieser Betriebsweise arbeitete nun die Technik hin auf die weitere Vergeistigung der Arbeitskraft, auf die Ersparnis an Zeit und Unkosten, durch die räumliche Vereinigung der Einzelbetriebe in der rationell geleiteten Fabrik. Man legte die Fabriken in den Vorstädten, oder an ganz neuen Orten an, welche dem Zunftzwange nicht unterworfen waren; in England sind Birmingham und Manchester auf diese Art emporgekommen. Der absolute Staat setzte sich über die zünftlerische Ordnung selbst hinweg und ging mit der Gründung von Fabriken vor. So gründete Colbert schon im 17. Jahrhundert eine ganze Anzahl von Fabriken, oder unterstützte deren Gründung durch Steuerbefreiungen und bares Geld. Bei der Gründung der Weberei in Beauvais wurde dem Fabrikanten zur Bedingung gemacht, daß er fünfzig französische Lehrlinge halten und in sechs Jahren sein Personal auf sechshundert Köpfe bringen müsse. Unter König Ludwig XIV. wurde die Weberei in Gobelins, unter XV. die Porzellanfabrik in Sèvres gegründet; es folgten dann 1730 bis 1757 eine Waffenfabrik im Elsaß, eine Seidenfabrik in Pauy en Velay, eine Baumwollweberei daselbst, und eine Tuchfabrik in Bourges.

Deutschland, insbesondere Preußen, stand gegen Frankreich zurück, folgte aber dem technischen Fortschritt. Friedrich Wilhelm I. gründete in Berlin ein Lagerhaus und eine Tuchfabrik, die im siebenjährigen Kriege den Truppen noch das Tuch lieferte und vom russischen General Fermor zerstört werden sollte. Friedrich II. zog Fabrikanten, Maschinen und Geräte ins Land; mit Privilegien, Prämien und Monopolen suchte er die Industrie zu beleben, insbesondere die Seiden- und Sammet-, die Wolle- und Leinenindustrie. Der Kaufmann Gotzkowski beschäftigte im Jahre 1760 in seinen Fabriken 1500 Menschen und ein Jahr später gründete er noch die Berliner Porzellanfabrik. In Eberswalde bestanden Messingwerke, eine Papierfabrik und andere Fabriken, und in den Splitgerberschen Fabriken in Berlin arbeiteten Tausende von Menschen bei der Zucker- und bei der Gewehrfabrikation. Erinnern wir uns an die mechanischen Spinnereien, die schon in den Jahren 1741 und 1742 in England arbeiteten, erinnern wir uns an die Tatsache, daß seit dem Jahre 1782 in England Bergwerke, Spinnereien, Walzwerke, Brauereien und andere Betriebe durch die Dampfmaschinen getrieben wurden, dann kann kein Zweifel sein, daß vom 17. bis 18. Jahrhundert der Fabrikbetrieb sich durchsetzte und die alte zunftmäßige Ordnung in vielen Arbeitszweigen erschütterte. Es ist nicht immer deutlich zu erkennen, in welchem Maße die verschiedenen Fabriken die Arbeiterschaft an der Zentralstelle vereinigt, und in welchem Maße sie die Hausarbeit noch beibehalten hatten. Vielfach liefen beide Arbeitsweisen nebeneinander her. In der Leinwandspinnerei erhielt sich z. B. die Hausindustrie weit ins 19. Jahrhundert hinein. Vielfach aber scharten sich die Arbeiter bereits um die zentrale Antriebskraft, welche die Hauptmechanismen bewegte. Wo die Dampfmaschine auftrat, entwickelte sich die Fabrik. Die Baumwollspinnerei ging im 18. Jahrhundert mehrfach zum zentralisierten Betriebe über, ebenso die Metallindustrie. Schön erzählt 1796, daß die Hessesche Spinnerei in Berlin ohne die Hausarbeiter 2000 Menschen beschäftigte. Ebenfalls in Berlin waren in einer Blumenfabrik 100 Mädchen, in einer Gerätefabrik 30 Arbeiter, in einer Manchesterfabrik 500 Arbeiter beschäftigt, immer gerechnet ohne die Hausarbeiter.

Der Fabrikbetrieb beruhte auf der örtlichen Vereinigung zahlreicher Arbeitskräfte, und auf ihrer Unterstützung vermöge einer großen, gemeinschaftlichen Antriebskraft, welche aus Pferden, Wasser, oder Dampf, gewonnen wurde. Die Einzelarbeiten, in welche der Veredlungsprozeß zerfiel, konnten nunmehr schneller ineinandergreifen, nun der zeitraubende Transport in Wegfall gekommen war. Die Beschaffung der Triebkraft war in der einheitlichen Form billiger geworden, ebenso die Beschaffung von Licht und Heizung und Arbeitsraum. Die Aufsicht war leichter, die Leitung kräftiger, der ganze Prozeß war kürzer und einfacher geworden. Man erzielte jetzt mit dem gleichen Arbeitsaufwand eine größere Produktenmenge, weil weniger Verlust eintrat an Zeit und Material. Diejenige Menge Arbeitskraft, die bisher durch die räumlichen Entfernungen verloren gegangen war, konnte jetzt produktiv eingreifen. Durch diesen Eingriff wurde an anderer Stelle wieder Arbeitskraft verfügbar für einen verfeinerten Prozeß in der Bearbeitung der Fabrikate; die Folge war auch hier auf der ganzen Linie die steigende Vergeistigung der menschlichen Arbeitskraft.

Wie in Griechenland nach dem Siege des Demos, in Rom nach dem Siege der Plebs, so war auch in Deutschland nach dem Siege des Handwerks die nächste Folge eine vermehrte Blüte des

Städtelebens. Schon die Zeit der Kämpfe war eine Blütezeit gewesen. Es ist immer ein Zeichen von Gesundheit, wenn die Technik wieder eine Schicht der menschlichen Arbeitskraft soweit vergeistigt hat, daß sie, entsprechend ihren Leistungen für das Gemeinwesen, auch ihren Anteil am politischen Leben verlangt. Dieses Bild zeigt uns der Handwerkerstand im 12. bis 14. Jahrhundert. Es ist dagegen ein Zeichen von Krankheit, wenn die Technik von einer Bevölkerungsklasse ferngehalten wird, wenn sie nicht ihr Licht in sie ergießen kann. Die Folge ist ein harter Druck und zuletzt der Verzweiflungskampf der Gequälten. Dieses Bild zeigt uns der deutsche Bauernstand im Anfang des 16. Jahrhunderts. Mit einer kleinen Einschränkung kann man sagen, daß das Volk gesund ist, wenn die unteren Klassen aus freien Stücken angreifen, daß es aber krank ist, wenn sie sich verteidigen müssen.

Da der deutsche Bauer vom Ritter bedrängt wurde und seine Kaufkraft verloren hatte, sahen sich die Städte in ihrem Absatz auf das Ausland angewiesen. Während die Landstädte im 16. Jahrhundert zurückgingen, blühten die großen Handelsstädte jetzt erst auf. Die Blütezeit war aber kurz. Das Ausland schloß sich ab durch Zölle, es suchte seine eigene Industrie zu entfalten. Im Jahre 1597 wurde in London der Stahlhof geschlossen, die Holländer befuhren die Ostsee, die Alpenpässe wurden totgelegt durch die offene See, der deutsche Handel stockte, und die langen Kriege, die unter dem Vorwand religiöser Pflichten die deutsche Saat verheerten, schädigten ihn schwer. Eine Hauptschuld an diesem Niedergang trug Deutschlands politische Vielheit; es verlor seine Vormachtstellung.

Immerhin darf man nicht glauben, daß nach dem dreißigjährigen Kriege Handel und Wandel gänzlich lahm gelegen hätten. Im Gegenteil, sie regten sich so gut es ging, Deutschland war inzwischen nur von anderen Ländern überholt worden. Pufendorf nennt im Jahre 1667 Deutschland noch ein reiches Land, und wir haben oben gesehen, daß sich die Engländer sieben Jahre später über die beständige Einfuhr deutschen Eisens beklagten. Voltaire spricht von Deutschland im Jahre 1752 als von einem blühenden

Lande, wenn es auch weniger reich sei, als Frankreich. Die fortschreitende Technik hatte eine fortschreitende Teilung der Arbeit in geographischer Hinsicht zur Folge, und diese zog wieder einen lebhafteren Verkehr und einen lebhafteren Handel zwischen den einzelnen Städten nach. Andrerseits war es aber gerade die politische Selbständigkeit der Städte, die hemmend auf den gestiegenen Verkehr wirkte, denn die Hauptstraßen zu Lande wie zu Wasser, führten durch die Städte hindurch, und diese hatten meist das Recht des Stapels und der Zölle. Der Kaufmann war also, wenn er schnell weiter wollte, auf das Wohlwollen der Städte angewiesen, und ein flotter Durchgangsverkehr war außerordentlich erschwert. Dazu kamen die vielen Landesgrenzen; immer wieder ging der Schlagbaum nieder, immer wieder waren Abgaben erforderlich. Die Holländer und die Engländer konnten auf dem Seewege viele Waren billiger nach den deutschen Orten liefern, als der deutsche Kaufmann auf dem Landwege. Der Adel beschwerte sich über die Selbständigkeit der Städte; er sah sich übervorteilt, wenn er seine Erzeugnisse auf den Markt brachte, oder wenn die Städte unter sich ihre Handelskriege führten und die Ausfuhr des Getreides verboten. Auch die vielfältigen lokalen Münzsysteme, die Verschiedenartigkeit des Maßes und Gewichts, wirkten auf den Handel wie eine überaus lästige Beschränkung.

Wir haben oben gesehen, welche Fortschritte die Technik im 14. und 15. Jahrhundert gemacht hatte. Die Folge war eine gesteigerte Produktion. Die Segelschiffe durchfuhren den Ozean und ein großartiger Aufschwung in Handel und Verkehr machte sich geltend. Die neuentdeckten Weltteile nahmen im Austausch gegen ihre Naturprodukte große Mengen gewerblicher Erzeugnisse in sich auf. Die Messen gewannen an Ausdehnung, die Postverbindungen kamen auf, und der gestiegene Verkehr drängte unabweislich nach einer Vereinheitlichung des Handels- und Gewerberechts, nach einer Ablösung der städtischen Gerechtsamen durch staatliche. Das Stapelrecht und die Zölle, das Münzrecht und das Steuerwesen, das Gericht und die Polizei, gingen über auf den Staat, die Steuern erst nach langem Kampfe mit den

Ständen. Die staatliche Verwaltung verlangte eine neue Beamtenschaft, die nun gegen die Stände vorging und sie Schritt vor Schritt zurückdrängte. Die Technik hatte durch die Feuerwaffe den Adel aus dem Sattel gehoben, die Artillerie geschaffen und dem Fußvolk erhöhte Bedeutung beigelegt. Der Soldat konnte aber mit der neuen Waffe nur durch längerem Gebrauch vertraut werden, und die Folge war die Einrichtung der stehenden Heere. Gestützt auf das Heer rief nun die Beamtenschaft das absolute Fürstentum ins Leben, die nächste Etappe zum modernen Staat. Der staatliche Gedanke konnte nur langsam ausreifen; einstweilen war der Beamte nur ein Bedienter seines Fürsten, schlecht bezahlt und schlecht behandelt. Friedrich Wilhelm I. „reskribierte" im August 1722 an das Cleve-Märkische Kommissariat, er habe mit Mißfallen die zahllosen Ungenauigkeiten in den Berichten wahrgenommen. Er wolle dergleichen pflichtwidriges Beginnen seiner „Bedienten" fürs Künftige durchaus abgestellt wissen. In der Kabinettsorder vom 13. Mai 1728 heißt es von diesen Bedienten: „Wer damit nicht zufrieden ist, was er bekommt, seine Demission bekommen kann, maßen Se. Königliche Majestät hundert andere Subjekte dafür bekommen kann."

Das Merkantilsystem trat jetzt auf die Bühne, die Zeit der Bevormundung der industriellen Keime durch den Staat. Nach dem Rückzug der Stände war das Beamtentum durch keine Volksvertretung eingeschränkt, es trat an allen Orten auf „Im Namen des Königs", und jedes Ersuchen erfolgte gern als Befehl. Dieses Beamtentum hat aber die Lokalgewalten im Staate gebrochen und die Zentralmacht hergestellt. Das Altertum und das Mittelalter kannten nur ein lockeres, staatliches Gefüge, das allen lokalen Verwaltungspunkten eine große Selbständigkeit beließ. Der Hauptgrund für diese Dezentralisation lag in den unentwickelten technischen Zuständen. Es fehlte an Verbindungsformen zwischen Haupt und Gliedern; die Straßen waren nicht ausgebaut, der Verkehr war im Innern nur aufrecht zu erhalten durch Reiter und Packtiere. Eben weil die sonstigen Verbindungen fehlten, schob sich die Kultur der Römerzeit rings um das Mittelmeer herum, denn bei der damaligen Technik war das Schiff schneller und leistungsfähiger, als der Wagen. Die Städte, die nicht am Meere, oder an einem schiffbaren Fluß lagen, mußten notgedrungen sich auf die Eigenwirtschaft beschränken, denn sie konnten ihre Produkte nicht absetzen. Ebenso ging es mit der Landwirtschaft. Das Getreide, das in Italiens Fluren gewachsen war, konnte nicht nach Rom geschafft werden, es konnte die Transportkosten nicht tragen. Die Getreidequellen Roms flossen in Afrika, insbesondere in Ägypten, und in Sizilien, denn hier ermöglichte das Meer eine billige Ausfuhr. Erst als der großartige Straßenbau der Römer neue Verbindungen geschaffen und das Innenland erschlossen hatte, konnte auch der Landverkehr sich heben, und jetzt führte das Verlangen des gestiegenen Verkehrs hier so gut, wie im 17. und 18. Jahrhundert in Frankreich und in Deutschland, zu einer Zentralisation der Verwaltung und in ihrer Folge zum despotischen Fürstenstaat. In Rom war es Diokletian, in Frankreich Ludwig XIV., in Preußen Friedrich Wilhelm I., mit denen der Absolutismus einsetzte. Diese Despotenstaaten sind aber unterschieden gewesen von den Despotenstaaten des Orients, die auf einem einzigen Willen und einem Volk von Sklaven sich erhoben. Der Despotenstaat Roms und derjenige des 17. und 18. Jahrhunderts erhoben sich auf dem Beamtentum, als ein Erzeugnis des gestiegenen Verkehrs, der verbreiteten Technik; sie sind ein Fortschritt gewesen gegenüber dem lockeren Gefüge des Mittelalters, sie sind der nächste Schritt gewesen zu einem höheren, staatlichen Einheitsgedanken, eine Folge des wirtschaftlichen Lebens, nicht der brutalen Gewalt. Der Unterschied zwischen Rom und der Neuzeit liegt nur darin, daß bei der Technik des Altertums die Menschheit den absoluten Staat nicht mehr zu überwinden wußte; er führte zu einem Mißbrauch der Beamtengewalt und zu einem Erpressungssystem der Höflinge, und in der Folge zum Zerfall des Römerreiches. Die vorgeschrittene Technik des 18. und 19. Jahrhunderts hingegen steigerte die Produktion, vermehrte den Handel, erleichterte den Verkehr, mehrte den Reichtum und die Macht des dritten Standes, und befähigte ihn, im Bunde mit seiner gehobenen Intelligenz, den

Staat wieder herauszuführen aus dem Despotismus in die moderne, parlamentarische Form.

Am schroffsten zeigten sich die Schattenseiten des absoluten Regiments in Frankreich. Hier war eine umfassende Industrie entstanden, zum guten Teil durch die Fürsorge des Staates. Der Handwerker sah diese Konkurrentin in den Vorstädten erblühen, sah, daß sie billiger arbeiten konnte, als er selbst, weil sie durch staatliche Vorschriften weniger eingeengt war und den Vorzug des Großbetriebes hatte. Die Zünfte litten nicht nur unter der Bevormundung, sondern auch unter den unaufhörlichen Erpressungen: Die Regierung gab beständig neue Vorschriften und ließ sich dieselben durch Geldzahlung wieder abkaufen. Das Recht auf Arbeit wurde für ein königliches Recht erklärt, das nur vom Könige, natürlich gegen gute Bezahlung, verliehen werden könne. In England herrschte längst die Gewerbefreiheit, und auch Frankreich empfand das dringende Verlangen, von der zünftigen Fessel befreit zu sein. Neben dem Zunftwesen waren es die Zölle, welche die Produktion und den Handel einschränkten. Eine Zolleinheit bestand nur in den inneren Provinzen, die äußeren sperrten sich ab. Auch jede Stadt erhob noch ihre Abgabe, Maß und Gewicht wechselten von Ort zu Ort, hier hatte der absolute Staat noch gar nicht durchgegriffen. Die Einfuhrzölle schwankten und die Willkür der Auflagen machten eine genauere Vorberechnung zur Unmöglichkeit.

Um das Unglück voll zu machen, hatte die Regierung mit der englischen im Jahre 1786 noch einen unvorteilhaften Handelsvertrag abgeschlossen, infolgedessen jede Stadt und jedes Dorf in Frankreich von englischen Waren überschwemmt wurde, während das heimische Gewerbe durch die Knebel der Zunftgesetze sich in der Produktion gehemmt sah. Die Physiokraten verlangten die Aufhebung der Zünfte und die Handelsfreiheit. Mit Turgot bekamen sie das Finanzministerium in die Hände, und in kurzem waren Zünfte und Zölle beseitigt. Turgot erklärte, daß das Recht auf Arbeit nicht ein königliches Recht sei, sondern ein Menschenrecht. Er sagte: „Gott, indem er dem Menschen Bedürfnisse gab, hat das Recht zu arbeiten zum Eigentum jedes Menschen gemacht, und dieses Eigentum ist das erste, heiligste und unverjährbarste von allen.“ Wie sich doch die Zeiten ändern! Diese gleiche Anschauung, wie sie damals gegen die feudalen Kreise geltend gemacht wurde, führen diese Kreise heut ins Feld im Kampfe gegen die Arbeiterschaft und gegen die Streikposten. Hätten die Verordnungen Turgots Bestand gehabt, die Revolution hätte sich wahrscheinlich auf friedlichem Wege vollzogen. Aber die juristische Welt vermochte dem kühnen Gedanken Turgots nicht zu folgen. Man wollte die Einnahmequelle aus den Zünften nicht fallen lassen. Das Pariser Parlament, der höchste Gerichtshof, erhob Einspruch gegen Turgots Vorgehen, der geniale Mann fiel, und das Verhängnis nahm seinen Lauf.

Der französische vorrevolutionäre Staat war im Grunde genommen noch der alte Lehnstaat, nur unterschieden von diesem durch die Geldwirtschhft. In der Zeit der Naturalwirtschaft hatten die Verlehnungen die Zentralgewalt geschwächt; die aufkommende Geldwirtschaft hatte aber die Städte soweit gekräftigt, daß die Zentralgewalt sich auf sie stützen, die Macht der Vasallen wieder brechen und den Einheitsstaat vorbereiten konnte. Der Verrat und die Treulosigkeit Ludwigs XI. taten das ihrige, und niemals sind vielleicht so gemeine Mittel durch einen so großen Zweck geheiligt worden. Man sieht hier wieder klar, daß alle Sittlichkeit nur eingeschränkte Geltung hat. Der Lehnstaat war im Mittelalter die richtige, angemessene Form für die damaligen Arbeitsverhältnisse gewesen. Wie der Fronhof die privatrechtliche, so ist der Lehnstaat die naturgemäße staatsrechtliche Wirtschaftsform in einer Zeit, in welcher die unentwickelte Technik und ihre schwache Produktion noch keines Tauschmittels bedürfen. Der Lehnstaat hat über tausend Jahre bestanden; der absolute Staat dagegen war ein Übergang; er beruhte nicht auf jener weisen Verteilung der Rechte, die sich nach der Leistung richtet. Der Schwerpunkt des Lehnstaates lag im Grundbesitz und dieser hat durch Privilegien aller Art die Übermacht sich zu erhalten gewußt bis zur Revolution. Längst hatte die Technik das Schwergewicht verschoben, Arbeitskraft und Reichtum und Intelligenz in den dritten Stand gelegt, in das Gewerbe und den Handel. Jetzt wollte sie die Industrie entfalten, schon arbeitete die Dampfmaschine. Da der absolute Staat Gewerbe und Handel aber nicht befreite von der Fessel des Grundbesitzes, mußte er fallen nach einem Dasein von kaum hundert und fünfzig Jahren. Das Mittelalter ist mit der französischen Revolution zugrunde gegangen.

Man hat über die Ursachen der großen Revolution viele Bände voll geschrieben; man hat den Umschwung der Geister, das Aufkommen der Naturlehre, geltend gemacht, hat auf die schweren Staatsschulden hingewiesen, auf den Luxus der privilegierten Stände, auf das Elend der Bauern, die Hungersnot, und zweifellos liegt in diesen Theorien vieles Wahre. Das ausschlaggebende Moment hat man aber nicht hervorgehoben, nicht die Entwicklung der Technik, die in dem absoluten Staate kein freies Arbeitsfeld bekommen konnte. Sie brauchte Freiheit des Wirkens; Vorrechte, Zünfte, Zölle, mußten fort; sie sah sich gehemmt durch das ancien régime und unvermeidlich mußte die alte Herrlichkeit zusammenbrechen.

Jede siegreiche Revolution wird diejenigen Übelstände zuerst abstellen, um derenwillen sie zum Ausbruch kam. Die erste wichtige Maßnahme der französischen Revolution bestand nun darin, daß die Vertreter des dritten Standes, d. h. die Vertreter von Gewerbe und Handel, im Juni 1789 sich eigenmächtig als Nationalversammlung proklamierten, als Vertretung des gesamten Volkes. Sie schwuren, nicht eher auseinandergehen zu wollen, als bis sie dem Lande eine Verfassung gegeben hätten, durch welche der dritte Stand natürlich seine Interessen sicher stellen wollte. Weil aber die Verfassung nicht so schnell fertig werden konnte, wie die traurigen Zustände es forderten, beschloß man vorweg durch einen souveränen Akt die großen Übel abzustellen. Hier sehen wir die zweite wichtige Maßnahme. In der denkwürdigen Nacht zum 5. August 1789 erklärte die Nationalversammlung die Privilegien, die Zünfte und die Zölle für abgeschafft. In dieser Nacht verschwand das Mittelalter.

Durch die Erklärung vom 5. August waren nun zwar die Zölle theoretisch abgeschafft; die Durchführung dieser Maßregel stieß aber auf Schwierigkeiten, weil die Provinzen durch sie eine Einnahme verloren. Man konnte dieses alte Gewohnheitsrecht nur bei der Wurzel ausrotten, wenn man die Provinzen selbst verschwinden ließ. Es wurde daher im Oktober noch der Beschluß gefaßt, dem Lande eine neue Einteilung zu geben. Am 22. Dezember 1789 nahm die Nationalversammlung die Vorlage an, die Frankreich in 83 neue Departements zerlegte. Das war die dritte wichtige Maßnahme. Die ersten drei grundlegenden Schritte also, welche die Revolution vornahm, waren bestimmt, die Bahn frei zu machen für die Arbeit der Technik, für die Produktion und für den Tausch. Es kann hiernach kein Zweifel sein, daß die Freiheit des technischen Lebens das Ziel, daß der Gedanke an sie die treibende Kraft gewesen ist, welche zum Ausbruch der Revolution hindrängte. Daß dieser Gedanke vielleicht nicht immer mit voller Klarheit ins Bewußtsein getreten ist, ändert an der Sache wenig. In der Politik sind die wichtigsten Entschließungen weniger durch klare Einsicht, als durch ein starkes Gefühl bedingt gewesen, das haben Leute wie Sulla, Pitt, Friedrich II. und Bismarck betont. Dennoch möchte ich hier wieder einem Mißverständnis vorbeugen. Wenn ich hier und anderswo der Kürze wegen behauptet habe, daß die Technik die Ursache der Vorgänge gewesen sei, so war das bildlich gesprochen. Nicht die Technik im engeren Sinne, nicht die geistige Leitung der mechanischen Arbeit, ist die unmittelbare Ursache gewesen, welche die Revolution zum Ausbruch brachte, sondern das Triebleben derjenigen Menschenklasse, welche aus dem Wirken der Technik ihr Verlangen nach Wohlsein und Glück hoffte befriedigen zu können. Die Technik sollte nur Mittel sein für diesen Zweck und deshalb sollte sie freies Feld bekommen. Die Bedeutung und die Macht der Technik wird dadurch nicht eingeschränkt, daß sie nicht unmittelbar, sondern mittelbar, durch das Medium anderer Menschenklassen hindurch zur Wirksamkeit gelangte.

Auch die nächsten Maßnahmen der Revolution kamen dem dritten Stande in erster Linie zugute, die Einziehung der geistlichen Güter, die Einsetzung der Geschworenengerichte und endlich am 17. September 1791 die Annahme der Verfassung durch den König. Damit war die Revolution beendet, die Nationalversammlung löste sich auf und an ihre Stelle trat das gesetzgebende Parlament.

Die Welt hätte jetzt wahrscheinlich einer friedlichen Entwicklung entgegengesehen, wenn nicht der entthronte Adel Frankreichs die europäischen Mächte in die Schranken gerufen hätte, um ihm in Frankreich die Fleischtöpfe wiederzugeben, die er durch seine feindselige Haltung gegenüber der Revolution verloren hatte. Jetzt, da die Errungenschaften der Revolution auf dem Spiele standen, kamen in Frankreich die radikalen Elemente an die Spitze. Jetzt flossen Ströme von Blut, da nur der Schrecken die Freiheit retten konnte. In dieser wild bewegten Zeit waren auch Parteikämpfe nicht zu umgehen. Der folgende Krieg aber ist nur hervorgerufen worden, und das Haupt des Königs ist nur gefallen, durch die Zetteleien von Österreich und Preußen, welche die Vorsehung spielen und das absolute Fürstentum erhalten wollten gegen die revolutionierende Schicksalsmacht der Technik.

Wir sehen also am Schlusse des 18. Jahrhunderts die Technik in ihren Folgen siegreich vordringen. In England hatte sie schon früher die überlebten Formen abgeworfen, in Frankreich hielt sie noch das Schwert in der Hand. Ihrem Grundsatze treu, hatte sie wieder ihre Jünger auf der Bahn der Freiheit fortgeführt. Der gleiche Sieg, welchen die Technik um das Jahr 1400 in den Städten zu verzeichnen hatte, war ihr jetzt beschieden im staatlichen Zusammenhang. Mit diesem jüngsten Siege war eine Höhe erklommen in der staatlichen Entwicklung, welche seither, immer abgesehen von England, ohne Beispiel war. Die staatlichen Bildungen des Altertums waren despotische Reiche, oder Stadtstaaten gewesen, in denen sich die Freiheit des Handwerks nicht über ein kleines Gebiet hinaus erheben konnte. Rom war der einzige Staat gewesen, in welchem sich auch das Handwerk zu einem staatlichen Bürgertum erweitert hatte, aber vielfach eingeschränkt durch eine ganze Stufenleiter von Hörigkeit und Sklaverei. Der mittelalterliche Lehnstaat sah das hörige Handwerk frei und einflußreich werden, aber nur in den Städten. In den späteren Ständen waren auch die Städte vertreten gewesen, aber dem Adel und der Kirche gegenüber hatten sie nur eine beschränkte Stimmfähigkeit besessen. Im absoluten Staat hatte sich das Handwerk teilweise zur Industrie erweitert, aber es war ohne direkten Einfluß geblieben auf die Regierung. Die staatliche Macht hatte seither beruht auf der Vorherrschaft des Grundbesitzes. Jetzt nun waren Industrie und Handel neben ihm zur ausschlaggebenden Gewalt geworden, sie hatten ihren Anteil errungen in der Form einer Verfassung und eines Parlaments. An die Seite des Grundeigentums trat das mobile Kapital.

Während also in der Industrie die Technik ihre Triumphe feierte, war sie in der Landwirtschaft verkannt und verachtet. Der Engländer Young hat Frankreich im Jahre 1789 bereist und stellt dessen Landwirtschaft auf eine Stufe mit derjenigen des 10. Jahrhunderts. „Die Felder, mit Ausnahme der flandrischen und elsässischen, bleiben jedes dritte, oder gar jedes andere Jahr, brach. Die Geräte sind schlecht; man hat keine eisernen Pflüge, und an vielen Orten gibt man sich noch mit Pflügen ab, wie sie in der Zeit Virgils in Gebrauch waren. Die Wagenachsen und Radreifen sind aus Holz; die Eggen sind primitiv. Von Vieh und Düngung ist wenig die Rede. Der Ertrag ist schwach, im gewöhnlichen Durchschnitt bloß sechsfach."[1] Arthur Young berechnet, daß der englische Morgen 28, der französische nur 18 Scheffel erzeugt. Der vierte Teil des kulturfähigen Landes lag als Ödland da; früher war er bebaut gewesen und ein blühendes Land, jetzt war er eine verlassene Wüste.

Die Krone war absolut, war Eigentümerin des Landes, und ihre Beamten führten ein strenges Regiment. Sie machten nur Halt vor den großen Herren und Bischöfen, den Besitzern großer

[1] H. Taine, Die Entstehung des modernen Frankreich; deutsch von Katscher, S. 392.

Liegenschaften. Selbst die gewöhnlichen Edelleute hatten einen Rest von eigener Gerichtsbarkeit behalten, und die größeren hatten nicht nur das Blutgericht, sondern auch den Heimfall sich bewahrt von allen Gütern, die infolge eines Urteils verfügbar wurden, das auf Tod oder Konfiskation gerichtet war. Sie erhoben von ihren Untertanen Steuern und Zölle, sie zwangen sie zur Benutzung der herrschaftlichen Mühlen, Kelter, Schlacht- und Backhäuser. Die privilegierten Stände, die Krone, der Adel und die Geistlichkeit, waren selber frei von Steuern und im Besitz des halben Areals von Frankreich. Die Herren hielten sich im allgemeinen nur am Hofe auf und ließen ihre Güter durch Pächter bewirtschaften. Sie lebten über ihre Verhältnisse, waren arg verschuldet und steigerten infolgedessen nach Möglichkeit die Pacht, deren Ertrag natürlich in letzter Linie auf dem Bauern lastete. Das Landleben hatte für die Herren keinen Reiz, und nur die Jagd vermochte ihr Interesse zu erwecken. Um des Wildstandes willen durfte der Bauer seinen Besitz nicht einzäunen, durfte er sein eigenes Feld im Frühjahr nicht betreten, denn die Rebhühner sollten beim Brüten nicht gestört werden. Als in Versailles der Oberjägerhof eingerichtet war, ging die Pacht der Domänen sehr herunter; der Ertrag der einen soll von 2000 Franks auf 400 Franks gesunken sein. Nacht für Nacht mußten die Bauern das Rotwild von den Feldern scheuchen, damit es ihre Saaten nicht vernichtete.

Wie es bei einer solchen Adelswirtschaft bei dem Bauern aussehen konnte, wird sich der Leser ungefähr vorstellen können, obschon ich zweifle, daß seine Phantasie ausreichen wird, um das Maß des Elends zu erschöpfen. Jeder Mißwachs erzeugte eine Hungersnot. Im Jahre 1715 ging in Frankreich der dritte Teil der Landbevölkerung an Hunger und Elend zugrunde. Den kümmerlichen Ertrag der Hufe nahm der Steuererheber fort. Aus Furcht vor diesem Exekutor leerten sich ganze Dörfer. In Paris wogten die Schwärme der Bettler auf den Straßen und Plätzen, Landleute, die voll Verzweiflung die ehrliche Arbeit aufgegeben hatten, weil sie trotz aller Mühen den Hunger und das Elend nicht besiegen konnten. Aufstände und Revolten waren an der Tagesordnung; allein in der Normandie folgten solche Revolten in den Jahren 1725, 1737, 1739, 1752, 1764, 1765, 1766, 1767 und 1768. Die Berichte der Intendanten hörten nicht auf, das Elend zu schildern, die hungernden Bauern, die sterbenden Kinder.

Wir haben oben gesehen, daß in Deutschland der Ritter zum Agrarier geworden war, und auffallend schnell entwickelte sich der Vasall zum Grundherrn. Der Landesherr trat einen Teil seiner Rechte an den Ritter ab, den Zins für die Hufe, die Spanndienste, das Gerichtswesen und das Patronat der Kirche. Auch die Regalien hatte der Landesherr dem Ritter vielfach überlassen. In der Wiederbelehnung des Herrn v. Alvensleben im Jahre 1473 durch Kurfürst Albrecht Achill heißt es, daß er belehnt sei „mit Holzungen, Heiden, großer und kleiner Jagd, Diensten, oberen und niederen Gerichten, Mühlen, Kirchlehen, Fischereien, Teichen und Teichstätten."

In den alten deutschen Landen griff der Bauer im Anfang des 16. Jahrhunderts verzweiflungsvoll zu den Waffen. Die Bewegung der Käsebrüder in den Niederlanden, das Pfeifer-Hänslein im Würzburgischen, der Bundschuh im Elsaß, in Speyer, im Breisgau, der arme Konrad in Württemberg und in der Ortenau, die Kämpfe der Bauern in Ungarn, in Kärnten, in der windischen Mark, und der Münzersche Aufstand: sie hatten alle den gleichen Grund. Die Forderungen der Bauern gingen immer wieder hinaus auf die Abschaffung der Dienste für Kirche und Adel, sie wollten unmittelbar unter dem Kaiser stehen. Sie verlangten freie Jagd und freien Fischfang, unparteiische Rechtspflege und Abstellung des Todfalls. Ihre Erhebung war umsonst. Es fehlte ihnen an einheitlicher Führung und an Feuerwaffen; die zerstreute Masse war nicht organisiert, sie verpuffte ihre Kraft in zusammenhanglosen Einzelkämpfen. Die Folge des Aufstandes war für den Bauern eine vermehrte Knechtschaft.

Die Technik hatte in die seitherige, vorwiegend soldatische Tätigkeit des Adels revolutionierend eingegriffen, indem sie die Feuerwaffe auf den Kampfplatz führte. Der niedere Adel war entstanden als Ritterschaft, als eine Reiterschaar, die sich und ihren Gaul auf eigene Kosten einreihte in das Heer. Mit dem Augenblick, in welchem diese Reiterschaar nicht mehr gebraucht wurde, hatte dieser Adel seine Existenzberechtigung verloren. Man kann ihn heut nur gelten lassen als eine Dekoration für den Thron. Er überlebte die Zeit seiner berufsmäßigen Wirksamkeit durch das Gewohnheitsrecht und zog sich zurück auf seine Scholle. Die Einnahme, die er aus dem Stegreif bisher gezogen hatte, ging verloren. Daß dieselbe nicht unerheblich gewesen ist, steht außer Zweifel. Grimmelshausen verwandelt seinen Simplicius durch Kriegsbeute aus einem Habenichts in einen wohlhabenden Mann. Götz von Berlichingen hatte sich ein Vermögen erworben, vorwiegend durch die Käuflichkeit seines Schwertes und durch Wegelagerei. Diese Einnahmequelle ging nun verloren, im Kriege durch die technische Änderung der Waffen, in der Fehde durch das Gebot des allgemeinen Landfriedens. Wollte der Ritter in seinem Einkommen nicht gegen das aufstrebende Bürgertum zurückbleiben, so mußte er den landwirtschaftlichen Betrieb erweitern. er mußte seine Ackerfläche, sein Weideland, vergrößern, Getreide und Wolle verkaufen. Die Landesherren lieferten den Bauern aus, um dem Ritter einen Ersatz zu bieten für das verlorene Stegreifgeld.

Im Auftrage des Landesherrn erhob der Ritter die Landessteuern, die Bede. Notwendig geriet auf diese Art der Bauer in ein abhängiges Verhältnis zu dem Ritter. Diesem kam es im wesentlichen auf zwei Punkte an, auf die Vergrößerung der Betriebsfläche und auf die Sicherung der Arbeitskräfte. Bauernlehen, die durch den Todfall, oder durch die Abwanderung in die Städte verfügbar wurden, zog der Ritter ein. Joachim II. und Johann Georg von Brandenburg gestatteten aber auch die zwangsweise Auskaufung des Bauern. In dem Landrecht, das unter dem letzteren die Grundlage der Rechtsprechung bildete, heißt es, daß der Bauer, der sein Gut durch liederliche Wirtschaft „einsitzt", und es nicht verkaufen, noch von ihm weichen will, vom Gutsherrn dazu gezwungen werden kann. In der Mitte des 16. Jahrhunderts erhielt der Ritter das Recht, den Bauern zu ungemessenen Fronen heranzuziehen, und in den Landtagsrezessen von 1536, 1538, 1539, 1572 und 1602 untergrub er die Freizügigkeit. Der brandenburgische Adel war aber nicht zufrieden mit diesem Erfolg, er verlangte eine noch strengere Form der Abhängigkeit und setzte diese durch, als er dem Großen Kurfürsten die Mittel für das stehende Heer bewilligte. Schmoller sagt, daß die Leibeigenschaft an vielen Orten erst auf Grund dieses Landtagsrezesses vom Jahre 1653 eingeführt und anerkannt worden sei.

Es fragt sich, was man unter Leibeigenschaft zu verstehen hat. Der Leibeigene konnte kein Vermögen erwerben und konnte veräußert werden, allerdings durfte ihn der Herr nicht töten. In Rom hat Hadrian den Herren die Gewalt über Leben und Tod der Knechte genommen, und doch stand niemand an, dieses Rechtsverhältnis auch ferner als Sklaverei zu bezeichnen. Mit dem gleichen Recht können wir diese Bezeichnung auf die Leibeigenschaft des 17. und 18. Jahrhunderts anwenden. Gern will ich im Interesse des deutschen Adels anführen, daß man unter Leibeigenschaft auch diejenige Form von Gutsuntertänigkeit verstanden hat, die mit dem unerblichen Pachtverhältnis verbunden war. Hier war der Bauer um ein weniges besser gestellt; er konnte zwar von Haus und Hof gejagt werden, aber es war ihm der Erwerb eines Vermögens doch nicht verboten, auch konnte er ohne die Scholle nicht verkauft werden.

Die strengere Form der Leibeigenschaft, die ich der spätrömischen Sklaverei gleichstelle, kam im Anfang des 18. Jahrhunderts sogar noch vor auf brandenburgischen Domänen. Um die gleiche Zeit vertauschte ein pommerscher Adliger eine ganze Bauernfamilie gegen eine Koppel Jagdhunde. Im Jahre 1763 erklärten sich die pommerschen Stände bereit, die Sklaverei aufzuheben, d. h. das Verfügungsrecht über die Person und das Vermögen des Bauern, sie behielten sich aber dafür die Erbuntertänigkeit vor. Es blieb indessen alles beim alten. Das allgemeine Landrecht nannte die Leibeigenschaft treffend eine Art persönlicher Sklaverei; es hob dieselbe auf. Da indessen das Landrecht erst im Jahre 1794 in Wirkung trat, kann man dreist und gern behaupten, daß auf dem Lande in Preußen östlich von der Elbe bis zum Ausgang des 18. Jahrhunderts die Sklaverei bestanden hat.

Das römische Recht, das um die Mitte des 15. Jahrhunderts nach Deutschland gekommen war, hat in den Umwandlungsprozeß des bäuerlichen Besitzrechtes ohne Frage zum Nachteil des Bauern eingegriffen. Die juristische gelehrte Welt wandte auf die deutschen Erbzinsgüter den Begriff der griechisch-römischen Emphyteusis an, der zunächst das Erbzinsgut in ein Erbpachtgut wandelte, der den Zins dauernd festlegte, unabhängig von guten und schlechten Ernten, und der die Vertreibung des Bauern grundsätzlich zugestand, wenn dieser drei Jahre mit dem Zins im Rückstand blieb. Tatsächlich wartete der preußische Adel nicht immer drei Jahre, sondern machte allgemein von dem Rechte einer halbjährlichen Kündigung Gebrauch. Im Jahre 1717 hatte der Adel gegen eine jährliche Steuer das Eigentum an seinen Lehngütern erworben. Aber auch die bäuerlichen Hufen glitten aus dem Begriff der Erbpacht und aus dem Recht der halbjährlichen Kündigung unmerklich hinüber in sein Eigentum. Im Jahre 1724 schrieb die Regierung in Preußen an den König, die Huben der Bauern gehörten dem Adel erb- und eigentümlich an, der Landesherr dürfe niemand sein Eigentum nehmen. Am Ende des 18. Jahrhunderts steht im ganzen Lande östlich von der Elbe das moderne Rittergut vollendet da.

Ursprünglich, als das deutsche Schwert die Ostmark erkämpfte und Ansiedler ins Land zog, war der Bauer eingesetzt worden als ein persönlich freier Mann. Er besaß sein Gut erblich und unwiderruflich, er durfte es frei veräußern und ungehindert verlassen; er zahlte die Bede, den Zehnten und den Zins, er war aber dem Gutsherrn gegenüber nur zu einigen Fuhren Baudiensten verpflichtet. Jetzt finden wir den Bauern wieder als den Sklaven des Gutsherrn. Der Adel hat nicht nur sein Ritterlehn in sein Eigentum gewandelt, sondern auch die Bauernhufen zu diesem Eigentum hinzugeschlagen. Es ist der zweite große Aufsaugungsprozeß, dem wir in Deutschland hier begegnen. Der erste war vor sich gegangen zur Zeit der Naturalwirtschaft. Der König als Obergrundeigentümer verlehnte das Land an seine Vasallen, er verlor dadurch die Einnahme und wurde abhängig von den neuen Landesherren. In den Landesterritorien wiederholte sich der Vorgang, auch hier sah die Krone sich geschwächt durch die Verlehnungen. Der Geldmangel machte die Landesherren von den Ständen abhängig, die nun ihre Macht gebrauchten zur Vermehrung ihrer eigenen Einkünfte. Der große Grundbesitz entstand, und wie in Griechenland, wie in Rom, so war er auch hier das Grab der freien Landbevölkerung. Die aufblühende Technik hatte indessen eine vermehrte Produktion geschaffen, aus ihr war der Handel erblüht, der Verkehr, der nun zur einheitlichen Verwaltung hindrängte und ein landesherrliches Beamtentum hervorrief, das, in Verbindung mit dem stehenden Heer, zu einer neuen Machtquelle für den Landesherrn wurde. Der König von Preußen wollte jetzt die Leibeigenschaft aufheben, da nicht nur die neue Naturlehre die Köpfe zu erleuchten anfing, sondern weil sich auch ein technischer Aufschwung in der Landwirtschaft anbahnte, der schon zur Separation geführt hatte. Man versprach sich von einer freien Bevölkerung eine vermehrte Arbeitsleistung. Zunächst ging die Krone bei den Domänenbauern vor. Mehrfache Versuche Friedrich Wilhelm I. blieben ohne Erfolg. Friedrich II. setzte für die Domänenbauern die Erblichkeit der Stellen durch und verfügte ferner, daß jeder verjagte Privatbauer sofort einen Nachfolger erhalten solle. Diese Maßnahme sicherte den Bestand des Bauernlandes, aber nicht die Person des Bauern, und sie war nur ergangen, damit es nicht an Rekruten fehle. Am Ausgang des 18. Jahrhunderts war die Aufhebung der Sklaverei aufs neue angeregt worden. Der Minister v. Schroetter berichtete aber am 12. Juni 1798 an den König, daß die Bauern nach Aufhebung der Leibeigenschaft sogleich ihre Herrschaft verlassen würden. Der Adel würde seine Güter im Werte sinken sehen, denn ein Gut mit untertänigen Bauern werde besser bezahlt, als eins mit freien. So machte der preußische Adel die Unfreiheit des Bauern zum Gegenstand der Spekulation. In der persönlichen Knechtschaft des Privatbauern wurde im 18. Jahrhundert keine Erleichterung geschaffen. Nicht das Gewitter in Frankreich erleuchtete die Nacht, die jenseits der Elbe lag, es mußte erst der Zusammenbruch von Jena kommen.

Es wäre eine leichte Aufgabe, durch Einschaltung einer Anzahl von Beispielen die traurige Lage des Landvolks zu veranschaulichen; aber das Gesagte wird genügen, und ich habe den mir gesteckten Raum schon überschritten. Wir sehen hier das gleiche Ergebnis, wie in Griechenland, wie in Rom, wie im Mittelalter: überall wo die Technik freies Walten hat, hebt sich die Bevölkerung in Freiheit und Macht; wo die Technik fehlt, entwickelt sich die Knechtschaft, am liebsten auf dem großen Grundbesitz. Der deutsche Landwirt hatte um das Jahr 1800 noch die Technik des Römers, infolge dieser Rückständigkeit brauchte er die Sklaverei.

In Oberitalien war die materielle Kultur des Mittelalters zuerst zur Blüte gekommen; wie überall, rief auch hier die gewerbliche Arbeit, riefen Handel und Reichtum, eine geistige Blüte hervor. Der Zusammenhang mit dem Altertum war in Italien niemals erloschen gewesen, und selbst die Kirchenfürsten verdankten den besten Teil ihrer Bildung der römischen Literatur. Der Zusammenbruch des byzantinischen Reiches vor den Türken hatte die Flucht der gelehrten Welt nach Italien zur Folge. Die Überlieferungen aus der griechischen Kultur, die sie mit herüberbrachten, wirkten wie ein Sauerteig in dem geistigen Gärungsprozeß, und entwickelten im Gegensatz zu der Vorherrschaft der Kirche, dem Dogma und der Scholastik, eine Begeisterung für das Altertum. Bei den engen Handelsverbindungen zwischen Italien und Deutschland griff diese Bewegung auch hinüber in die deutsche Gelehrtenwelt. Die Schriften gingen hin und her, rückten aber gleichwohl nur langsam von Ort zu Ort, denn sie waren nur in wenigen Exemplaren vorhanden, und mancher Gelehrte mußte lange warten, ehe er eine neue Schrift in die Hände bekam. Eine allgemeine Spannung und Ungeduld mag sich der Gelehrtenwelt bemächtigt haben, denn für das Drängen der Geister ging der Austausch zu langsam. Da tat die Technik den erlösenden Schritt und schuf den Druck mit beweglichen Lettern, der eine neue Zeit einleiten sollte in der Entwicklung des Geistes. Ein einziger Drucker konnte jetzt in der gleichen Zeit dieselbe Gedankenfolge hundertmal auf dem Papier veranschaulichen, in welcher der schreibende Mensch sie nur einmal festlegen konnte. Wie ein Lauffeuer eilte die neue Kunst von Land zu Land; im Jahre 1464 war sie in Rom, 1470 in Venedig und in Paris, bald sprang sie nach England hinüber. Die Griechen, die alle großen Erfindungen künstlerisch zu verklären wußten, hätten Pallas Athene zur Geberin gemacht und Gutenberg zum Liebling der Götter.

Jetzt zog der Gedanke schneller seine Kreise, in kurzer Zeit entstand eine Flut von Drucken, und eine Geistesschlacht brach los, wie die Welt noch keine gesehen hatte. Der Humanismus machte den Menschen wieder zum Gegenstand seiner Studien, und im Bunde mit den Geistern des Altertums sagte er sich los von der Vormundschaft der Kirche. Leider nahm die Bewegung in Deutschland doch wieder eine kirchliche Richtung an, die bald in wilde Kämpfe überging. Während in England Baco und Hobbes schrieben, in Frankreich Gassendi und Descartes, in Holland Grotius und Spinoza, tobte in Deutschland die Kriegsfurie, und erst Leibniz konnte eine deutsche Philosophie begründen. Mit der humanistischen Bewegung war auch die Naturwissenschaft zu neuem Leben erwacht; das Ergebnis des geistigen Kampfes war im 18. Jahrhundert die Vorherrschaft der Vernunft und die andächtige Rückkehr zur Natur.

Die Entwicklung des Menschen erfolgt in zwei Richtungen. Alle unbewußten Vorgänge wachsen von innen heraus, die bewußten dagegen entwickeln sich von außen her. Zu seiner äußeren Orientierung hat der Mensch die Sinne und die Denkmaschine. In erster Linie aber ist der Mensch ein Tier, in erster Linie verdaut und wächst er, in zweiter Linie erst denkt er. Der Mensch hängt mit der Welt zunächst zusammen vermöge seiner tierischen Funktionen und durch diese ist er ein Glied in dem mechanischen Entwicklungskörper der Natur. In dieser Entwicklung gibt es keine Sprünge, langsam und stetig vollzieht sich der Prozeß. Was die Geschlechter in den vergangenen Jahrhunderten getan und gelitten haben, das vererbt sich auf die Nachkommenschaft in der Form von Neigung und Abneigung. Die Wissenschaft nennt diesen Zustand wohl eine molekuläre Prädisposition. Hier hat die geschichtliche Macht ihre Quelle, die Gewohnheit des Zeitalters, und das Widerstreben gegen die Neuerung. Diesen Zusammenhang mit der Geschichte vergaß die voraussetzungslose geistige Bewegung in Frankreich. Sie riß sich los vom Boden, auf dem sie selbst gewachsen war und glaubte deduktiv aus der Vernunft heraus ein neues, idealeres Reich schaffen zu können im Schoße einer idyllischen Natur. Der schroffe Bruch mit der Geschichte schlug in der Revolution zur offenen Flamme aus, der contrat social war die Bibel Robespierres.

Gleichwohl erfüllte diese Lehre ihre Aufgabe. Sie schaffte den wirtschaftlichen Forderungen Luft und riß die Schranken nieder, die dem Wollen der Technik gegenüberstanden, indem sie durch ihre Schlagworte den Funken der Begeisterung in die Menge warf. Unter dem Verlangen der Rückkehr zur Natur, der Herrschaft der Vernunft, schuf sie der Arbeit freie Bahn, verhalf sie dieser zum Siege über den Grundbesitz. Weil aber die Aufklärung sich losgerissen hatte von dem gewachsenen Leben, weil sie den geschichtlichen Anschluß verloren hatte, stellte die Natur in der nachfolgenden Reaktion diesen Anschluß wieder her an die vorrevolutionäre Zeit.

In Deutschland verlief die geistige Bewegung schwächer, denn hier war auch die materielle Kultur noch nicht so weit entwickelt, wie in Frankreich. Eine protestantisch-kirchliche Bewegung war unter dem Namen des Pietismus aufgetaucht und wurde bekämpft in der sogenannten Aufklärung, die wohl nach englischen Vorbildern sich entwickelt hatte. In Friedrich II. gelangte sie auf den Thron, hat hier viel Gutes gewirkt, versank aber nach Friedrichs Tod wieder in die mystisch-pietistischen Wogen, die am Ausgang des Jahrhunderts über ihr zusammenschlugen. Die wissenschaftliche Philosophie erreichte im 18. Jahrhundert ihren Abschluß durch Kant. Den Versuchen, in diesem Leben schon vorzudringen in die Metaphysik machte er ein Ende. Er zeigte, daß der Verstand sein Reich nur hat in dieser Welt. Er zeigte, daß unser Wissen auf Erfahrung beruht, daß aber die Form des Wissens herrührt von uns selbst. Mit der übersinnlichen Welt hängen wir nach Kant nur zusammen durch das Wollen. Während die Franzosen die politische Revolution durchkämpften, führten die Deutschen noch die Feder. Deutschland war in 149 Staaten und freie Städte gespalten und unfähig, sich aus eigener Kraft zu erheben.

Die Bildung der Jugend lag im 18. Jahrhundert im argen. In den Städten gab es Schulen, meistens aber Gymnasien und lateinische Schulen, auf denen die alten Sprachen die Herrschaft führten. Um das Jahr 1700 hatte Thomasius erst den Anfang gemacht mit deutschen Vorlesungen, und Friedrich II. verachtete die deutsche Sprache, die er nach seiner eigenen Aussage schrieb, wie ein Fuhrmann. Von einem nationalen Leben gab es im 18. Jahrhundert also kaum den Anfang.

Die Söhne des Adels wurden durch Hauslehrer unterrichtet, meistens aber so unvollkommen, daß Friedrich Wilhelm I. den Eltern der Kadetten eröffnen ließ, so roh könne er die jungen Leute nicht brauchen. Ausnahmen kamen auch hier vor: Der Freiherr von Trenk hatte eine gute Erziehung genossen. Goethe betonte die große Kultur, die in den mittleren Ständen seit 1775 etwa sich in Deutschland verbreitet habe; er schrieb die Verdienste um diesen Fortschritt weniger Lessing zu, als Herder und Wieland.

Der springende Punkt in jedem Erziehungs- und Schulwesen ist aber die Volksschule. Ist das Volk unterrichtet, kann es Anteil nehmen an der Bewegung der Geister, kann es aufsteigen in die höheren Schichten, dann ist das Staatsleben gesund. Hier aber fehlte es im 18. Jahrhundert. Eine allgemeine Schulpflicht war wohl anerkannt, aber der Unterricht lag in den Händen unwissender Handwerker. In der preußischen Verordnung vom Jahre 1738 wurde das Schneiderhandwerk auf dem Lande den Lehrern vorbehalten, und Friedrich II. wollte 1779 die Schneiderschulmeister durch seine Invaliden ersetzen. Preußen kam im 18. Jahrhundert über die ersten Anfänge der Volksschule nicht hinaus, und noch im Anfang des 19. Jahrhunderts war erst der sechste Teil der erforderlichen Schullehrer vorhanden.

Ein sichtbarer Zusammenhang zwischen der Technik und der Wissenschaft bestand nur in denjenigen wissenschaftlichen Zweigen, die sich mit der Natur befaßten; dieselben sind am Eingang des Kapitels schon erwähnt. Rousseau und Fichte betonten wohl die Bedeutung der Technik, ohne sie doch voll zu erfassen. Kant sah den irdischen Zweck des Menschen in der Kultur, d. h. in der Fähigkeit, zweckmäßig zu handeln und die Natur als Mittel zu gebrauchen. Damit war die ausschlaggebende Bedeutung der Technik eigentlich ausgesprochen. Kant hat den Gedanken aber nicht weiter verfolgt. Wenn er noch lebte, würde er mir zustimmen. Damals atmete man im Lande des Geistes, der Ideen, der Blick war aufwärts gerichtet, und für die Technik gab es kein Interesse. Diese selbst aber hatte in Frankreich in den sozialen Fragen so gewaltig gewirkt, daß sie in den Fragen der deduktiven Wissenschaft einstweilen es sich versagen konnte, ihren Einfluß sichtbar geltend zu machen, der dann im nächsten Jahrhundert wieder sich offenbarte.

Die Rechtsgeschichte zeigt um das Jahr 1500 das Eindringen der fremden Rechte. Auf den deutschen Universitäten war bis ins 15. Jahrhundert hinein nur kanonisches Recht gelehrt worden. Im Jahre 1495 wurde als höchster Gerichtshof das Reichskammergericht in Speyer gegründet, das bei seinen Urteilen auch die Gesetzbücher Justinians zugrunde legen sollte. Die Landesherren folgten dem Beispiel des Reichs und führten das römische Recht auch bei den Hofgerichten ein. Das Recht Justinians ist kein einheitliches systematisches Recht, sondern eine Sammlung konkreter Fälle. Eine erschöpfende Bearbeitung dieser Rechtsquellen war sehr schwierig und im 16. Jahrhundert kaum erst angebahnt. Die nächste Folge war, daß die volkstümlichen Schöffen des deutschen Rechts durch gelehrte Juristen ersetzt wurden, die nun das römische Recht anzuwenden suchten, obschon sie es selbst nicht gründlich kannten. Neben dem römischen Recht standen das kanonische Recht und die Volksrechte; aus dem Zusammenschluß ging das gemeine Recht hervor. In der ersten Zeit aber war eine weitgehende Unsicherheit vorhanden und diese führte zu lebhaften Klagen des Volkes. Wenn Dernburg das objektive Recht richtig definiert als den allgemeinen Willen, dann war um jene Zeit kein Recht vorhanden.

Ein fremdes Recht kann nur dann mit Nutzen aufgenommen werden, wenn es in einer Zeit gesatzt worden ist, welche der empfangenden um ein weniges vorauf war in der wirtschaftlichen und geistigen Kultur. Diese Voraussetzung traf im Mittelalter nicht zu. Das römische Recht entstammte einer Zeit der Handarbeit, der Sklaverei, andrerseits aber einer Zeit der hochentwickelten Geldwirtschaft und des absoluten Staates. Deutschland hatte freie Arbeiter, war seit kurzem in die Geldwirtschaft erst eingetreten und das Fürstentum war beschränkt durch die Stände. Infolge dieser Unterschiede hat das römische Recht in die organische Rechtsentwicklung nach meiner Meinung mehrfach schädlich eingegriffen. Es hat die Untersuchung durch die Folter gelehrt, den freien Bauern zum Knecht gewandelt, die bäuerliche Hufe übergeführt in das Eigentum des Adels, die unbeschränkte Fürstenmacht begünstigt, das Gericht dem Volke entzogen, es in gelehrte Hände gelegt und die Kontrolle der Öffentlichkeit ausgeschlossen.

Bei der schwierigen und verwickelten Natur des römischen Rechts konnte es gar nicht ausbleiben, daß auch der gelehrte Richter sich nicht mehr durchzufinden wußte. Man schickte die Akten daher an Spezialgelehrte und bat um deren Gutachten. Der Inhalt der Akten wurde zum Fundament der Justiz. Im 17. Jahrhundert kam das Naturrecht auf als Rückschlag gegen das gelehrte Wesen und den schleppenden Gang des Prozesses. Gemeines Recht und Naturrecht verschmolzen endlich in den Landrechten, die um das Jahr 1800 territorienweise zur Einführung gelangten, und zwar in Preußen 1794, in Österreich 1811, in Sachsen gar erst 1863. Bis zum Jahre 1800 gab es also kein einheitliches deutsches Recht.

Die Entwicklung der Technik, des Verkehrs hatte Mitschuld gehabt an der Einführung des römischen Rechts. Wie der Verkehr später die einheitliche Verwaltung in den Territorien herbeigeführt hat, so drängte er auch zum einheitlichen Recht, und weil die Selbständigkeit der Territorien ein einheitliches Recht nicht aufkommen ließ, griff man nach fremdem Recht. Der Fortschritt in der Technik läßt sich aus der Gesetzgebung für den Handel erkennen. Man darf nur nie vergessen, daß die Technik erst die Produkte schaffen muß, ehe der Handel sie vertauschen kann. Im Jahre 1654 wurde im Reiche das Zinsverbot aufgehoben; der alte Rentekauf und das Leibgedinge führten zum Inhaberpapier und zur Hypothek. Im 17. Jahrhundert eroberten auch das italienische Wechselrecht und bald auch das Indossament, die europäischen Länder. Im 18. Jahrhundert verschwand vielfach die Personalhaft der Schuldner. Im Personenrecht verdient noch angeführt zu werden, daß die Kirche, die im 14. und 15. Jahrhundert die priesterliche Trauung durchgesetzt hatte, nunmehr gegen das Zusammenwohnen vorging, das nicht von ihr eingesegnet war. Im Jahre 1530 wurde es im Reiche untersagt. Die französische Revolution räumte aber auch hier auf und führte 1791 wieder zur bürgerlichen Ehe.

Im Kriminalprozeß durfte niemand verurteilt werden ohne den Beweis der Schuld. Die Überzeugung des Gerichts und der indirekte Beweis genügten damals nicht. Als Untersuchungsmittel diente die Folter. Die Strafen waren Leibesstrafen, seltener strafte man an der Freiheit. Oft wurde der Tod in grausamster Weise vollzogen, durch die eiserne Jungfrau, durch Vierteilen, durch Sieden in Öl und andere unmenschliche Qualen. Das Rädern war allgemein üblich als ein Symbol des Überfahrens mit dem Wagen. Tullia in der römischen Geschichte war über ihren Vater, Jehu in der jüdischen über die Königin Jesebel mit dem Wagen tatsächlich dahingefahren. Jetzt zerstieß der Henker mit dem Rad die Knochen und ließ den Leichnam unbegraben liegen. Auch am Galgen blieben die Toten hängen, ein Spiel der Winde, und in der Dämmerung schaurig umkreist von dem Schwarm der Krähen.

Der Konflikt zwischen diesem grausamen Recht, die Toten nicht zu bestatten und der Liebe des Blutes, hat in Hellas ein Kunstwerk wie die Antigone geschaffen. Das 18. Jahrhundert dagegen ging an diesem Brauch ohne sittliche Wallungen vorüber, denn die christliche Seele war stumpfer geworden, als die der Griechen. Oft schien die grausame Hinrichtung noch zu wenig des Grausamen zu bieten. Man schleifte den Verurteilten zur Richtstätte, statt ihn zu fahren, mit glühenden Eisenzangen riß man ihm Fleischteile aus dem Leibe, mit dem Messer schnitt man ihm Riemen aus der Haut. Es gab keine Qual, die man nicht angewandt hätte, angewandt unter der Herrschaft des Christentums, nachdem es 1500 Jahre die Menschheit veredelt und mit seinen Segnungen beglückt hatte.

In Preußen pflegte der Große Kurfürst, wie andere Fürsten seiner Zeit, das Gutachten gelehrter Körperschaften einzuholen, vorzugsweise bei der juristischen Fakultät in Frankfurt (Oder). Friedrich Wilhelm I. schuf dagegen das Kriminalkolleg, ein Hofgericht, das aus gelehrten Richtern bestand und die Mitwirkung der Fakultäten überflüssig machen sollte. Dieses Kriminalkolleg war das Mittel zur Kabinettsjustiz und hatte eigentlich nur die Aufgabe, die juristische Begründung für die Urteile zu geben, die der König vorher schon gefällt hatte. Daß sich studierte Richter zu dieser traurigen Bedientenrolle bereit finden ließen, ist ein redendes Zeichen der Zeit; sie wurden aber auch danach behandelt. Eines Tages ließ der König das ganze Kriminalkolleg zu sich aufs Schloß kommen; unzufrieden mit dessen Leistungen ergriff er den Stock und prügelte die Perücken die Treppe hinunter. Unter Friedrich II. war zwar die Kabinettsjustiz geblieben, aber das Kriminalkolleg hatte schon das Recht der eigenen Meinung sich verschafft; auch war die Handhabung des Rechts nicht mehr so grausam, wie zur Zeit des Vaters. Friedrich II. schaffte im Jahre 1756 die Folter zum Teil ab, aber wo man bisher gefoltert hatte, wurde jetzt geprügelt. In Österreich wurde noch im Jahre 1769 in der Theresiana ein neues Strafgesetzbuch geschaffen, welches an Grausamkeit der alten Carolina gleichkam.

In Bayern, in Württemberg, in Hannover und in anderen Staaten bestand die Folter noch im 19. Jahrhundert.

In der Kunst war zuerst in Italien neben der Kirche das Laienelement emporgekommen, bald folgten die anderen Länder. Die Technik hatte durch ihre unausgesetzte Arbeit einen Überschuß von Gütern erzielt, der nunmehr für die Annehmlichkeit des Lebens ausgegeben werden konnte. Der Handel hatte den Reichtum in einer beschränkten Zahl von Händen angesammelt, und neben der Kirche trat jetzt der weltliche Käufer und Auftraggeber, neben der kirchlichen trat die weltliche Kunst hervor. Zu dem Gedanken trat die Form wieder in ein gleichwertiges Recht, das Nazarenertum wurde verdrängt durch die Natur. Und siehe da! die Kirche selbst anerkannte die Überlegenheit der weltlichen Kunst und ließ nunmehr die großen Bauten ausführen am Sitze ihres Pontifex. In Deutschland entwickelte sich in den Städten ein außerordentlicher Luxus, das Kunstgewerbe erhob sich gleichberechtigt neben der freien Kunst. Das Haus, die Wohnung, das Gewand, der Schmuck, das Gerät, verfeinerten sich und führten zu einer neuen künstlerischen Blüte. Leider war diese Blüte schon auf einem kranken Stamm gewachsen. Der Bauer war geknechtet und verarmt, die Landstädte hatten ihren Handel eingebüßt, bald hörte auch der Fortschritt des Handels in den großen Städten auf. Mit ihm machte die Kunstentwicklung Halt, und die Muse zog sich zurück in die Häuser der wenigen Reichen.

Auf den geistigen Aufschwung im 16. Jahrhundert war die Kriegsfurie in Deutschland gefolgt, hatte Handel und Wandel zertreten und den geistigen Schwung gelähmt. Unter dem Einfluß des römischen Rechts hatte sich in der Verwaltung ein erstickendes Formelwesen ausgebildet. In der geschriebenen Kunst entstand der Kurialstil, eine Häufung nebensächlicher Angaben, die den Inhalt überwucherten, wie die Schnörkel die Schrift. Friedrich der Große klagte zu Gellert: „Sie bringen mir ganze Seiten und ich verstehe nichts davon.“ Zopf und Perücke hatten die Herrschaft.

Der absolute Fürst stellte der Kunst neue Aufgaben. Die Fürsten dehnten und reckten sich im Besitz der neuen Macht und gönnten sich, was ihnen lebenswert erschien. Das erste war die Gesellschaft schöner Frauen, und diese verlangten neue Räume, Säle für die Geselligkeit und verschwiegene Gemächer für den Genuß. Neue Schloßbauten, neue Parkanlagen traten ins Leben, und Malerei und Bildhauerkunst schmückten Schloß und Park mit Schöpfungen aus dem Liebesleben. Die nackte Schönheit drängte sich hervor, aber nicht mehr in der keuschen Einfalt der Griechen, sondern mit einem Beigeschmack von Lüsternheit. Unzweifelhabt hat der Rokoko reizende Arbeiten geschaffen, aber es erschöpfte seinen Wirkungskreis am Hofe und im Banne der privilegierten Klassen. Das Volk stand in den Städten an der Arbeit, auf dem Lande war es bedrückt, und an beiden Stätten war es von der Kunst durch eine breite Kluft geschieden.

Die Dichtung des 16. und 17. Jahrhunderts ist im großen und ganzen noch geistig arm. Man kann stundenlang in den Schriften von Brant, Fischart, Murner u. a. suchen, ohne einen Gedanken zu finden, der kulturgeschichtlichen oder künstlerischen Wert hätte: keine Vorgänge, keine Beispiele, nichts als leere Abstraktionen und eine geistlose Mythologie. In Frankreich stolzierte der Alexandriner in feierlichem Schritte auf der Bühne, zeigte sich schon im 17. Jahrhundert geistiges Leben. In Deutschland trat das 18. Jahrhundert mit dem sehnsüchtigen Verlangen nach Natur hervor und nach einem starken, geeinigten Reich. Der Göttinger Hainbund gab diesem Streben zuerst eine greifbare Gestalt. In überschwänglicher Weise feierte man Klopstock, man verbrannte und zertrat die Schriften Wielands und Voltaires. Eine unklare Deutschtümelei und eine in Äußerlichkeiten dargestellte Freundschaft durchzogen die Gemüter. Man trank deutschen Wein auf Hermanns und Luthers Andenken, erging sich im Mondschein im deutschen Wald, bekränzte sich und schwur sich Treue. Am oberen Rhein fand sich eine zweite Gruppe, dort feierte man Shakespeare. Und während hier die Jugend nach Natur zurückverlangte, waren die Höfe im Formelwesen des gealterten Frankreich befangen. Nirgends an den Höfen wurde deutsch gesprochen. Friedrich II. verachtete die deutsche Literatur, schalt auf die Stücke von Shakespeare und auf Goethes Götz, schwärmte für Racine und Voltaire und bewunderte an der französischen Poesie nicht nur den Geist, sondern vor allem auch die glatte Form. So waren Volk und Thron geschieden. Nach Friedrichs Tod erhob sich die deutsche Dichtung auf eine Höhe, welche bis dahin selten erreicht worden war. Hier wurde das Altertum auf dem Gebiete der Kunst übertroffen durch die Weite der Gesichtspunkte und durch die Entwicklung individueller Charaktere, durch den Reichtum an Gedanken und durch das feinere Gefühl. Die Technik hatte auf ihren Schiffen die Erde umfahren, durch ihre Erfindungen die Arbeitskraft vergeistigt, der Blick hatte sich geweitet, das seelische Gefühl vertieft. Vermöge der vermehrten Kenntnis der Natur überschaute der Geist einen größeren Raum, vermöge seiner späteren Existenz einen größeren Zeitabschnitt, als die Alten. Eine Summe von Erfahrungen stand der Poesie zur Seite, die das Altertum nicht gekannt hatte.

Im 18. Jahrhundert fing der menschliche Geist zum erstenmale seit dem Tode des Aristoteles und des Plotin auch wieder an, sich in spekulativer Weise mit dem Wesen des Schönen zu beschäftigen. Die Materialisten Burke und Hemsterhuis sahen das Schöne im Genuß, in der Geschlechtsliebe, und erkannten folgerichtig seinen Gipfelpunkt im Coitus. Sie verwechselten das Schöne mit dem Angenehmen. Die französische Schule, vertreten durch Batteux und Diderot, wollte das Wesen des Schönen aus der Nachahmung der Natur ableiten; ebenso der sogenannte Vater der Ästhetik, der Germane Baumgarten. Gegen diese Richtung trat Winckelmann auf; er anerkannte als Muster nicht die Natur, sondern die Antike, die elliptische Linie, eine edle Einfalt und stille Größe. In der Malerei kam er aus der Allegorie nicht heraus. Er bekannte, das Wesen der Schönheit nicht zu kennen; er verglich sie der ersten Kreatur, die aus dem Verstande der Gottheit geschaffen sei. Lessing stand auf den Schultern Winckelmanns; er kannte aber in der Plastik nur die formale Naturschönheit, auch in der Antike. Die Malerei schätzte er weniger hoch. Er trug sich noch mit einem allgemeinen Ideal, und zwar mit einem jugendlichen. In der Poetik hielt er Aristoteles für unfehlbar. Er verlangte innere Wahrheit der Charaktere und griff mit Erfolg das französische Drama an, als sich Friedrich noch in Andacht vor ihm neigte. Auch in der Ästhetik blieb es Kant vorbehalten, die Untersuchung der Gegenstände auf eine solche des Erkenntnisvermögens auszudehnen. Er nahm für die Kunst ein besonderes Vermögen an, die Urteilskraft. Er sagte, schön ist, was ohne Begriffe und ohne praktisches Interesse gefällt. Hiermit erklärte er wohl die Schönheit als Prädikat, aber nicht als Wesen. Erst Schiller war es vorbehalten, auf das Wesen der Schönheit näher einzugehen und sie abzuleiten aus der Einheit von Geist und Natur. Die analoge Einheit zwischen Geist und Sinnlichkeit führte zum Begriff der schönen Seelen. Er nannte die Schönheit eine Bürgerin zweier Welten. Er unterschied die antike Dichtung von der modernen als die naive von der sentimentalen, jene erzähle nur, diese reflektiere auch. Er wollte mit der steigenden Kultur das ganze Leben dem Gesetz der Schönheit unterwerfen, ähnlich wie später auch Schelling.

Eine Umbildung der religiösen Formen des Mittelalters war um das Jahr 1500 unerläßlich geworden, weil der Geist der Kirche auf weltlichem Sinn und auf Formelwesen ruhte. Da die Reformbewegung nicht von oben ausging, hatte sie eine Spaltung zur Folge. Luther verbrannte die Bannbulle und wurde zum Revolutionär. Er stellte die Behauptung auf, daß die weltlichen Fürsten auch in kirchlichen Dingen zuständig seien. Luther hielt ihnen vor, wie viel Gelder zwecklos nach Rom flössen, die viel besser im Lande bleiben könnten. Religiöse und praktische Gründe führten einen Teil der Fürsten zum schmalkaldischen Bund. Man griff zu den Waffen, der Hauptstreit drehte sich um die Kirchengüter. Einen großen Teil dieser Güter haben die Protestanten behalten, außerdem haben sie die Religionsfreiheit errungen. Die protestantische Bewegung war zu begrüßen als der erste erfolgreiche Schritt gegen die Vormacht der römischen Kirche. Der Glaube an die Wunder wurde aber beibehalten, und der himmlische Egoismus blieb das ausschlaggebende Prinzip; der Gott der Protestanten blieb der alte mit den erweiterten, menschlichen Eigenschaften; als Techniker hat er die Welt gemacht. Böhmes Wort blieb wahr: Gott ist Gott nur durch das, was nicht Gott ist. Im Protestantismus wurde die Religion aber nüchtern; er schaltete das mystische Element aus und wollte allein wirken durch die Predigt. Seine Kirchen sind noch heute kalt und nüchtern, wie seine Lehre. Er neigt dazu, sich rationalistisch zu verflüchtigen.

Der Unterschied in der Glaubenslehre zwischen Katholiken und Protestanten ist im Grunde so gering, daß man nicht begreifen kann, wie aus diesen Unterschieden zweierlei Religion und dauernde Feindschaft sich entwickeln konnte. Leider ist die Unduldsamkeit dem Anschein nach jeder Religion immanent, die nicht allein auf dem natürlichen Gefühl der Hilflosigkeit und Abhängigkeit beruht, sondern auf einem mystisch-philosophischen System, die nicht auf Anschauung beruht, sondern auf abstraktem Denken. Der eigentliche Unterschied zwischen Katholizismus und Protestantismus liegt darin, daß im Katholizismus der Priester dasteht als Mittler zwischen Gott und Mensch, während der Protestant dieses Mittlers nicht bedarf. Aus der Unentbehrlichkeit des Priesters folgert die katholische Kirche ihre Existenzberechtigung. Die protestantische mußte zur Landeskirche erklärt werden, um sich halten zu können. Ohne diese Stütze wäre sie längst bis auf eine kleine Gemeinde eingeschrumpft.

Die mittelalterliche Kirche war gegen die Ketzer vorgegangen mit Feuer und Schwert. Im Jahre 1232 hatte Gregor IX. die Inquisition geschaffen und den Dominikanern die Ausübung übertragen. Die Kommission zog von Ort zu Ort, verhörte und richtete die Ketzer. Jeder Hinrichtung ging ein Gottesdienst vorauf! Das eigentliche Feld der Inquisition war Spanien. Dort sind angeblich 34—35000 Menschen, im 18. Jahrhundert allein noch 1600 Menschen, durch Feuer getötet worden. Bekannt ist, wie die Inquisition in den Niederlanden hauste. In Spanien hob sie Joseph Bonaparte, in Italien Kaiser Napoleon, auf. Der Papst Pius VII. stellte sie aber wieder her, und sie hat in Italien bis zum Jahre 1859 noch bestanden.

Wo sich ein edler Geist in freier Meinung über die Stellung des Menschen zur Gottheit äußerte, da griff nach ihm die Kirche, und ihr Griff brachte den Tod. So waren Huß und Hieronymus gefallen, so fiel Savonarola, fielen Giordano Bruno und Vanini. Petrus Ramus war in der Bartholomäusnacht umgekommen, und Galilei mußte im Jahre 1633 die Wahrheit abschwören vor dem heiligen Offizium in Rom, unter Androhung der Folter. Mit der Reformation war nicht etwa ein Geist der Liebe eingezogen in die reformierte Gemeinde. Die Reformation in der Schweiz tötete den Pantheisten Michael Servet, und Luther wie Calvin riefen die Prädestinationslehre des Augustinus wieder ferner aus der Versenkung, in welche die katholische Kirche sie hatte verschwinden lassen. Die Augsburgische Konfesssion verdammt alle Menschen unter Gottes Zorn, die nicht durch die Taufe und den heiligen Geist wiedergeboren werden. Daß diese Wiedergeburt möglich werde, hängt nicht ab von dem verdammten Menschen selbst, sondern von der göttlichen Gnade.

Mit dem Töten um des Glaubens willen ging das Töten aus Aberglauben Hand in Hand. Zuerst betrieb die Kirche das Hexenbrennen allein; seitdem das Strafgesetzbuch Carl V. erlassen war, die sogenannte Carolina, ging die Hexenverfolgung auch auf die weltlichen Gerichte über. Der letzte große Hexenbrand, bei dem 97 Personen starben, wurde 1678 in Salzburg vollzogen, und eine der letzten Hexen, die in Deutschland den Feuertod erlitt, starb 1749 im Würzburgischen. Beide Fälle spielten sich also ab unter dem Schutz der Bischöfe, die damals noch die landesherrliche Gewalt in Händen hatten. Die Scheiterhaufen rauchten in den protestantischen Landen so gut, wie in den katholischen. Unter den Protestanten hat der Leipziger Professor Carpzow als Hexenrichter eine traurige Berühmtheit erlangt. Von dieser Schmach hat uns erst die Aufklärung und die Naturwissenschaft befreien müssen. Das 18. Jahrhundert war selbst in Frankreich noch nicht frei von der Verfolgung um des Glaubens willen. Im Jahre 1724 bestimmte ein Edikt, daß alle, die mit protestantischen Predigern in Verkehr stünden, ihr Vermögen verlieren sollten, die Frauen sollten auf Lebenszeit ins Gefängnis, die Männer auf die Galeeren kommen. Im Jahre 1780 erklärte die Versammlung des Klerus, daß „Thron und Altar" in Gefahr wären, wenn die ketzerische Richtung freie Hand bekäme. Man verlangte die Präventivzensur und die geistliche Überwachung der Schulen. Daß auch in Deutschland die Inquisition im 18. Jahrhundert noch nicht erloschen war, kann man aus einem Vorkommnis entnehmen, welches der Dichter Schubart überliefert hat. Schubart hielt sich im Jahre 1775 in Ulm auf und erzählt von einem jungen, katholischen Juristen, der die Unvorsichtigkeit beging, einige Voltairesche Maximen, die er vielleicht zu Tübingen gehört haben mochte, in einem katholischen Wirtshause auszuplaudern. Er wurde angegeben, im Kloster Waiblingen ins scheußlichste Gefängnis gelegt und aus Gnade und Barmherzigkeit als ein Lästerer Gottes und der Heiligen enthauptet; sein Leib wurde verbrannt und seine Asche in die Iller gestreut.[1])

Der hohe Klerus gab den Höfen und dem Adel im 18. Jahrhundert an weltlicher Genußsucht, an Üppigkeit und Verschwendung nichts nach. Ausnahmen sind auch hier vorgekommen; als solche ist der edle Erzbischof von Mainz, Emmerich von Breitenbach zu nennen, der 1774 unvermittelt starb. Es galt in Mainz als ausgemacht, daß er auf Anstiften der Jesuiten vergiftet worden war. In Frankreich hatten die Bischöfe ihr Lever; sie hielten Jagden ab, hatten einen großen Haushalt, Maitressen, auch wohl ein eigenes Theater, auf dem zweideutige Stücke gespielt wurden, und infolge dieser Lebensweise hatten sie auch die standesgemäßen Schulden. Sie waren religiös ungläubig, und die katholische Kirche zeigte hier den gleichen weltlichen Sinn wie im 15. Jahrhundert. Wie wenig die Kirche auf die Freiheit des Volkes bedacht war, entgegen allen landläufigen Versicherungen, kann man daraus entnehmen, daß die letzten wirklichen Leibeigenen in Frankreich dem Bischof von St. Claude in Hochburgund gehörten, deren sich der Freigeist Voltaire erst annehmen mußte, damit sie endlich gegen 1789 die persönliche Freiheit erlangten.

[1]) Scherr, Deutsche Kulturgeschichte, S. 471.

Wir haben gesehen, daß in Deutschland die Dichtkunst am Ende des 18. Jahrhunderts ihren Flug gegen die Sonne richtete, dagegen blieb die Sittlichkeit dem gröbern Stoff verfangen. Die Sittlichkeit entwickelt sich im materiellen Leben, erlangt erst hier die Wirklichkeit. Mag die Gesinnung noch so rein sein, wenn sie nicht übergeht zur Tat, ist sie nicht sittlich, denn die Sittlichkeit hat es mit Handlungen zu tun und sie abzuwägen an dem Wohl des Ganzen. Das Leben vollzog sich damals in dem Rahmen einer absoluten Regierungsweise, und diese ist der Sittlichkeit abträglich. In erster Linie leiden die Fürsten selbst unter dem Mangel einer wohltuenden Beschränkung. Im 18. Jahrhundert entstanden die Kriege größtenteils aus dem Privatinteresse der fürstlichen Familien, sie waren Haus- und Kabinettskriege. Friedrich II. hat es gestanden, daß er den ersten schlesischen Krieg nur aus persönlicher Ruhmsucht begonnen hatte, jenen Krieg, der nachher den siebenjährigen nach sich zog. Friedrich schrieb an Jordan am 3. März 1741: „Mein Alter, das Feuer der Leidenschaften, der Wunsch nach Ruhm, selbst Neugier, um dir nichts zu verschweigen, endlich ein dunkler Instinkt haben mich der Süßigkeit der Ruhe entrissen, die ich genoß; und die Genugtuung, meinen Namen in den Zeitungen und hernach in der Geschichte zu sehen, hat mich verführt."[1]) Dieses offene Bekenntnis adelt den König. Im Jahre 1761 waren Friedensverhandlungen im Gange, das mißhandelte Sachsen sollte entschädigt werden. Um diese Schwierigkeit zu umgehen, schlug Friedrich einen Länderaustausch vor. Er wollte die Provinz Preußen und seine westfälischen Provinzen für den Besitz von Sachsen freigeben und den Titel König der Wenden annehmen. Er anerkannte also kein sittliches Band, das ihn selbst an Preußen fesselte, er war bereit, es fortzugeben, wie man ein Landgut verkauft, trotz der gewaltigen Opfer, welche das Land gebracht hatte, trotz des Blutes, das geflossen war. Die Liebe zum Vaterlande galt eben nur als eine Pflicht der Untertanen, damit sie sich für das Belieben des Fürsten opfern sollten. Der

[1]) Kannengießer, Briefe Friedrichs des Großen, S. 98.

Staat war die Domäne des Fürsten, sein Eigentum, und dieser Zustand war unsittlich in der Zeit einer hochentwickelten Technik und einer freien städtischen Bevölkerung. Man wählte auch zum Soldaten nicht gern den Städter, sondern lieber den unfreien, armen Bauern. Die städtische Arbeitskraft war vergeistigt, das Volk erstarkt, es hatte die Fähigkeit, die Hand auf das Ruder des Staates zu legen.

Im Liebesleben zeigten sich die absoluten Fürsten schrankenlos. Die Markgräfin von Bayreuth, Schwester Friedrichs des Großen, erzählt, daß der König von Polen und Sachsen Blutschande trieb mit seiner eigenen Tochter, daß die Markgräfin von Kulmbach aus Eifersucht die Unschuld ihrer Tochter absichtlich einem Kammerdiener geopfert hatte, indem sie ihm das Mädchen überließ. Herzog Leopold Eberhard von Württemberg war mit seinen drei Maitressen zugleich vermählt, Eberhard Ludwig heiratete die Grävenitz, trotzdem seine Gemahlin noch am Leben war. Kaiser Leopold II. starb an Stimulantien, da die Leistungsfähigkeit seiner Begierde nicht mehr folgen konnte. Abgesehen von Frankreich war der Umgangston an den Höfen unzart, oft sogar recht roh. Die Gemahlin Friedrich Wilhelm I. sollte auf seinen Wunsch ihre Hofdame entlassen, ein Fräulein von Wagnitz. Sie eröffnete ihr den Wunsch des Königs mit dem Hinweis, daß sie in drei Monaten niederkommen werde, das sollte für die Hofdame der Termin des Abschieds sein. Die Wagnitz geriet aber in Wut und rief der Königin entgegen: „Ich wünsche, daß der Teufel Ihr Kind hole und daß Ihr beide verplatzt!" Die Prinzessin Friederike wurde von ihrer Erzieherin unmenschlich geschlagen. Als der König von England in Berlin war auf der Brautschau, nahm er eine Kerze, hielt sie der Prinzessin unter die Nase und betrachtete sie von Kopf bis zu den Füßen, so daß sie in ihrer Verlegenheit abwechselnd rot und blaß wurde. Ihre Hofdame, ein Fräulein von Sansfeld, wollte Friedrich Wilhelm I. von Henkers Händen peitschen lassen, weil sie seinen Heiratsplänen nicht zu Willen war; seine eigene Tochter bedrohte er mit dem Stock; er vergriff sich an seinem Sohn ebenso, wie der Markgraf von Bayreuth am Erbprinzen.

Das Heer des 18. Jahrhunderts war nichts weniger, als eine sittliche Einrichtung. Die Fürsten von Hessen-Kassel, von Braunschweig, Ansbach, Waldeck, Anhalt-Zerbst verkauften ihre zu Soldaten gepreßten Untertanen an die Engländer, der Herzog Karl von Württemberg die seinen an die Franzosen und Holländer. Am Anfang des 18. Jahrhunderts suchte man die Truppen noch anzuwerben, zwei Drittel der Armee bestanden aus dem Auswurf fremder Länder. Wegen der zu starken Fahnenflucht ging man in Preußen über zum Kantonsystem. Das Land wurde in Kantons eingeteilt, und jedes Regiment erhielt einen Kanton zugewiesen, aus dem es allein rekrutieren durfte. Der Adel jammerte natürlich, daß ihm seine Hörigen genommen würden. Neben den Untertanen stellte man aber auch Fremde ein. Einen wie geringen Grad von Achtung Friedrich II. vor den Soldaten hatte, geht daraus hervor, daß er die ganze sächsische Armee, die 1756 im Lager von Pirna kapituliert hatte, in Höhe von 14000 Mann in seine Armee einfach einreihen ließ, und daß er sich wunderte, als sie bald darauf in ganzen Bataillonen desertierte. Ebenso machte es ein Regiment, das er aus Franzosen zusammengestellt hatte. Polnische Soldaten wurden durch Prügel gezwungen, in preußische Dienste zu treten. Da die Desertionen überhand nahmen aus einem Dienst, der mit Prügeln, Spießruten und Hängen die Disziplin zu befestigen suchte, war man gezwungen, wieder die Werbetrommel zu rühren. Gefangene wurden immer wieder mit Gewalt zu preußischen Soldaten gemacht. Der Werber lockte junge Leute an durch Leutnants- und Hauptmannsstellen. Sie eilten mit ihren Patenten nach Magdeburg, wo man sie als gemeine Soldaten unter die Regimenter steckte. Hier galt kein Widerstreben. Die Leute wurden solange geprügelt, bis ihr Widerstand gebrochen war. Archenholtz sagt: „Auf diese und andere Weise verschaffte Colignon nebst seinen Helfern dem Könige im Laufe des Krieges 60000 Rekruten."

Wie es bei solchen Truppen mit der Kriegführung aussah, kann man sich denken. Die Greueltaten der Landsknechte im Dreißigjährigen Kriege mag man nachlesen bei Moscheroth und

Grimmelshausen, sie gaben dem Altertum nichts nach. Bannér, der General Gustav Adolfs, erließ in einem Armeebefehl folgende Ermunterung: „Ihr müßt die Landesältesten, den Adel, die Bürgermeister und andere ehrliche Bürger, mit lauter Injurien, mit Prügeln und mit Fußtritten barbarisch traktieren, mit dem Vorgeben, daß sie Eure Hunde, Sklaven, Leibeigenen wären, mit denen Ihr nach eigener Beliebung umzugehen Recht hättet." [1]) Aber auch der Siebenjährige Krieg zeigt noch wenig Besserung. Ich sehe ab von den Russen, die sich schlimmer als die wildesten Landsknechte aufführten. Sie waren von der Kultur noch unberührt, und der Haß gegen sie kam bei den Preußen dadurch zum Ausdruck, daß kein Russe geschont wurde, und daß nach der Schlacht bei Zorndorf manche schwer verwundete Russen, die hilflos auf dem Schlachtfelde lagen, mit den Toten zusammen in Gruben geworfen, also lebendig begraben wurden. Aber auch die Franzosen benahmen sich auf barbarische Art, und zwar von Amts wegen. Der französische Kriegsminister Belle-Isle gab Auftrag, Westfalen in eine Wüste zu verwandeln. Man erpreßte in Hanau eine Kontribution, indem man den Magistrat und die vornehmsten Bürger, dreiundneunzig an der Zahl, in ein einziges Zimmer einsperren, sie dort drei Tage und zwei Nächte hungern und dürsten ließ, ihnen den Schlaf entzog, da ja die meisten stehen mußten und nicht einmal zur Verrichtung der Notdurft aus dem Zimmer konnten. Nicht viel anders verfuhren die Preußen mit den vornehmen Leipziger Bürgern; als alle Schinderei nicht fruchten wollte, traf man Anstalten, die Väter Leipzigs als Rekruten nach Magdeburg zu liefern. Das wirkte! Maria Theresia machte sich Geld auf eine erfinderische Weise. Sie bezahlte die Truppen nicht bar, sondern gab Staatsobligationen aus an Lieferanten und Offiziere, die an einer neuen Bank, natürlich mit ansehnlichem Verlust, eingelöst werden konnten. Der Gemahl der Kaiserin vertrat dabei die Stelle eines Hofbankiers.

Ich kann hier auf die Grausamkeiten der Soldateska nicht

---

[1]) Schmoller, Umrisse und Untersuchungen, S. 259.

eingehen, nicht von Mord, Plünderung, Unzucht, Brand und anderen Gewalttaten erzählen. Der Leser wird ohnehin den Eindruck haben, daß von einer gesitteten Art der Kriegführung noch wenig, oder nichts, zu spüren war. Massentötung und Verstümmelungen von Amts wegen kamen nicht mehr vor, das war der einzige Unterschied gegen das Mittelalter. Ich kann auch aus Mangel an Raum mich nicht auf das dankbare Feld des Vergnügens der hohen Herrschaften begeben, kann auf das Fuchsprellen, auf die Jagd u. a. nicht näher eingehen. Die Sitten waren roh, auch hier. Man stahl und bereicherte sich, wo man konnte, der Ämterhandel blühte, das Briefgeheimnis wurde nicht gewahrt, Offiziere und Beamte waren bestechlich und vielfach ohne Halt. Deutsche dienten bei den Franzosen, Franzosen bei den Deutschen, überall gab es Überläufer, man nahm, was man bekam; von nationalem Leben, von Patriotismus, von höheren, sittlichen Aufgaben, war wenig zu bemerken.

Das Auftauchen der englischen und französischen Philosophie am Ende des 16. Jahrhunderts führte auch wieder zu einer Ethik, zu einer wissenschaftlichen Erörterung über die sittlichen Quellen und Ziele, die mit dem Altertum erloschen gewesen war, und, wie so viele Geistesblüten, mehr als tausend Jahre geschlummert hatte. Einerseits bewegte sich die Philosophie in einem mehr oder weniger scharfen Materialismus, der an der Wirklichkeit der Außenwelt und an der Notwendigkeit alles Geschehens festhielt, dennoch aber nicht unterlassen konnte, von Pflichten zu reden, ein Widerspruch, an dem der Materialismus immer krankt. Er findet kein sittliches Prinzip, bemüht sich aber, ein solches aus dem wohlverstandenen Egoismus abzuleiten; so taten es Hobbes und später Helvetius, Diderot und Holbach. Geulinx und Spinoza sahen ein, daß der Mensch als Materialist nichts Sittliches zu tun vermöge, daß nicht er es sei, der wirke und handle, sondern Gott in ihm. Leibniz legte den Einzelwesen eine ewige Dauer bei und erklärte die Glückseligkeit zu ihrem sittlichen Zweck. Die deutsche Aufklärung ist ihm gefolgt. Alle Lehrer der Moral stimmten darin überein, daß sie als Quelle des Sittlichen die Vernunft ansahen. Hiergegen trat der Engländer Shaftesbury mit nachhaltigem Erfolge auf, er leitete die sittliche Quelle aus dem Gefühlsleben her, als Ziel aber hielt auch er fest an der Glückseligkeit. Den Schlußstein in dieser Entwicklung legte Kant. Er schied die sinnliche Welt von der sittlichen; er erklärte die erste für ein Erzeugnis unseres Geistes. Einen Zusammenhang mit der wahren Welt fand er nur in der Stimme des Gewissens, in dem sittlichen Gesetz, das nur als Form in uns vorhanden sei und im Fall des Sollens mit einem realen Inhalt erst sich fülle. Dieses Sollen, das von Fall zu Fall in Aktion tritt, nannte er den kategorischen Imperativ, dessen Vollziehung vielfach mit Unlust verbunden sei. Auch er sieht den Zweck des Menschen in einem glücklichen Leben, oder genauer, in der Würdigkeit, glücklich zu sein. Mit Kant ist die wissenschaftliche Ethik des Aristoteles wieder erreicht, beide stehen auf gleicher Höhe. Kant verlangt die sittliche Handlung um der Pflicht willen, Aristoteles um des Schönen willen. Kant kennt die Unlust beim sittlichen Handeln, Aristoteles ebenfalls, und wie Kant als Zweck des sittlichen Handelns das Glück des Menschen gelten läßt, so auch Aristoteles, der ausdrücklich sagt, das Menschenleben sei nicht Mittel eines darüber hinaus liegenden Zweckes. Der Deutsche hat die Pflicht, etwas kalt und düster, der Grieche hat das Schöne, warm und hell; dort ist Vernunft, hier Gefühl, dort Gedanke, hier Anschauung.

Auf Grund der vorliegenden Kapitel will ich jetzt die Beschaffenheit der geistigen Wirkungen im 18. Jahrhundert derjenigen im Altertum kurz gegenüberstellen, und auf diese Weise zu ermitteln suchen, ob das Altertum am Ende des 18. Jahrhunderts in der geistigen Kultur erreicht, oder überschritten war. Dabei lasse ich die Technik und die Naturwissenschaft zunächst unberücksichtigt und komme auf diese weiter unten zu sprechen.

In der Erziehung sahen wir, daß in Athen die Söhne der freien Bürgerschaft bis zum 18. Jahre allgemein die Schule besuchten, zwei Jahre Soldat waren und dann ins praktische Leben traten, oder das Studium auf der Akademie fortsetzten. Die vornehmen Römer besuchten etwa bis zum 17. Jahr die Schule, traten dann einige Jahre ins Heer ein, und wandten sich mit zwanzig Jahren etwa der Ämterlaufbahn zu, in welcher sie die Würden eines Quästors, Ädilen, Prätors und Konsuls nacheinander durchliefen. Die Erziehung der Hörigen und Sklaven blieb im Altertum im allgemeinen gänzlich außer Acht. Der deutsche Adlige empfing den Jugendunterricht im 18. Jahrhundert meistens noch von einem Hauslehrer, teils recht kümmerlich, teils aber auch gründlicher, je nach der Veranlagung des Lehrers und des Schülers. Der deutsche Bürgerstand besuchte wohl allgemein die städtischen Schulen und zeigte einen intellektuellen Fortschritt. Das akademische Studium war in Aufschwung gekommen und der Volksunterricht war grundsätzlich anerkannt, wenn auch praktisch erst wenig durchgeführt. Der Unterricht des Griechen und des Römers war national gewesen. Der Grieche hatte nur die Muttersprache, der Römer zwar auch das Griechische gelernt, daneben aber, und zwar auf der Schule, auch das römische Recht. Der Unterricht des Deutschen war nichts weniger, als national; Latein und Griechisch waren die Hauptgegenstände des Unterrichts, die Religion natürlich nicht zu vergessen, und vielfach wurde der Unterricht sogar in lateinischer Sprache erteilt. Statt des Rechts lernte der Deutsche das Gesangbuch und den Katechismus auswendig. Im Durchschnitt war der Unterricht der oberen Gesellschaftsklassen wohl im Altertum, derjenige des Volkes dagegen im 18. Jahrhundert besser.

In der spekulativen Wissenschaft war das Altertum erreicht worden. Spinoza und Locke, Leibniz und Kant, werden ebenso in Geltung bleiben, wie Plato und Aristoteles, Zeno und Plotin. Eine eingehende Vergleichung der deduktiven Wissenschaft kann ich hier nicht geben. Ich will nur erwähnen, daß die Denkkraft kaum zugenommen zu haben scheint. Man frage die Juristen des römischen Rechts, was sie von der Denkkraft ihrer alten Kollegen halten, sie werden übereinstimmen in einer uneingeschränkten Bewunderung. Thukydides gilt heute noch als Muster der geschichtlichen Kritik, und ich muß gestehen, wenn ich mich unterrichten will über Politik, Poetik, Rednerkunst und Ethik, dann greife ich zum Aristoteles. Ranke wollte überhaupt keinen Fortschritt in der geistigen Kultur anerkennen; ich bin aber der Meinung, daß wir heute einen solchen unbedingt zugeben können. Das Recht hatte bei den Griechen und Römern den Zustand der Selbsthilfe überschritten, als diese Völker in die Geschichte eintraten. Die Ausübung des Rechts stand beim Staat vermöge der Magistratur und der Geschworenen. Auch das Recht war national. In Athen wie in Rom waren es die Bürger, die anklagten und verteidigten, einen Juristenstand gab es nicht. Mit dem Völkerrecht aber häufte sich zur Kaiserzeit der Rechtsstoff in so gewaltiger Weise, daß der juristische Beruf ein Spezialstudium wurde. Der Despotismus hob die Geschworenengerichte auf und ließ das Recht finden auf schriftlichem Wege und hinter geschlossenen Türen. Für die Sklaven galt die Folter, sie wurde aber zur Kaiserzeit auch auf die Freien angewandt. In Deutschland hatten bis gegen das Jahr 1500 neben der staatlichen Rechtspflege noch das Fehderecht und die Blutrache sich gehalten. Das gesatzte Recht fanden die Schöffen. Mit dem 16. Jahrhundert kam fremdes Recht, kam ein gelehrter Richterstand auf. Die Territorialstaaten wurden absolut, sie hoben die Schöffengerichte auf und und ließen das Recht finden auf schriftlichem Wege und hinter geschlossenen Türen, ebenso wie der absolute Staat im alten Rom. Erst um das Jahr 1800 entstanden die Landrechte, die sich mit den einzelnen Bearbeitungen des römischen Rechts in der alten Zeit wohl vergleichen lassen. Die Folter galt für Freie, wie für Unfreie, im allgemeinen war der Adel ausgenommen. In Griechenland wurde die Personalhaft der Schuldner abgeschafft zu einer Zeit, in welcher das Handwerk noch um die politischen Rechte kämpfte, in Rom 200 Jahre später, in Deutschland 400 Jahre später, um 1800 aber war sie größtenteils beseitigt. Man kann also im 18. Jahrhundert eine Annäherung der deutschen Rechtszustände an diejenigen der Griechen und Römer wohl anerkennen, wenn auch der Inhalt des römischen Rechts noch hundert Jahre lang die vorzüglichste Quelle für die deutsche Rechtsforschung bildete.

Die Kunst war in Griechenland von altersher die naturgemäße Offenbarungsweise des Geistes, in Rom wurde sie es erst zur Kaiserzeit, und dann auch nur zum Teil. Hellas und Rom haben die bildende Kunst auf eine bis dahin ungeahnte Höhe gehoben, die aber in der Baukunst im 13. und 14. Jahrhundert, und auch in den anderen Künsten im 15. und 16. Jahrhundert, wieder erreicht worden ist. Im 17. und 18. Jahrhundert war ein Rückschritt zu verzeichnen, wenn auch vereinzelte Schöpfungen den Vergleich mit dem Altertum aushielten. Die Dichtkunst der Griechen war im Lied, im Epos und im Drama, lange unerreicht geblieben. Im Drama hat sie Shakespeare überholt. Im 18. Jahrhundert aber entsprang auch in Deutschland neu der Quell der Poesie, Goethesche Lieder, Goethesche und Schillersche Dramen, stellten sich neben die Schöpfungen der Alten. Die Kunstform des griechischen Dramas, die Vereinigung von Poesie, Musik und Tanz, steht in ihrer Eigenart noch heut unerreicht da, aber der poetische Inhalt ist erweitert worden, individualisiert und vertieft. Die naive Dichtung wurde erreicht durch die sentimentale, und die letztere erweckte den Roman. Die Regeln des Aristoteles über Poesie und Kunst im allgemeinen sind bis heute mustergiltig geblieben, aber die gleichgerichteten Untersuchungen Winckelmanns, Lessings, Kants und Schillers, zeigen doch ein Erwachen des deutschen Geistes auch nach dieser Richtung hin. Alles in allem wird man sagen können, daß die bildende Kunst am Ausgang des 18. Jahrhunderts derjenigen der Alten nicht gewachsen war; daß aber ihre poetischen Werke durch die Schöpfungen des 18. Jahrhunderts erreicht worden sind, in der Anschaulichkeit der Sprache und in der Tiefe der Auffassung; daß sie überholt worden sind durch den Umfang des Wissens, durch die Größe der Gesichtspunkte, durch die Feinheit der Seelenmalerei und die künstlerische Kraft der Charaktere.

Die griechische Religion hat die Naturgottheiten ihres Volkes verklärt und geheiligt, die christliche hat sie bekämpft und in häßliche Dämonen umgewandelt. Die griechische Religion hat die Natur durchgeistigt und belebt, die christliche hat sie verflucht und für sündhaft erachtet. Der Grieche wurde geboren als das schuldlose natürliche Geschöpf der Götter, der Christ wurde geboren in Sünde und verdammt unter Gottes Zorn. Die griechische Religion war aus dem nationalen Leben erwachsen, die christliche aus einem philosophisch-mystischen System. Der Grieche hatte freie Hand, die Götter zu verehren, wann und wie er wollte, sein Glaube ging frei hervor aus der Eigenart seines Gemüts; dem Christen wurde der Inhalt seines Glaubens mit Schwert und Feuer vorgeschrieben. Der Grieche hatte die Gedankenfreiheit, der Christ hatte sie nicht. Der Grieche sah in der Religion eine Quelle der Freude und des Trostes, er durfte hoffen, daß sein Gebet Erhörung finde. Der Christ sah in der Religion oft eine Quelle der Angst, er konnte nicht wissen, ob er auserwählt sei, oder verworfen. Der Grieche sah das Walten der Götter sich vollziehen in Übereinstimmung mit seinen wissenschaftlichen Kenntnissen, man verlangte von ihm kein Opfer des Intellekts; der Christ mußte an Wunder glauben im Gegensatz zu seinem besseren Wissen, oder er mußte sie gewaltsam umdeuten. Der Grieche übte aus Anlaß seiner Religion die allgemeine Duldsamkeit; der Christ haßte die Andersgläubigen, quälte sie mit der Folter und gab ihnen den Tod. Der Grieche sollte den Egoismus brechen um des Schönen willen, der Christ sollte ihn ausüben rücksichtslos, um persönlicher ewiger Freuden willen. Rom war der Übergang vom Griechentum zum Christentum; gleich jenem war es duldsam, nie hat es getötet um des Glaubens willen. Die späteren Christenverfolgungen hatten ihre Ursache in den Äußerlichkeiten des Christentums, in der Politik, nicht aber im Glauben. Das blutige Tieropfer hat das Christentum abgeschafft, aber das Menschenopfer symbolisch an seine Stelle gesetzt. Mit diesem Opfer verband es im Abendmahl den vorgestellten Genuß eines menschlichen Leibes. In der christlichen Religion vermag ich gegenüber der griechischen einen Fortschritt nicht anzuerkennen; wohl in der Lehre Christi, nicht aber in dem Stamm, der aus ihr erwachsen ist. Zugeben muß man freilich, daß die christliche Religion mehr ins Innere griff, während die Religion der Alten in Äußerlichkeiten befangen blieb. Leider wurden aber auch im Christentum die Äußerlichkeiten oft zur Hauptsache.

Die Sittlichkeit des Altertums war beeinträchtigt durch die unentwickelte Technik, welche zu jener Zeit nicht auf die Handarbeit, nicht auf die Sklaverei verzichten konnte. Besiegte Städte wurden in die Sklaverei verkauft. Das Volk vegetierte in Knechtschaft und Unwissenheit, und die Ausübung der Herrenrechte wirkte auf die reichen Klassen selbst zurück und verzögerte die Verfeinerung ihres Seelenlebens. In einigen erwählten Köpfen trieb der Geist edle Blüten, im allgemeinen aber blieb das Leben äußerlich. Bestechlichkeit und Käuflichkeit waren allgemein. Im 18. Jahrhundert war die Sklaverei in den Städten längst verschwunden, d. h. an jenen Orten, an denen die Technik die menschliche Arbeitskraft vergeistigt und in ihren gröberen Formen durch die mechanische ersetzt hatte. Auf dem Lande bestand die Sklaverei noch fort, gemildert zwar aus einer Einwirkung der Städte, aber sie bestand noch, weil die Technik dort nicht eingedrungen war. Des Krieges rohe Art war um ein weniges gemildert, Verkauf in die Sklaverei war eben fortgefallen, weil die Technik nicht mehr Sklaven brauchte; auch das systematische Verstümmeln hatte infolge davon aufgehört. Der Arbeiter wurde nicht mehr gefoltert, um die Schuldfrage seines Herrn aufzuklären; aber die Folter bestand noch fort, und wo sie aufgehoben war, da trat der Stock an ihre Stelle. Eine Milderung des rohen Empfindens war also eingetreten, aber sie war gering; einer edleren Menschlichkeit konnte sie im allgemeinen noch nicht weichen, weil die persönliche Unfreiheit auf dem Lande fortbestand, weil die Technik noch nicht in ihren Folgen das ganze Volk befreit hatte. In gebildeten Kreisen zeigte sich die Verfeinerung des Gefühls in verstärktem Maße. Die neue Literatur wußte Töne anzuschlagen, welche das Altertum nicht kannte. Auch in der bewußten Ethik zeigte sich ein neues Leben, dessen Schöpfungen denen des Altertums gewachsen waren. Aristoteles und Kant verlangten vom Menschen den Gehorsam gegen ein sittliches Prinzip, dabei herrschte im Altertum die Anschauung vor, und jetzt der Gedanke.

Wenn man sich etwas dreht und windet, kann man also zu dem Schluß wohl kommen, daß um das Jahr 1800 die geistige Kultur der Alten im großen und ganzen erreicht worden war. Sie war es in der Erziehung und in der spekulativen Wissenschaft, sie war es zum Teil im Recht, in der Kunst, zum Teil auch in der Religion und in der Sittlichkeit, in letzterer aber vorwiegend nur durch die Wandlungen in der Technik. Der Hauptunterschied zwischen den Zuständen des Altertums und denen des Jahres 1800 lag ganz allgemein in der Technik und in der Naturwissenschaft. Die Technik hatte das Wasser, den Wind, den Dampf als Triebkraft gewonnen, sie hatte Antriebs- und Arbeitsmaschinen gebaut, hatte dem Gebrauch der Metalle und der gewebten Stoffe ein weites Feld geschaffen, hatte ihre Schiffe über den Ozean geschickt, hatte die Baumwolle, die Kartoffel, den Reis und andere Kolonialwaren geholt, sie hatte durch die bewegliche Letter dem Geiste neue Bahn geschaffen, sie hatte die stehenden Heere ins Leben gerufen und den Adel auf die Scholle verwiesen, sie hatte die Fürsten absolut gemacht und den Bürgerstand befreit, sie hatte in der französischen Revolution das absolute Regiment wieder gestürzt, und dem Volke Parlament und Verfassung gegeben. Weit war die Technik vorgeschritten gegen ihre beschränkte Kunst im Altertum! Die junge Naturwissenschaft an ihrer Seite räumte auf mit dem Aberglauben und schickte sich an, der Technik die hilfreiche Hand zu reichen zur ferneren Dienstbarmachung der Natur, und zur Freisetzung der Arbeitskraft des Menschen. Hinter der Siegesbahn der Technik, hinter dem Fortschritt der Naturwissenschaft war langsam und bedächtig die geistige Kultur gefolgt; sie war jetzt kaum angekommen auf der gleichen Höhe, die sie schon im Altertum erklommen hatte, erklommen auf Grund einer Technik, die noch wenig in die Tiefe, in der Blütezeit der alten Völker aber stark in die Breite gegangen war. Wo lag also die Führerschaft auf diesem Wege, wo lag die treibende, die primäre Kraft? Wir werden sehen, daß im 19. Jahrhundert die Technik und die Naturwissenschaft gewaltig vorwärts schreiten, und daß auch die geistige Kultur dann etwas schneller folgt.

Man findet zuweilen die Meinung vertreten, daß allemal dann, wenn ein Zustand im wirtschaftlichen Leben unhaltbar geworden ist und nach neuen Erfindungen verlangt, diese Erfindungen mit Pünktlichkeit sich einstellen als ein Geschenk der Götter. Nach dieser Auffassung kann es scheinen, als wenn die Technik nicht die Trägerin, sondern die Dienerin der Kultur wäre, als wenn die letztere sich selbständig und frei entwickelte und bei der Gottheit nur gelegentlich ein neues technisches Gericht bestellte. Ich kann dieser Auffassung nicht beitreten, und erinnere den Leser, um eins der vielen Beispiele herauszugreifen, an die Erfindung des Gußeisens im 15. Jahrhundert und das darauf folgende indirekte Verfahren zur Bereitung von Stahl und Schmiedeeisen. Warum haben die Römer diese Erfindung nicht gemacht? Sie kannten die Wassermühle, warum wandten sie die Wasserkraft oder das Göpelwerk nicht an zur Erzielung stärkerer Gebläse und höherer Temperaturen? Warum bauten sie nicht höhere Öfen, warum schmolzen sie das Eisen nicht, warum brauchten sie nicht die Steinkohle? „Weil kein Bedürfnis vorhanden war, es fehlte nicht an Sklaven." Aber, meine Herren, da verwechseln sie Ursache und Wirkung. Gewiß war ein Bedürfnis da! Mit tausend Freuden hätten die Römer den Gebrauch des Eisens in vermehrtem Maße eingeführt, wenn sie nur verstanden hätten, dieses Eisen billiger und leichter herzustellen. Nicht weil sie Sklaven hatten, war kein Bedarf an Eisen da, sondern weil der Bedarf nicht gedeckt werden konnte, waren Sklaven nötig! Nicht nur wegen des Eisens, sondern auch wegen all der anderen technischen Vorgänge, die auf der Handarbeit beruhten. Die Eisentechnik des 15. Jahrhunderts ward in einer Zeit geschaffen, die in geistiger Hinsicht im Vergleich zum Altertum als eine barbarische bezeichnet werden kann. Die Geistesblüte des Altertums wurde um das Jahr 1800 erst notdürftig erreicht. Gerade in der Zeit der höheren römischen Kultur war der Bedarf an Eisen ein weit größerer als im Mittelalter, und dennoch konnte dieser Bedarf nicht befriedigt werden. Der freie klassische Geist des Altertums sah in der Sklaverei eine naturgemäße Einrichtung, der sonst so rückständige Geist des Mittelalters tat es nicht mehr. Man sieht, daß der Inhalt der sittlichen Anschauung abhängig war von der Technik, trotz der Blüte des deduktiven Geistes.

Tausende von Jahren hat die Technik das Menschengeschlecht von der Barbarei zur Kultur geführt in immer neuen Erscheinungsformen. Eine erfolgreiche Ablösung der Naturwissenschaft ist aber erst eingetreten im 16. Jahrhundert, ein Zeichen, daß diese Wissenschaft zu ihrer Verselbständigung eines Hochstandes der Technik bedurfte. Er wird daher gestattet sein, in dem Entstehen der Naturwissenschaft nur eine Arbeitsteilung innerhalb der Technik zu erblicken, innerhalb der bewußten Anwendung des Menschengeistes zur Dienstbarmachung der Natur. Bis zum Jahre 1500 waren Theorie und Praxis im großen und ganzen in der Hand des Technikers vereint gewesen. Als um diese Zeit das Gebiet der Technik so groß geworden war, daß der Techniker nicht mehr Theorie und Praxis völlig übersehen konnte, trat die Teilung der Arbeit ein. Das nötige Kapital war geschaffen worden, um eine rein geistige Tätigkeit zu bezahlen. Eine Zahl von Männern wandte sich jetzt der Theorie ausschließlich zu, es erfolgte die Scheidung zwischen Technik und Wissenschaft, zwischen der Anwendung der Naturgesetze und ihrem Aufsuchen. Ich brauche wohl nicht zu betonen, daß es selbstverständlich auch früher schon eine Naturwissenschaft gegeben hat, aber sie war nicht induktiv und stand nicht so in Fühlung mit der Technik.

Nur diejenige Wissenschaft ist fruchtbar im eigentlichen Sinne für die Technik, welche die materiellen Vorgänge rechnungsmäßig zu erfassen weiß. Die Technik muß rechnen, sonst kann sie keine richtige Synthese bauen. Galilei sagt, die Wissenschaft habe vor ihm wohl gewußt, daß ein fallender Körper an Geschwindigkeit zunehme, und daß ein geworfener Körper eine krumme Linie beschreibe; aber sie habe nicht gewußt, daß die Fallgeschwindigkeit im Verhältnis der ungeraden Zahlen zunehme, und daß die Wurflinie eine Parabel sei. Galilei hat hiermit treffend den Unterschied der früheren, spekulativen Naturwissenschaft von der späteren, exakten hervorgehoben. Es ist vorzugsweise die

Rechnung, welche die Technik weiterbringt, und durch sie die materielle Kultur.

Wie wir im ersten Kapitel gesehen haben, führen die letzten Abstraktionen in der materiellen Welt zurück auf den Begriff von Kräften; die Beziehungen zwischen diesen Kräften stellen in der Form von Raum und Zeit sich dar, Raum und Zeit sind meßbar, also muß auch zum mindesten die anorganische Natur auf mechanischem Wege zu begreifen sein. In der Mechanik liegt die Gewähr für einen schnelleren Fortschritt der materiellen Kultur, als ihn die empirische Technik allein erzielen konnte. Mechanik und Technik sind nicht mehr zu scheiden, sie durchdringen sich gegenseitig. Die Mechanik ist an sich die abstrakteste der Wissenschaften, sie gleicht einem absoluten Geiste vor der Entlassung der Welt; wie der Geist an der irdischen Welt, so hat die Mechanik ihr Leben erst an der Technik. Durch das Ineinsleben der beiden Schwesterkünste kam die Methode hinein in den technischen Fortschritt. Durch diese Methode ist das Eintreten der Erfindung erleichtert worden, ebenso wie ihre Ausbeutung. Die Erfindung selbst aber blieb nach wie vor die hohe und himmlische Göttin, deren Erscheinen in der irdischen Welt sich nur vollzieht aus eigenem Recht. Weil jede praktische neue Erfindung eine Erleichterung verschafft in der Spannung des realen Lebens, glaubt der Mensch, daß diese Erfindung nur ein Ergebnis der gegenwärtigen Zustände sei. Ein solcher Zusammenhang ist oft vorhanden, ist aber nicht notwendig. Seit Dezennien sucht die Technik nach einer selbsttätigen Kupplung für die Wagen der Eisenbahn; der Bedarf ist da, ist dringend da, aber die Erfindung läßt noch immer auf sich warten.

Der Fortschritt in der Technik vollzieht sich als eine Entwicklungsform des menschlichen Geistes; als solche ist sie abhängig von anderen Entwicklungsformen, die vor ihr waren und mit ihr sind. Der technische Geist geht aber seinen eigenen Weg, er geht voran, Hand in Hand mit der Naturwissenschaft und beeinflußt die anderen Entwicklungsformen mehr, als diese ihn, denn er saugt an den Brüsten der Natur, der ewigen Quelle aller Fruchtbarkeit.

Die Technik regelt durch ihre Arbeitsform die menschliche Arbeits- und Lebensweise; aus diesen Formen entwickelt sich die soziale Schichtung, aus dieser das bürgerliche Leben, die Form des Staates, das Recht, die Sittlichkeit, und auch ein Teil der anderen Geistesblüten, die ebensowenig stationär sind, wie die Technik selbst. Die Technik ist die primäre, nicht die sekundäre Form in der Entfaltung des menschlichen Geistes, sie gibt den Grundbau ab, der das andere Geistesleben trägt. In dieser Hinsicht kann ich der sogenannten materialistischen Geschichtsauffassung nur beitreten.

Sechstes Kapitel.

Das 19. Jahrhundert.

Im Anfang des Jahres 1800 erließ der Konsul Bonaparte eine Proklamation an das französische Volk, in welcher es heißt: „In Eurer Hand steht es, den Frieden zu gebieten; um dies zu können, sind Geld nötig, Eisen und Soldaten." In erster Linie bedurfte der Konsul also der Technik, in zweiter Linie wieder der Technik, in dritter Linie stand ihm erst der unmittelbare Mensch. Das 18. Jahrhundert hatte die Dampfmaschine geschaffen, die Spinnmaschine für Baumwolle und Wolle, es hatte die Steinkohle eingeführt als Ersatz für das Holz und war zum zentralisierten Produktionsbetrieb vorgedrungen, zur Fabrik. Dem 19. Jahrhundert fiel die Aufgabe zu, diese Errungenschaften zu erweitern und auszubauen. Demnach ist das 19. Jahrhundert zunächst gekennzeichnet durch den Siegeszug der Dampfmaschine und der Steinkohle. Im Gefolge der Steinkohle errang das Flußeisen die Überlegenheit über das Schweißeisen. Dem mechanischen Spinnstuhl folgte der mechanische Webstuhl, und als neue Antriebskraft offenbarte sich der elektrische Strom. Die Ausbildung der Technik wurde gekrönt in der 2. Hälfte des Jahrhunderts durch die praktische Anwendung der mechanischen und der chemischen Theorie.

England stand am Eingang des 19. Jahrhunderts allen Staaten weit voraus an produktiver Kraft und politischer Machtstellung. In erster Linie beruhte diese Überlegenheit auf der Tüchtigkeit des Volkes, auf seiner Arbeitskraft, auf seinem Unternehmungsgeist; in zweiter Linie auf seinen Bodenschätzen und seiner Technik. Die vorzügliche englische Kohle und die Nachbarschaft der Eisenerze sind die Grundlage zu Englands Macht geworden. Schon im Jahre 1810 arbeiteten in England fünftausend Dampfmaschinen, während in Frankreich kaum zweihundert tätig waren; schon setzte der Engländer die Dampfmaschine ins Schiff als treibende Kraft, bald auch in Zwangsführung auf die Räder und Schienen. Er verdoppelte sie als Verbundmaschine. Er war es, der zuerst die Spinn- und Webemaschinen baute, er blies die Luft durch die geschmolzene Eisenmasse, und er war es auch, der im Thomasverfahren dem deutschen Reiche das köstliche Geschenk übergab, die Ausnutzung seiner phosphorhaltigen Erze bewirken zu können. Die Technik des 19. Jahrhunderts und der Aufschwung der Kultur haben in erster Linie auf den Leistungen Englands beruht. Das darf nie vergessen werden.

In Deutschland war, wie in Frankreich, die Dampfmaschine in langsamem Vormarsch begriffen. Schon im 18. Jahrhundert war sie an einzelnen Punkten aufgestellt. In Deutschland sind mir aus dem 18. Jahrhundert fünf Dampfmaschinen bekannt; man wird ohne Übertreibung annehmen können, daß die doppelte Zahl vorhanden war. Neben der Dampfmaschine drang die mechanische Spinnmaschine beständig vor, ihr folgte die Webemaschine, obschon die Zentralisierung der textilen Gewerbe erst im Ausgang des 19. Jahrhunderts auf der ganzen Linie gesiegt hat. Preußen und Deutschland im allgemeinen haben sich von den Schlägen der Napoleonischen Kriege verhältnismäßig schnell erholt. Seit 1819 schützte Preußen seine Industrie durch einen Grenzzoll. Einige Jahre später hatte es schon 63 Millionen Schulden gedeckt, und in der Mitte der dreißiger Jahre hatte es blühende Finanzen. Dennoch war das Volk noch arm, die Industrie verhältnismäßig klein. Im Jahre 1830 sprach der Minister Altenstein sogar von der „zunehmenden Armut der niederen Klassen". Es fehlte an Kapital, die Technik hatte noch zu wenig vorgearbeitet. Im Jahre 1832 hatte Krupp nur zehn Arbeiter. Die deutschen Eisenbahnen wurden mit englischem und belgischem Material gebaut, über 300 Millionen Mark gingen ins Ausland. Im Jahre 1844 konnte der Schatzkanzler in England sagen: „Unser

Handel nach Deutschland entspricht zwei Arbeitstagen unserer Wochenindustrie." In dem gleichen Jahre erhöhte aber der deutsche Zollverein die Eingangszölle, 1854 beseitigte er auch die belgischen Vorzugstarife, und von dieser Zeit an entwickelte sich der Aufschwung der deutschen Industrie.

Der Sieg der Steinkohle übergab der Eisentechnik die führende Rolle, auf ihr beruhten die Eisenbahn und der Maschinenbau. Immer weiter griff der technische Geist um sich, wenn es galt, die mechanische Arbeitskraft zu gewinnen. Mensch und Tier, Wasser und Luft taten ihm nicht mehr Genüge. Er machte in der Holzkohle die Arbeitsleistung der Sonnenstrahlen wieder frei und verwandte sie für seine Zwecke; er griff zurück sogar auf die Arbeit der Sonne, die getan war in jenen Zeiten, da noch keine menschlichen Wesen auf der Erde wandelten. Die erhöhte Kraft der Gebläse, die erhitzte Luft ihrer Lungen, schmolzen immer vollkommner das Roheisen aus den Erzen aus. Bisher hatte die Technik dieses Roheisen vorwiegend nur durch äußerliche Berührung mit der Luft in Schmiedeeisen und in Stahl zu wandeln vermocht. Auf diesem Verfahren beruhten der Frisch- und der Puddelprozeß. Bessemer lehrte das flüssige Eisen dadurch in den gewünschten Zustand überführen, daß er heiße Luft hindurchjagte. Diese Erfindung gab England einen neuen, gewaltigen Vorsprung in der materiellen Macht, während Deutschland nur zum Teil davon berührt wurde. Wohl hatte auch Deutschland eine gute Kohle, um das Eisen zu schmelzen; aber es fehlte an phosphorarmen Erzen, die im Bessemerprozeß allein verwendbar waren. Da gelang dem Engländer Thomas im Jahre 1878 die erlösende Tat. Er bekleidete die Schmelzgefäße mit basischem Futter, und nun wurde das phosphorhaltige Erz die gesuchte Quelle für Roheisen. Jetzt hatte Deutschland gewonnen. Die reichen Lager phosphorhaltiger Erze in Luxemburg und Lothringen haben Deutschland wieder an die alte Stelle in der Eisenindustrie gehoben, als die führende Macht in Europa. Jetzt konnte Deutschland in der Eisenproduktion das stolze England überholen. Es erblühten die rheinische, die schlesische, die Saar-Industrie; aber die Dankbarkeit hat Deutschland den erleuchteten Erfindern noch nicht abgetragen. Denkmäler sind in Deutschland errichtet worden für unbedeutende Menschen, die selbst der Gebildete kaum dem Namen nach kennt. Aber bisher hat Deutschland weder Bessemer, noch Thomas durch ein Denkmal geehrt, jene Männer, die für Deutschlands materielle Macht die Bedingungen geschaffen haben.

Der Betrieb der Dampfmaschine erhielt eine grundlegende Erweiterung durch die elektrische Kraftmaschine, die im Jahre 1866 von Siemens erfunden wurde. Hiermit trat wieder ein Deutscher in die Reihe der großen Erfinder ein. Bisher war die mechanische Kraftquelle als Dampfmaschine in unlösbarer Ehe mit dem Dampfkessel verkuppelt gewesen. Die Dampfmaschine stand und steht neben dem Kessel, einerlei, ob sie sich in der Fabrik befinden, in dem Schiff, oder auf der Eisenbahn. Schickt man aber die mechanische Energie der Dampfmaschine erst durch elektrische Kraftmaschinen hindurch, dann hat sie eine Form angenommen, in welcher sie auf weite Entfernungen versandt werden kann, um an jedem beliebigen Punkte eine Arbeitsmaschine zu treiben.

Der theoretische Maschinenbau kam in der Mitte des 19. Jahrhunderts erst zur Blüte. Um diese Zeit wurde eigentlich erst die Wissenschaft des Ingenieurs geboren. Am Anfang des Jahrhunderts hatte das Publikum gespottet über die Entwürfe der englischen Techniker. Lichtenberg in Göttingen, Professor der Physik, nannte den geplanten Themsetunnel boshaft eine negative Brücke, die Idee der Kettenbrücke nannte er ein Hirngespinst. Es ist eine eigentümliche Erscheinung, die zu denken gibt, daß England in der Praxis so viel, in der Theorie aber, für die Technik wenigstens, nur wenig geleistet hat. Newton war hier der letzte Geisteskämpe. Der englische Physiker Tredgold sprach wohl das allgemeine Empfinden aus, als er schrieb, daß in den Augen der Praktiker die Festigkeit eines Bauwerks sich umgekehrt verhalte, wie die Gelehrsamkeit des Baumeisters. Dieser ablehnende Standpunkt muß sich auf die Dauer rächen, und er hat sich schon gerächt. Die Ausbildung der technischen Wissenschaft haben wir vor allem Frankreich zu verdanken. Zunächst waren Beobachtungen nötig. Gegenüber der spekulativen Methode mußte das induktive Verfahren erst begründet, mußten durch Versuche die Koeffizienten gefunden werden. So nur konnten die Kenntnisse in der Reibungslehre, in der Lehre von der Festigkeit und von der Elastizität gewonnen werden, so nur konnte die Grundlage geschaffen werden für die konstruierende Mechanik und für den theoretischen Maschinenbau. Die Franzosen Dupin, Navier, Coriolis und Poncelet haben die Mechanik auf die Praxis angewandt. Sie verschmähten es nicht, unter das Volk zu gehen und den Arbeitern populäre Vorträge zu halten. Dupin schrieb im Jahre 1827 für die Handwerker: „Wenn Ihr die Anwendung der Geometrie und der Mechanik auf Eure Künste und Handwerke studiert, so werdet Ihr in diesem Studium ein Mittel finden, mit mehr Regelmäßigkeit, Genauigkeit, Verstand, Leichtigkeit und Schnelligkeit zu arbeiten. Ihr werdet besser und schneller zum Ziele gelangen; Ihr werdet Eure Arbeiten und Erfindungen vernünftig betrachten lernen."[1]) Der Begriff der mechanischen Arbeit mußte erst festgestellt, die Angriffsweise der Kraft mußte erst geklärt werden, bevor die Mechanik eine praktische Anwendung zuließ. Navier und Poncelet schufen die theoretische Maschinenlehre. Die Fortsetzung des Werkes haben dann auch Deutsche übernommen, unter denen Redtenbacher und Reuleaux in erster Linie zu nennen sind. Rühlmann sagt in seiner Geschichte der Mechanik: „Ist auch nicht in Abrede zu stellen, daß Navier und Poncelet bereits angefangen hatten, die Maschinenlehre wissenschaftlich zu behandeln, so ist es doch entschiedene Tatsache, daß dies in durchgreifender, epochemachender Weise erst Redtenbacher gelang." Reuleaux hat die eigentliche Theorie des Maschinenbaues geschaffen. Statt aus Ziffern und Formeln wollte er den Spezialfall aus allgemeinen Gesetzen herleiten. An die Stelle des bisherigen Erfindens sollte der methodische Denkprozeß treten; dieser sollte in planmäßiger Weise zu neuen Mechanismen und zur höheren Kombination dieser Mechanismen führen.

---

[1]) Rühlmann, Geschichte der technischen Mechanik, S. 310.

Der Mechanik gesellte sich in den technischen Wissenschaften die Chemie. Hier war die Praxis weit der Theorie vorausgeeilt, und auch hier gedachte man wieder auf deduktivem Wege den Schleier der Natur zu lüften. Clouet versuchte aus der Theorie heraus Gußstahl zu bereiten, er hatte keinen Erfolg; ihm schloß sich Thiemann an, vergebens. Dalton hatte die atomistische Theorie, Berzelius die Meßkunst der Elemente begründet und die chemische Zeichensprache eingeführt. Allmählich schritt man vor in der Analyse der Minerale. Es war noch Berzelius vorbehalten, für den Hochofenprozeß die so wichtige Kieselsäure in ihrem Wesen und Wirken zu erkennen. Bald gesellte der Analyse die Synthese sich, die Beschickung der Hochöfen erfolgte nach stöchiometrischen Grundsätzen. Der Betrieb wurde nicht mehr auf mechanischem, sondern auf chemischem Wege überwacht. Daneben entwickelte sich eine neue Kontrolle durch die Photographie. Liebig war der erste gewesen, der ein chemisches Laboratorium auf der Universität in Gießen eingerichtet hatte. Am Ausgang des 19. Jahrhunderts nahm jedes Hüttenwerk seine chemischen, jedes Walzwerk seine mechanischen Kontrollversuche vor.

Ich muß es mir versagen, auf die vielen Zweige einzugehen, in welche die Technik sich gespalten hat. Ich habe mich beschränkt, auf die Entwicklung des Maschinenbaues und der Hüttenkunde hinzuweisen, auf deren Schultern das Wohlergehen des modernen Staates ruht. Man nehme sie hinweg, und Deutschland sinkt wieder zurück in mittelalterliche Zustände. Durch die Entfesselung der mechanischen Kraft in der Steinkohle, durch ihre Überführung in die Spannkraft des Dampfes und in die axiale Kolbenwirkung hat die Technik die großen Kraftzentren geschaffen, von denen aus sie das Gestänge und die Arbeitsmaschinen der Fabrik bewegt. Dort gehen aus einer Hand die Rohstoffe in die andere, als Halbfabrikate gelangen sie in die Hand des Fertigmachers. Aufzüge bewegen die Stoffe in senkrechter, Rollwagen und Krahne in horizontaler Richtung. Die Arbeits- und die Zeitverluste, die aus dem Transport entstehen, sind auf ein Minimum beschränkt. Die Verästelung der Arbeitsvorgänge und ihr Zusammenfluß zum

Ganzen vollzieht sich in immer neuen und kühneren Kombinationen. Der Differenzierung folgt die Integrierung auf dem Fuß. Immer vollendeter wird das Produkt, immer rascher und billiger seine Herstellung. Immer gewaltiger werden die Massen, die von einer Stelle aus bewegt werden, und immer gewaltiger wird der Schöpfungsprozeß. Von Stufe zu Stufe erhebt sich der Mensch zur Herrschaft über die Natur.

Das Wort klingt wie eine Gotteslästerung! Es ist nun einmal im Gebrauch und ist nur bildlich aufzufassen. Wie soll man sich kurz ausdrücken, wenn man sieht, daß es dem Menschen tatsächlich gelingt, die Naturkräfte nach einem vorgefaßten Plane für seine Zwecke wirksam zu machen? Daß der Mensch, diese armselige Gliederpuppe, dieser Kompromiß aus Staub und Geist, nicht daran denken kann, Gottes gewaltige Welt beherrschen zu wollen, ist wohl dem blödesten Auge klar. Der Mensch kann nur nachdenken, was die Natur in anderer Form schon vorgedacht hat, und nur insofern, als ihm dieses Nachdenken gelingt, kann er in den Naturprozeß in gewollter Weise eingreifen. Sowie er in dem Nachdenken einen Fehler macht, wird er von der Natur rücksichtslos gestraft, indem sie über seine Versuche lächelnd hinwegschreitet. Im abgezogenen Denken mag der Mensch sich bewegen nach Bequemlichkeit; er mag sich mit rechtlichen und religiösen Systemen den Kopf verdrehen, er mag die verrücktesten Philosopheme ausdenken, die Natur läßt ihn ruhig gewähren. Sowie er aber Anstalt macht, den jugendlichen Leib der Natur zu berühren, verlangt sie unbedingte Unterordnung unter das logische Walten des eigenen Geistes. Nur die bewußte Unterordnung macht den großen Techniker. Die Naturkräfte schalten nach ihrem eigenen Willen, der Techniker kann ihnen nur die Bahn frei machen. Auf diese Art wird die Naturkraft scheinbar geschoben, während sie tatsächlich nur sich selber lenkt. Wie das zusammenhängt, wie es dem Menschen möglich wird, aus seinem Denken heraus die Naturkräfte nach ihrem eigenen Willen zu lenken und dabei doch auf seinen Zweck zu kommen, das ist das unergründliche Mysterium der Technik, die Machtfrage für jene ewigen Gewalten: Natur und Geist. Der Mensch beherrscht nur die Natur, indem er sie bedient.

Die Gesellschaft war am Eingang des 19. Jahrhunderts im heiligen römischen Reich deutscher Nation gespalten in den Adel und die Geistlichkeit, in das Bürgertum und die Bauern. Das Bürgertum wohnte in den Städten. Es hatte sich die persönliche Freiheit im 11. und 12. Jahrhundert vermöge seiner technischen Fähigkeiten errungen, es hatte sich die politische Macht im 13. und 14. Jahrhundert gegen die Geschlechter erkämpft. Diesen Kämpfen war die Städteblüte in Deutschland gefolgt. Inzwischen hatte die steigende Technik eine vermehrte Produktion hervorgerufen, und diese hatte das Verlangen nach einem erweiterten Tauschgebiet erzeugt. Der Rahmen der Stadt war zu eng geworden für die aufstrebende produktive Kraft. Sie drängte dem staatlichen Organismus zu, den im 17. und 18. Jahrhundert eine ad hoc geschaffene Beamtenwelt organisieren mußte. Diese junge Beamtenschaft glaubte ihre Aufgabe am besten zu erfüllen, wenn sie auch in den produktiven Prozeß überall regelnd und fördernd eingriff.

Es entwickelte sich der Polizei- und Beamtenstaat, der in der Form eines schematisierten und registrierten Verwaltungsapparats die ahnungslose Nation in das 19. Jahrhundert hineinschleppte. Produktion und Handel unterlagen der staatlichen Aufsicht. Auf den schlesischen Märkten wurden die gesponnenen und gewebten Waren von Amts wegen geprüft. Unvorschriftsmäßige Ware wurde fortgenommen, der Verfertiger mußte u. U. eine Stunde an der Kirchentür im Halseisen stehen. Erst nach der amtlichen Prüfung durften die Käufe abgeschlossen werden, auch wieder unter strenger Kontrolle, und unter Registrierung der einzelnen Kaufgeschäfte. Kein Garnkäufer durfte mehr als zwölf Schock Garn kaufen, eine Handelsbeschränkung, wie sie z. B. 2000 Jahre früher in Athen für Getreide bestanden hatte. Der Handel mit Flachs nach dem Ausland war in Schlesien verboten, und als Ausland galt alles, was nicht Schlesien war. So wenig war der Einheitsgedanke des Staates durchgeführt.

Die Produktion der Leinwand, das Spinnen und Weben, vollzog sich in der Form der Hausindustrie. Die Dorfbewohner betrieben diese Tätigkeit in der Familie. Meistens wurde sie von den Frauen und Töchtern ausgeübt, während die männliche Bevölkerung in der Landwirtschaft, im Heer, und wohl auch in der Stadt, beschäftigt war. Durch die Mitarbeit der Kinder war es der Familie möglich, die Waren für einen Spottpreis auf den Markt zu bringen. Ein großer Unterschied in den einzelnen Gespinsten und Geweben war nicht vorhanden. Die primitiven Maschinen, die den Arbeiten zugrunde lagen, das Spinnrad und der Webstuhl, wirkten ausgleichend auf die persönlichen Fähigkeiten ein. Niemand konnte sich erheben über die durchschnittliche Leistung, niemand Vermögen erwerben, niemand sich freikaufen. Einem geschlossenen Auftreten der Arbeiterschaft wirkte die zerstreute Lage ihrer Wohnungen entgegen, der karge Lohn, der unfruchtbare Boden, die kümmerliche Lebensweise und die Übermacht des schon entwickelten Kapitals. So sehen wir hier ein Gewerbe als Bindeglied zwischen der städtischen Produktion und der Landwirtschaft sich entwickeln, dem es durch die Eigenart seines Betriebes nicht gelungen ist, den Arbeitern, die hier vielfach Frauen und Kinder waren, die persönliche Freiheit, noch weniger natürlich die politischen Rechte, zu erobern. Auch die Nachbarschaft von Polen und Rußland, die unsern Osten stets zurückgehalten hat, wirkte nachteilig ein, denn dort war kein Absatzgebiet für diese gewerblichen Produkte. Der ländliche Charakter behielt in den schlesischen Dörfern die Oberhand, die Produktion blieb einseitig, ein lebhafter Tauschverkehr kam nicht zustande. So konnten die schlesischen Gemeinden sich zu Städten nicht entwickeln, nicht zur bürgerlichen Freiheit und zum bürgerlichen Recht. Es waren gewerbtätige Bauern, welche die Leinenindustrie betrieben, und im römischen Reiche und in seinem Zubehör war der Bauer ein Knecht. Beamte und Edelleute teilten sich in den Betrieb der Staatsmaschine. Dem Adel war eine Zahl von Ämtern vorbehalten, für die er Gehalt bezog. Schön erzählt von einem Grafen Schack und einem Herrn v. Erlach, die als Kriegsräte angestellt waren bei der Breslauer Kammer. Ersterer war ein Jahr, letzterer gar zwei Jahre nicht auf der Kammer gewesen.

Auch die Offiziersstellen hatte der Adel inne. Der Hauptmann rüstete die Kompagnie aus mit Wäsche und Fußbekleidung und empfing dafür eine feststehende Summe. Einen Teil der Leute durfte er in die Heimat beurlauben, die ersparten Verpflegungsgelder durfte er in die Tasche stecken. Er beurlaubte aber mehr Leute, als er durfte, und kam es zu einem Krieg, dann verlor der Hauptmann diese Einnahme. Alle Kompagnieführer fürchteten daher den Krieg wie den leibhaftigen Satan. Die Mannschaft bestand zur Hälfte aus angeworbenem Gesindel. Der wohlhabende Mann konnte sich überdies freikaufen. Die Dienstzucht wurde aufrecht erhalten mit dem Stock. Herodot erzählt, daß die Perser im Kampfe gegen die freien Griechen mit der Peitsche vorgetrieben werden mußten. Ebenso geschah es den Preußen bei Jena im Kampfe gegen das freie Frankreich. Der Preuße konnte sich allerdings rühmen, daß ihn der Stock traf, jenen die Peitsche, wie sich der alexandrinische Grieche gerühmt hatte gegenüber dem Ägypter. In der Armee herrschte ein kleinlicher Geist. Änderungen am Montierungswesen waren sehr beliebt. Die Dressur lief hinaus auf parademäßige Kunststücke, während die Franzosen es längst gelernt hatten, nach dem Beispiel der Hessen im nordamerikanischen Freiheitskriege, sich dem Gelände anzuschmiegen. So ging man siegesgewiß der Schlacht bei Jena entgegen. Ebenso groß, wie die Unwissenheit vor der Schlacht, war das Entsetzen nach derselben. Die Festungen fielen schmachvoll bei der ersten Aufforderung. Der Kommandant von Küstrin fuhr sogar den Franzosen entgegen, um die Kapitulation so schnell wie möglich abzuschließen. Seine eigene Gattin warf sich ihm zu Füßen und beschwor ihn, von dem feigen Verrate abzustehen. Umsonst! Ich nenne keine Namen; es ist mir nicht um Personen zu tun, sondern um die Sache. Boyen sagt, es sei kaum glaublich gewesen, was sich für eine Masse von Erbärmlichkeit damals unter den sogenannten gebildeten Ständen gezeigt habe. So endete das alte Regiment in Preußen, der

Beamten- und der Adelsstaat. Möchten die kommenden Geschlechter dessen eingedenk bleiben, wenn es gelten sollte, die Selbstverwaltung des Volkes zu verteidigen!

Es folgten jetzt die bekannten Reformen, die von der öffentlichen Meinung gefordert wurden, aber durch den Freiherrn von Stein gegen die höfische Welt erst erkämpft werden mußten. Ihm und Scharnhorst dankt das preußische Volk seine Wiedergeburt. Zunächst drängte die Technik vor und verlangte freie Ellenbogen. Wie bei der französischen Revolution, so sehen wir auch bei den preußischen Reformen diejenigen Maßnahmen zuerst sich durchsetzen, welche im Interesse der Produktion und des Handels gefordert wurden, natürlich hier in verkleinertem Maßstabe. Der Mühlenzwang wurde aufgehoben, vor allem aber im Verkauf der Nahrungsmittel die Gewerbefreiheit eingeführt. Es folgte die Mobilisierung des Grundbesitzes. Endlich schlug auch die Stunde, in welcher die Untertänigkeit des Bauern unter dem Adel zu wanken begann. Den Städten wurde wieder das Recht zuteil, ihre eigenen Angelegenheiten zu verwalten. Die Vorherrschaft der Zünfte wurde beseitigt; man brauchte nicht mehr Mitglied einer Zunft zu sein, um die bürgerlichen Rechte auszuüben. Der alte Geist der Bevormundung mußte jetzt etwas unvermittelt dem Geiste einer neuen Freiheit weichen, die sich im wirtschaftlichen Leben zu entwickeln suchte. Die physiokratische und die liberale Schule betraten die Bühne mit lautem Geschrei. Immer bewegt die Welt sich in Gegensätzen, der alten Dialektik Hegels, und nur zu leicht gehen die Gegensätze über in die Form von Schlagwörtern. Die tönende Saite schwingt über die Mittelaxe stets hinaus. Jetzt zog die liberale Ära herauf, wenigstens in Handel und Gewerbe. Der Staatskanzler Hardenberg erklärte: „Das neue System, das einzige, wodurch Wohlstand begründet werden kann, beruht darauf, daß jeder Einwohner des Staats, persönlich frei, seine Kräfte auch frei entwickeln und benutzen könne, ... daß die Gleichheit vor dem Gesetz jedem Staatsuntertan gesichert sei . . . . . . usw." Es ist eine eigentümliche Erscheinung, daß wir mitten in der scharfen Reaktionszeit der dreißiger und vierziger Jahre die Handelsfreiheit und das laissez-faire erblühen sehen. Dem Stamme des Baumes, dem wirtschaftlichen Leben, wurde die Pflege entzogen, und die kümmerlichen Geistesblüten, die er treiben wollte, wurden mit der Schere entfernt. Alle Kultur beruht auf einen Kampf mit den Naturkräften, auf einer Umleitung derselben, auf einer Pflege, und es ist ein Unding, die Grundlage aller Kultur, die technische Arbeit und das wirtschaftliche Leben, von dieser Pflege ausschließen zu wollen. Wohin das freie Spiel der wirtschaftlichen Kräfte führt, hat uns der römische Staat gezeigt: dort war der Mittelstand geschwunden: es gab nur Herren und Knechte.

Dieses freie Spiel der Kräfte zeitigte auch jetzt nun seine Folgen. Die Dampf- und die Arbeitsmaschinen vereinigten die menschlichen Arbeitskräfte, die bisher vereinzelt gewirkt hatten, an wenigen Stätten zu gemeinschaftlichem, planmäßigem Zusammenschluß. Derjenige Arbeitszweig, der technisch am meisten rückständig geblieben war, wurde am schwersten getroffen. Während das Handwerk den Übergang zum Großbetrieb ertragen konnte, erlag die Hausindustrie der Spinner und Weber den ersten kräftigen Schlägen. Die gewerbtätigen Bauern konnten ihre Waren für den gleichen Preis nicht liefern, wie die technisch entwickelte Fabrik, und die Folge war zunächst Elend und Not. Marx sagt in seinem Kapital: „Die Weltgeschichte bietet kein entsetzlicheres Schauspiel, als den 1838 besiegelten Untergang der englischen Handbaumwollweber. Viele von ihnen starben den Hungertod." Von Indien berichtete der Gouverneur 1834—35: „Die Knochen der Baumwollweber bleichen die Ebenen von Indien." Das ganze Gewerbe war vernichtet durch die Erfindung des mechanischen Webstuhls durch den Engländer Roberts. Kein Feldherr, kein Staatsmann, greift heut mit solchen Schlägen in das Geschick der Völker ein, wie der Techniker. Wenn eine kluge Verwaltung nicht die Übergänge lindert, dann kommt es vor, daß auch der Weg der Technik über Totenfelder geht, bevor er in ein neues, höheres Leben mündet. In Deutschland führte der Hunger die Weber im Eulengebirge zum Aufstande, gegen welchen die Regierung keine anderen Mittel wußte, als Pulver und Blei! Ein paar Wagen Brod und Fleisch würden die Leute besänftigt haben. Die Folge dieser Politik war die leidenschaftliche Reaktion gegen die liberale Schule, die in der Mitte des Jahrhunderts einsetzte und in der sozialistischen Lehre zum Ausdruck kam. Auch diese Lehre schoß wieder über das Ziel hinaus, wie es vor ihr die liberale getan hatte, bis später in der geschichtlichen Betrachtung sich die höhere Einheit fand. Die sozialistische Lehre griff sogar auf das politische Leben über, während die Arbeiterschaft sich nebenher in den Gewerkvereinen zusammenschloß, um die Arbeitsbedingungen durch ein einheitliches Vorgehen zu regeln. Dem Zusammenschluß der Arbeiter folgte derjenige der Unternehmer. Die Kartelle bezwecken eine Regelung der Arbeitsverhältnisse, der Produktion, der Preise, des Verkaufs. Der Trust schreibt sogar die Art der Arbeitsweise vor. Beide Formen, Kartell wie Trust, sind nichts anderes, als eine Wiederkehr der alten Innungen auf staatlicher, industrieller, Grundlage. Sie sind berechtigt in der Wahrung ihrer Interessen, bedürfen aber der Aufsicht durch den Staat.

Es ist schon im ersten Kapitel darauf hingewiesen worden, daß die Ansicht auf einem Irrtum beruht, daß die Maschinen auf die Arbeiterschaft entgeistigend einwirken. Das Gegenteil ist der Fall. Entgeistigend wirkt einmal die schwere, mechanische Arbeit, welche die im Körper verfügbare Summe von Energie so ausschließlich in Anspruch nimmt, daß für die geistige Tätigkeit nichts mehr übrig bleibt. Entgeistigend wirkt auch die Tätigkeit, welche bei dem immer gleichförmigen Spiel der Maschine den Menschen als Hilfsmechanismus in Anspruch nimmt, wie z. B. beim Anlegen und Abnehmen der Druckbogen an einer Schnellpresse, eine Tätigkeit, die schon Marx in seinem Kapital als abschreckendes Beispiel anführte. Die Entgeistigung tritt im ersten Falle ein durch Erschöpfen der Energie, im zweiten Falle durch dauerndes Ausschalten der geistigen Tätigkeit. Der erste Fall erledigt sich von selbst, da es ja gerade die Aufgabe der Maschine ist, dem Arbeiter die schwere und mechanische Arbeit abzunehmen. Wer wird behaupten wollen, daß unsere Aufzüge, unsere Dreh- und Hebekrahne, und unsere Eisenbahnen entgeistigend gewirkt hätten! Es bleibt also nur der zweite Fall. Hier ist nicht in Abrede zu stellen, daß an einzelnen Maschinen noch eine mechanische Hilfstätigkeit vorkommt, welche einen Teil der geistigen Arbeit zeitweise ausschalten kann. Aber diese mechanische Tätigkeit wird vom Beschauer für schlimmer erachtet, als sie wirklich ist. Sobald der Arbeiter eine gewisse Fertigkeit erlangt hat, vollzieht sich die mechanische Arbeit unbewußt, wie das Schreiben, und die Phantasie schweift ins Weite. Sodann kommt eine solche andauernd mechanische Tätigkeit an der Maschine nur noch verhältnismäßig selten vor, und wo sie vorkommt, wird sie zehnfach aufgewogen durch die Freisetzung anderer Arbeitskräfte durch die gleiche Maschine. Endlich sind diese mechanischen Hilfsarbeiten nur ein Übergang und ein Zeichen, daß der Maschinenbau noch nicht weit genug vorgeschritten ist. Er hat schon mit Erfolg die selbsttätigen Anleger und Ausleger mit der Schnellpresse verbunden, und bald wird auch diese lästige Arbeit aus der Reihe der menschlichen Verrichtungen geschwunden sein. Die ganze Schar der Anleger und Bogenfänger wird alsdann freigesetzt für eine körperlich leichtere, geistig inhaltsvollere Tätigkeit. In allen Gewerben kehrt der gleiche Vorgang wieder. In den weitaus meisten Fällen besteht die Bedienung einer größeren Maschine in einem Überwachen derselben, im An- und Abstellen, im Zurichten, Regulieren, Beobachten, Auseinandernehmen, Reinigen und Wiederzusammensetzen. Der Maschinenführer hat oft mehr Muße, seinen Gedanken Audienz zu geben, als ihm lieb ist. Jeder erfahrene Techniker wird bestätigen, daß es immer die tüchtigsten und klügsten Arbeiter sind, die zur Beaufsichtigung der Maschinen ausgewählt werden. Zu einer solchen Tätigkeit eignet sich durchaus nicht ein jeder, und es ist eine grundfalsche, laienhafte Vorstellung, wenn man glaubt, daß zur Bedienung einer Arbeitsmaschine keine Vorkenntnisse notwendig wären. Im Gegenteil; es hält oftmals sehr schwer, geeignete Arbeitskräfte ausfindig zu machen, und die Maschinenführer werden von allen Arbeitern am besten bezahlt. Was von dem

Führer gilt, das gilt in sinngemäßer Einschränkung auch von dem Hilfspersonal. In den Maschinen steckt das Kapital, und der Unternehmer hält eine weite und vorsichtige Umschau, ehe er sich entschließt, einem Arbeiter die Fürsorge für dieses Kapital zu übertragen. Je mehr Arbeit die Maschine leisten soll, je mehr Teilarbeiten eines Arbeitsprozesses sie bewältigen soll, desto komplizierter wird der Mechanismus. Die Handpresse im Buchdruck kann schließlich auch durch einen intelligenten Arbeiter bedient werden. Zur Bedienung der Schnellpresse gehört schon eine jahrelange Lehrzeit, und die Rotationspresse gar, die nicht nur druckt, sondern auch abwickelt, anfeuchtet, schneidet, falzt, zählt und auslegt, erfordert ein hochintelligentes Aufsichtspersonal.

Wem die steigende Vergeistigung der Arbeitsweise noch zweifelhaft ist, der bedenke, daß die Zahl der deutschen Arbeiter beim Roheisenprozeß in der Zeit von 1871 bis 1900 von 23191 Mann auf 34743 Mann, die Erzeugung aber von 1,6 Millionen Tonnen auf 8,5 Millionen Tonnen gewachsen ist. Ferner wuchs die Zahl der Arbeiter bei der Roheisenerzeugung in Deutschland von 1882 bis 1893 um fünf vom Hundert, die Zahl der erzeugten Tonnen aber um siebenundvierzig vom Hundert.[1]) Diese gewaltige Zunahme in der Produktion setzt eine vermehrte Aufsicht voraus, und da die Zahl der Arbeiter nur langsam sich vermehrt hat, so muß ein größerer Teil der Arbeiterschaft die mechanische Tätigkeit mit der mehr geistigen Tätigkeit der Aufsicht vertauscht haben.

Die steigende Arbeitsleistung der Maschine entlastet den Arbeiter auch nach der Richtung hin, daß die Arbeitszeit mehr und mehr verkürzt werden kann. Die Fronarbeit des 18. Jahrhunderts dauerte von Sonnenauf- bis Sonnenuntergang. Auch in der Fabrikarbeit wurde die Tätigkeit zuerst übermäßig ausgedehnt. Im Jahre 1833 wurde in England der Normalarbeitstag durch ein Gesetz auf zwölf Stunden begrenzt. Im Jahre 1848 folgte für Frauen und Kinder die Einschränkung auf zehn Stunden.

---

[1]) Beck, Gesch. d. Eisens, das 19. Jahrh. S. 1002, 1038.

Die Schweiz, Österreich, Frankreich, sind auf gleichem Wege vorgegangen. In Deutschland hat der Bundesrat einige Erleichterung geschaffen. Das Hauptergebnis wird aber schwerlich aus der Gesetzgebung fließen, sondern aus dem Kampf der Interessen auf der Bühne des praktischen Lebens. Hochstehende Gewerbe haben die Arbeitszeit erheblich abgekürzt; das Buchdruckgewerbe hat nur noch eine Arbeitszeit von neun Stunden. Die ganze Bewegung geht langsam vor sich, leider! Aber sie geht doch, und jeder technische Fortschritt ist eine Etappe auf diesem Wege zu einer allgemeinen und steigenden Kultur der arbeitenden Klassen. Sie sollen und müssen Zeit gewinnen, um sich zu fühlen als Träger der Kultur, als Staatsbürger und als Menschen.

Der Generalfeldmarschall v. Boyen schildert, wie in den kleinen Städten Ostpreußens im 18. Jahrhundert die Presse neue Gedanken an den Stammtisch getragen, und das Gespräch, das sich bis dahin lediglich um lokale Angelegenheiten gedreht, auf eine höhere Stufe gehoben habe. Der gleiche Vorgang kehrt auch heute in den Dörfern und den kleinen Städten wieder. Ich bin gewiß der Letzte, der geneigt ist, die segensreiche Tätigkeit der Schule zu unterschätzen, oder herabzusetzen. Aber, was haben wir denn in der Schule gelernt! Doch nur die notdürftigsten Anfänge zum Wissen. Und der Arbeiter, der im Alter von vierzehn Jahren die Schule verläßt, er nimmt doch wenig mehr mit, als die Fähigkeit zum Lesen, Schreiben und bürgerlichen Rechnen. Auf der Schule wird ihm nur die Fähigkeit beigebracht, sich später selbständig fortzubilden. Nun aber tritt die Schule des Lebens an ihn heran, und hier ist es zeitweilig wohl der Umgang, der auf ihn einwirkt, in weit überwiegendem Maße aber ist es die Presse, die ihm die Fortbildung möglich macht, der weit verzweigte Baum der Literatur. Die Presse ist es, welche auch dem Arbeiter heut einen Begriff beibringt von der Arbeit der Staatsmaschine, die seinen Geist lebendig macht und sein Interesse erweckt an dem Werdegang der Menschheit, die ihn auf eine höhere Stufe hebt gegenüber dem Arbeiter früherer Zeiten. Ob die Presse im Dienste dieser oder jener Partei steht, ist hierbei ganz gleichgültig; es handelt sich um die formelle Schulung, um die Beweglichkeit des Abstraktions- und Kombinationsvermögens, und in letzter Linie auch um das Urteil. In diesem Felde wirkt die Presse bildend ein auf den Geist, die Presse aber ruht auf der Technik. Indem die Technik der Presse dient, ist sie rastlos bestrebt, das Volk zu heben aus dem Zustande des dumpfen, instinktiven Lebens in das freiere Reich des bewußten Geistes.

Dem Freiwerden des Geistes folgt die Freiheit der Person. Die Geschichte hat uns gezeigt, daß beständig neue Volksschichten in den Kreis der persönlichen und politischen Freiheit eintreten, wenn die Technik ihres Amtes walten darf. Seit dem 16. Jahrhundert hatte sich auch in Deutschland ein Proletariat herausgebildet, ein vierter Stand, der als solcher zwar noch nicht anerkannt und genannt wurde, aber doch vorhanden war. Die Wissenschaft läßt um jene Zeit die Manufakturarbeit ihren Anfang nehmen, im Gegensatz zu der späteren Zeit der mechanischen Fabrik. Dieser Unterschied hat seine Berechtigung, nur darf man ihn nicht als Gegensatz auffassen. Auch in der Manufakturzeit haben die Arbeiter mit Geräten und Maschinen hantiert, und auch in der mechanischen Fabrik werden die meisten Teilarbeiten, auch heute noch, durch die menschliche Hand bewirkt. Es wird auch nie gelingen, und kann auch gar nicht die Absicht sein, die edelste Arbeitsform aus einem Betriebe gänzlich auszuschließen. Zur Beaufsichtigung des eisernen Sklavenheeres wird die menschliche Intelligenz nie zu entbehren sein. Das 19. Jahrhundert ist den früheren aber dadurch überlegen, daß der Übergang der mechanischen Arbeitsleistung aus der Hand des Menschen in das Räderwerk der Maschine in größerem Umfange vor sich geht, als früher, nachdem einmal die Dampfkraft dienstbar gemacht und die bewußte Konstruktion an die Stelle der Versuche getreten ist. Entsprechend diesem schnelleren Tempo sehen wir auch die Vorgänge am sozialen und politischen Himmel schneller aufeinander folgen, durch welche die Freisetzung der Bevölkerungsklassen sich äußerlich vollzieht.

Nachdem unter Stein die Bauernschaft in die unmittelbare Untertänigkeit des Staats getreten war, gab es neben dem

Adel nur noch ein Staatsbürgertum, und, von diesem durch den Namen unterschieden, den Stand der freien Bauern. Das offene Land werde ich später besprechen, ich beschränke mich jetzt auf die Städte. Der Staatsbürger war persönlich frei und genoß in seiner Stadt neuerdings wieder das Recht der Selbstverwaltung. Dem Staate gegenüber war er untertänig, d. h. er hatte an der Verwaltung des Staates keinen Anteil, er hatte nicht zu raten, sondern zu gehorchen. Einen rechtlichen Anspruch auf eine Anteilnahme an der Verwaltung hatte auch der Adel nicht, da die Stände nicht mehr gefragt wurden, in denen übrigens auch die Städte in schwacher Zahl vertreten gewesen waren. Tatsächlich aber hatte der Adel das Heft dennoch in der Hand; er lebte am Hofe, er bildete den Umgang des Königs, er trug ihm seine Wünsche zu und zwang ihn auch wohl unter seinen Willen. Die oberen Staatsämter wurden vorzugsweise mit Adligen besetzt und der Adel fühlte sich immer noch als ein bevorzugtes Bindeglied zwischen der absoluten Macht und der Bevölkerung. Abgesehen von anderen Vorzügen hatte er auf dem Lande noch die Gerichtsbarkeit und die Freiheit von der Grundsteuer sich erhalten.

Die Technik und ihre Gefolgschaften hatten an Bedeutung und Leistung für den Staat den Grundbesitz längst eingeholt. Sie drängten nach einer einheitlichen Verwaltung im deutschen Reich, und haben mehr beigetragen zu einer Neugründung des Reiches, als alle Ideale, und die ganze unklare Deutschtümelei mit Hermann dem Cherusker, mit Thusnelda und den eichelfressenden Germanen. Die Lage Preußens an der See verlieh ihm ein natürliches Übergewicht über Österreich, und infolge desselben lösten sich einige Staaten aus der Vormacht Österreichs ab in wirtschaftlichen Fragen. Zuerst schloß Sondershausen mit Preußen einen Zollverband, im Jahre 1826 folgte Hessen; 1833 konnten auch Bayern, Württemberg und Thüringen nicht mehr widerstehen. Am 1. Januar 1834 trat der erste deutsche Zollverein in Kraft; er umfaßte die meisten deutschen Staaten außer Österreich, er war ein sichtbares Vorzeichen des kommenden deutschen Reiches unter Preußens Führung. Man erkennt hier unschwer, welcher Art die treibenden Kräfte gewesen sind. Es konnte nicht ausbleiben, daß das Bürgertum, nachdem es in wirtschaftlicher Richtung den ersten Erfolg errungen hatte, nunmehr seine Blicke auf einen gesetzmäßigen Anteil an der Staatsverwaltung richtete, der ihm in Preußen hartnäckig verweigert wurde. Auch die Stände drängten in der gleichen Richtung vor.

Inzwischen hatte die katholische Kirche in Frankreich den Versuch einer Revolution gemacht und war gescheitert. Das Königtum der Bourbons fiel und der dritte Stand besetzte den Thron mit einer Nebenlinie. Diese Bewegung zitterte auch in Deutschland nach. In Braunschweig kam es zu einer Revolution, in Sachsen und Kurhessen zu einer Verfassung, im ganzen und großen aber verlor sich die Bewegung wieder in dem Getriebe des alltäglichen Lebens. Im Jahre 1848 bemächtigte sich der Geister eine neue Unruhe. Von einer Handvoll Volksvertreter wurde das Frankfurter Parlament ins Leben gerufen, das phantastische Gebilde einer unreifen Staatskunst, die Schöpfung des in den Idealen befangenen deutschen Geistes, ohne reale Unterlage, ohne Macht, ohne Exekutive! Das Parlament faßte weitgehende Beschlüsse, und kein Mensch kehrte sich daran. Inzwischen brach in Paris die Revolution von neuem los. Bürger und Bauern verlangten eine Wahlreform. In den meisten deutschen Staaten gärte es in freiheitlichem Sinne. In Österreich und in Preußen gelang es dem Bürgertum, eine Verfassung durchzusetzen. Die preußische war zunächst sehr liberal, wurde aber in den folgenden Jahren auf ihre heutige verkrüppelte Gestalt zurückgeschraubt. Sein Hauptziel hatte das Bürgertum erreicht: die Standesunterschiede waren gefallen, an der Rechtsprechung und an der Verwaltung hatte es teil, der Etat unterlag seiner Genehmigung. Leider aber hatte gleich das erste Parlament seine Unfähigkeit erwiesen, die realen Mächte des preußischen Staates zu erkennen und mit ihnen sich abzufinden. Der Deutsche kam auch hier wieder aus dem Himmel auf die Erde. Er dekretierte in Berlin ebenso bombastisch, wie er es in Frankfurt getan hatte. Zu seinen ersten Beschlüssen gehörte es, daß er dem Könige das Gottesgnadentum absprach und dem Adel seine Titel. Gerade in der ersten Zeit des jungen Parlamentes hätte der Bürgerstand klug darauf bedacht sein müssen, des Schwertes Griff, die Macht, in seine Hand zu bringen; er hätte in den nebensächlichen und äußerlichen Dingen das größte Entgegenkommen und eine zarte Rücksicht zeigen müssen. Er rannte aber mit dem Kopfe gegen die Wand. Die Folge war das Aufwallen der Reaktion. So ist es gekommen, daß in Preußen heute noch die Macht des Grundbesitzes in der Gesetzgebung weitaus überwiegt.

Gleichwohl hätte die preußische Verfassung längst eine Abänderung nötig gemacht, wenn sie nicht entlastet worden wäre von der weitaus liberalen Verfassung des deutschen Reiches. Hier kam das allgemeine und gleiche Wahlrecht zur Anwendung. Dieses Wahlrecht steht scheinbar im Widerspruch mit dem alten Grundsatz, daß die Rechte im Staat den Leistungen entsprechen sollen; aber es beruht auf dem höheren Gesichtspunkte, daß der materielle Besitz kein Äquivalent zu bieten vermag für das Recht der freien Persönlichkeit. Die gleiche Auffassung war schon zum Durchbruch gelangt in der Aufhebung der Personalhaft, und bis zu dieser Höhe hatte auch das Altertum sich erhoben. Die Anwendung des Prinzips der freien Persönlichkeit auf das Staatsrecht blieb aber dem 19. Jahrhundert vorbehalten. Dieser Schritt ist von ungeheurer, weltgeschichtlicher Bedeutung, er bildet einen Abschluß in der Entwicklungsgeschichte der Kultur und der menschlichen Freiheit. Im Altertum lag die Arbeiterschaft in Sklaverei, der Bauer in Leibeigenschaft. Im Mittelalter stieg der gewerbtätige Teil der Bevölkerung zur persönlichen Freiheit und zum Stadtregiment empor, nur der Bauer blieb der Unfreiheit verfangen. Jetzt nun, unter dem wehenden Banner der Technik und der gestiegenen Vergeistigung der menschlichen Arbeitskraft, gelang der neue und großartige Wurf, das ganze Volk nicht nur persönlich frei zu machen, sondern ihm auch eine Speiche in die Hand zu geben von dem Steuerruder des Staates.

Der moderne Staat ist selbst im wesentlichen ein Kind der Technik. Der Staatsgedanke hat sich so lebhaft nur entwickeln können durch die Presse. Die Zentraltsation und die Vereinheitlichung des großen Getriebes wurden nur möglich durch die verbesserten Verkehrsmittel, durch die Zeitmesser, durch die Chausseen und Kanäle, durch die Eisenbahnen, den Telegraphen, den Fernsprecher und durch die Presse. Dieser moderne Staat griff nun selber ein zum Wohl der arbeitenden Klassen, indem er die Versicherungsgesetze schuf und das Gewerberecht. Diese Gesetzgebung war aber nur eine Folge aus der neuen sozialen Schichtung des Volkes. Die Technik hatte immer neue Scharen des Volkes an den großen Arbeitsstätten zusammengeführt. Sie hatte kein anderes Ziel dabei, als die Steigerung des Reinertrages; aber indem sie das Volk vereinte, machte sie es stark. Auf diese Weise schob und drängte sie, bis der neue Gedanke Wurzel schlug in der praktischen Anerkennung der Menschenrechte. Wie an der Materie das irdische Leben, so entzündet sich an der technischen Arbeit der bewußte Gedanke, der hier zur Besserung der sozialen Verhältnisse und zur Versittlichung des Staates ausschlug. Wir stehen erst am Anfang dieser Bahn. Mehr und mehr aber nähern wir uns dem Zustande, welchen Heine vorahnend ausgesprochen hat in dem Gedichte über das Walten des Geistes:

„Dieser tat die größten Wunder
Und viel größere tut er noch;
Er zerbrach die Zwingherrnburgen
Und zerbrach des Knechtes Joch.

Alle Todeswunden heilt er,
Und erneut das alte Recht:
Alle Menschen, gleich geboren,
Sind ein adliges Geschlecht."

Nicht ganz so erfreulich war die Entwicklung des Landvolks im 19. Jahrhundert; ganz natürlich, denn in der Landwirtschaft ist die Technik weniger vertreten. Dennoch konnte sich auch die Landwirtschaft ihrer Einwirkung nicht länger entziehen, und nachdem sie einen tausendjährigen Schlaf getan hatte, kam sie im Anfang des 19. Jahrhunderts zum Erwachen. Schon im 18. Jahrhundert waren die Felder zusammengelegt und war ein Teil der

Gemeinheiten aufgeteilt worden. Durch diesen Schritt hatte man für eine vernünftige Einzelwirtschaft die Grundlage geschaffen. Das landwirtschaftliche Kreditwesen war geregelt, d. h. die Gelegenheit zum Schuldenmachen war so bequem gemacht, wie möglich. Jetzt konnte man daran denken, eine bessere Technik einzuführen. Das uralte System der Dreifelder kam ins Wanken. Man ging daran, die Brache abzuschaffen, an ihre Stelle trat der Fruchtwechsel. Der Anbau der Handelsgewächse nahm zu, es stieg die Produktion der Wolle. Thaer lehrte den landwirtschaftlichen Betrieb als einen Organismus auffassen, dessen Teile alle in Wechselwirkung stehen. Der Maschinenbau schuf neue Ackerwerkzeuge. Man pflügte tiefer, als sonst, sogar unter Anwendung der Dampfkraft. Die Walze kam in Gebrauch, es folgten die Drill-, die Dresch- und die Mähmaschinen. Durch die Drainage wurden viele Grundstücke erst dem landwirtschaftlichen Betrieb erschlossen, andere durch eine künstliche Bewässerung. Um der Erschöpfung des Ackers vorzubeugen, holte die Technik von den Küsten Chiles und Perus die künstlichen Dungstoffe herbei. Sie zerrieb die tierischen Knochen und machte sie löslich durch Schwefelsäure, sie gab vom Hüttenbetrieb die Thomasschlacke ab, sie grub die Kalisalze aus der Erde und bot den Pflanzen neben dem Dünger des Stalles den der Mineralien. Mais und Ölkuchen wurden eingeführt zur Fütterung des Viehes, und die landwirtschaftlichen Nebenbetriebe wuchsen zu immer größerer Bedeutung an. Die Brennerei des Spiritus aus der Kartoffel, die Gewinnung des Zuckers aus der Rübe, nahmen einen gewaltigen Aufschwung. Der Betrieb von Steinbrüchen, Ziegeleien, Sägemühlen, Kalköfen, Stärkefabriken, dehnte sich aus über das ganze Land.

Bis nach dem Zusammenbruch von Jena war der Bauer der Untertan des adligen Gutsbesitzers. Die Söhne des Bauern mußten Bauern bleiben, wenn es der Herr befahl, sie durften ein Gewerbe nur mit seiner Erlaubnis treiben. Söhne und Töchter des Bauern waren verpflichtet, für einen Sündenlohn dem Herrn so lange als Gesinde zu dienen, wie dieser es für gut befand. Der Herr durfte den Bauern schlagen. Dafür mußte der Bauer dem Herrn das Land bestellen, die Ernte einbringen und auch sonst ihm mit zahlreichen Diensten zu Willen sein. Es gab auf dem Lande nur Herren und Knechte. Uns modernen Menschen ist es schwer begreiflich, daß der Adel selbst nicht ein derartiges Verhältnis als eine Sünde wider den heiligen Geist empfunden hat; er kann sich allenfalls entschuldigen mit dem Hinweis, daß auch die menschlichen Empfindungen der Kirche nicht fein genug entwickelt waren, um dieses schmachvolle Verhältnis abzustellen. Die technische Möglichkeit war längst gegeben. Wenn die Kirche wirklich die Trägerin war der Kultur und der Nächstenliebe, die sie zu sein so gerne in Anspruch nahm, warum hat sie hier nicht Bresche gelegt? Noch im Jahre 1809 fand Beugnot in Münster den Bischof souverän und alle Bauern in der Fessel der Hörigkeit und der Leibeigenschaft. Die Dienstboten wurden geprügelt und in jeder Remise stand nach seiner Angabe eine Folterbank. Beim Tode des Bauern fiel dem Bischof ein Teil der Erbschaft zu, und wenn sie geflohen waren, zog er ihr Eigentum gänzlich ein. Vergebens hatten die preußischen Regenten die Aufhebung der Untertänigkeit wiederholt beim Adel angeregt, sie waren stets auf das non possumus gestoßen. Durch diese Engherzigkeit des Adels ist es dahin gekommen, daß erst der Staat zusammenbrechen mußte, bevor er den Weg aus der Knechtschaft fand. Der deutsche Bauer dankt seine Freiheit dem fremden Eroberer.

Für diese betrübende Tatsache kann als Milderung nur der Umstand gelten, daß Deutschland, und insbesondere Preußen, in der Kulturentwicklung gegenüber Frankreich weit im Rückstand waren. Frankreich hat eine fünfhundertjährige Römerherrschaft durchgemacht, während Deutschland die Mittel zu seiner Fortentwicklung aus sich selber nehmen mußte. Frankreich ist der Bahnbrecher der geistigen Kultur gewesen, der Prometheus der neuen Zeit. Frankreich hat um die Wende des 18. Jahrhunderts die Macht des Adels gebrochen und hundert Jahre später die Macht der Kirche, es hat zuerst die erdrückende Last des Mittelalters abgeworfen. Frankreich hat der Welt die technische Wissenschaft gegeben und in der Kunst hat es vorbildlich gewirkt. An materieller Kraft ist Deutschland überlegen, aber geistig sind wir noch immer der empfangende Teil. Deutschlands Rückständigkeit ist aus der geschichtlichen Entwicklung zu begreifen. Auch hier aber muß man das Land westlich und östlich von der Elbe scheiden. Das westliche Deutschland hatte schon vor Christi Geburt mit Rom, später mit Frankreich und Italien, mit England und mit Flandern, in Beziehungen gestanden, als die Ostmark erst erobert, als der Grund zum preußischen Staate erst gelegt wurde. Die Nachbarschaft Rußlands erklärt auch heute noch manche rückständige Erscheinung, denn wir sind nun einmal zwischen Frankreich und Rußland nicht nur das geographische, sondern auch das kulturgeschichtliche Zwischenglied. Schon der Name Preußen, der aus dem polnischen Worte po und dem lateinischen Russia entstanden ist (po Russia, Borussia, bei Rußland), verrät uns den Zusammenhang. Wir sind mit slavischem Blute zu sehr durchsetzt und haben den besiegten Slaven zu knechtisch behandelt. Slave zu heißen, galt lange für eine Beschimpfung. Nach Jakob Grimm ist der Name Slave für Europa die übliche Bezeichnung für einen unfreien Knecht geworden. Die Worte Sklave, esclave, slave, schiavo, esclavo, entstammen alle der gleichen Wurzel. Friedrich der Große liebte es, Deutschland mit dem Frankreich Franz I. in Vergleich zu stellen. Ostelbien stand um das Jahr 1200 gegen Deutschland, namentlich aber gegen Frankreich, um Jahrhunderte in der Kulturarbeit zurück. Der spätere Anschluß hat viele Unterschiede ausgeglichen. Andrerseits sind Schlesien, Westpreußen und Posen aus den mittelalterlich-feudal-aristokratischen Händen des österreichischen und polnischen Adels erst im 18. Jahrhundert in die preußische Verwaltung eingetreten. Verhältnismäßig schnell haben die Länder sich entwickelt, aber der klaffende Unterschied in den Kulturzuständen zwischen West- und Ostelbien läßt sich in hundert Jahren nicht ausgleichen. Die Ostmark war als Militärkolonie angelegt, ist als solche gewachsen nnd hat alsdann ihre natürliche, militärische Überlegenheit dazu benutzt, um in Deutschland sich die Vorherrschaft zu sichern. Die Folgen zeigen sich jetzt darin, daß der ostelbische Adel seine geschichtlichen Beziehungen zur Krone ausnutzt, und die Gesetzgebung des Reiches in seine Dienste zwingt. Die rückständigen Provinzen legen durch eine absterbende Gesellschaftsklasse dem übrigen Deutschland ihren Willen auf; es ist ein Seitenstück zu der Vorherrschaft Spartas in Griechenland. Wie Sparta mit persischem Golde die griechischen Staaten niederwarf, so hat es Preußen im siebenjährigen Kriege getan mit englischem Gold. Dennoch glaube ich, daß es keinen anderen Ausweg gab, als die Vorherrschaft Preußens, wenn der deutsche Staatenbund als ein einheitliches Ganzes fortbestehen sollte.

Kurze Zeit nach dem Tilsiter Frieden war das große Ereignis mit einem Male möglich geworden, das bis dahin unmöglich geschienen hatte: durch das Edikt vom 9. Oktober 1807 wurde die private Untertänigkeit aufgehoben, es gab fortan, so hieß es, in Preußen nur noch freie Leute. Der Zwangsgesindedienst, die Zwangsberufe, fielen fort, nicht aber die sonstigen Pflichten des Bauern, nicht die Fronen, die er dem Adel schuldig war. Diese bedurften einer geregelten Ablösung und riefen einen staatsrechtlichen Prozeß ins Leben, der um die Mitte des Jahrhunderts erst zum Abschluß kam. In dieser Zeit der Wiedergeburt eines freien Bauernstandes zeigt sich ein Abglanz jener Vorgänge im Altertum, die zuerst ein freies Handwerk entstehen ließen. Im Altertum war es nur die gelernte Arbeit gewesen, die sich befreien konnte, und im 19. Jahrhundert war es nur der spannfähige Bauer, der sich neben der persönlichen auch zur wirtschaftlichen Freiheit durchzuringen imstande war. Durch erhebliche Opfer an Land kaufte er dem Adel das behauptete Recht auf seine Dienste ab. Die kleinen Bauern dagegen, die nicht spannfähig waren, und vom Ertrage ihrer Scholle allein nicht leben konnten, wurden dem Adel preisgegeben. Land abtreten konnten sie nicht, denn ihre Scholle war zu klein. Durch Geld ihre Dienste abzulösen, war ihnen unmöglich, weil sie sich nicht auf die Technik stützen konnten, wie die Handwerker im Altertum und Mittelalter. Die persönliche Freiheit hatten sie erlangt, der allgemeine Erlaß hatte auch für sie gegolten. Mit der Untertänigkeit war aber auch das Mundium gefallen; der kleine Bauer fand beim Adel nicht mehr Schutz und blieb auf seine eigene Kraft gestellt. Die Dienste, die er gegen Entgelt zu leisten hatte, wurden mehr und mehr mit Geld und weniger mit Naturalien vergütet. Dadurch kam der Etat des Bauern aus dem gewohnten Geleise. Mißernten auf seinem kleinen Felde führten oft die bleiche Not ins Haus, und der Bauer verkaufte zuletzt sein Anwesen an den Adligen, um einen neuen Vertrag zu schließen, durch welchen er einigermaßen zu einer gesicherten Existenz zu kommen hoffte. Landlose Bauernsöhne waren vielfach schon als Insten und Heuerlinge angesiedelt worden, d. h. als ländliche Arbeiter ohne Eigen. So verwandelte der kleine Bauernstand sich nach und nach in ein ländliches Proletariat. Der Ablösungsprozeß war notwendig gewesen in wirtschaftlichem und sittlichem Interesse, aber zwei Übelstände sind ihm gefolgt, der Großgrundbesitz erhielt abermals einen erheblichen Zuwachs an Land, und der kleine Bauer fiel als Opfer.

Der Staat hat sich hier nicht als sittliche Macht bewiesen, und die Geschichte gibt hier wieder ein lehrreiches Beispiel für den gesellschaftlichen Zersetzungsprozeß, der unbeeinflußt von der Technik sich vollzieht. Der große Grundbesitz, der in den Rittergütern sich vereinigt fand, war, wie wir in den vorigen Kapiteln gesehen haben, keineswegs überall auf eine sittliche Weise entstanden, sondern vielfach durch den Mißbrauch der ihm übertragenen politischen Macht. Das formelle Recht war auf seiner Seite gewesen. Aus dieser Quelle flossen auch die Fronen. Jetzt nun, da es sich darum handelte, diese Übelstände zu beseitigen, jetzt hielt der Adel wieder streng auf die Einhaltung der neuen rechtlichen Bestimmungen, welche, gleich den alten, unter seinem Einfluß geschaffen worden waren. Was er durch ein Herrenrecht genommen hatte, das regelte er jetzt durch ein neues Herrenrecht, und zwar mit einem so nachhaltigen Erfolg, daß er aus dieser Ablösung, die gegen seinen Willen eingeleitet war, wiederum mit neuen Kräften sich erhob. Wiederholt hatte der Adel sich beschwert über die jakobinische Gesetzgebung, er hatte das rote Gespenst an die Tür gemalt, vor dem die besitzenden Klassen in einer unglanblichen Furcht befangen waren. Dennoch hat der Adel sein Geschäft gemacht. Der spannfähige Bauer hat seine Freiheit ehrlich bezahlen müssen, und der kleine Bauer verlor die Scholle, diesen Anker seiner Existenz. Um die Mitte des 19. Jahrhunderts war der kleine Bauernstand verschwunden, sein Land aufgekauft vom Großgrundbesitz und für die ländlichen Arbeiten ein neuer, abhängiger Arbeiterstand geschaffen. Ein erhebendes Schauspiel war es nicht, was sich hier dem Auge bot. Die nächste Folge war eine steigende Auswanderung, die erst allmählich nachließ, als die Technik die großen Industriezentren geschaffen hatte, in denen die Enterbten ein neues Unterkommen fanden.

Infolge dieser engherzigen Politik fehlt es dem Großgrundbesitz jetzt an Arbeitskräften. Einen Teil des neuen Proletariats hat er angesiedelt als Gutstagelöhner; mit Wanderarbeitern sucht er in der Erntezeit sich auszuhelfen; am liebsten möchte er die Freizügigkeit wieder beseitigt sehen, und durch staatliche Gewalt sich wieder helfen, wo es gilt, im wirtschaftlichen Kampf zu stehen. Der Großgrundbesitz hat es noch nicht einmal über sich vermocht, dem Tagelöhner, der ihm seiner Hände Arbeit widmet, das Vereinsrecht zuzubilligen. Eine Volksklasse, die nicht das Recht besitzt, sich zu versammeln, um in gemeinschaftlicher Beratung ihre Not und ihre Leiden zu erörtern, und die Mittel zu erwägen, die zur Erleichterung führen könnten, eine solche Volksklasse ist unfrei. Nur das böse Gewissen kann die Großgrundbesitzer veranlassen, den Rest von brutaler Gewalt noch festzuhalten, der ihnen geblieben ist. Wir sehen im Kampfe zwischen dem Kapital und der Arbeiterschaft die sittlichen Kräfte neu entbrennen, die Bändigung des Eigenwillens, die Unterordnung unter die selbstgewählte Obrigkeit, die Opferfreudigkeit und das Vertrauen. Aus diesem stählenden Kampf der Interessen erwächst unsere freie und starke Industrie. Auf dem Lande dagegen herrscht die Ruhe des Todes, nur die Abwanderung vollzieht sich mit elementarer Macht. Die Scholle, das kleine Eigentum, das früher die Leute fesselte, ist ihnen abgekauft. Jetzt, nun sie mobilisiert sind, drängen sie in die Städte. Es wäre ein trauriges Zeichen für die Landarbeiter, ein Zeichen ihrer sittlichen Versunkenheit, wenn sie nicht den Mut und die Lust besäßen, an dem Kampfe der Geister teilzunehmen, der sich in der Industrie vollzieht, der unser Volk verjüngt, und der es neu geboren hat. Nur eine gehobene, sorgenfreie Existenz kann den Tagelöhner auf dem Lande fesseln, vor allem aber ein ländliches Eigentum. Das deutsche Gemüt liebt das Landleben, es zieht dasselbe der Stadt entschieden vor, wenn es den ländlichen Aufenthalt nur nicht erkaufen muß mit Sorgen und mit einer unwürdigen Behandlung. Es ist nicht nur mit der ländlichen Arbeiterschaft traurig bestellt, sondern auch mit dem Stande der Forst- und Jagdbeamten. Es hat sich ein privater Verein „Waldheil" gebildet, der für die Interessen dieses Standes eintreten will. In seinem Aufruf heißt es: „Ja, wir haben seit der Gründung der Vereins in einen Abgrund des Elends und der Not geschaut." Die Landwirtschaft arbeitet mit anderen Kräften, als die Industrie. Während in der letzteren die Technik in erster Linie regiert, die Kräfte der Natur in immer neue Beziehungen bringt, steht sie in der Landwirtschaft den organischen Kräften des Wachsens gegenüber, deren Tätigkeit sich im wesentlichen nicht ändern und nicht beschleunigen läßt. Aus diesem Grunde wird die Technik auf dem Lande nie die Blüte zeigen, wie in den Städten. Aus diesem Grunde wird es dort mit der Vergeistigung der dienenden Arbeitskraft nur langsam vor sich gehen, und langsam nur wird ihr die Freiheit folgen. Die Freiheit in den Städten muß endlich gegen den Willen des Grundbesitzes auch das Landvolk der Unfreiheit entreißen, sonst wird es immer mit gebundenen Händen und traurig abseits stehen. Das beste Mittel zur Hebung des Landvolks ist ein freier Bauernstand. Die Probe auf dieses Exempel stimmt bis auf den heutigen Tag, denn unsere ländlichen Tagelöhner sind noch unfrei.

Frau von Staël spricht ihr Erstaunen aus in ihrem bekannten Buche, daß die allgemeine Bildung in Deutschland soweit vorgeschritten sei. „Überall, sogar in den Dörfern, findet man

Lehrer der lateinischen und griechischen Sprache. Wenn man in dieser Hinsicht die Provinzen Frankreichs und Deutschlands vergleichen wollte, müßte man zu dem Glauben kommen, daß die beiden Länder in ihrer Bildung um drei Jahrhunderte auseinander liegen." Für den Augenschein hat sich das Verhältnis wenig geändert, denn die Zahl der Analphabeten beträgt in Deutschland 1 %, in Frankreich 27,5 %. Wenn man aber auf den Grund geht, so verliert der Unterschied seine Bedeutung. In Deutschland mangelt es an Lehrern, weil die Leute zu schlecht bezahlt werden. Im Jahre 1901 waren 692 Schulen in Preußen nur mit je einem Lehrer, aber jede mit mehr als 120 Kindern gesegnet. Die Bevölkerung hatte also ihre Schuldigkeit getan, es fehlte an der Regierung. Es wird sogar von Schulen berichtet, die mehr als 200 Schüler umfassen und dennoch nur einen einzigen Lehrer haben. Fünfundneunzig vom Hundert der gesamten Bevölkerung werden in den Volksschulen unterrichtet. Auf dem Papier gelten alle diese Kinder natürlich als des Lesens und Schreibens kundig. Dem äußeren Anschein nach ist die Entwicklung in Preußen sonst nicht unglücklich gewesen. Im Jahre 1872 wurde die Volksschule der Staatsaufsicht stärker unterstellt, 1888 wurde das Schulgeld aufgehoben. Dennoch fehlt die Lehrkraft bis heute. Daß aber die allgemeine Schulpflicht als Grundsatz zur Durchführung gelangen konnte, das dankte das Volk nächst der eigenen Tüchtigkeit seiner Technik. Die Technik erzeugte Produkte, diese den Handel, beide verlangten eine allgemeine Schulbildung. Auf dem wirtschaftlichen Unterbau erhob sich um die Wende des 18. Jahrhunderts die Volksschule.

Das Charakteristische in der wissenschaftlichen Entwicklung des 19. Jahrhunderts scheint mir in dem allgemeinen Siege des induktiven Verfahrens zu liegen. Vor zweihundert Jahren hatte Baco von Verulam den Syllogismus bekämpft und die Notwendigkeit der induktiven Methode nachgewiesen. Er schrieb: „Die Wissenschaften beharren seit zweitausend Jahren in demselben Stande, in den mannigfachen Künsten aber, welche sich auf die Natur und das Licht der Erfahrung stützen, geschieht das Gegenteil." Baco trennte auch die Wissenschaft von der Religion. England war uns materiell damals schon voraus und überholte uns durch seine Technik und seine praktische Geistesrichtung mehr und mehr. Frau von Staël hat die Schwäche der deutschen Gelehrtenwelt erkannt, indem sie schrieb: „die Philosophie der Engländer strebt nach Endergebnissen, die dem Wohle der Menschheit förderlich sind. Die Deutschen dagegen beschäftigen sich mit der Wahrheit um ihrer selbst willen, ohne an den Vorteil zu denken, den die Menschheit etwa daraus ziehen kann." Sie führt den Ausspruch J. P. Richters an, daß die Herrschaft über das Meer den Engländern, die über das Land den Franzosen, das Reich der Luft aber den Deutschen gehöre. Die deutsche Gelehrtenwelt empfand nicht den Hohn, der in diesen Worten lag, denen Fichte in seinen Reden an die deutsche Nation unbewußt sogar noch zugestimmt hat.

Aus dieser Eigenart der wissenschaftlichen Zustände hätte man von vornherein schließen können, daß auch in Deutschland das deduktive Verfahren gelten müsse. Die Deduktion ist das Kind der Stubengelehrsamkeit. Von einzelnen Beobachtungen fliegt der deduzierende Geist gleich zu den allgemeinsten Sätzen hinauf, und wie die Spinne zieht er rückwärts schreitend den Faden zu seinem System aus sich heraus. Er dreht beständig an dem Kaleidoskop seiner wenigen Erfahrungsscherben, und jede Drehung ist ihm ein neues Gedankenfeld. Die Induktion dagegen ist das Kind der Bewegungsfreiheit, der Technik. Hier gilt es, Erfahrungen sammeln, hier heißt es Reisen machen mit der Eisenbahn und mit dem Dampfschiff, hier heißt es beobachten mit freiem Auge, mit der Photographie, mit dem Mikroskop und mit dem Fernrohr.

Im Anfang des 19. Jahrhunderts war der deutsche Geist noch tief in der Deduktion befangen. Das Studierzimmer war die Welt des Gelehrten, das praktische Leben kannten Wenige. Bei den Griechen trug die Göttin der Weisheit Schild und Lanze, bei den Deutschen nur die Feder und das Tintenfaß. Wohl stellten sich auch gelehrte Männer in die Reihe der Landstürmer, als das preußische Volk im Jahre 1813 sich erhob; ich nenne nur Niebuhr, Schleiermacher und Fichte. Ein echter Jünger der

Pallas-Athene aber ist nur Fichte gewesen, durch sie begeistert schrieb er seine Reden an die deutsche Nation.

Auch diese Reden, die ich im übrigen sehr hoch schätze, zeigen die Schwächen des deduktiven Verfahrens. Wir finden in ihnen das starke Vorwalten der spiritualistischen Auffassung, durch welche sich die deduktive Methode allgemein auszeichnet. Die Vorschläge Fichtes beruhen auf einer Ideologie, die für die realen Mächte des Staates kein Verständnis hatte. Vom Gifte des internationalen Verkehrs wollte Fichte sein deutsches Kind fernhalten. Er sagt, daß der Deutsche nur wenig Begierde habe, am Wetteifer der Nationen teilzunehmen, und er rät ihm, es nie zu tun. Was der Deutsche zur wissenschaftlichen Erkenntnis nötig habe, das werde aus dem Welthandel auch ihm zufließen. Die Hauptsache sei, daß er nicht fein und vornehm leben wolle. „Möchten wir endlich einsehen, daß alle jene schwindelnden Lehrgebäude über Welthandel und Fabrikation für die Welt zwar für die Ausländer passen und gerade unter die Waffen desselben gehören, womit er von jeher uns bekriegt hat, daß sie aber bei den Deutschen keine Anwendung haben, und daß, nächst der Einigkeit dieser unter sich selber, ihre innere Selbständigkeit und Handelsunabhängigkeit das zweite Mittel ist ihres Heils und durch sie des Heils von Europa."

Das war das Fiasko der deduktiven Wissenschaft. Sie hatte Scheuklappen an den Augen und wollte vom Welthandel nichts sehen. Fichte hat doch wenigstens den Mut und den Willen gehabt, durch seine Wissenschaft auf das praktische Leben einzuwirken, die anderen haben meistens sogar den Versuch gescheut. Wohl kämpfte der deutsche Bauer um seine Existenz, wohl rang der Landarbeiter noch um seine Scholle. Aber die deutsche Philosophie zog dahin ihre stolze, einsame Bahn um die Sonne des Geistes. „Solange der Mensch nicht frei ist, hat die Sklaverei ihre Berechtigung," sagte Hegel kalt und gelassen. Unter Freiheit verstand er das Freisein von Motiven aus der sinnlichen Natur; nur das Denken führte zu jener relativen Freiheit, die er gelten ließ. Wer von uns kann sich in diesem Sinne rühmen, frei zu sein? Nach dieser Auffassung wäre die Menschheit zu ewiger Sklaverei verdammt gewesen.

Die deduktive Form der Wissenschaft zeigte sich zu Anfang des 19. Jahrhunderts noch in vielen Disziplinen. Wir haben oben gesehen, daß die Naturwissenschaft in der mechanischen und in der chemischen Technologie zu falschen Resultaten kam. Hier konnte sich die deduktive Form nicht behaupten, weil die Natur jeden Fehler korrigiert. Die Wissenschaften von der Natur und von der Technik heißen die exakten, weil in ihnen die Rechnung ausschlaggebend ist. In der Lehre von den Organismen dagegen war die Rechnung weniger einflußreich; hier und in den spekulativen Wissenschaften fristete die deduktive Methode ihr Dasein noch lange Zeit und hier richtete sie noch manchen Schaden an. Büffon z. B. ging von der falschen Voraussetzung aus, daß Kreuzungsprodukte verschiedener Rassen ihre Eigenschaften ebenso sicher vererben, wie Reinzuchtprodukte. Aus dieser Auffassung heraus konstruierte er a priori die Nachkommen von Wolf und Hund in 1., 2., 3. und 4. Generation. In der Geschichtstheorie herrschte die Ideenlehre, als deren größter Vertreter wohl Ranke gelten kann. Die fortdauernde Bewegung der Menschheit besteht nach seiner Meinung darin, daß leitende Ideen, große geistige Tendenzen, sich bald auseinander heben, bald aneinander reihen. Jede Epoche hat ihre besondere Tendenz und ihr eigenes Ideal. Ein positives Ziel ließ Ranke in der Weltentwicklung nicht gelten, in geistiger Hinsicht nahm er keinen Fortschritt an.

Auch die Wirtschaftslehre baute ihr System zusammen aus allgemeinen Ideen. Die Schriften Mills sind der Typus dieser abstrakten Richtung, und die ganze liberale Schule nahm an diesem Verfahren mehr oder weniger Teil. Die Statistik hatte noch nicht vorgearbeitet. In Deutschland war, wie wir gesehen haben, die liberale Politik selbst aus der Luft gegriffen und von allgemeinen Ideen getragen, ohne Rücksicht auf die praktische Brauchbarkeit und auf die geschichtlichen Größen. In der Rechtswissenschaft betont die jüngere Schule heute noch, daß sie ankämpfe gegen eine Wissenschaft, die in der Konstruktion und in der

Untersuchung der Begriffe, die in der Scholastik aufgegangen sei. In der Gottesgelehrtheit herrschte die spekulative Theologie; die Systeme Hegels, Schleiermachers und Schellings beschäftigten die Geister. Das dankbarste Feld für die Offenbarung der Idee zeigte sich natürlich in der Philosophie, denn hier konnten die Gedanken sich tummeln, ungeniert, ohne das Korrektiv der Wirklichkeit befürchten zu müssen. Die Philosophie hat Gutes gewirkt als eine Schule für das methodische Denken; sie hat in der formalen Ausbildung des Rechts und der Religionsphilosophie auch Einfluß gewonnen. Mit dem steigenden Übergewicht der Naturwissenschaften hat aber die deduktive Methode auch in den formal-logischen Disziplinen mehr und mehr der Beobachtung weichen müssen, die Methode ist in eine engere Fühlung gelangt mit der materiellen Natur. In der Kunst ist man vom Geiste längst zum Leben zurückgekehrt. In der Staats-, in der Rechts-, in der Wirtschaftslehre liegt die Statistik heute den Ausführungen zugrunde und überall fängt die Beobachtung an, einzugreifen. Die Sprachkunde geht auf vergleichendem Wege vor, die Altertumsforschung sucht anschauliches Material durch die Ausgrabung der alten Kulturstätten zu beschaffen. Selbst in der allgemeinsten aller Wissenschaften, selbst in der Philosophie, wird das irdische Material gesichtet, ehe der Geist auf dem Wege der Abstraktion sich in die Höhen des Äthers verliert. Der Grund für diese Wandlung ist ohne Zweifel vorwiegend in der Entwicklung der Naturlehre und der Technik zu suchen. Erst mußte die Technik die Apparate bauen, die der Gelehrte ersann. Erst mußte er beobachten im freien Licht und im geschlossenen Raum, in welchem die Wellen des Lichts durch Linsen zerlegt und gebrochen wurden. Hier dehnte und schärfte sich das Auge, hier schlossen sich neue Welten auf, hier schrieben die Wellen dem Forscher das neue Bild auf die photographische Platte. Erst mußte der Sammelfleiß das Material zusammentragen, ehe der Gedanke zu Schlüssen sich erheben konnte. Es war kein Zufall, daß Darwin und Spencer in England schrieben, dessen Handel seine Kreise um die Erde zog. Der Reichtum des zusammengetragenen Materials führte zum Siege des induktiven Verfahrens.

Wir kommen zum Recht. Es ist das Schicksal aller Rechtsbestimmungen, daß sie veralten, und daß sie eigentlich schon veraltet sind in dem Augenblicke ihres Entstehens. Hegel sagt sehr treffend: „Nur in der Dämmerung beginnt der Vogel der Athene seinen Flug." Der menschliche Geist erobert die Natur, und die Technik baut ihm ständig neue Hütten. Immer neu entstehen die Formen des wirtschaftlichen Lebens, immer wechselt die Form der menschlichen Arbeit. Bald vollzieht sie sich auf dem Felde, bald in der Erde, bald im Fabriksaal. Bald schließt der Mensch sich ab gegen die Waren fremder Völker, bald öffnet er ihnen das Tor. Bald dient ihm als Arbeitskraft die Hand, bald das Wasser, bald der Sonnenstrahl in Holz und Kohle. Die Gesetzgebung sucht die Bedingungen festzulegen, unter denen die Gesellschaft ihre Ziele in einem gegebenen Augenblick am zweckmäßigsten erreicht, aber im nächsten Augenblick schon ist das Leben fortgeschritten, sind neue Formen, neue Beziehungen, entstanden, und die Gesetze, die dem vorigen Zustand noch angemessen waren, sind in dem neuen schon veraltet. Jedes Gesetz gleicht einer zurückgelassenen Schlangenhaut. So hinkt das Recht beständig hinter der Technik her; immer nur darf es nach ihr den Raum betreten, um die Inventur zu machen und die neue Form der Ordnung aufrecht zu erhalten, die jene hinterlassen hat.

Als der Gedanke an die deutsche Einheit im Bundestage zu Frankfurt noch ein embryonenhaftes Dasein führte, und das kreisende Reich nicht wußte, ob es leben, oder sterben sollte, hatte die Technik in aller Stille schon das Bett bereitet, in dem die Entbindung vor sich gehen konnte. Die Produktion war gewachsen, der Austausch der Produkte schuf neue Handelsformen, und der Gesetzgeber inventarisierte diese Formen im Jahre 1847 in der allgemeinen deutschen Wechselordnung. Bald folgte das allgemeine deutsche Handelsgesetzbuch, das 1861 in Preußen und 1862 in Österreich in Kraft gesetzt wurde. Auf die gleichartige Erscheinung in den zur Einheit drängenden Zollverbänden habe ich schon hingewiesen. Das wirtschaftliche Leben war der Grundbau, auf dem der Palast des Reiches sich erheben konnte, und die Technik war die geistige Macht, welche die Form der Produktion, die Form des Austausches und die Form des wirtschaftlichen Lebens in letzter Linie regelte. Das alte Reich konnte ein lockeres Gefüge nebeneinander liegender Arbeitsstellen und lokaler Märkte sein; die neu gesteigerte Produktion verlangte Einheit in Verkehr und Verwaltung.

Die hauptsächlichsten Wandlungen des bürgerlichen Rechts und des Strafrechts im 19. Jahrhundert sind die Einführung des öffentlichen und mündlichen Verfahrens, der Geschworenengerichte und der Frage der Zurechnungsfähigkeit. In Juristenkreisen besteht der Wunsch, jetzt schon wieder die Geschworenengerichte zu beseitigen, und die Mitwirkung des Laienelements auf die Schöffengerichte einzugrenzen. Ich kenne die Motive nicht genau, ich glaube aber, daß sie formell-juristischer Natur sind. In den Schöffengerichten gewinnen die Juristen das Übergewicht über die Laien, auch wenn sie in der Minderzahl sind, schon durch die berufsmäßige Überlegenheit in den formellen Fragen. Ob ein solcher Zustand im Interesse des Volkes erwünscht ist, scheint mir zweifelhaft. Der große Ulpian sagte: „Wir sind die wahren Priester, denn wir stehen im Dienste des Gemeinrechts; wir sind die wahren Philosophen, denn wir fußen auf der Erfahrung, nicht auf selbstgeschaffenen Behauptungen." Will man den Dienst des Gemeinrechts und die Erfahrung als die Grundlage der Rechtsprechung festhalten, so wird man das Urteil des Volkes nicht beschränken dürfen.

Durch die Naturwissenschaft wird der mechanische Zusammenhang alles Geschehens mehr und mehr in den Vordergrund geschoben. Eine Folge ist die Frage nach der Zurechnungsfähigkeit des Verbrechers. Die Hegelsche Schule nahm eine relative Willensfreiheit an, und diese ist auch eingegangen in das Strafgesetzbuch. Man nahm an, daß ein Mensch von der durchschnittlichen Beschaffenheit des großen Haufens auf bestimmte Motive vorschriftsmäßig reagiere, in seinem Handeln also durch die Strafandrohung beeinflußt werde. Der unnormale Mensch dagegen reagiert nicht auf die Strafandrohung, und es wurde nun die Aufgabe des Arztes, den normalen Menschen vom unnormalen zu unterscheiden.

Da die Übergänge flüssig sind, ist diese Aufgabe oft schwer. Vielfach bekämpfen sich die Urteile der Ärzte, und die Willkür, die das Gesetz dem Richter genommen hat, scheint beim Arzte wiedergekehrt zu sein. Eine grelle Beleuchtung erfuhr dieser Zustand durch die Gutachten über die geistigen Fähigkeiten der Prinzessin Luise von Koburg. Die deutschen und die österreichischen Ärzte erklärten die Prinzessin für krank, die französischen Ärzte dagegen für ganz gesund. Die alte Rätselfrage nach der Schuld wird durch das ärztliche Gutachten natürlich nicht gelöst. Wenn die Vorgänge des Lebens mit Notwendigkeit mechanisch auseinander folgen, und Eingriffe aus seelischer Quelle ausgeschlossen sind, dann leidet der Verbrecher unschuldig. Gegen diesen Schluß gibt es nur den einen Ausweg, daß man die Schuldfrage in eine andere Welt verlegt. Sind die Vorstellungen der Zeit und der Kausalität nur eine Form unseres Denkens und gelten sie nicht in der Wirklichkeit, dann kann die Schuld in ein intelligibles Ich verlegt werden, im Sinne Kants, Schellings und Schopenhauers. In solchen Zweifelsfällen tut man immer gut, dem natürlichen Gefühl des Volkes zu vertrauen. Da die Strafe ursprünglich eine triebartige Handlung ist, wird man ihre Berechtigung nicht leugnen dürfen, und mit ihr nicht die persönliche Schuld. Je mehr die Arbeitsweise des Menschen durch die steigende Technik vergeistigt wird, je mehr der Geist im Volke reift, desto milder müssen aber die Strafen werden, da die Reaktionsfähigkeit mit dem Geiste zunimmt. Das Strafgesetzbuch wird beeinflußt durch die Technik, die in großen Zeitabschnitten das Volk in eine höhere, geistige Reife hebt. Kunst und Wissenschaft haben wenig Einfluß. In Griechenland haben Kunst und Wissenschaft geblüht, und doch waren die Strafen barbarischer Natur; den gleichen Zustand fanden wir zur Römerzeit. Das Mittelalter zeigte ähnliche Erscheinungen, erst im 18. Jahrhundert dämmerte der Morgen, als das Volk schon in fabrikmäßigem Zusammenleben seine Sitten gemildert, als es die gröbsten Arbeitsformen an die mechanische Naturkraft abgegeben hatte. Auch die spekulative Philosophie hat für die Milderung des Strafrechts wenig nur geleistet. Mir ist, außer

Voltaire, eigentlich kein Schriftsteller bekannt, der für die Milderung des Strafrechts so recht eingetreten wäre. Am wenigsten getan hat es die Kirche. Die Milderung hat ihren Grund nur in der gesteigerten Feinfühligkeit der Volksseele, und diese entwickelt sich aus der Arbeitsweise und aus der Aufklärung der Presse, beruht also in nicht geringem Maße auf der Technik.

Die ältere Juristenschule war, und ist es vielleicht heute noch, befangen in der Ideenlehre Hegels. Die Idee des Rechts wurde hier verselbständigt zu einer lebendigen Macht, zu einer eigenen Seele. Nicht um der Menschen willen war das Recht geschaffen worden, sondern zu einem höheren Zweck. Durch das Verbrechen wurde dieses Recht verletzt. Hegel erklärte das Verbrechen daher für eine Negation. Durch die Strafe wurde die Negation aufgehoben und die Majestät des Rechtes wieder hergestellt. Es war der eigene Wille des Verbrechers, daß die von ihm ausgehende Verletzung aufgehoben wurde; denn die Strafe galt als das Recht des Verbrechers und durch die Vollziehung wurde „der Verbrecher als Vernünftiges geehrt". Die Folge dieser Verselbständigung des Rechts war die Bestrafung der Tat, und die Ausschaltung der Persönlichkeit des Täters. Stahl sagt in seiner Staatslehre: „Es ist das ewige Gesetz der Gerechtigkeit, daß auf das Böse die Strafe folge. Nicht der Böse wird bestraft, aber die böse Tat, welche das Recht eines anderen widerrechtlich angreift."

Gegen diese formalistische Auffassung geht die jüngere Schule vor in der Weise, daß sie die Persönlichkeit des Verbrechers in den Vordergrund stellt, und diese in erster Linie durch die Strafe treffen will. Diese Bewegung ist vom Volke ausgegangen, nicht von den Fachjuristen. Quetelet hat nachgewiesen, daß das Verbrechen die notwendige Frucht der sozialen Verhältnisse ist, und Lombroso hat den Keim zum Verbrechen in der Abnormität der individuellen Anlage gezeigt. Die jüngere Rechtsschule, mit Liszt an der Spitze, faßt nun beide Ergebnisse zusammen und erklärt den Verbrecher als das notwendige Produkt aus der Gesellschaft und den wirtschaftlichen Verhältnissen einerseits, und aus der Individualität, die teils angeboren, teils erworben sein kann, andrerseits. Durch die sozialen und wirtschaftlichen Faktoren gewinnt die Technik eine neue, ausschlaggebende Bedeutung. Als die Quelle der Arbeitsbedingungen und der sozialen Schichtung ist sie vielfach auch die Quelle der Verbrechen. In den Zeiten des wirtschaftlichen Notstandes nehmen die Verbrechen zu, in den Zeiten einer geregelten Produktion und eines flotten Tausches gehen sie zurück. In Ostelbien, jenem Lande, in welchem die Technik am spärlichsten vertreten ist, aber der Großgrundbesitz gedeiht, dort wuchert auch am üppigsten das Unkraut des Verbrechens.

Den gleichen Vorgang, den wir bei der Wissenschaft des 19. Jahrhunderts wahrgenommen haben, sehen wir auch im Reiche der Kunst. Dort zeigte er sich als der Übergang der Deduktion in die Induktion, hier als der Übergang des Idealismus in den Realismus. In beiden Fällen kehrte der schweifende Geist aus dem luftigen und unbeschränkten Reiche der Gedanken zurück auf den festen Boden der Muttererde, die ihm zu allen Zeiten die Nahrung gegeben hat, die Anschauung und die Kraft. Im Anfang des Jahrhunderts beherrschte die spekulative Philosophie auch die Kunst. Der Gedanke, welcher dem Kunstwerk zugrunde lag, der abstrakte Inhalt, sollte zur Darstellung kommen, die Form galt dabei als nebensächlich. Diese Auffassung galt in erster Linie für die Malerei. Je einfacher die Mittel der Darstellung waren, desto mehr konnte der Geist die Vorherrschaft behaupten. Die Farbe wurde als störend empfunden, sie lenkte ab bei der Betrachtung der Ideen, und als die angemessenste Darstellungsweise galt die Zeichnung. Schon Carstens hatte sich auf die Zeichnung beschränkt gehabt; zur großartigen Meisterschaft aber kam das Durchleuchten der spekulativen Idee in den Kartons des Cornelius. Er arbeitete ohne Modell, lediglich aus der inneren Anschauung heraus. Hier waren es überirdische Gestalten, die zum Niederschlag gelangten, sonst aber bedienten sich die Künstler zur Versinnlichung ihrer Gedankenwelt in den meisten Fällen noch der Formen der Antike. Als es galt, für Friedrich dem Großen in Berlin ein Denkmal zu errichten, da waren es Schinkel und Rauch, welche den König antik und barhäuptig geschaffen wissen wollten. Friedrich Wilhelm III. hielt die Trajanssäule für die angemessenste Kunstform, und erst unter seinem Nachfolger kam nach schweren Wehen diejenige Form des Denkmals zustande, die sich unter den Linden heut erhebt.[1])

In der Baukunst wurde der Stoff, das Baumaterial, als nebensächlich angesehen, und in der Formensprache herrschte die Antike. Diese Einschränkung galt namentlich für die Berliner Schule. Die erborgten Hausteinformen der Griechen wurden in den Putz übertragen und der Kunstgedanke äußerte sich in einer unwahren Scheinarchitektur. Zu allem Unglück trat Bötticher mit seiner Tektonik in diese Welt des Scheines noch hinein und unterstellte jeder Kunstform, jedem Bauglied, einen feststehenden Begriff. Aus diesem Spiel der Begriffe baute sich das Kunstwerk auf, ganz wie die Erscheinungswelt der deduktiven Philosophie. Nach Hegel entstand aus dem Denkprozeß die Welt, nach Bötticher der griechische Tempel. Böttícher war der kleine Hegel der Architektur.

Als die Flutwelle der großen Revolution in das Meer der Zeit zurückgeflossen war, und als der frische Morgenwind die verwöhnte, reizbare Haut des deutschen Philisters traf, da erwachte in ihm noch einmal die Sehnsucht nach der alten Zeit, die jetzt in der Erinnerung hold und rosig aussah. Das Zeitalter der Romantik zog herauf. Die Malerei ging in die Wildnis und in den Märchenwald, und die Architektur zur mittelalterlichen Burg. Diese Wandlung des Geschmacks führte aber aus der Welt der Gedanken zurück in die Natur. Die Vorliebe für die englischen Gärten machte sich geltend, und wenn auch die Landschaft in den Gemälden noch immer stark stilisiert, und zum großen Teil aus der Idee heraus geschaffen wurde, so machte man doch mehr und mehr Studien nach der Natur, nicht nur an der Landschaft, sondern auch am menschlichen Körper.

Die deutschen Maler zogen nach Paris und lernten dort die Welt im Bilde sehen. Während aber die Franzosen das mensch-

[1]) Vgl. Gurlitt, Die deutsche Kunst d. 19. Jahrhunderts, S. 415.

liche Leben in seinen Höhen und Tiefen zu erfassen suchten, beschränkten sich die Deutschen mehr auf die harmlose Genremalerei. Die Düsseldorfer haben beim Malen ihr Herzblut nicht vergossen, sie lächelten über den Gegenstand auf ihrem Bilde, sie haben nicht mit ihm geweint; aber sie haben die deutsche Malerei zurückgeführt aus der Idee in die Wirklichkeit und haben Bresche gelegt zu einem gesunderen Realismus. Allmählich wich das Genrebild der geschichtlichen Malerei. Lessing, Kaulbach, Rethel, Piloty traten auf. Die naturalistische Auffassung und die Farbe kamen mehr zur Geltung. Mit der Farbe wurde das Verlangen nach Stimmung laut, Farbe und Licht wurden mehr und mehr betont, und der Inhalt wurde bald als ein nebensächlicher empfunden. Im Jahre 1893 trennte sich die junge Schule von der älteren; sie legte das Schwergewicht des künstlerischen Wirkens in die Freilichtmalerei, in die sonnendurchglühte Farbe und in die reichen Übergänge. Der Umschwung war vollzogen, die Herrschaft der Idee war entthront durch die Herrschaft der Sinne.

Die Technik hat in diesen Prozeß dadurch eingegriffen, daß sie in ihrem staunenswerten Aufschwung das Tichten und Trachten des deutschen Volkes aus dem Nebellande der Ideen auf die materiellen Werte lenkte. Jetzt endlich verlangte der deutsche Geist auch seinen Anteil bei der Teilung der Erde. Der Sieg des Genres vollzog sich um das Jahr 1842. Damals gab es in Preußen schon gegen tausend Dampfmaschinen, der Zollverein hatte die inneren Schranken niedergelegt und der Bau der Eisenbahnen hatte seinen Anfang genommen. Der Architektur gab die Technik ein neues Baumaterial, das Eisen. Jetzt wurde auf den Bahnhöfen mit leichten Bogenträgern eine Raumgestaltung ausgeführt, von deren eigenartigem Reiz das ästhetische Empfinden bisher keine Ahnung gehabt hatte. Das merkwürdigste Ergebnis aber liegt darin, daß, wie Gurlitt schon betont hat, der Techniker jetzt selbst zum Künstler wurde. Aus dem Gedanken des Zwecks heraus baute er die Dampfmaschine, die Lokomotive und die schwimmende Batterie, das Panzerschiff. Wer wollte leugnen, daß die Verwirklichung des Zwecks hier Schönes schuf? Wenn im

Maschinenhause die Kolbenstange leise gleitet und das Schwungrad saust, wenn in den Bahnhof die Schnellzugsmaschine hereingebraust kommt, und das Panzerschiff stolz und sicher durch die Wogen gleitet, wen hätte da nicht schon der Eindruck der gewaltigen Kulturkraft gebeugt und gehoben, wen hätte nicht der Schauer des Erhabenen durchzittert? Jeder Versuch, diese aus dem Zweck entwickelten Formen in ihrer grandiosen Einfachheit durch aufgelegtes Ornament zu schmücken, muß von vornherein als gänzlich aussichtslos bezeichnet werden. Die Kraft verlangt große, einfache Formen, und diese hat die Technik schon mit Meisterschaft gewählt.

Die Literatur durchlief die gleichen Wandlungen, wie die bildende Kunst. Die klassische Dichtung hatte an der Antike sich geschult und die allgemeinen Gedanken der Humanität vertreten. Goethe war nicht von Ideen ausgegangen, er hat das Leben schildern wollen nach der Art der Griechen. Neben der klassischen Dichtung sang bei Wälderrauschen und Hörnerklang ihr sehnsuchtsvolles Lied die Romantik, und neben beiden entstand jetzt eine neue Welt, die nicht auf der geschichtlichen Überlieferung beruhte, sondern auf der aprioristischen Konstruktion neuer Gedanken. Es war die Welt der Ideen, die revolutionäre Zeit der neuen Aufklärung. Vielfach waren es unreife Gedanken über Politik, über Freiheit und Menschenglück, die durch die Köpfe schwirrten und später sich als das junge Deutschland zusammenfanden. Die zweifelhaften politischen Schöpfungen dieser liberalen Schule habe ich oben beim Frankfurter Parlament schon erwähnt. Dennoch hat auch sie zu Deutschlands Größe beigetragen, die aber in erster Linie aus dem Boden der Technik ihre schöpferischen Kräfte sog. In der Kunst liegt Jungdeutschlands Schwergewicht in dem Siege über die Romantik.

Allmählich trat auch hier die realistische Darstellung hervor. Um die Mitte das Jahrhunderts war eine Nachblüte heraufgezogen, welche als das silberne Zeitalter bezeichnet worden ist. Die Dichtung griff die großen Fragen auf, welche immer wieder an den Menschengeist herantreten und suchte sie künstlerisch zu beantworten. Shakespeare wußte den tragischen Konflikt nur aus der Natur des Helden zu entwickeln, Hebbel suchte ihn bereits in der Weltordnung. Die Münchener Schule unter Führung von Geibel und Heyse betonte die leichte formale Schönheit des Lebens und gab ein Seitenstück zur Düsseldorfer Genremalerei. Der ernsten Seite des Lebens wandten sich die Pessimisten zu, und jene, die nach Byrons Vorgang den Weltschmerz in sich trugen. Die Literaturgeschichte bezeichnet sie gern mit dem Schlagwort Décadence. Unabhängig aber von der persönlichen Auffassung drang das naturalistische Element mehr vor. Das Ausland machte Schule. Tolstoi, Ibsen und Zola wurden studiert. Die letzten beiden waren beherrscht von dem Glauben an eine mechanistische Weltordnung; sie sind unfähig, einen Konflikt in versöhnlichem Sinne zu lösen und in letzter Linie unfähig zur Behandlung des Tragischen. Der Sturz eines Helden, den an seinem Untergang kein persönliches Verschulden trifft, wirkt traurig, aber nicht tragisch.

Die Folge dieser Einflüsse war ein Durcheinandersummen im deutschen Dichterwalde, wie in einem Bienenstock, der schwärmen will. Es brodelte, wie in einem Hexenkessel. Der Naturalismus wurde oftmals bis aufs Messer durchgeführt. Zola hatte den Kunstgedanken einer Rübe als gleichwertig hingestellt mit dem geistreichen Gehalt in den Bildern der Alten. Ein deutscher Schriftsteller soll die Behauptung ausgesprochen haben, daß als dichterischer Stoff der Tod des größten Helden nicht höher stehe, als die Geburtswehen einer Kuh. Die Beziehungen waren also hergestellt, Pinsel und Feder reichten sich die Hand. Der Naturalismus war es aber, welcher die großen Probleme aufgriff, welche die Technik geschaffen hatte in der sozialen Frage. Der Naturalismus war sozial. Im Gegensatz zu ihm stand der individuelle Symbolismus, der in der Seelenmalerei der Persönlichkeit ihr Recht zu schaffen suchte. In die Literatur konnte die Technik unmittelbar nicht eingreifen, sie stellte aber neue Aufgaben, indem sie neue Konflikte schuf. Die Schilderung des arbeitenden Volkes, wie sie im Roman und im Drama die neue Literatur geboten hat, war früher ebenso undenkbar, wie Menzels Gemälde „Eisenwalzwerk" in der Malerei. Es ist die Technik, welche der

Kunst hier ein neues Feld eröffnet, die Bedeutung und die sittliche Größe der Arbeit vor die Seele gestellt hat. Die moderne Dichtung taucht tiefer hinab in die Nacht der Not und des Elends, aber sie holt auch reinere Perlen aus ihr hervor. Goethe hat einmal gesagt, vorschreitende Epochen seien objektiv, rückschreitende dagegen subjektiv. Ich glaube nicht, daß er Recht hatte. Die alte Poesie war im ganzen mehr objektiv, episch und naiv; mit der Entwicklung des Gedankens ist die Poesie mehr subjektiv geworden, mehr lyrisch und reflektierend. Für mich unterliegt es keiner Frage, daß die allgemeine Vergeistigung des Volkes durch die Vergeistigung der Arbeitsweise hier nicht ohne Einfluß war, hier so wenig, wie bei der Milderung des Strafrechts. Soziale und individuelle Behandlung stehen in der Literatur noch nebeneinander. These und Antithese sind gegeben, die Synthese steht noch aus.

In den vorhergehenden Kapiteln habe ich das Christentum vorwiegend in seinen Schattenseiten geschildert, weil es mir auf den Hinweis ankam, daß der Religion, abgesehen von der Völkerjugend, eine führende Rolle nicht zukommt im Vormarsch der Kultur, daß sie vielmehr sich entwickelt als eine Begleiterscheinung derselben. Beständig vorgeschritten ist allein die Technik, seit der Mitte des 16. Jahrhunderts auch ihre Schwester, die Naturwissenschaft. Die abstrakten Geisteswissenschaften aber sind in Schwankungen langsam gefolgt, und meines Erachtens sind wir erst um die Mitte des 19. Jahrhunderts dahin gelangt, in der Kombinationstätigkeit der Gedankenwelt die Griechen zu überholen. Wir haben gesehen, daß in der ersten Hälfte des 19. Jahrhunderts die von der Wirklichkeit entfernte deduktive Methode in den Wissenschaften überwog. Es ist von vornherein anzunehmen, daß diese Erscheinung sich in der christlichen Religionswissenschaft erst recht vorfinden mußte, denn das Christentum hat sich von Anfang an einseitig als Spiritualismus ausgebildet. Um diese Tatsache zu erweisen, müssen wir noch einmal kurz auf seine Entstehung zurückgreifen. Das Christentum ist nur zu begreifen als ein Ausschnitt aus der Entwicklungsgeschichte des menschlichen Geistes.

Die griechische Philosophie war in ihren Anfängen Naturphilosophie gewesen und fing eigentlich mit Sokrates erst an, den gesunden Boden der Natur unter den Füßen zu verlieren, und in eine abstrakte Geistesphilosophie umzuschlagen. Plato erhob dieses System gleich auf eine Höhe, welche bis heute eigentlich nicht übertroffen worden ist, und wurde dadurch der Vater der idealistischen Schule. Auch Aristoteles konnte sich der Überschätzung des Geistes auf Kosten der Materie nicht mehr entziehen. Die Einheit von Natur und Geist hatte aufgehört, sie war für Jahrtausende unwiderbringlich dahin. Die geistige Welt galt als die wahre, die eigentliche. Der menschliche Geist wurde verallgemeinert und zum Gott gemacht, und zwischen diesen und die Natur schob man eine Reihe halbgeistiger Zwischenwesen ein, Dämonen höheren und niederen Grades. Mit der Materie wußte die Philosophie des Geistes natürlich nichts anzufangen. Im Gegensatz zum Geist, der als das Gute angesehen wurde, galt sie als Übel, als die böse Macht, und die Folge war ein Dualismus.

Die Nachkommen der Apostel haben den ersten Versuch gemacht, das Christentum nach dieser Richtung hin philosophisch zu begründen. Es sind die sogenannten Gnostiker, die hier auftraten. Sie schieden Gott von der Materie. Von Gott ausgehend bestand eine Stufenfolge von Äonen, von Geisterwesen, deren unterster mit der Materie sich verbunden hatte zur Erzeugung der irdischen Welt. Ein anderer Äon, Christus, wurde von Gott gesandt, um den verstrickten, unglücklichen Geist aus der Umarmung der Materie zu erlösen. Ähnliche Gedanken tauchten auch auf unter den Manichäern, die aus persischen Einflüssen hervorgegangen waren und einen guten und einen bösen Gott direkt einander gegenüberstellten. Die Kirchenväter Clemens, Origenes und Augustin waren von diesen Gedanken durchtränkt. Ihnen wurde der gute Geist zu Christus, der böse zum Teufel, Christi Wirken zum Heil, das des Teufels zur Sünde, und so wurde die arme Materie verflucht und verstoßen. Die neuplatonische Schule hat die Verachtung der Materie noch mehr bestärkt, sie ließ die menschlichen Seelen aus dem Reich des Geistes in die Materie nur noch hinabsteigen in=

folge einer metaphysischen Schuld. Dazu kam der Glaube an die Wunder und an die Ekstase. Diese Elemente vereinigten sich alle in den Schriften, die später gesammelt wurden und in der Form des neuen Testaments uns überliefert sind. Der Geist Christi findet sich in ihnen nur verstreut in der Form von vereinzelten Goldkörnern. Das Christentum entwickelte sich also als einseitiger Spiritualismus. Durch die Übernahme des jüdischen Priestertums wurde es zu einer Religion ausgestaltet, und stand nun da als ein einseitiges Streben ins Geistige und als ein Feind des Materiellen. Verflucht war die Lust, des Teufels Dirne, und der Gläubige schwelgte oft in der Wollust des eigenen Schmerzes. So wurde eine Durchgangsform des menschlichen Geistes im Christentum dogmatisch festgelegt für lange Zeiten.

Infolge dieser Einseitigkeit kann es daher nicht wundernehmen, daß wir in der ersten Hälfte des 19. Jahrhunderts auch im Christentum die Spekulation arbeiten sehen, welche um jene Zeit das ganze geistige Leben durchsetzt hatte. Der Rationalismus suchte den Bibelglauben und das christliche Dogma philosophisch umzudeuten, stellte sich also in den Dienst der Kirche. Kant suchte eine Welt, in welcher das Glück proportional sein konnte der Sittlichkeit und fand sie im christlichen Himmelreich. Nach Schleiermacher führte das sinnliche Bewußtsein zur Lust an dieser Welt, und die Lust war Sünde; er führte die Religion zurück auf das Abhängigkeitsgefühl. Hegel konnte natürlich auch hier nicht heraus aus seiner Befangenheit im Geiste. Das Gefühl Schleiermachers ärgerte ihn, und er erklärte, wenn Religion Gefühl oder Abhängigkeit wäre, dann wäre der Hund der beste Christ. Ihm war die Natur ein Teil des absoluten Geistes, eine Welt, die von diesem entlassen war. Das Reich des Vaters war absoluter Geist, das Reich des Sohnes die entlassene Idee, die Urteilung des Geistes. Sofern der Mensch Geist war, war er gut, sofern er materiell war, war er sündhaft. Hegel war übrigens ehrlich genug, die Entstehung der Materie für unbegreiflich zu erklären. Die Geschichte Christi und des Menschen nahm Hegel als die Entwicklung der Idee und als die Rückkehr des bewußtgewordenen

Geistes. Da diese Auslegung noch nicht kirchlich genug war, wurde 1841 Schelling nach Berlin zu Hilfe gerufen gegen die Herrschaft „des leeren Begriffs". Auch er sah den Geist an als die Ursache der Welt, sie war aber die gleiche im Denken, wie in der Materie. Christus war ihm eine göttliche Emanation. Dazu hatte er eine glückliche Auffassung vom Teufel, den er für das erregende, treibende Prinzip erklärte, d. h. für das negative, zu überwindende Moment in der Entwicklungsgeschichte der Menschheit.

Während die rationalistische Schule das Christentum also auszulegen und umzudeuten suchte, griff die neuere, mehr materialistische, dasselbe an und deckte seine Schwächen schonungslos auf. Feuerbach erklärte die Religion für eine Schöpfung der menschlichen Phantasie. Er betonte die Unmöglichkeit, daß der Mensch etwas glaube, was seinem Denkvermögen widerspreche, und zeigte, daß die Eigenschaften Gottes menschliche Eigenschaften seien, in uns mit, in ihm ohne Schranken. Strauß griff die kirchliche Dogmatik an und vertrat die Notwendigkeit, bei dem heutigen Stande der Naturwissenschaft alle Erscheinungen als das Ergebnis natürlicher Ursachen zu begreifen, und Bauer legte die Sonde geschichtlich-kritischer Forschung an die Erzählungen des neuen Testaments; nur die Offenbarung erklärte er für das echte Werk eines Apostels.

Inmitten dieser teils wissenschaftlichen, teils scholastischen Streitigkeiten hatte die Technik durch ihre Erfindungen die produktive Kraft des deutschen Vaterlandes gehoben und zu einem materiellen Aufschwung und zu einer Blüte des Erwerbslebens beigetragen. Das deutsche Bürgertum hatte die Verfassung durchgesetzt und die staatlichen Machtverhältnisse waren neu begrenzt worden. Die Welle dieser staatsrechtlichen Vorgänge strömte auch hinüber in die Kirche und führte hier zu einer Bezirkung der Kirchenrechte gegenüber dem staatlichen Organismus. Schon im Jahre 1850 wurde in Preußen der Oberkirchenrat eingesetzt, dem später die Gemeindekirchenräte folgten. Eine allgemeine und durchgreifende Regelung fand allerdings erst in den siebziger Jahren statt; jetzt erhielt die Kirche das Recht der Selbstverwaltung, ein

Seitenstück zur Landgemeindeordnung. Die Verwaltung baute sich auf in Kreis-, in Provinzial- und Generalsynoden und wurde aus Priestern und Laien zusammengesetzt. Ohne die Zustimmung der Generalsynode kann kein Kirchengesetz in Kraft treten. Die protestantische Kirche untersteht allerdings auch heute noch der staatlichen Oberhoheit; es hat das aber seine guten Gründe, und die Kirche selber täte in ihrem Interesse klug daran, alle Gelüste zur Verselbständigung schweigen zu heißen.

Wenn inzwischen durch die gestiegene Technik und die wirtschaftliche Arbeitsleistung der Reichtum des Landes gewachsen war, wenn neue Gemeinden gegründet, Kirchen gebaut, die Gehälter der Pfarrer aufgebessert werden konnten, so war das allerdings ein teilweiser Eingriff der materiellen Kultur, gegen den sich die geistlichen Herren aber nicht ablehnend verhalten haben. Luther hatte überhaupt der verrufenen Materie schon bedeutende Zugeständnisse gemacht, ganz ohne Zweifel entgegen dem ursprünglichen Geiste des Christentums. Es klingt indessen wie ein Lachen des göttlichen Humors, wenn man hört, daß die Kirche ihre neue und segensreichste Wirkung nur da entfalten konnte, wo die Technik ihr den Weg geebnet und das Feld zur Wirksamkeit beackert hatte: in der inneren Mission. Wir haben gesehen, daß schon im 18. Jahrhundert die fabrikmäßige Arbeitsweise die alte Hausindustrie vielfach verdrängt hatte. Im 19. Jahrhundert nahm die Bewegung zu, und die Dampfmaschine vereinigte bald große Arbeitermassen in den Städten, die vorher auf dem Lande zerstreut und unbeachtet der Seelsorge der Geistlichen überlassen gewesen waren. Hier bot sich das Feld für eine neue Tätigkeit. Im Jahre 1846 arbeiteten über elfhundert Dampfmaschinen in Preußen und 1850 wurde die erste Gesellschaft für innere Mission begründet im Sinne der lutherischen Kirche. Man wollte das Wort Gottes frei verkünden und Werke der Barmherzigkeit üben. Es ist ja zu bedauern, daß diese Bewegung getrübt wurde durch den Nebengedanken, die Herrschaft Christi zur Ausdehnung zu bringen, natürlich hier in der protestantischen, dort in der katholischen „rechten Lehre", denn die katholische Kirche blieb hinter der protestantischen nicht zurück.

Nicht aus der reinen Nächstenliebe wurde die Mission ins Werk gesetzt, nicht aus freier Sittlichkeit heraus wurde sie geschaffen, nicht aus dem Triebe des lebendigen, vollen Herzens, sondern mit einem Beigeschmack der Mehrung der kirchlichen Macht. Dennoch stehe ich nicht an, gern anzuerkennen, daß die Kirche hier Großes geleistet hat, zum ersten Male wieder Großes und Gutes in weiterem Umfange geschaffen hat, seit sie in den ersten Jahrhunderten eine Trostesstätte war für die Armen und Notleidenden, und seit sie die Schule abgeben mußte an den Laienstand. Später hat sie die Menschheit vielleicht mehr gequält und geängstigt, als getröstet. Die Kirche kann Gutes wirken, wenn sie sich von dem armseligen egoistischen Hinweis auf den Himmel ab- und der verdammten, sündhaften Materie mehr zuwendet. Die Aufgaben der Religion erwachsen aus dem irdischen Leben, das hatte die Kirche in ihrem abstrakten Spiritualismus übersehen; und wenn sie notgedrungen dem Fleische ihren Tribut abtragen mußte, dann geschah es nicht immer in der Form der praktischen Nächstenliebe, sondern in der Schlaffheit des priesterlichen Geistes und in der Herrschaft seiner eigenen Begier. Wir haben diese Verirrungen im 4. und 5. Kapitel kennen gelernt. Es ist erfreulich, daß die Kirche jetzt ein Feld gefunden hat, auf dem sie ersprießlich wirken kann. Harnack sagt in seinem „Wesen des Christentums": „Es hat sich ein weites Gebiet aufgetan, auf welchem sich der christliche Brudersinn noch ganz anders bewähren muß, als er es in den früheren Jahrhunderten erkannt und vermocht hat — das soziale. Hier liegt eine gewaltige Aufgabe, und in dem Maße, als wir sie erfüllen, werden wir die tiefste Frage, die Frage nach dem Sinn des Lebens, freudiger beantworten können." Mit diesen Worten bin ich einverstanden.

Die Zeit der größten sittlichen Anspannung lag für das deutsche, insbesondere für das preußische Volk wohl am Anfang des 19. Jahrhunderts. Daß vor der Schlacht bei Jena noch das Adelsregiment auf dem Volke lastete und zu dem schmählichen Zusammenbruch geführt hat, haben wir oben schon gesehen. Auch nach der Schlacht zeigte sich der Kleinmut in den führenden Kreisen in beschämender Weise. Der Minister und Gouverneur von Berlin, Graf Schulenburg, erließ eine Ermahnung an die Stadt mit den berüchtigten Worten: „Ruhe ist die erste Bürgerpflicht!" Dann brachte er sich in Sicherheit in der rückwärts gelegenen Provinz Preußen. Der Generalfeldmarschall von Boyen sagt in seinen Denkwürdigkeiten: „Stehende Heere rosten leicht ein. Durch Niederlagen müssen sie dann erst aus dem Schlaf geweckt werden, sich von den Spielereien der Exerzierplätze und von der erworbenen Lakaiendisziplin losmachen." An einer anderen Stelle heißt es: „Vielfache Erfahrungen haben bei mir die Ansicht festgestellt, daß in den Augenblicken der Gefahr das Gefühl der Vaterlandsliebe im Durchschnitt viel kräftiger in den ärmeren, sogenannten unteren Ständen schlägt, sie zu Aufopferungen bereitwilliger macht, als bei Vornehmen und Reichen; bei den meisten von diesen letzteren ist die Tugend in so viel Baumwolle gewickelt, daß sie selten zur Tätigkeit kommt." So urteilt ein Mann, der die Zeit der Freiheitskriege mit durchlebt hat als einer der führenden Köpfe. Er war einer der edelsten Männer seiner Zeit.

Die Technik hatte längst in der Presse ein Organ geschaffen, durch welches eine öffentliche Meinung sich gebildet hatte, und diese verlangte nach der Schlacht bei Jena stürmisch die Reform der Armee. Stein wurde an die Spitze der Zivil-, Scharnhorst an die Spitze der Militärverwaltung gestellt, und diesen beiden Männern, dem geborenen Reichsfreiherrn und dem geborenen Bauern, dankt Deutschland in erster Linie seine Wiedergeburt. Stein und Scharnhorst konnten ihr großes Reformwerk nur unter den größten Mühen und im Kampf mit einer Kamerilla durchführen, die immer wieder jeden frischen Luftzug zu ersticken drohte. Man verbreitete über die beiden Männer die niedrigsten Gerüchte und trug sie zur Oberhofmeisterin Voß. Die niedrigste Selbstsucht trieb auch mitten in den Gefahren des Vaterlandes ihr erbärmliches Spiel. Welche Arbeit Stein zu leisten hatte, ergibt sich aus der an den König gerichteten Denkschrift, in welcher er die Kabinettsregierung zu stürzen suchte: „In den unreinen und schwachen Händen eines französischen Dichterlings von niederer

Herkunft, eines Roués, der mit der moralischen Verderbtheit eine gänzliche physische Lähmung und Hinfälligkeit verbindet, der seine Zeit in dem Umgang leerer Menschen mit Spiel und Polissonnerien vergeudet, ist die Leitung der diplomatischen Verhältnisse dieses Staates in einer Periode, die in der neuen Staatsgeschichte nicht ihresgleichen findet."[1]) Auf Betreiben Steins erhoben sich die preußischen Stände und beschlossen, aus eigenen Mitteln 30000 Mann Landwehr gegen Napoleon aufzubringen. Dazu kam die Kapitulation von York in Tauroggen. Beide Ereignisse zwangen den König endlich zu dem allgemeinen Aufruf, dem nun die größte Zeit unmittelbar folgte, welche Preußen durchlebt hat.

Das Volk stand auf in ehrlicher Begeisterung. Die junge Freiheit, die ihm geschenkt worden war, drückte ihm das Schwert in die Hand. Männer aus allen Ständen eilten freiwillig zu den Fahnen, aus jedem Hause erklang die gleiche Losung: in den Kampf! Was das arme, ausgesogene Volk noch an Wertgegenständen hatte, legte es nieder auf dem Altar des Vaterlandes. Es galt nicht für ehrenvoll, in jener Zeit noch Silbergeschirr auf der Tafel zu haben, die goldenen Trauringe wurden gegen eiserne eingetauscht, die man für diesen Zweck in Menge hatte anfertigen lassen. Arndt sagt sehr schön: „Der Bücherstaub der Gelehrsamsamkeit ward von dem Sturmwind des Tages abgeweht, und der goldene Blütenstaub des fröhlichen Maientages der Hoffnung und des Mutes fiel auf die Stirnen, die jener sonst umgraut hatte; auch die Kältesten wurden warm, auch die Steifsten wurden gelenkig, sie glühten und zitterten in der allgemeinen Bewegung mit fort." Das war Preußens große Zeit.

Dann kam der Rückschlag. Das Volk hatte seine Schuldigkeit getan, den Staat gerettet, jetzt galt es, die wacklige Ordnung wieder fest zu machen. Und auf welches Fundament glaubte man sie stellen zu sollen! Nicht auf das feste, unwandelbare Fundament eines freien und stolzen Volkes, sondern auf das der Leisetreterei

[1]) H. v. Zwiedeneck-Südenhorst, Deutsche Geschichte von 1806—1871, I, Seite 21.

und der Beschwörung der Geister. Die deutsche Jugend hatte ein einiges, großes und starkes Deutschland erhofft und sah vor sich die staubigen Aktenregale des deutschen Bundestags. Sie erglühte in der Burschenschaft für die Gleichheit aller Burschen und wollte sein „ein Bild des in Einheit und Freiheit blühenden Volkes." Die Ministerkonferenzen antworteten mit den Karlsbader Beschlüssen, mit einer Untersuchungskommission und mit der Beschränkung der Preßfreiheit. In Göttingen mußten sieben Professoren binnen drei Tagen das Land verlassen, die als die berufenen Geisteswächter nichts als ihre Schuldigkeit getan und gegen den schmählichen Verfassungsbruch Verwahrung eingelegt hatten. Tacitus erzählt aus der berüchtigten Zeit des Domitian: „Gleichzeitig wurden auch die Professoren der Philosophie verjagt, und jedes wissenschaftliche Streben ward verbannt, damit nur ja nirgends mehr etwas Gutes sich blicken lasse. Wahrlich, die höchste Langmut haben wir bewiesen; und wie die Vorzeit die Freiheit auf dem Gipfel sah, so wir die Knechtschaft, da uns von der Geheimpolizei sogar der Gedankenaustausch verboten war."[1]) Es hat den Anschein, als wenn dieser reaktionäre Abschnitt der römischen Kaisergeschichte in bezug auf die Freiheit des Geistes von den deutschen Zuständen der zwanziger und dreißiger Jahre nicht sehr unterschieden war. Dem Professor Ernst Moritz Arndt in Bonn, dem edlen Patrioten, blieb eine Haussuchung nicht erspart; er, dessen Lieder bei der Befreiung Deutschlands das Volk aus dem Schlummer geweckt hatten, sah das Recht zu lehren, sich auf zwanzig Jahre aus der Hand genommen. Etwa 1800 Burschenschafter wurden vor die Untersuchungskommission gestellt. Das Kammergericht in Preußen verurteilte 39 Angeklagte zur Todesstrafe, 4 zu lebenslänglicher und 161 zu dreißigjähriger Haft. Wolfgang Menzel schrieb aus der Schweiz: „Es herrschte damals eine fürchterliche Gemeinheit in der Welt, eine Flucht vor allem Heiligen, Großherzigen und Schönen, jenes gespenstische Philistertum, vor dem sich Collot-Hoffmann bis zum Wahnsinn entsetzte

---

[1]) Leben d. Agricola, deutsch von Oberbreyer 2.

und Lord Byron lieber in den barbarischen Orient flüchtete." [1]) Auf die kurze Zeit der Größe war eine lange Zeit der Erbärmlichkeit gefolgt im deutschen Vaterlande. Die Kirche fand in dieser Zeit aber ihren Vorteil. Neue katholische Bistümer wurden hergestellt, die Dotation des Klerus stieg, neue Pfarreien wurden gegründet und Kirchen auf Staatskosten gebaut.

Unabhängig von dem reaktionären Treiben war die Technik still ihren Weg gegangen, fleißig an der Arbeit gewesen und hatte durch die neuen Antriebs- und Gebläse- und Arbeitsmaschinen die menschliche Arbeitskraft auch in Deutschland mehr und mehr an den Zentralstellen konzentriert und in der Fabrikarbeiterschaft ein neues Bevölkerungselement geschaffen. Diese zusammengewürfelte, mittellose, vielfach notleidende Bevölkerung hatte nur zu hoffen, aber nichts zu fürchten oder zu verlieren. Der Adel hatte die ländliche Arbeiterbevölkerung bereits enteignet, er hatte ihre kleinen Anwesen angekauft und sie als Insten in ein Proletariat verwandelt. Die Kinder eilten nun in die Arme der Technik, die sie freundlich bei sich aufnahm und ihnen die Möglichkeit darbot, sich eine menschenwürdige Existenz zu schaffen. In den Fabriksälen harrten der Leute neue Aufgaben; die Menschen waren auf ein gemeinschaftliches Wirken nunmehr angewiesen, sie mußten neue gesellschaftliche Formen ausbilden und neue sittliche Gesetze schaffen. Sie folgten bedingungslos den Führern, mit einem Vertrauen und einem Opfermute, die wir nicht hoch genug bewundern können. Der mystische Romantiker Görres, sicherlich nichts weniger als ein Freiheitsapostel, hatte schon in der Reaktionszeit das richtige Gefühl für diese Erscheinungen gehabt. Er schrieb: „Das Volk trägt in hell erwachtem klarem Bewußtsein die Erkenntnis seiner Rechte, die nicht minder von Gott sind, wie die der Herrschaft, und es findet eine Gattung Enthusiasten seiner Art, die ihm eine bessere Zukunft mit der gleichen Aufrichtigkeit und mit der gleichen Illusion, wie je anderen den Fürsten die Vergangenheit malen . . . . . . Man mag ihm diese Menschen

[1]) v. Zwiedeneck, II, S. 141.

als Verführer, Demagogen, Karbonaris, schildern, die im Umsturz der bestehenden Ordnung der Dinge alle ihren Vorteil suchen; es fühlt, wie wenigstens viele unter ihnen es wohl mit seinem eigenen Interesse meinen; es sieht, wie bei der Partei, die sie ergriffen, vor der Hand weder für den Eigennutz, noch für die Herrschsucht, oder Ehrbegier, Bedeutendes zu erwerben ist, da Würden, Ehren, Gold und Auszeichnung auf der entgegengesetzten Seite stehen." [1])

Das neue Arbeiterproletariat wurde zu einer neuen, frischen Quelle der Sittlichkeit, für sich selbst und für den Staat. Es stand jetzt da in der frischen Luft der jungen Freiheit, angewiesen auf die eigene Kraft, angewiesen auf die eigene Verantwortung und den freien Entschluß, wo es galt, für das Wohl der Familie zu sorgen. Durch die kürzere Arbeitszeit und durch die Presse wurde es befähigt, über die Aufgaben des Staates sich zu unterrichten, selbst an der Lösung dieser Frage mitzuwirken und sich als Staatsbürger zu fühlen. Erst in dem Fabrikleben gewann das arbeitende Volk die Gelegenheit und die Muße, auch den Fragen der Gesittung näher zu treten, der Dichtung, der Kunst und der Wissenschaft, des Rechts, der Religion und der Sittlichkeit. Aus dem Sklaven des Altertums war ein freier Mensch geworden; aus der Sphäre der Furcht, des Hasses, der Grausamkeit und der Gemeinheit war die arbeitende Bevölkerung hinaufgestiegen in das Reich des freien Kampfes, aus der ungewußten Sittlichkeit in die gewußte; auch ihr war die Frucht des Paradieses jetzt zuteil geworden und sie hatte genossen vom Baume der Erkenntnis. Stolz und kühn hob sich der Blick des freien Arbeiters, wie der des freien Bauern.

Aber nicht nur das sogenannte arbeitende Volk, das sind etwa siebenzig vom Hundert der Bevölkerung, war durch die Schöpfungen der Technik befreit und geadelt worden, sondern auch der Staat als Organismus wurde von einem edleren Blute durchströmt und von einer reineren Menschenliebe getragen. In früheren

[1]) H. v. Zwiedeneck, II, 140.

Zeiten hatte er die arbeitende Klasse dem glücklicheren Besitz geopfert. Der dumpfe Zustand, in welchem die schwere Arbeit die unterste Klasse gefesselt hielt, erschien ihm wie ein Naturverhängnis, gegen welches anzukämpfen er machtlos sei. Voltaire hatte noch im Jahre 1752 geschrieben, daß der Arbeiter und der Tagelöhner nur das Notwendigste besitzen dürften, wenn sie arbeiten sollten, das läge in der Natur des Menschen. Aber die Technik kehrt sich nicht an Meinungen; erst mußte sie allerdings die Arbeitsweise der Menschheit vergeistigen, erst mußte sie ihr die Mittel geben, sich die persönliche Freiheit zu erringen, dann erst konnte sie weiterschreiten und das politische Recht nachfolgen lassen, mit ihm die Fürsorge und die Teilnahme des Staats. Jetzt erkennt es der Staat an als seine Aufgabe, auch für das Wohl der arbeitenden Klassen zu sorgen, und in der Arbeiterschutz- und in den Versicherungsgesetzen sie wenigstens soviel mit einem Tropfen sozialen Öles zu salben, daß man jetzt auch dem Staate die Eigenschaft einer sittlichen Einrichtung nicht mehr vorenthalten kann, die ihm Hegel noch zu früh zusprechen wollte. So wurde der Fortschritt in der Technik zur Quelle einer neuen Sittlichkeit, und so hat die Technik in ihren Folgen den Staat in das Reich der freien Sittlichkeit emporgehoben.

Die Technik greift in ihren Folgen aber hinaus über den engen Rahmen des Staates. Wie sie durch den Handel und den Verkehr die Familie dem Gau, diesen dem Stamme, diesen dem Landesstaat, diesen dem Reiche unterstellte, so hat sie das Reich auf die Aufgaben hingewiesen, die von ihm außerhalb der Grenzen zu erfüllen sind. An allen Teilen der Erde, die von Menschen bewohnt sind, herrscht die Technik; überall bearbeitet der Mensch die Naturerzeugnisse, überall produziert er mehr, als er verzehren kann, überall will er tauschen, und so zieht der Handel seine magischen Kreise um die Erdkugel und einigt die Völker im friedlichen Wettbewerb. Iphigenie mußte gegen das grausame Strandrecht ankämpfen, und noch im späten Mittelalter wurde der gescheiterte Kaufmann eine Beute der Strandbewohner. Die Macht des immer wachsenden Verkehrs hat auf der Basis der Gegenseitigkeit den rohen Brauch beseitigt. Heute wird dem gescheiterten Manne hilfreiche Hand geleistet im Kampfe gegen den Sturm, und selbst im Kriege wird der gefangene und verwundete Gegner liebevoll gepflegt. Das sind Erscheinungen, die durch die Macht des Verkehrs, in letzter Linie durch den menschlichen Geist in seiner technischen Betätigung hervorgerufen sind. Der Kaufmann war der Träger der Kultur, der die Völker zusammenführte. Lange bevor der Gedanke an das Völkerrecht Wurzel faßte, hatte der Kaufmann es praktisch ausgeübt. Während die Kirche noch Ketzer und Hexen verbrannte, reichten die Kaufleute sich schon die Hände über Meer und Land. Heute ist ein Krieg unter den kultivierten Völkern eigentlich nur noch möglich um wirtschaftlicher Interessen willen. Schon besteht eine internationale Vereinigung für gesetzlichen Arbeiterschutz, eine andere zur Beilegung von Streitigkeiten. So erhebt sich der Fortschritt des sittlichen Gedankens im Staatsrecht und im Völkerrecht auf dem Unterbau, den die Technik, der Handel und der Verkehr geschaffen haben; so werden die Beziehungen der Völker immer mehr geläutert und fester ineinander verflochten.

Soweit der engbemessene Raum einen Hinweis möglich machte auf den Zusammenhang zwischen dem technischen Fortschritt und der geistigen Kultur, hat sich gezeigt, daß dieser Zusammenhang im ganzen und großen sich gleichmäßig offenbart. Die Pionierarbeit der Technik, die Führerschaft derselben auf dem Wege der Kultur folgt zunächst aus der Tatsache, daß sie allein beständig vorgeschritten und in ihrer Entwicklung weit vorausgeeilt ist im Vergleich mit allen anderen Formen der Betätigung des menschlichen Geistes. Durch diesen Vortritt beeinflußt sie auch die geistige Kultur. Wir haben gesehen, daß im 19. Jahrhundert der Aufschwung der Technik den menschlichen Geist abgelenkt hat von den unfruchtbaren Spekulationen im abstrakten Denken und ihn zurückgeführt hat in den Schoß der Mutter Erde; die Technik hat ihn abgelenkt vom Allgemeinen und das Interesse am Besonderen erweckt, sie hat ihn von der Deduktion zur Induktion geleitet. Aus der verstärkten Antriebskraft an den Arbeitsstätten und der höheren Kombinationsweise im Arbeitsvorgang erwuchs die zentralisierte Produktionsform und aus ihr ergab sich eine neue gesellschaftliche Gruppenbildung; diese stellte neue Anforderungen an die geistige Kultur, an die Wissenschaft, an das Recht, an die Kunst, an die Religion, an die Sittlichkeit, an die Gesellschaft und an den Staat. Auch der größte Zweifler kann nicht leugnen, daß der Vorsprung der Technik im 19. Jahrhundert einen Fortschritt in der geistigen Kultur hat folgen sehen, wie er sonst in mehreren Jahrhunderten zusammengenommen kaum nachgewiesen werden kann. Allgemeine Ideen kamen und gingen auch in früheren Zeiten, aber der geistige Fortschritt war nur langsam. Während die wirtschaftliche Höhe schon im 15. und 16. Jahrhundert das Altertum überwand, folgte der Sieg der freigewordenen Geister erst mehr als dreihundert Jahre später. Der neue Fortschritt der geistigen Kultur hat u. a. sich gezeigt in der Ausbreitung und Unentgeltlichkeit der Volksschule, in der gesteigerten Fruchtbarkeit der wissenschaftlichen Methode, in dem Siege des mündlichen Rechtsverfahrens und der Volksgerichte, in der Frage der Zurechnungsfähigkeit und im gemilderten Strafvollzug, in der Vertiefung nnd Besonderung der Kunstidee, in der Rückkehr zur umgebenden Natur, in der Betätigung der kirchlichen Mächte an den Werken der Bruderliebe, in dem Vordringen des sozial-ethischen Gedankens und in der Anerkennung gleicher Rechte und gleicher Pflichten aller Völker durch die Genfer Konvention und durch die internationalen Schiedsgerichte.

Demnach ist die Entwicklung der Technik der geistigen Kultur nichts weniger als abträglich gewesen, ganz abgesehen von dem nebenbei erzielten Zuwachs an Freiheit, an Reichtum und politischer Macht. Der Engländer ist immer praktisch gewesen, denn er war ein geborener Techniker. Das gleiche gilt für den Nordamerikaner, in zweiter Linie für den Franzosen, und neuerdings fängt auch der Deutsche an, aus seinen Träumen zu erwachen. Alle Nationen, die groß und stark geworden sind, danken diese Errungenschaft der Technik. Es fällt mir gewiß nicht ein, den Wert der geistigen Kultur und insbesondere des Gefühls- und Seelenlebens zu unterschätzen, und ich würde schwere Bedenken tragen, dem technischen Fortschritt das Wort zu reden, wenn ich sehen würde, daß die seelischen und geistigen Eigenschaften darunter leiden. Mir scheint das Gegenteil der Fall zu sein. Der materielle Wohlstand wächst, mit ihm die Gesundheit und das leibliche Behagen, aber auch die allgemeine Bildung und die Vertiefung des Seelenlebens. Daß der materielle Besitz mehr betont wird als früher, halte ich für ein Glück, sonst würden wir wieder in die deutsche Träumerei zurücksinken. Daß die geschichtliche Weltanschauung stellenweise zurückgedrängt wird, ist richtig, aber unvermeidlich bei jedem Fortschritt. Neue Gedanken sehen vorwärts und nicht hinter sich. Die Verbrechen nehmen stellenweise zu, aber auch die Konflikte. Die Beschränkung der Kinderzahl ist kein Zeichen des Verfalls, sondern das Zeichen eines stärkeren Gefühls für die Verantwortung. Ich sehe in der Gegenwart ein ernstes Ringen, dem materiellen Aufschwung die geistige Kultur anzupassen. Die Blüte der Völker hat zu allen Zeiten auf materieller Grundlage geruht. Daß heute die Menschen weniger kirchlich sind, gebe ich zu, das ist die unvermeidliche Folge der vorschreitenden Geistesbildung. Daß die Menschheit weniger religiös geworden sei, soll erst bewiesen werden. Ich glaube, daß die Religiosität nur eine andere Form angenommen hat, daß sie mehr persönlich, mehr innerlich geworden ist und der herdenweisen Betätigung sich mehr entzieht. Die Eigenart ist also gewachsen uud mit ihr die seelische Selbständigkeit. Es unterliegt für mich keinem Zweifel, daß die geistige Kultur des 19. Jahrhunderts einen Fortschritt zeigt, gegenüber allen früheren Zeiten, daß der Schwerpunkt auf sittlichem Gebiete liegt, in sozial-ethischer und in völkerrechtlicher Richtung. Die Träger dieses Fortschritts sind der Verkehr, derHandel, die soziale Schichtung, die Arbeitsform, und in letzter Linie die geistige Leitung der großen Arbeitsvorgänge: die Technik.

Siebentes Kapitel.

Die Technik als Kulturmacht.

Dem Leser, der die Ausdauer gehabt hat, bis hierher zu folgen, sage ich meinen Dank. Ich hoffe, daß er nunmehr auch das letzte Hindernis noch nehmen wird, das ihn vom Ziele trennt, das siebente Kapitel, und daß er sich bereit wird finden lassen, mich auf einem kurzen Weltenfluge zu begleiten, der ihm aus der Vogelschau die durchwanderten Lande noch einmal übersichtlich zeigt. Kann ich mir beim Abschied sagen, daß ich den Leser überzeugt habe von dem gewaltigen kulturgeschichtlichen Wert der Technik, so wird mich dieses Bewußtsein reich belohnen, auch wenn der Leser in einzelnen Dingen anderer Ansicht bleiben sollte. Wenn er aber als Zweifler an dem Grundgedanken, oder gar als Ungläubiger von mir scheiden sollte, so wird mir das Bewußtsein einen schwachen Trost geben, daß es weniger gefehlt hat an der Wahrheit der verfochtenen Thesen, als an der Geschicklichkeit des Fechters.

Im ersten Kapitel habe ich folgende drei Behauptungen aufgestellt:

Durch die Technik wird die menschliche Arbeitskraft fortschreitend vergeistigt;

der steigende Geist erkämpft sich im Staate die persönliche und die politische Freiheit;

der befreite Mensch vertieft das seelische Leben und veredelt die Kultur.

Überschauen wir nun kurz, wie sich die Geschichte zu dem ersten dieser Sätze gestellt hat.

Zur Zeit der griechischen Kulturblüte wußte die Technik die die Gaben der Natur auf keine andere nennenswerte Weise zu bearbeiten, als durch Anwendung der menschlichen Hand und Muskelkraft, wobei die Wirkung verstärkt wurde durch Werkzeuge und einfache Maschinen. Zur Bewegung der Maschinen wurde in erster Linie auch wieder die Muskelkraft des Menschen, nebenbei aber auch diejenige der Tiere, in Anwendung gebracht, so beim Wagen und beim Pflug, auch wohl beim Göpelwerk und Tretrad. Zur Fortbewegung des Segelschiffs, dieser schwimmenden Transportmaschine, wurden die Winde angewendet, und der Römer bewegte schon Getreidemühlen durch die Kraft des fließenden Wassers. Er erreichte damit den Höhepunkt, der im Altertum bei der Umleitung der Naturkraft in den Mechanismus der Maschine überhaupt erstiegen worden ist. Das Getreide schnitt der Grieche mit der Sichel, er ließ Ein- und Zweihufer die Körner aus den Ähren treten und mit seinen eigenen Füßen quetschte er den Saft aus der Weintraube. Auch hier zeigt der Römer wieder einen Fortschritt; er kannte die Sense, schlug die Körner mit dem Flegel aus und benutzte bei der Kelterung die Presse. Man kannte im Altertum die einfachsten Bewegungsmechanismen, den Hebel, die Kurbel, das Rad, die Walze, den Flaschenzug, sogar das Zahnrad und das Vorgelege, man schmolz das Kupfer und das Zinn, man goß die Bronze, man wußte auch das Eisen schon in metallischer Form aus den Erzen auszuschmelzen, man brannte den Ton, gerbte das Leder, hämmerte die Metalle, spann die Wolle und den Lein und verflocht die Fäden zu kunstreichem Gewebe. Auch diese Künste aber ruhten auf der Handarbeit des Menschen und auch die groben Arbeiten wußte das Altertum auf keine andere Art zu leisten, als durch eine Vermehrung der menschlichen Muskelkraft.

In der Zeit der Naturalwirtschaft, als noch das Landleben überwog, bedurfte es der Sklaven wenig. Die Entwicklung des privaten Eigentums am Grund und Boden brachte aber die Handarbeit in Abhängigkeit vom Grundbesitz, und zur Beschaffung von Lebensmitteln war sie gezwungen, in die Belehnung mit Zinsland einzuwilligen und in eine persönliche Zugehörigkeit zum Herrenhof. Die rechtlichen Formen dieses wirtschaftlichen Zustandes haben wir mit dem Namen Hörigkeit bezeichnet. Alle Kulturvölker müssen diese wirtschaftlichen Zustände durchlaufen. In Rußland bestand z. B. die Fronhofswirtschaft mit den hörigen Handwerkern noch im 19. Jahrhundert. Sobald nun im Altertum die rastlose Produktion einen vermehrten Tauschverkehr hervorgerufen hatte, drängte sich ein besonderes Tauschmittel ein, das Geld. Seine Anwendung erleichterte und vermehrte die Tauschgeschäfte, und die Folge war die Ansammlung von überschüssigem Kapital in einigen bevorzugten Händen. Das Kapital drängte nun seinerseits nach Verwertung. Es strömte der Technik an den Orten zu, an denen sie diese Verwertung am besten zu bewirken wußte, immer neue Kapitalien wurden ihr zugeführt, die Betriebe wuchsen, und die menschliche Arbeitsmaschine, der Sklave, trat unausbleiblich auf den Plan.

Die Bearbeitung der Naturerzeugnisse verfeinerte sich durch die Übung im Handwerk. Die Arbeitsvorgänge zerlegten sich in eine große Anzahl von Gewerben, sie teilten sich in jedem Gewerbe wieder in besondere Teilarbeiten, es entstand ein Spezialistentum. Die Kunst des Handwerks machte eine Lehrzeit notwendig und die Entlastung von allen groben Arbeitsformen. Die Gewerbe steigerten sich zur Industrie, man arbeitete auf Vorrat und warf Massenartikel auf den Markt, so in Athen an gegerbten und gewebten Waren, an Schuhwaren, Bettdecken und Kleidungsstücken. Der Bau der Schiffe wurde kunstvoller und schwieriger, auf dem Kriegstheater traten die Stoß- und Wurfmaschinen auf, und die Produkte des Kunstgewerbes zeugten in einwandfreier Weise von einer vergeistigten Arbeitskraft. Ein freier Technikerstand war die Folge. Der Baumeister für den Hochbau stand neben den Baumeistern für den Wasserbau, für den Wegebau und für die Kriegsmaschinen. Die Technik schritt vom Holz- zum Stein- und zum Gewölbebau. Mit Hebeln, Walzen, Rollen, Winden, Flaschenzügen schaffte sie den Stein an seine Stelle. Die Kunst der Ingenieure zeigte sich in den ausgedehnten Straßen-

und Brückenbauten, in den Wasserleitungen, den Bergwerken, den Hafenbauten und in der Eisenindustrie. Alle diese großartigen Anlagen setzten menschliche Arbeitskraft frei für feinere Arbeitsformen und führten immer neue Mengen von Arbeitskraft unmerklich näher an jene Grenze, in welcher der Aufwand an mechanischer Energie ausgeglichen wird durch die gleichzeitig erforderliche Energie des Geistes.

Mit dem Tode des römischen Reiches erstarb die Technik nicht; sie lebte fort in Byzanz, beim Islam und auch bei den nordischen Völkerschaften. Cäsar hatte schon die gallische Gewerbtätigkeit gerühmt, ihre zahlreichen Bergwerke erwähnt, ihre Überlegenheit im Schiffbau anerkannt, die gallischen Städte mühsam belagert und in seinem Buch vom Kriege wissentlich und unwissentlich von der hohen technischen Kultur der Gallier Zeugnis abgelegt. Wenig rückständig nur waren die Britannier, etwas mehr die Germanen; aber schon Tacitus bezeugt ausdrücklich auch bei diesen die allgemeine Verbreitung der Eisentechnik und den lebhaften Tauschverkehr mit den römischen Händlern. Die nordischen Völker konnten vielfach mit der Technik der Römer in den Kulturprozeß eintreten, mit römischen Werkzeugen und Schmelzprozessen; sie hatten damit die Anwartschaft auf eine raschere Entwicklung, die allerdings durch die kompakte Gestaltung des Landes und die schwache Küstengliederung zum Teil wieder aufgehoben wurde.

In den ersten tausend Jahren nach Christi Geburt herrschte auch in Deutschland die Naturalwirtschaft vor. In langer, harter Arbeit mußte erst der Boden urbar gemacht und dem Pfluge unterworfen werden, ehe ein besonderer Handwerkerstand von dem Überschuß an Nahrungsmitteln leben konnte, die der Bauer dem Boden abgewann. Auch dann waren die technischen Arbeitsstätten zuerst nur spärlich verteilt, Verbindungswege fehlten, und das Land ernährte nur eine vereinzelte Bevölkerung. Auch in diesen Zeiten sahen wir neben der Sklaverei die Hörigkeit entstehen, die allgemein übliche Form des Personenrechts während der naturalwirtschaftlichen Produktion.

Indessen schritt die Technik weiter. Die Verwendung des fließenden Wassers zum Drehen der Mühlsteine, die im 6. Jahrhundert in Rom schon sehr verbreitet war, führte notwendig auf den Gedanken, das Wasser auch für andere Zwecke nutzbar zu machen, und im 14. Jahrhundert gelangte diese Form der Antriebskraft zum allgemeinen Gebrauch für gewerbliche Zwecke. Auch der Blasebalg wurde durch die neue Kraft bewegt; mit vollen Lungen blies er die Luft in den Schmelzofen hinein, das Eisen mußte sich erweichen und in der gegossenen Form dem Menschen dienstbar sein. Der ältere Plinius würde gewaltig gestaunt haben, wenn er die Eisentechnik des 15. Jahrhunderts gesehen hätte, da er über den Eisenbedarf der Römer schon in so große Verwunderung geraten war. Jetzt entstanden die mechanischen Hämmerwerke, die Drahtzüge und Walzwerke, der Geschützguß und die Plattnerkunst, die Nadlerei und die Schlosserkunst, ferner die mechanischen Sägemühlen, Papiermühlen und Walkereien, die Kunst des Buchdrucks und der Windmühlen, das Schießpulver und der Kompaß und zugleich die gotischen Dome mit den Turmuhren, die von oben herab das Leben regelten: ganz ohne Frage alles in allem ein gewaltiger technischer Fortschritt gegenüber dem versunkenen Römerreich.

In Deutschland war die Geldwirtschaft um das Jahr 1200 im allgemeinen zum Siege gelangt, um das Jahr 1400 war die Goldwährung gefolgt. Dies war der wirtschaftliche Höhepunkt, in welchem das Altertum die Sklaverei stärker entwickelt hatte, die Einführung der menschlichen Arbeitsmaschine zum Zweck einer gesteigerten Produktion. Wäre die Technik im 14. und 15. Jahrhundert noch die gleiche gewesen, wie zur Zeit Christi, so wäre ein erneutes Aufblühen der Sklaverei die unvermeidliche Folge gewesen. Statt des Aufblühens sehen wir aber um das Jahr 1400 die Sklaverei erlöschen, und zwar nicht erlöschen durch gesetzliche Vorschriften, oder religiöse Einflüsse, sondern in aller Stille ganz allein durch die veränderten Arbeitsmittel der Technik. Während die Kirche die Ketzer suchte und verbrannte, gab die Technik die Sklaven frei.

Die folgenden Jahrhunderte sind in der technischen Entwicklung lebhaft fortgeschritten. Die Eisentechnik brachte das Handelseisen auf den Markt, die Gewerbe besonderten sich in neue Teilbetriebe, es entstand die Büchsenmacherei; Bandmühle und Mühlstuhl wurden erfunden, denen sich bald die Spinnmaschine und die Dampfmaschine anschlossen. Die Steinkohle trat auf den Plan, Majolika und Porzellan, Schnellgerberei und Puddelprozeß, griffen ein in die gewerbliche Tätigkeit. Der Bau von Straßen und Kanälen stellte Verbindungswege her und schuf die Möglichkeit zum Übergang der Stadtwirtschaft in die Volkswirtschaft. Lange schon hatte das mobile Kapital die gewerblichen Einzelbetriebe einheitlich geregelt und jetzt rief die Technik durch die neue Antriebskraft die Arbeitsweise der Fabrik ins Leben, einheitlich nach Raum und Zeit. Die Dampfmaschine übernahm die schwersten und gröbsten Arbeiten und die versammelten menschlichen Arbeitskräfte wurden freigesetzt für eine mehr vergeistigte Tätigkeit.

Im 16. Jahrhundert hatte der technische Geist in Theorie und Praxis sich gespalten. Die Erforschung der Natur war zu einer exakten Wissenschaft geworden. Im Anfang des 19. Jahrhunderts war diese Wissenschaft soweit vorgeschritten, daß sie auf die Technik befruchtend einwirken und Hand in Hand mit ihr die Technologie ins Leben rufen konnte. Die Folge war die methodische Anwendung der Naturgesetze zum Bau von Kraft- und Arbeitsmaschinen, von Eisenbahnen und Dampfschiffen, von eisernen Hallen und Brücken. Neben der mechanischen erblühte die chemische Technologie; beide erhoben den Arbeitsprozeß auf die Höhe der Rechnung, der systematischen Methode, gegenüber dem beschränkten Felde der Erfahrung und dem mühseligen Versuch. Es wurde jetzt das Ziel der Technik, das Rohmaterial so oft wie möglich durch die zwangsläufig geführte Arbeitshand der Maschine hindurchzusenden, die ohne Ermüden und immer gleichmäßig sich schließt und öffnet. Die menschliche Hand wird immer mehr ein Instrument des Geistes, sie wird immer mehr auf die feineren Arbeitsformen eingeschränkt, welche sich der maschinellen Bearbeitung entziehen; sie dient immer mehr zur Führung und Leitung der maschinellen Arbeitsvorgänge, der gefesselten und eingespannten, aber nicht gezähmten Kraft der Natur.

Ich wende mich zu meiner zweiten These. In der Zeit des Nomadentums dienen als Mittel für den Unterhalt und den Genuß des Lebens die natürlichen Produkte der Pflanzen und Tiere. Die Nahrung liefert das wilde Obst, das Fleisch und die Milch der Herden, die Kleidung die abgestreifte tierische Haut; mit ihr wird auch das Zelt geschlossen zum Schutz gegen die Witterung. Der kriegerische Zusammenstoß mit anderen, benachbarten Nomadenstämmen führt zur Seßhaftigkeit, die in der ersten Zeit allerdings noch oftmals wieder dem Wandertriebe weichen muß, bis endlich die verschiedenen Stämme so hart sich aneinander reiben, daß ein jeder auf einer bestimmten Fläche sich eingekeilt und festgehalten sieht. Die Stammesmitglieder teilen unter sich den Grund und Boden auf, als genossenschaftliches Eigentum. Die Beschränktheit des Bodenbesitzes zwingt zum Ackerbau, dieselbe Flur muß alljährlich neue Erträge liefern. Am Ackerbau entwickelt sich die Handarbeit. Es folgt der Bau der hölzernen Häuser, die Herstellung der Geräte, das Gerben der Tierfelle, das Spinnen und Weben. Da der Mensch die Arbeit zunächst als eine Last empfindet, so sucht der neue Grundeigentümer für die Handarbeit die Kriegsgefangenen zu verwenden. Er belehnt sie mit Land und empfängt von ihnen Nahrung und Kleidung, Fron und Zins. Der belehnte Kriegsgefangene ist unfrei und gehört zur Hofstelle. Diesen Zustand fanden wir ungefähr bei den Germanen des Tacitus.

Aus der regelmäßigen Handarbeit geht nach Anlage und Geschicklichkeit eine Teilung hervor, und an dieser entwickelt sich die gewerbliche Kunst. Die Folge ist ein fest begrenzter, höriger Handwerkerstand. Die größere Produktivität der Arbeit führt nach und nach zu einer Mehrleistung und zur Ablösung der alten Pflichten. Dieser Prozeß war in Griechenland der Solonischen Reform vorhergegangen, in Rom dem Sturz der Monarchie, in Deutschland war er um die Zeit der Kreuzzüge zur Durchführung gelangt. In Rußland hatten wir diesen Vorgang im 19. Jahrhundert noch vor Augen. Reichgewordene Leibeigene zahlten daselbst 20 bis 50000 Rubel für ihre Freilassung. Auf die persönliche Freiheit folgen die Kämpfe der Handarbeit mit dem Grundbesitz um die politischen Rechte, die wir in Griechenland als die Entwicklung des Demos, in Rom als das Aufsteigen der Plebs und in den deutschen Städten als die Kämpfe der Innungen gegen die Geschlechter kennen lernten. Überall war die Handarbeit mehr oder weniger siegreich. Neben dem Freiheitsprozeß der Hörigen ging nun im Altertum in entgegengesetzter Richtung der Prozeß der Versklavung der ungelernten Arbeiterschaft einher, weil die Technik die vielfach wachsenden, mechanischen, groben Arbeitsaufgaben nur durch die Handarbeit zu lösen wußte. Aus der Sklaverei entwickelte sich aber an der Hand der Technik ein zweiter Freiheitsprozeß, der zunächst in eine neue Hörigkeit einmündete, bis diese Durchgangsform von Justinian beseitigt wurde.

Griechenland hat sich zum einheitlichen Staat nicht durchgerungen, dagegen ist Rom zu einem Weltreich vorgeschritten. Hier sprengte die Handarbeit in Verbindung mit dem Tauschverkehr zur Zeit des Caracalla die städtischen Fesseln und führte zu einem allgemeinen Staatsbürgerrecht, und zur vollen Freizügigkeit für alle freigeborenen Männer. Ein Menschenalter später folgte unter Diokletian die einheitliche Reichsverwaltung.

Die Vereinheitlichung des römischen Staates rief ein Beamtenheer ins Leben und die Folge war die Zentralisierung der Macht am Kaiserhof. Der Despotismus trat auf die Bühne, der Senat wurde entrechtet, die Geschworenengerichte wurden abgeschafft. Bis zur Überwindung dieser Despotenform ist der römische Staat nicht vorgedrungen, für diese Aufgabe reichte die Macht der Handarbeit nicht aus. Das Arbeitsfeld der Technik war im Altertum an manchen Orten zwar sehr ausgedehnt, aber die technische Kunst ging mehr in die Breite, als in die Tiefe, sie war nicht produktiv genug und vermochte Produktion und Tausch auch im Römerreiche nicht so weit zu heben, daß sie die führenden Mächte werden konnten. Für die Produktivität der Arbeit gibt einen ungefähren Anhalt die Bevölkerungsdichtigkeit, und diese blieb im Altertum gering. Griechenland zählte in seiner Blüte vielleicht 27, das Reich des Augustus nur 16 Köpfe auf das Quadratkilometer, während das deutsche Reich heute eine Durchschnittszahl von 104 Köpfen bereits überstiegen hat. Der Grundbesitz behielt im Altertum im allgemeinen noch die Übermacht. Die Sklaverei konnte nicht überwunden werden, und für den Gedanken an eine parlamentarische Vertretung des ganzen Volkes war der Boden nicht reif.

Die gleichen Vorgänge wie im Altertum sahen wir nun in der Hauptsache in der neueren Geschichte wiederkehren. Das deutsche Reich des Mittelalters blieb, wie Griechenland, in seiner politischen Entwicklung gehemmt durch die Macht der individualistischen Neigung; in beiden Ländern sind die politischen Wandlungen territorienweise vor sich gegangen. Frankreich dagegen war getränkt mit römischem Blute, hier zeigte sich ein zentralistisches Bestreben, ein politischer Geist, und so konnte es als Einheitsstaat in die Neuzeit eintreten. Durch die technische Entwicklung war die Sklaverei um das Jahr 1400 allgemein erloschen; es wirkten in den Städten nur noch persönlich freie Männer. Im 17. Jahrhundert hatten in Frankreich Produktion und Handel eine solche Höhe erreicht, daß der Verkehr über die städtischen Wirtschaftseinheiten hinausdrängte und ein vergrößertes, einheitliches Tauschgebiet verlangte. Der äußerlichen, politischen Einheit mußte jetzt die innere, verwaltungsrechtliche sich anbequemen, und so erwuchs auch hier ein Beamtenstaat, ein Despotenreich, ganz wie im alten Rom und wie bald darauf auch in den deutschen Territorien. Der römische Despotenstaat beruhte noch auf der Vorherrschaft des Grundeigentums, der französische desgleichen, der römische hatte den Senat kaltgestellt, der französische die Stände; jener schuf die Kabinettsjustiz, dieser ahmte ihm nach; jener stützte sich auf das Söldnerheer, dieser desgleichen, und beide suchten ihre Herrschaft zu organisieren durch den Gebrauch der neuen beamteten Gewalt. Der neue Despotenstaat unterschied sich aber dadurch von dem römischen, daß er keine Endform, sondern nur eine Durchgangsform sein konnte, die nächste Etappe in dem Siegeszug von Produktion und Handel. Die absolute Monarchie glaubte herrschen zu können wie der Kaiserhof im alten Rom, sie wurde aber vom 18. Jahrhundert überwunden. Der Sieg der Handarbeit über das Grundeigentum, der sich im Mittelalter nur in den Städten vollzogen hatte, wiederholte sich jetzt auf der ausgedehnteren Grundlage des Staates. Durch die französische Revolution wurde die Mischung von Adels- und Beamtenherrschaft abgeworfen, welche der Entwicklung der freien Arbeit nicht genügend Luft verschaffen wollte, und die Folge war die Teilnahme der Handarbeit an der Verwaltung des Staatswesens. Die Untertänigkeit schied aus der Welt. Nach einiger Zeit kam auch in Deutschland der dritte Stand zur Mitherrschaft, die er in der Folge allerdings zum Teil wieder verlor. In Preußen ist die Vormacht des Grundbesitzes noch nicht gebrochen. Neben und über den Territorialstaaten aber wurde das deutsche Reich gegründet und der gesamten männlichen Bevölkerung gleichmäßig das Stimmrecht gewährt zur Wahl von Vertretern ihrer Rechte. Damit hatte sich die Handarbeit äußerlich als gleichberechtigt neben dem Grundbesitz erhoben. Die arbeitende Bevölkerung war vom Sklaven des Altertums zum freien Staatsbürger der Neuzeit aufgestiegen, immer an der Hand der Technik, stark allein durch die produktive, technische Kraft.

Zum Beweise, daß es die Technik war, welche das Volk zur Freiheit führte, haben wir auch die Entwicklung auf dem Lande verfolgt und gefunden, daß eben dort, wo die Technik fern geblieben war, auch die Freiheit sich nicht zeigte. Der arische Erobererstamm, der auf den hellenischen Fluren seßhaft geworden war, hatte den Grund und Boden aufgeteilt. Die Bewirtschaftung vollzog sich durch hörige Leute. Wo Industrie und Handel zur Herrschaft gelangten, wie in Attika, kam es zur Bewirtschaftung durch Sklaven. In den Agrarstaaten, wie in Sparta, geriet das Landvolk in Leibeigenschaft. Keine Tür führte ins Land der Freiheit, und wenn wirklich eine solche Tür vorhanden war, dann wurde sie verschlossen. Ähnlich war es in Rom. Hier teilten sich die alten Geschlechter und die neue Kapitalmacht in den Grundbesitz, der freie Bauer schwand aus dem Lande. Wo die Herrschaft selber wirtschaftete, geschah es durch Sklaven, wo sie verpachtete, geschah es meist in der Form des Kolonats. Teils waren es wohl Sklaven, die als Kolonen eingesetzt wurden, vielfach aber freie Männer. Das Kolonat mündete in Schollenpflichtigkeit und in Leibeigenschaft. Immer wiederkehrende Aufstände und die Erzählungen der Schriftsteller bezeugen die steigende Not des Landvolkes.

Auch der deutsche Stammesgenosse saß zuerst auf seinem freien Erbe, das Eigentum an diesem Erbe gehörte dem Stamm. Aus dem Königtum und den siegreichen Kriegen gingen die großen Belehnungen hervor, die allmählich erblich wurden; es entstand ein Grundadel, teils als weltliche, teils als kirchliche Macht. Mit den Ländereien wurden zugleich die Bauern verlehnt, und der Zinsmann geriet in Abhängigkeit von den großen Vasallen. Während der Besiedlung der Ostmark war der Bauer aber gesucht, er lebte bis tief ins 14. Jahrhundert hinein trotz der formellen Abhängigkeit nahezu wie ein vollfreier Mann. Mit der ausgedehnten Produktion, mit dem Siege der Geldwirtschaft wuchs der Ritter sich aus zum Spekulanten, der seine Betriebsfläche vergrößern und durch den Verkauf von Produkten seine Einnahmen erhöhen wollte. Die Mittel für diesen Zweck suchte er bei dem Fehlen anderer Hilfsquellen aus der Knechtung des Bauern zu erzielen. In diesem Kampfe blieb der Ritter Sieger vermöge seiner Beziehungen zur Krone, und zwar siegte er so nachhaltig, daß mit dem Ausgang des 18. Jahrhunderts der freie Bauernstand im großen und ganzen ebenso verschwunden war, wie im alten Rom. Es herrschten alle Grade der Unfreiheit, Hörigkeit, Leibeigenschaft und Sklaverei. Erst im 19. Jahrhundert, als das Gewitter der Revolution vorübergezogen war, als der Naturwissenschaft und der Technik auch in die Landwirtschaft der Eintritt freigegeben wurde, haben sich auch hier die Verhältnisse gebessert, aber nur für den spannfähigen Bauern. Der kleine Bauer bezahlte seine Freiheit mit der Scholle; er hatte im 19. Jahrhundert die Freiheit erlangt, zu verhungern, oder als

Inste ein kümmerliches Leben zu führen. Die Folge war die Auswanderung, entweder in die Fremde oder in die heimische Industrie.

Wir sehen also, daß die Freiheit nur dort eintritt, wo die Technik dem Volke die Macht verleiht, die Naturkräfte umzuleiten, den Stoff zu formen und aus dem Erlös der Produkte sich eine Existenz zu schaffen, unabhängig vom Grundbesitz. Alle persönliche und politische Freiheit erwächst als eine Befreiung von der veralteten Macht des Grundbesitzes, kann also nur auf der Technik beruhen. Es lassen sich genug Beispiele aufzeigen von alten Kulturstaaten, in denen, ganz wie im Altertum, die formallogischen Wissenschaften blühen und eine tiefe Weisheit dem Sinn des menschlichen Lebens folgt. Da die Technik über die Form des Handwerks nicht hinausgelangte, sind sie trotzdem roh und barbarisch geblieben. Ich verweise nur auf China. Keine Dampfmaschine arbeitet im Innern des Landes, aber hohe Beamte werden zum Tode gebracht durch das Rad und die Säge.

In der Zeit der Naturalwirtschaft fließt das Einkommen vorwiegend aus dem Grundbesitz und verleiht diesem die außerordentliche Macht. Wer ohne Grundbesitz bestehen will, muß sich in Unfreiheit begeben. Erst mit der steigenden Technik gewinnt die Bearbeitung der Naturerzeugnisse einen solchen Einfluß, wird der Besitz dieser Gegenstände von einem solchen Reiz, daß der Grundbesitzer seines Eigentums an Grund und Boden in kleinen Teilen sich entäußert, um dafür diese Produkte einzutauschen. Wir haben diesen Vorgang bei der Entwicklung der Städte beobachtet. Die Genußfähigkeit des Menschen hat aber ihre Grenzen, und so behält der Grundbesitzer immer noch den Hauptbestandteil seines Eigentums. Mit der Zeit entwickelt sich die Technik weiter, der Handel steigt, das Volk erblüht, aber es sieht sich in seiner Ausdehnung gehindert durch den Grundbesitzer, der als der beatus possidens sich in das Fäustchen lacht und abwartet, „bis man ihm kommt". Und kommen muß das Volk, denn nur auf der Erde kann es leben. Nicht in der produktiven Kraft des Bodens wächst beim Industrievolk die Wurzel des staatlichen Lebens, sondern in der Bearbeitung der Naturprodukte. Die Werte, welche der Grundbesitzer liefert, sind heute viel geringer als diejenigen Werte, welche die Technik schafft. Das Grundeigentum ist ein dienender Faktor der Produktion, es darf keine ausschlaggebende Bedeutung haben. Da aber die Bodenfläche in beschränkter Menge nur vorhanden ist, steigt das Grundeigentum ganz unverhältnismäßig hoch im Wert. So erhält sich aus einem sehr angreifbaren Rechtstitel ein Stand von großen Grundbesitzern, die classe disponible der Physiokraten, der vielfach nichts zu tun braucht, als die Grundrente zu verzehren, den Tribut zu verschlingen, den die Bevölkerung diesem Minotaurus leisten muß, leisten aus keinem anderen Grunde, als weil er Eigentümer ist. Die Verzinsung des mobilen Kapitals ist notwendig, weil auf ihr die Kapitalbildung im wesentlichen ruht. Wenn ich keinen Nutzen habe von meinem Kapital, dann zehre ich es auf. Hier kann der Zins zu hoch nicht steigen, denn die Produktion regelt seine Höhe, indem sie von der gesuchten Kapitalform neue Mengen schafft. Die Verzinsung des angelegten Kapitals muß selbstverständlich auch im Grundeigentum gelten. Anders aber steht es mit der Rente; diese folgt aus dem Umstande, daß die Grundfläche eines Landes nicht vermehrt werden kann, daß sie gegeben ist als die geschlossene, gemeinsame Arbeitsstätte des Volkes. Es ist widersinnig, sie in der Form des privaten Eigentums in einzelne Hände fortzugeben und der gemeinschaftlichen Benutzung zu entziehen. Die ganze Bevölkerung muß mit ihrem Blute den Boden schützen, mit ihrer Arbeit die Grundrente erzeugen, sie muß auch aus der Grundrente den Nutzen ziehen. Es heißt eine Prämie setzen auf die Selbstsucht und auf die Dummheit, wenn man ganze Quadratmeilen Landes in einer einzigen Hand beläßt und dem Grundbesitzer damit eine Macht bewilligt, die durch keine vernünftige Maxime sich vertreten läßt. Immer war der große Grundbesitz eine Quelle der Unfreiheit; seine bevorzugte Stellung ist nicht zu begründen aus einem sittlich-historischen Recht.

Die alte Freiheit, das Verfügungsrecht über die eigene Person, hat die Technik dem Volke zurückgewonnen, aber das alte Verfügungsrecht über den Boden steht noch aus. Menschen und Erde bilden die eigentliche Substanz des Staates und dürfen nicht der Sklavenfessel eines fremden Willens unterworfen sein. Das Volk ist nur halb frei, das nicht über seine Erde gebietet. Die Überwindung der unfruchtbaren, formalen Macht des Grundbesitzes, an der das Volk seit 1500 Jahren arbeitet, ist eine der großen Aufgaben der Kultur.

Es bleibt noch die dritte These zu besprechen. Ich habe über das Verhältnis der geistigen Kultur des Altertums zu derjenigen der Neuzeit schon am Schluß des fünften und sechsten Kapitels Vergleiche angestellt und kann mich daher kurz fassen. Die Entwicklung des geistigen Vermögens geht im Menschen mit dem körperlichen Hand in Hand. Der Nomade hat neben den körperlichen auch die geistigen Fähigkeiten, deren er für seine Tätigkeit bedarf. Mit der erzwungenen Seßhaftigkeit des Menschen entsteht die Bearbeitung des Bodens, und dem Geiste erwachsen neue Aufgaben, an denen er sich schult. Die Handarbeit liefert neues Material für die Anschauung, für das Bilden neuer Begriffe und Schlüsse. Materie und Geist treffen in der täglichen Arbeit zusammen; diese bereichert den Geist durch Anschauung, jener verfeinert die Materie durch Schlüsse, die er umsetzt in mechanische Arbeit; es ist ein Her und Hin, aus dem sich der Prius eines der beiden Elemente schwer erweisen läßt. Wir werden unten sehen, daß die Wahrscheinlichkeit zugunsten der Priorität der Materie spricht, der Kräfte, die zusammentreffen im Innern des Menschen und dort das Bewußtsein hervorrufen, das Ergebnis von Außenwelt und Seele.

Wenn der Ackerbau produktiver wird, treten einzelne Schichten des Volkes ausschließlich in den Dienst des Handwerks. Der Boden gibt dann soviel Überschuß, daß die kleine Minderheit der Handwerker von diesem sich ernähren kann. Die Handarbeit entwickelt sich, sie gewinnt an Ausdehnung und erzeugt neben dem Grundbesitz ein mobiles Kapital. Schon frühzeitig ist die Priesterzunft entstanden, welche den Naturgottesdienst zu verwalten hat und unwillkürlich zum Beobachten des gestirnten Himmels hingedrängt wird, zum Nachdenken über den Ursprung und das Ziel der Welt. Aus ihrem Schoße geht die Religionsphilosophie hervor und zur Verehrung der Gottheit folgt die Kunst. Die christliche Priesterschaft hatte keinen Naturdienst zu versehen, sie brachte ihre Wissenschaft nur bis zur Scholastik. Neben dem Priesterstand entsteht schon früh eine weltliche Sängerzunft, welche die Taten der Kämpfer preist, den Gedanken an den Ruhm erweckt und den Boden ebnet, auf dem der Trieb zur Hingabe des eigenen Lebens für die Allgemeinheit Wurzel faßt. Der Sänger ist zunächst an den Fürstenhöfen nur zu finden, denn die Städte sind noch nicht zu eigenem Recht und Reichtum aufgestiegen. An den Fürstenhöfen lebte Homer, lebten die Barden und die Minnesänger. Die Entwicklung eines freien Handwerks führt allmählich zu einem freien Bürgertum, das städtische Leben erblüht. Es steigen Produktion und Handel, mehr und mehr Kapital wird verfügbar gemacht für die Bezahlung der geistigen und künstlerischen Kräfte, denn der Trieb zum Wissen und zur Kunst liegt in des Menschen Brust begründet. Das freie, geistige Leben erwacht, mit ihm das weltliche Gelehrtentum und die weltliche Künstlerschaft, die wir in Griechenland im 7. und 6. Jahrhundert, in Deutschland im 15. und 16. Jahrhundert, entstehen sahen. Es folgen zugleich die weltlichen Schulen und das weltliche Recht. Jetzt beginnt der Kampf des freien Geistes mit den Fesseln der überlieferten Religion. Im Altertum ging diese Wandlung vor sich ohne starke Reibungen, weil eine eigentliche Kirche weder in Griechenland noch in Rom vorhanden war; im Mittelalter folgten dagegeu die Kämpfe der Reformation. Es entwickelte sich neben der religiösen Schablone eine bewußte, freie Sittlichkeit, ein weltliches Leben, dessen Grund in dem neuen Städtewesen liegt, das seinerseits sich wieder auf Handwerk und auf Technik gründet.

Weil der Geist noch wenig beobachtet und gesammelt hat, und weil ihm als Anschauungsmaterial nur das zugrunde liegt, was die umgebende Natur und die Technik dem bloßen Auge bieten, so kann er seine Schlüsse nur auf wenig Voraussetzungen bauen. Mit einem dürftigen Anschauungsmaterial erhebt er sich nun in die Höhen der Spekulation, um große Folgerungen abzuleiten, diese im Geiste wieder zu verflechten, neue Schlüsse zu ziehen, und auf diese Art sich dialektisch fortzubilden. Diese deduktive Form der Wissenschaft finden wir im ganzen Altertum und Mittelalter, und in der Neuzeit bis ins 19. Jahrhundert hinein. Hegel erbaute seine Philosophie noch auf der Sprache, geleitet nur durch seinen, allerdings wundervollen Instinkt. Schon im Altertum wurden Stimmen laut, welche die relative Beschaffenheit des menschlichen Wissens betonten, sie konnten aber nicht durchdringen. Ich erinnere an die Sophisten, an die Skeptiker und an Karneades. In England waren es Baco, Locke und Hume, in Deutschland war es Kant, welche auf philosophischem Wege dem Schwärmen des Geistes ein Ende machten. Zur allgemeinen Anerkennung kam das induktive Verfahren erst durch die Sammlungstätigkeit der Naturwissenschaft. Jetzt geht auch die Sprachforschung auf dem vergleichenden Wege vor, die Geschichtsforschung lernt an den Ausgrabungen, die Wirtschaftslehre an der Statistik. Dieser Umschwung bahnte sich an im 16. Jahrhundert, als die Technik ihre Schiffe nach Indien und Amerika segeln ließ, als das Erfahrungsmaterial sich erweitert hatte, und der Buchdruck dem Gedanken eine ungeahnte Verbreitung lieh. Zur systematischen Durchführung ihrer Methode konnte die beobachtende Wissenschaft erst vorschreiten, als sie auf die Verkehrsanstalten der Neuzeit sich stützen konnte, und als neue Instrumente neue Welten vor ihr aufgeschlossen hatten, endlos im Großen, wie im Kleinen.

Die Wissenschaft des Altertums war im Mittelalter verloren gegangen, weil das Volk zu arm war, um für eine rein geistige Tätigkeit den Lohn zu zahlen. Das Ödland in den deutschen Wäldern und Sümpfen mußte erst urbar gemacht, das Handwerk mußte erst befreit, das bewegliche Kapital geschaffen werden. Die Blütezeit der antiken Völker wurde in ihrer wirtschaftlichen Höhe im Anfang des 15. Jahrhunderts schon erreicht. Zum Nachweis führe ich zwei Vorgänge an, die ich für bedeutungsvoll halte. Um 400 v. Chr. kamen in Griechenland die städtischen Söldner auf, im 1. Jahrhundert v. Chr. in Rom, im Anfang des 15. Jahrhunderts in Deutschland. Athen prägte Goldmünzen in größerer Menge im 5. Jahrhundert v. Chr., Rom kurz vor Christi Zeit, Deutschland wieder im 15. Jahrhundert. Wenn also die materielle Kultur der Griechen um das Jahr 400 v. Chr. derjenigen der Deutschen im 15. Jahrhundert ungefähr entsprochen haben wird, so war dagegen die geistige Kultur des Mittelalters gegen diejenige der Griechen weit zurückgeblieben. Vermöge der vorgeschrittenen Technik hatte die wirtschaftliche Kultur sich im Mittelalter schneller entwickelt, als im Altertum, während die geistige das gleiche Tempo eingehalten hatte. Erst in der ersten Hälfte des 19. Jahrhunderts wurde die geistige Kultur der Alten im großen und ganzen überholt, zu einer Zeit, als die Dampfmaschine arbeitete, als die Eisenbahn ihre Schienen auf die Fluren legte und das Dampfschiff durch die Fluten glitt, als Hochofen und Spinnmaschine und hundert andere Erfindungen, eine Umwälzung des wirtschaftlichen Lebens anbahnten, von welcher das Altertum mit seiner Handarbeit und seiner Sklaverei gar keine Vorstellung gehabt hatte. Bis zu diesem Zeitpunkte hatte sich eine sittliche Überlegenheit der neuen Zeit gegenüber dem Altertum nur insofern nachweisen lassen, als die vorgeschrittene Technik keiner Sklaven mehr bedurfte und in den Städten längst einen freien Arbeiterstand geschaffen hatte. Jetzt griff sie von neuem ein in die gesellschaftliche Schichtung; sie rief die freie Bevölkerung zusammen an den großen Kraftzentralen, und aus diesen neuen gesellschaftlichen Niederschlägen stellte sie unbewußt neue Aufgaben für die geistige Kultur. Das Volk trat aus der Untertänigkeit heraus und stürzte die herrschenden Klassen. Wissenschaft und Schule, Recht und Kunst, wurden von dem befreiten Volke vertieft und neu belebt, sogar die Kirche spürte einen Hauch frischen Lebens. Aus der neuen sozialen Schichtung entsproß der sozialethische Gedanke; er reformierte die Tätigkeit in Staat und Gesellschaft und hob das Gemeinwesen empor zu einer sittlichen Körperschaft. Das ungefähr schwebte mir vor, als ich die Worte niederschrieb: „Der befreite Mensch vertieft das seelische Leben und veredelt die Kultur.“

Ich habe seither die Technik vorzugsweise aufgefaßt als die geistige Leitung der Arbeitsvorgänge. Sie umfaßt aber nicht nur die Summe der geistigen, sondern auch der mechanischen Funktionen, welche bei der Umleitung der Naturkräfte zur Anwendung gelangen. Die Technik beruht auf einem fortgesetzten Kampf mit der Natur, und sie leitet diesen Kampf nicht nur, sie führt auch selber Axt und Hammer. Beide Seiten sind gleich wichtig und gleich produktiv. Die Arbeit des Handwerkers ist ebenso notwendig für den materiellen Kulturprozeß, wie die Arbeit des studierten Technikers, denn zum Denken gehört das Vollbringen. Der Techniker sammelt aus dem ganzen Reich des Wissens die fruchtbarsten Momente aus und bietet sie als konzentrierte Speise der mechanischen Arbeitskraft. Die mechanische Kraft empfängt also geistige Nahrung, sie wird durch diese befruchtet und gelenkt. Umgekehrt aber bedarf auch der Geist der körperlichen Speise. Es hat ganz den Anschein, als wenn die körperliche Nahrung auch den Stoff hergibt fürs Denken. Jedenfalls ruht der Denkprozeß auf materieller Unterlage, und wenn die übliche Nahrung, wenn Wohnung und Kleidung fehlen, dann sinkt der Mensch zurück zum Tier, und mit seinem hohen Denken ist es aus. Seine ganze Tätigkeit, körperlich wie geistig, wird alsdann in Anspruch genommen für den Unterhalt eines kümmerlichen Lebens. Man kann also getrost und gern sagen, daß für die Entwicklung der gesamten Kultur, der materiellen wie der geistigen, die Arbeit des Handwerkers und Fabrikarbeiters zum mindesten ebenso notwendig, ebenso wertvoll, ebenso produktiv und also auch ebenso edel ist, wie die Arbeit des Gelehrten, der hinter seinen Büchern sitzt. Sogar an der Entwicklung des Geistes hat der Gelehrte vielleicht kaum ein größeres Verdienst. Der Handwerker liefert die Anschauung, der Gelehrte die Begriffe. Der scheinbar große Unterschied zwischen beider Tätigkeit liegt nur darin, daß der Gelehrte als einzelner die Abstraktionen zieht, zu welcher die Masse der Handarbeiter die Anschauung gegeben hat. Daher scheint die Tätigkeit des Gelehrten aristokratischer zu sein.

Die Philosophie und alles, was mit ihr zusammenhängt, hat

von jeher die eigene abstrakte Tätigkeit am höchsten eingeschätzt, und da sie stets das große Wort geführt hat, ist es dahin gekommen, daß die produktive, grundlegende, mechanische Arbeit von jeher verachtet wurde, nicht nur von dem rückständigen Grundadel, sondern auch von der berufsmäßigen Intelligenz. Wer da annimmt, daß die Welt eigentlich aus Geist besteht, ursprünglich Geist gewesen ist und wieder zu Geist werden soll, der kann ja wohl dahin gelangen, die denkende Tätigkeit höher einzuschätzen, als die mechanische; wer mit Goethe aber in der Gottheit die schöpferische Kraft erkennt, die in dem Weltall wirkt und handelt, und wer das Denken auf eine irdische Tätigkeit begrenzt, der wird auch die mechanische Arbeit nicht geringer einschätzen, als die geistige. Das Christentum mit seinem Spiritualismus hat dem Ansehen der mechanischen Arbeit viel geschadet, obschon es sich den entgegengesetzten Anschein gab. Die Naturreligionen haben sich im ganzen ein gesunderes Gefühl bewahrt. Auf die götterbildende Kraft des Handwerks bei den Griechen und Römern habe ich schon hingewiesen. Auch die jüdische Schöpfungsgeschichte faßte ihren Gott auf in der Tätigkeit des Handwerkers. Die Überhebung des Gelehrtentums ist nachzuweisen seit dem Beginn der rationalistischen Philosophie in Griechenland, seit der Überschätzung des abstrakten Denkens. Damals war die Überhebung zu entschuldigen, weil sie zum Teil auf dem Gefühl der persönlichen Freiheit beruhte gegenüber der versklavten Handarbeit. Selbst der alte Plato aber, der als Vater des Idealismus das Denken natürlich am höchsten stellte, schätzte noch die Technik höher, als die Kunst; allerdings aus dem etwas hergesuchten Grunde, weil die Technik doch wenigstens den Schein von der geistigen Wirklichkeit darstellte, die Kunst aber nur den Schein des Scheins. In neuerer Zeit hat die Überschätzung des Denkens neue Anregung erhalten durch die Hegelsche Schule mit ihrer Vergeistigung der Welt; unter dieser Anschauung mußte das Ansehen des Handwerks leiden.

Aus der Feder von Max Lenz ist im Jahre 1900 ein Aufsatz erschienen, der jetzt neu abgedruckt ist in „Deutsche Bücherei",

Band 18. Der Aufsatz bespricht unter der Überschrift „Zum Gedächtnistage Gutenbergs" den Wert des Buchdrucks in freundlicher und wohlwollender Weise. Der Verfasser geht in seinem Wohlwollen nach meiner Auffassung sogar zu weit, indem er sagt, daß die Erfindung uns das geworden sei, was die Elemente für die Natur seien, etwas Unentbehrliches, ohne das zu leben wir uns gar nicht denken könnten. Die Natur kann ohne die Elemente in der Tat nicht bestehen, daß aber die Menschheit auch ohne den Buchdruck auskommen und sogar eine relativ hohe Kulturstufe erreichen kann, hat uns das Altertum bewiesen. Vielleicht hat der Verfasser das Übermaß des Lobes selbst empfunden und aus diesem Grunde dann am Schluß der Technik den bekannten kalten Wasserstrahl gegeben. Da die Meinung des Verfassers mir charakteristisch zu sein scheint für die Auffassung der Technik in manchen Kreisen der humanistischen Wissenschaft, gebe ich den Schluß des Aufsatzes wörtlich wieder.

„Johann Gensfleisch zum Gutenberg aber, der Mainzer Bürger, ist ein Handwerker, und so auch seine Kunst ein Werkzeug geblieben. Die positive, frei wirkende, von innen her schaffende Kraft war nicht in ihm und seinem Werke, es müßte denn sein, daß die Massenwirkung, die es gehabt und von Anfang her angestrebt hat, selbst als eine positive Kraft gelten sollte. Aber der Geist, der die Tiefen bewegt, führt auf Quellen zurück, die jenseits aller Technik liegen. Das Altertum, das die Kunst des Druckens noch nicht kannte, hat dennoch in den Künsten und auf allen Gebieten des geistigen Schaffens Formen und Gedanken hervorgebracht, in denen wir noch heute unsere erhabensten Vorbilder verehren; und das neunzehnte Jahrhundert, so glänzend und so vielgepriesen es um seiner technischen Errungenschaften willen dastehen mag, hat nur Ursache, auf die vergangenen, so viel ärmeren und beengteren Zeiten, in denen aber der Geist seine mächtigen Flügel geregt hat, mit Ehrfurcht zurückzuschauen. Die Technik kann die Güter gewaltig vermehren, sie mag die Kräfte des Menschen in ungeahntem Maße beflügeln, aber sie vermag nicht aus eigener Kraft das Reich des Idealen zu gestalten. Ihre Kunst bewährt sich, um die Massen zu bezwingen, die Ideen zu verbreiten, Stärke in allen Sphären des Daseins zu erzeugen; aber dem Reiche der Ideen gegenüber ist sie an sich neutral: unermeßlich in ihrer Bedeutung als Hilfskraft, ist sie an sich selbst ohnmächtig, sobald es gilt, den Tiefen des Lebens nachzugehen. Sie kann schaffen, hemmen und zerstören, den Geistern des Fortschritts dienen und denen der Verneinung. All die assimilierende, völkerverbindende Kraft, die man ihr wohl zuschreiben möchte, ist nicht imstande gewesen, die Ideale des Weltfriedens und der Humanität, die das achtzehnte Jahrhundert hervorrief und predigte, zu erhalten: vielmehr haben alle Errungenschaften ihrer Art nur dazu gedient, den Streit, der die Welt erfüllt, unerbittlicher und ungeheurer zu machen als je und den nationalen Egoismus, der heut das Wort führt, mit immer stärkeren Waffen auszurüsten. Aber nicht auf Verbreiterung des menschlichen Wissens und Könnens, die nur zu leicht Verflachung wird, kommt es in letzter Linie an, sondern auf ihre Vertiefung. Und nur wer die Idee um ihrer selbst willen liebt, in den Studien wie im Leben, wird die Kraft ermessen können, die in der Tiefe ruht, und die zuletzt auch der Welt der Erscheinungen, dem Leben der Staaten und der Nationen wie jedem Einzeldasein zugrunde liegt und sie im Innersten zusammenhält."

Die Technik kann also nach der Meinung des Verfassers das Reich des Idealen nicht gestalten, ist dem Reich der Ideen gegenüber neutral, ohnmächtig, den Tiefen des Lebens nachzugehen. Man könnte zunächst einwenden, daß das Gestalten des Idealen nicht die Aufgabe der Technik sei; durch einen Vorwurf nach dieser Richtung hin könne sie ebensowenig getroffen werden, wie etwa die idealistische Geschichtsschreibung durch den anderen Vorwurf, daß sie keinen frierenden Menschen kleiden, keinen hungrigen satt machen könne. Ich will aber dem Gedankengange des Verfassers zu folgen versuchen und der Frage näher treten, wie sich die Technik zum Reich des Idealen stellt.

Zunächst fragt sich, was das Wort eigentlich besagen will, „die Technik vermag nicht aus eigener Kraft das Reich des

Idealen zu gestalten.“ Was hat man im Sinne des Verfassers unter dem Reich des Idealen zu verstehen? Es ist ersichtlich, daß der Verfasser mit dem Gestalten des Idealen an ein Vorrecht denkt, welches die Geschichtsschreibung, und wohl auch die Philosophie, gegenüber der Technik ausüben. Die Schreibweise des Verfassers, die Betonung der Idee und des geistigen Elementes gegenüber dem materiellen, leitet unwillkürlich hinüber in den Gedankengang der Hegelschen Philosophie; daher bekommen wir vielleicht die beste Aufklärung, wenn wir Hegel selbst zu Rate ziehen. Hegel begreift das Reich des Idealen, welches die Philosophie und die Geschichtsschreibung liefern können, als das geistige Abbild der Wirklichkeit, als die Zeit in Gedanken gefaßt. Er sagt darüber: „Als der Gedanke der Welt erscheint die Philosophie erst in der Zeit, nachdem die Wirklichkeit ihren Bildungsprozeß vollendet und sich fertig gemacht hat. Dies, was der Begriff lehrt, zeigt notwendig ebenso die Geschichte, daß erst in der Reife der Wirklichkeit das Ideale dem Realen gegenüber erscheint und jenes sich dieselbe Welt, in ihrer Substanz erfaßt, in Gestalt eines intellektuellen Reiches erbaut. Wenn die Philosophie ihr Grau in Grau malt, dann ist eine Gestalt des Lebens alt geworden, und mit Grau in Grau läßt sie sich nicht verjüngen, sondern nur erkennen.“ So sprach Hegel, den man immer wieder bewundern muß, so oft man auch gezwungen ist, ihm die Folge zu versagen. Ich kann nicht zugeben, daß die Geschichte die Welt in ihrer Substanz erfasse, denn die Substanz der Welt ist uns gänzlich unbekannt. Im übrigen aber bin ich mit der Stelle einverstanden. Man kann sich hiernach vorstellen, daß die Natur sich fortbewegt in ewigen Gesetzen; die Technik leitet nach diesen Gesetzen die Kräfte um und deckt den menschlichen Bedarf; das geistige Leben erblüht mit der technischen Arbeit in immer neuen Formen zur Kultur, und diese Kultur ergibt in Gemeinschaft mit der Natur die ewig junge Wirklichkeit. Nachträglich tritt die Philosophie, tritt die Geschichte dann hinzu und sucht das Gewordene in Gedanken zu erfassen. Ist es diese Tätigkeit im Sinne Hegels, welche der Verfasser verstanden wissen will, wenn er von der Aufgabe spricht, „das Reich des Idealen zu gestalten", beschränkt die Leistung seiner Muse sich auf das nachträgliche Erkennen, so kann die Technik in bedingter Weise einverstanden sein, denn während sie selbst das Leben baut, sucht die Geschichte nur zu registrieren.

Es wäre aber doch die Möglichkeit vorhanden, daß der Verfasser unter dem Vorrecht, „das Reich des Idealen zu gestalten", noch etwas anderes verstanden wissen will, daß er als Geschichtsschreiber die Wirklichkeit nicht nur zu erkennen, sondern auch zu verjüngen glaubt. Man kann unter dem Ideal auch ein gedachtes Vorbild verstehen, eine regulative Idee, der man nachstreben soll, entweder im Reiche der Kunst, oder der Sittlichkeit. Es ist ohne weiteres zuzugeben, daß die Geschichte und die Philosophie allgemeine Ideale aufzustellen vermögen, und es ist nicht undenkbar, daß sie aus diesen Idealen heraus rückwärts wieder einen Einfluß ausüben können auf die Entschließungen der korporativen und der einzelnen Persönlichkeiten in Staat und Gesellschaft. Gegen diese Möglichkeit ist zunächst aber das Bedenken geltend zu machen, daß Ideale, die lebensfähig sein sollen, nicht allgemeiner Natur sein können, denn allgemeine Ideale finden am allerschwersten den Eingang in die Wirklichkeit. Wie die Lebensaufgaben verschieden sind für die einzelnen Persönlichkeiten, und wie sie beständig dem Wechsel unterliegen, so besondern sich auch die Ideale nach Alter, Beruf und Geschlecht der idealisierten Personen, ebenso nach Zeit und Umständen. Es ist aus dieser Tatsache bereits ersichtlich, daß eine Einwirkung auf die Sittlichkeit durch Ideale aus dem Reiche des abstrakten Denkens, wenn sie überhaupt möglich ist, doch überaus schwierig und verwickelt sein muß. Aus solchen Erwägungen heraus ist wohl auch Hegel dahin gelangt, den Einfluß der Philosophie auf das reale Leben zu bestreiten. Er spricht sich hierüber unzweifelhaft aus in den folgenden Worten: „Das, was ist zu begreifen, ist die Aufgabe der Philosophie, denn das was ist, ist die Vernunft. Es ist ebenso töricht, zu wähnen, irgend eine Philosophie gehe über ihre gegenwärtige Welt hinaus, als ein Individuum überspringe seine

Zeit, springe über Rhodus hinaus. Geht seine Theorie in der Tat darüber hinaus, baut es sich eine Welt, wie sie sein soll, so existiert sie wohl, aber nur in seinem Meinen, einem weichen Elemente, dem sich alles Beliebige einbilden läßt." Nach Hegel sind also Philosophie und Geschichte beschränkt auf das nachträgliche Erkennen des Gewordenen, sie können ihre Zeit nicht verjüngen. Die mechanistische Naturwissenschaft lehnt Eingriffe des Denkens in den Weltprozeß grundsätzlich ab; wenn ein Gehirnatom durch einen Gedanken aus der Lage gerückt werden könnte, dann würde ja die Weltformel nicht mehr passen. Aber selbst in dem Falle, daß man Übergänge aus der materiellen Welt in die geistige, und aus der geistigen in die materielle, wirklich annehmen will, so darf man doch nicht vergessen, daß damit der Einfluß der Geschichte und ihrer Ideale noch lange nicht erwiesen ist. Die Sittlichkeit quillt weit stärker aus dem unbewußten Leben, aus der Tiefe des Gefühls, hervor, als aus dem Denken; alle großen und opferfreudigen Taten werden durch das Gefühl erzeugt. Selbst die Politik wird nach dem Ausspruch unserer größten Politiker viel mehr aus dem Gefühl heraus geboren, als aus dem Bewußtsein. Sie wird vielmehr abgewogen in instinktiver Weise nach den immer neuen und realen Machtfaktoren, als konstruiert aus analogen Vorgängen früherer Zeiten: das Exempel stimmt ja nie, die Aufgaben sind ewig wechselvoll.

Mit einem Gestalten des realen Lebens aus dem Reich des Idealen scheint es also schwach bestellt zu sein. Das Leben wächst viel mehr, als es bewußt geschaffen wird. Dagegen haben wir gesehen, daß die Technik, ohne es zu wollen und nicht unmittelbar, darum aber nicht weniger wirksam, auch auf die geistige Kultur einen nachweisbaren Einfluß übt. Es scheint also, als wenn sie doch ein Vermögen besitzt, „das Reich des Idealen zu gestalten", und obendrein im Zusammenhang mit dem realen Leben, und nicht nur im Erkennen, wie die Philosophie und die Geschichte. Ich kann dem Verfasser auch in der Behauptung nicht Recht geben, daß es in letzter Linie nicht auf eine Verbreiterung des menschlichen Wissens ankommt, sondern auf eine Vertiefung.

Ob einige Gelehrte die Welt tiefsinniger erfassen, als das Volk, scheint mir an sich recht gleichgültig zu sein. Für mich erhält der Tiefsinn erst dann einen Wert, wenn er nutzbar gemacht, wenn er der Menschheit zugeteilt und verbreitet wird. Unsere größten Denker teilen diese Auffassung.

Nach der Meinung des Verfassers hat der Gelehrte, d. h. derjenige, der die Idee um ihrer selbst willen liebt, und nur dieser allein, Aussicht die Kraft ermessen zu können, die in der Tiefe ruht. Ich würde auf diesen Ausspruch nicht weiter eingehen, wenn er nicht auf einer Überschätzung der gelehrten Tätigkeit beruhte, und getan wäre, im Hinblick auf den Gegensatz zur Technik. Bei dieser Sachlage aber müssen wir uns mit den Behauptungen des Verfassers doch noch etwas eingehender beschäftigen.

Ich bezweifle von vornherein, daß ein Ermessen der in der Tiefe ruhenden Kraft jemals gelingen werde. Wer die Idee ermessen will, der will ja wohl einen Maßstab an sie legen, menschliche Begriffe, d. h. er will sie zu begreifen suchen. Die Prädikate, die der Mensch der Idee beilegen kann, stammen aber nur aus der Erscheinungswelt, und will er die Idee durch solche Prädikate nicht beschränken, so bleibt nur die Form des Denkens übrig, ohne jede Anschauung. Zu allen Zeiten haben die Gelehrten sich gerühmt, die Menschheit über das Wesen des Absoluten aufzuklären, aber weiter gekommen sind sie keinen Schritt. Das Unbedingte, die Idee, ermessen zu wollen, ist ein Widerspruch in sich, denn Denken heißt bedingen. Die selbstlose Liebe zur Idee haben die Gelehrten schon im Altertum gehabt; aber der Erfolg war ein Schwärmen und Dichten im Reiche der Metaphysik. Nicht viel anders steht es hier mit den Behauptungen von der positiven, von innen her schaffenden Kraft, die im Handwerker angeblich nicht wirksam ist; nicht anders steht es mit dem ganzen Reiche der Ideen, und mit dem Ermessen der einen weltumfassenden Idee auf Grund der geistigen Liebe. Der Verfasser stellt hier Behauptungen auf, die sich schwer erweisen, aber auch schwer widerlegen lassen. Kant sagt: „Man kann in der Metaphysik auf mancherlei Weise herumpfuschen, ohne eben zu besorgen, daß man auf Unwahrheit werde betreten werden. Denn wenn man sich nur nicht selbst widerspricht, welches in synthetischen, obgleich gänzlich erdichteten, Sätzen gar wohl möglich ist, so können wir in allen solchen Fällen, wo die Begriffe, die wir verknüpfen, bloße Ideen sind, die gar nicht in der Erfahrung gegeben werden können, niemals durch Erfahrung widerlegt werden. Denn wie wollten wir es durch Erfahrung ausmachen, ob die Welt von Ewigkeit her sei, oder einen Anfang habe?" Und wie wollen wir es ausmachen, ob in Gutenberg die „positive, frei wirkende, von innen her schaffende Kraft" mächtig war, oder nicht? War sie mächtig in Huyghens, als er die Pendeluhr erfand, oder war sie auch hier nicht zugegen? Und wenn ja, war sie in dem Uhrmacher Bürgi mächtig, der ein Menschenalter vor Huyghens schon das Pendel als Zeitmesser verwendete? Und wenn Tesla jetzt darüber sinnt, aus dem Reiche der Wolken heraus den nächtlichen Himmel zu erleuchten, ist es „die positive, von innen her schaffende Kraft", die in ihm arbeitet, oder ist es jemand anders? Das Erfinden ist in letzter Linie ein fortgesetzter Denkprozeß, ebenso gut wie das Niederschreiben einer geschichtlichen Abhandlung. Aber ich will lieber hundert geschichtliche Abhandlungen schreiben, als eine einzige nennenswerte Erfindung machen; ersteres kann in eine handwerksmäßige Tätigkeit übergehen. Wer das geistige Rüstzeug einmal besitzt, der schreibt eine geschichtliche Abhandlung ebenso sicher und leicht, wie der Reporter seine Neuigkeiten, und wie der Drucker seine Abzüge macht. Die Erfindung der Buchdruckerkunst aber läßt sich höchstens vergleichen mit der Begründung eines neuen geschichtlichen Systems, von denen allen doch kein einziges eine solche Wirkung auf die Entwicklung des Menschengeistes gehabt hat, wie diese Erfindung des Handwerkers, in dem „die positive, frei wirkende, von innen her schaffende Kraft" angeblich nicht zugegen war. Die Erfindung ist und bleibt ein Sonntagskind, sie verlangt vervielfachtes Nachdenken und verlangt Ingenium, erzwingen kann ich sie nicht. Seit Jahren sitzt Edison in seinem Laboratorium, umgeben von allen Hilfsmitteln der modernen Wissenschaft, unterstützt von zahlreichen Fachgelehrten, und sinnt über die Erfindung eines brauchbaren Akkumulators. Der Verfasser sagt am Schlusse selbst, daß die Idee, die in der Tiefe ruht, jedem Einzeldasein zugrunde liegt, und doch soll sie in Gutenberg nicht gewesen sein, denn er „ist ein Handwerker geblieben". Seltsamer Widerspruch! Wenn im Handwerker Gutenberg die positive usw. Kraft nicht war, aus welcher Kraft heraus ist er dann tätig gewesen? Entweder muß man außer dem „Geist, der die Tiefen bewegt", noch eine Gottheit der Handwerker annehmen, eine neue Pallas Athene, oder die Handwerker müssen Götter sein, eine andere Möglichkeit ist ausgeschlossen.

Der Verfasser hält den Geist für die „positive, frei wirkende, von innen her schaffende Kraft". Seine Annahme ist aber schwerlich haltbar, haltbar höchstens in dem Sinne, in welchem sich Kant oben aussprach über die Unbestimmbarkeit der metaphysischen Dinge. Die letzten Abstraktionen, in welche wir die Welt auflösen können, sind Materie und Geist; und da wir schon im ersten Kapitel gesehen haben, daß die Materie sich in Kraft verflüchtigt, so können wir auch sagen, Kraft und Geist, oder Kraft und Gedanke, oder Wille und Idee, es kommt alles auf das gleiche hinaus. Durch nichts aber ist erwiesen, daß es mehr Geist gibt in der Welt, als die Summe des Geistes ausmacht, die sich aus dem Denken der Tiere und Menschen ideell zusammensetzt. Die unbekannte Außenwelt wirkt durch die Sinnesnerven auf das unbekannte Wesen ein, das unserem Leben zugrunde liegt, das Ding an sich wirkt auf das Ich an sich, und aus diesem Zusammenstoß entspringt das Bewußtsein, der Geist, die ganze Erscheinungswelt. Vorn Kraft und hinten Kraft, zwischen beiden eine winzige Flamme des Geistes. Der Mensch hat durchaus keine Berechtigung, sein bischen Denken aufzublähen zur Idee, die winzige Flamme anzublasen zu einem Weltenbrand, und das Denken zu einem Gott zu machen.

Wenn man die Gottheit nur darum geistig nennen will, weil sie nicht sinnlich ist für uns, wenn man den Ausdruck geistig also nur symbolisch brauchen will, wegen der Armut unserer Sprache, so bin ich einverstanden. Will man aber das menschliche Denken dieser Verallgemeinerung zugrunde legen und den menschlichen Geist ins Absolute steigern, soll ich der Apparat sein, in welchem der absolute Geist sich vorbereitet zu seiner Rückkehr in die Wirklichkeit, so muß ich dankend ablehnen. Weil der Mensch denkt, soll auch durchaus die Gottheit denken; weil der Mensch fünf Sinne hat, deren Tätigkeit er verarbeiten muß, soll auch die Gottheit analog verfahren, denn weiter ist doch das Denken nichts. Früher aßen und tranken ja die Götter auch, heut sollen sie nur noch denken. Wann wird endlich der Mensch aufhören, Götter zu formen nach seinem eigenen Bilde? Die Philosophie glaubt schon etwas besonderes zu tun, wenn sie der Gottheit nicht das begriffliche, das diskursive, sondern das intuitive Denken unterstellt, als ob die eine Form nicht gerade so menschlich wäre, wie die andere, denn das intuitive Denken ist doch nichts, als ein unzerlegbarer geistiger Akt. Will man aber der Gottheit vielleicht noch eine besondere, dritte Art von Denken zuschreiben, nun, so ist es eben kein Denken mehr, denn Denken heißt tierische und menschliche Begriffe bilden und ordnen. Will man die Worte Geist und Denken also auf die Gottheit anwenden, so darf man es nur symbolisch tun; man muß sich bewußt bleiben, daß man leere Namen braucht für eine gänzlich unbekannte Macht und deren Tätigkeit; man darf keine Veranlassung daraus nehmen, den menschlichen Geist zu erweitern.

Die Materie ist es, die unserm Geist allein die Nahrung gibt, die Anschauung und das ganze Material für seine Herrlichkeit. Der Geist ist nichts, als eine neue Form, er kann nur das denken, was die Materie ihm als Stoff hingibt, was sie vielleicht, symbolisch gesprochen, in anderer Form schon vordachte. Um so armseliger und farbloser wird unser Geist in seinem Denken, je mehr er sich selbständig zu machen sucht, je weiter er in seinen Abstraktionen von der Materie sich entfernt. Das Fortbestehen des Geistes hängt ab von dem Fortwirken der äußeren und der inneren Kraft; Kraft ist Ursache und Geist ist Wirkung. So könnte es eher scheinen, als ob der Geist nicht der Herr, sondern der Diener wäre, ein Licht, welches die innere Kraft sich anzündet, um sich zurecht zu finden in der Außenwelt. Auf diese Art erlangt der Geist die Rolle eines Führers, eines Aufklärers. Aus dem Bewußtsein dieser Tätigkeit erwächst nun seine Überhebung. Wie der Diener, der die Laterne trägt, den Herrn zu leiten glaubt, während er nur den Befehl vollzieht, so glaubt der dienende Geist den Willen und die Materie zu beherrschen. Das Schwergewicht des Menschen liegt nicht in seinem Intellekt, sondern in seinem Charakter, nicht auf der ideellen, sondern auf der materiellen Seite, nicht im Geist, sondern im Willen. Die menschliche Welt ist in erster Linie Willensentwicklung, im Sittlichen liegt der Schwerpunkt und das Ziel des Fortschritts.

Nach der Äußerung von Lenz hat es den Anschein, als wenn die Gottheit ein besonderes Sprechzimmer unterhielte, welches nur der Gelehrte betreten darf, als der Berichterstatter der Menschheit. Der Gelehrte vindiziert sich hiermit die Rolle eines Priesters bei einem verborgenen Gott. Der Rechtstitel des Gelehrten ruht nicht auf dem Verstande, denn der Handwerker kann mehr Verstand haben, als der Gelehrte; sondern darauf, daß er „die Idee um ihrer selbst willen liebt, in den Studien, wie im Leben", d. h. auf seiner gewohnten, berufsmäßigen Tätigkeit, die ihm die Muße gibt und die Aufgabe stellt, sich mit den Rätselfragen des Lebens näher zu beschäftigen. In der Wahl des Berufes liegt also das Verdienst, durch welches man der Gottheit näher tritt, und der Gelehrte hat nichts mitzubringen, als Liebe zum Beruf und einen guten Willen, dann geht er durch die sichere Pforte zum Tempel der Gewißheit ein.

Vor mehr als zweitausend Jahren sagte der alte Aristoteles, der höchste Zweck des Lebens sei der Genuß desselben im reinen Äther der Vernunft; den Handwerker wollte er von der Bürgerschaft ausgeschlossen wissen, weil er gemeine Arbeit treibe, ein solches Leben sei ohne Adel, der Tugend abgewandt. So sprach der Gelehrte eines Sklavenstaates. Aber schon der Römer Virgil sah in der Unterwelt auf den elysischen Gefilden neben dem Helden, dem Priester, dem Dichter, dem Weisen, auch den Erfinder wallen, in gleicher Weise mit der weißen Stirnbinde die Schläfe geschmückt.

Und wenn wir jetzt lesen, aus dem Jahre 1900, „daß die positive, frei wirkende, von innen her schaffende Kraft" nicht in Gutenberg gewesen sei, weil er ein Handwerker blieb, soll man da noch an einen Fortschritt glauben? Behält nicht Ranke recht, wenn er den sittlichen Fortschritt leugnet? Glücklicherweise denken nicht alle Gelehrten gleich. Wie frisch und anders lautet es, wenn wir bei Sombart lesen: „Möge der Gelehrte sich stets vor Augen halten, daß er im Grunde ein erbärmlicher Wicht ist, der nichts besseres kann, als das tausendfältige Leben mit einem öden Formelkram zudecken; ein schreckhaftes Wesen, in dessen Hand verdorren muß, was ehedem einen lebendigen Odem gehabt hatte."[1]) Das ist eine offene gerade Sprache, die aus dem Zwiespalt des lebendigen Willens und der eigenen Ohnmacht quillt, ein Gefühl, das jeden ehrlichen Gelehrten einmal packen muß, wenn er das volle Leben vor sich sieht, und dann das armselige Produkt damit vergleicht, das aus diesem Leben geworden ist durch den Destillationsprozeß in seinem Hirn. Jedem Gelehrten, der die Welt nicht sehr begreiflich findet, muß da bange werden vor seiner Gottähnlichkeit.

Wer da glaubt, der Gottheit näher zu stehen, als der Handwerker, aus keinem anderen Grunde, als weil er berufsmäßig mit Denken sich befaßt, der ist auf falschem Wege. Vom Wesen der Kraft, „die in der Tiefe ruht", weiß der Gelehrte so wenig, wie der Handwerker, und der Handwerker so viel, wie der Gelehrte. Alles, was der Gelehrte tun kann, ist das Zusammentragen von Erfahrungsmaterial, das er aus Natur und Technik abstrahiert, dieses kann er ordnen und sichten, und aus diesem gesichteten Material kann er wieder auf die Technik fruchtbar einwirken. Daß all unser Wissen aus der Erfahrung stammt, ist der rote Faden in der Kritik der reinen Vernunft. Zu seinem Denken bedient der Gelehrte sich der Sprache, und auch diese entkeimt der Erfahrung, der täglichen Arbeit des Handwerkers und Bauern. Hebbel sagt: „Jeder weiß, daß Bürger und Bauern ihre Troyen

---

[1]) Sombart, Der moderne Kapitalismus, I, XXX.

nicht am Sternenhimmel pflücken und nicht aus dem Meer fischen; sondern daß der Handwerker sie in seiner Werkstatt, der Pflüger sie hinter seinem Pflug zusammenliest, und mancher macht wohl auch die Erfahrung, daß diese simplen Leute sich, wenn auch nicht aufs Konversieren, so doch recht gut aufs lebendige Reden, auf das Mischen und Veranschaulichen ihrer Gedanken verstehen." Hier keimt die Sprache, hier quillt ihre wundervolle Bildlichkeit. Die gesamte Wissenschaft ist nichts, als eine Fortbildung des allgemeinen Wissens, auch sie entkeimt den Erfahrungen des täglichen Lebens. Hier liegt die Wurzel ihrer Größe und ihrer Kraft. Aber wenn heut ein Gott herniederstiege und die Menschheit fragte, ob sie lieber die Handwerker missen wolle, oder die Gelehrten, sie würde mit lautem, einstimmigem Geschrei die Gelehrten aus dem Tempel des Staates jagen!

Der große Prozeß, in welchem die Menschheit weiterschreitet, vollzieht sich, um es noch einmal kurz zu sagen, grundlegend in der Weise, daß die Technik den Kampf mit der Natur aufnimmt, indem sie eine unfreie menschliche Arbeitskraft ihr gegenüberstellt. Alle Kultur beginnt und endet mit diesem Kampfe zwischen Technik und Natur. Je mehr die Technik die ungefügen Naturgewalten niederzwingt, desto mehr entlastet sie die menschliche Arbeitskraft von den schweren mechanischen Verrichtungen. Allmählich setzt sie eine Minderheit frei, die durch ihre Geschicklichkeit in der Bearbeitung der Naturprodukte unabhängig wird vom Grundbesitz. Dieser Zustand trat ein mit dem Demos und der Plebs des klassischen Altertums und mit den Innungen, mit den Bürgern des Mittelalters. Gleichzeitig mit dieser Freisetzung dehnt sich das Handwerk aus, und neben dem Grundbesitz entsteht das mobile Kapital. Im unreifen Stadium der Technik bedingt seine Verzinsung die menschliche Maschine; die Sklaverei erscheint, es gibt nur Herren und Knechte. Diesen Zustand zeigt uns die Kulturblüte im Altertum. Hat die Technik dagegen gelernt, die Naturkraft umzuleiten für ihren Zweck, dann bedarf sie nicht mehr der menschlichen Maschine, sie konstruiert die hölzerne, oder die eiserne dafür und verzinst das Kapital durch die Arbeit der Naturkraft.

Diese Erscheinung zeigte sich schon im Mittelalter. In dem Kampfe zwischen Technik und Natur entwickelt sich der Geist. Auf einer bestimmten wirtschaftlichen Höhe sondert sich, meist wohl aus den freien Handarbeitern, eine Zahl von Köpfen ab, die sich auf die geistige Tätigkeit beschränkt. Schon im Altertum bestand eine deduktive Wissenschaft, in der Neuzeit ging sie über in eine mehr exakte Form. Ist die Technik endlich soweit vorgeschritten, daß sie durch die Dampfmaschine und die zentralisierte Arbeitsweise die Produktion vervielfachen kann, dann bedarf sie auch der mechanischen, menschlichen Arbeitskraft nicht mehr, dann sucht sie Geistesarbeiter; sie hebt das ganze Volk in die persönliche Freiheit und sondert es in gleichberechtigte politische Klassen. Inzwischen ist die Wissenschaft erstarkt, die nun befruchtend auf die Technik einwirkt und dazu beiträgt, den Dienst der Naturkräfte immer noch zu steigern. Immer neue Köpfe werden frei für die geistige Tätigkeit und es erblühen auch die Humaniora in einem Umfang, welchen frühere Zeiten nicht gekannt haben. Durch die vermehrte Arbeitsleistung der Naturkraft kann die menschliche Arbeitszeit verkürzt werden. Der Arbeiter gewinnt an Muße für die Beschäftigung mit geistigen Genüssen. Der Abstand der Handarbeiter von den Geistesarbeitern mindert sich auch in geistiger Beziehung, denn die Klasse der Handarbeiter steigt in geistigem Vermögen beständig auf. Der Abstand zwischen Plato und seinem Sklaven, der nicht lesen und nicht schreiben konnte und jede schlechte Behandlung sich gefallen lassen mußte, war viel größer, als zwischen Helmholtz und seinem Diener, der ein freier Mann war, seine Zeitung las und wußte, was in der Welt vorging.

Dieser ganze Entwicklungsprozeß geht unaufhaltsam weiter, da er getragen wird von dem Fortschritt der Technik, und zum guten Teil unabhängig ist von dem Widerstande der in ihrer alten Macht bedrohten, reaktionären Klassen. Mag der Grundadel in seiner überlieferten Anschauung Industrie und Handel lähmen, mag er die Kanalbauten anfeinden, durch Fleisch- und Kornzölle die Ernährung des Volkes schwächen, mag die Kirche treu an seiner Seite stehen und durch den Unterricht die geistige Freiheit niederhalten, — es nutzt ihnen auf die Dauer doch nichts mehr! Der Fluch des Goldes wird sich zeigen an diesen unfruchtbaren Mächten, die nicht gelernt haben, durch Arbeit diesen Fluch in Segen zu verwandeln. Der goldene Strom treibt die wirtschaftliche Mühle weiter. Das Kapital will verzinst sein, die Technik muß arbeiten, die Produktion geht unaufhaltsam ihren Gang. Die Naturkräfte arbeiten und leisten immer mehr, der Mensch rückt auf zum Wächter der eisernen Sklaven, er erstarkt und bricht die Mächte des unfreien, geistesdunkeln Mittelalters. Will die Menschheit diesen unbewußten geschichtlichen Prozeß in bewußter Weise unterstützen, dann gilt es den Kampf gegen den großen Grundbesitz, gegen die mittelalterliche Kirche und gegen den Beamtenstaat. Nur die Technik vermag den gefesselten Prometheus zu erlösen. Handwerker und Fabrikarbeiter, Bauer und Inste, folgen dem Befreiungszuge, weit wogt er hin über die Ebene, wie ein bewegtes Meer. In diesem Völkerzuge zieht auch die Frau, denn auch sie hat eine glücklichere Zukunft zu erhoffen von der Erlösung des gefesselten Menschengeistes.

Bisher war die Frau geknechtet wie der Handarbeiter, strafrechtlich voll verantwortlich, aber zivilrechtlich beschränkt. Ihre ehrliche Arbeit hat sie wohl in früheren Zeiten auf dem Lande auch gefunden, aber eine Arbeit, die körperlich schwer und anstrengend war und die zarte Frau oft in ein Lasttier wandelte. In der Industrie ist es die Maschine, welche die groben Arbeiten bewältigt, und der Frau fallen dort nur jene leichten Teilarbeiten zu, welche zwischen den Arbeitsperioden der Maschine der menschlichen Hand noch geblieben sind. Gerade darin, daß die weibliche Hand es ist, welche diese Teilarbeiten leisten kann, liegt der beste Beweis für die steigende Vergeistigung der menschlichen Arbeitskraft. Man vergleiche die blühenden Gestalten unserer städtischen Frauen mit den abgearbeiteten, früh gealterten, mageren, gebeugten Gestalten der Arbeiterfrauen auf dem Lande. Man hat geltend gemacht, daß durch die Arbeit der Frau das Familienleben leide, und dieser Einwurf ist nicht ohne Grund. Überall in der materiellen Welt findet sich neben Licht auch Schatten. Es fragt sich nur, wo das meiste Licht zu haben ist, ob in der Arbeiterfamilie, in der auch die Frau mitarbeitet und verdient, mithilft, die Sorge scheuchen und die Not, oder in jener anderen, in der sie auf die Erziehung und die Wirtschaft sich beschränkt, ohne eigenes Einkommen, aber auch ohne die Macht, die Sorge und die Not zu bannen. Würde die Hälfte unserer Frauen sich der Arbeit außer dem Hause zuwenden, wenn sie nicht fühlte, daß sie auf diese Art den Ihrigen am besten nützlich sei? Und übrigens sehe ich wenig Unterschied darin, ob die Frau auf dem Lande die Kinder verlassen muß, oder in der Stadt, in der sie dieselben wenigstens der Spielschule übergeben kann. Solange nicht der Lohn des Mannes allein ein behagliches Auskommen gestattet, wird die Frau richtig handeln, wenn sie mitarbeitet. Bessert sich die finanzielle Lage der Familie und steigt der Lohn des Mannes, dann hört die gewerbliche Arbeit der Frau von selber auf und beschränkt sich höchstens auf die Töchter. Mehr nnd mehr erweitert sich das Arbeitsfeld der Frau, denn mehr und mehr erweitert die Technik ihren Bedarf an leichten Arbeitskräften. Ohne den technischen Fortschritt würde der Befreiungskampf der Frau vergebens sein. Es kann vorübergehend vorkommen, daß männliche Arbeiter durch weibliche verdrängt werden, obgleich sie meistens in getrennten Betrieben tätig sind. Wenn aber die Technik sich entfalten darf, dann besteht auch an männlichen Arbeitskräften fortdauernd nur ein geringer Überfluß.

Die wichtigste Aufgabe ist die Kräftigung des inneren Marktes, denn unsicher bleibt immer der Export. Obschon ich die Tagespolitik in diesem Buche nicht berühren wollte, kann ich doch nicht umhin zu bemerken, daß die Kräftigung des inneren Marktes nicht erzielt wird durch den Tribut, welchen das deutsche Volk dem Grundadel entrichten muß unter dem Namen der Schutzzölle. Wenn ich einem Landwirt tausend Mark schenke und ihm sage, „nun kaufe mir für diese Summe Waren ab", habe ich dann ein Geschäft gemacht? Ich habe tausend Mark verloren! Nicht anders steht es mit dem Schutzzoll. Der sicherste Weg zur Hebung des inneren Marktes ist eine Vermehrung des Bauernstandes und eine Zerschlagung der großen Latifundien, dieser Toteninseln in dem Meer des Lebens. Für die Millionen, die unserer Kolonialpolitik geopfert wurden, hätten Tausende von Bauern angesiedelt werden können. Verstaatlichung des Grundeigentums, ein zahlreicher Bauernstand, offene Bahn für die Technik, für Industrie und Gewerbe, Selbstverwaltung des Volks, das ist der Boden, auf dem ein freies Menschentum erblüht, frei und groß in Geist und Tat. Die Geschichte lehrt, daß immer dann ein Aufschwung im Staatswesen folgte, wenn eine neue Bevölkerungsklasse freigesetzt war. In Athen führte die Zeit nach dem Siege des Demos, in Rom die Zeit nach dem Siege der Plebs, zur Größe; in den Städten des Mittelalters trat die Blüte nach dem Siege der Innungen ein, im modernen Frankreich nach dem Siege des dritten Standes. Immer ist das Aufstreben der unteren Schichten von den herrschenden Klassen bekämpft worden, und immer sind diese in letzter Linie unterlegen, denn der Siegeszug der Technik schreitet unaufhaltsam weiter, solange diese Erde dem menschlichen Geschlecht die Bedingungen zum Leben bietet.

Auf das materielle Leben war zu allen Zeiten der Sinn der Völker gerichtet, denn hier entsprang die Quelle des materiellen Reichtums, das Vermögen zu sinnlichem Behagen und leiblichem Genuß. Und wenn der Reichtum zusammengescharrt war in einem Leben voll Mühe und Arbeit, dann traten andere Genies auf die Bühne, Genies der liederlichen Art, in der Gestalt der lachenden Erben. In kurzer Zeit zerstreuten sie wieder den zusammengescharrten Gewinn unter die sich balgenden Leute. Die Kirche lief nebenher neben dem Zug des Goldes, auf der anderen Seite die idealistische Wissenschaft; beide schalten und zeterten über den materiellen Sinn, der nicht „das Reich des Idealen zu gestalten“ wisse, der ohnmächtig sei, „den Tiefen des Lebens nachzugehen“. Kein Mensch hörte auf sie, kein Mensch achtete auf sie. Das Leben wird aus gröberem Stoff gebaut, es drehte sich nach wie vor um die materiellen Interessen. Indem der Egoismus aber seine eigenen Zwecke zu erreichen glaubte, war er das Werkzeug eines höheren Willens. Aus der materiellen Arbeit ging die Kultur hervor, an ihr erwuchs der Geist, aus ihr erblühte nach einer harten Schule die Freiheit des Volkes und eine reinere Sittlichkeit. Jedes neue Werkzeug, jede Arbeitsmaschine, jeder rationelle Betrieb, jede Arbeitsleistung in der Werkstätte des Handwerkers, oder auf dem Acker des Bauern, war ein Beitrag zu dem großen Bauwerk der Kultur, an welchem die Menschheit rastlos fortarbeitet. Durch die Verbesserung der Technik vollzog sich der Fortschritt dieses Baues mit einer fatalistischen Gewalt. Indem der einzelne seine Zwecke zu erreichen suchte, ist er das Werkzeug einer höheren Macht gewesen; indem der Egoismus herrschen wollte, vollzog er den Auftrag eines höheren Willens, welcher die Menschheit zu reineren Zielen lenkt.

Unberührt vom Tun der Völker läßt die unbekannte Macht die Himmelskörper kreisen. Tausende von Sonnen schweben im Weltenraum, und Millionen von Atomen in dem kleinsten Tropfen Wasser. Auf dem Staubkorn Erde zeigt sich vorübergehend organisches Leben; den kleinen Lebewesen wird durch die Fenster ihrer Sinne ein winziger Ausschnitt aus der Unendlichkeit enthüllt. Sie sehen mit dem Fernrohr Weltenkörper, deren Entfernung von der Erde das Licht in Tausenden von Jahren nur durcheilen kann. Aus ihrem Funken von Erkenntnis machen sich die Menschen nun darüber her, nicht etwa nur das zu erkennen, was die Gottheit ihnen zeigt, sondern das Wesen selbst der Gottheit zu erforschen. Religion und Philosophie überbieten sich gegenseitig in Wissen und Weisheit. Wenn sie am Ende sind, dann machen sie Gott zum Egoisten, sein Wille ist die Quelle der Moral; der große Weltenegoismus, das ist der Weisheit letzter Schluß! Je kindlicher und unreifer der Mensch noch ist, desto eifriger ist seine Phantasie nach dieser Richtung hin bestrebt. Die Menschen, welche das Wesen der Gottheit zu erkennen meinen, gleichen den Bazillen im menschlichen Körper, welche sich anheischig machen, das Getriebe des Staates zu begreifen.

Indessen entwickelt sich das Leben weiter. In jahrtausendelangem Ringen ist die Menschheit aus der Sklaverei zur heutigen Freiheit aufgestiegen, ohne das Ziel vor Augen zu haben, vorwiegend befangen im materiellen Gewinn. Heute geht es so, im Kampf um die Materie, wie vor Jahrtausenden, und wieder nach Jahrtausenden werden die Menschen mitleidig auf uns arme Sklaven zurückschauen, die wir es nach unserer Meinung so herrlich weit gebracht hatten. Zu diesem großen Kulturprozeß können wir bewußt nur wenig beitragen. Wir sollen aber keine Fähigkeit vernachlässigen, von der unser Gefühl uns sagt, daß sie uns nützlich sei, die idealistischen Bestrebungen so wenig, wie die realistischen, die Abstraktion so wenig, wie die Arbeit mit der Hand. Aber der Idealismus darf nicht in die Wolken wachsen, darf sich nicht über die mechanische Arbeit erheben wollen, die immer die edelste Tätigkeit verbleibt, aus der allein ein freies, adliges Geschlecht erwachsen kann. Tausende von Jahren haben die Wissenschaften von der Technik mehr Anregung empfangen, als sie ihr gegeben haben, denn die Technik ist vorangeschritten und die Wissenschaften sind gefolgt. Die weitere Entwicklung bleibt noch abzuwarten. Die Naturkraft wächst, die für den Menschen tätig ist; auch der Umfang unseres Wissens nimmt an Breite zu, aber in die Tiefe sind wir wenig eingedrungen. Unser Intellekt ist eine Flächenkraft, die an der Oberfläche haftet. Das Denkvermögen hat sich kaum gesteigert, vermehrtes Wissen nur hat zu höheren Abstraktionen hingeleitet.

Die Veredlung des Menschen ist keine Schöpfung einer übernatürlichen Religion, keiner Philosophie und Geschichtswissenschaft, deren Systeme sich bekämpft haben, solange sie bestehen; die Veredlung des Menschen ist eine Tat der vergeistigten Arbeitskraft. In der Spekulation hat sich im Lauf der Zeiten wohl die Form geändert, der Kern ist gleich geblieben. Lessing betont, daß in spekulativen Dingen die erste und älteste Meinung die wahrscheinlichste sei. Über die Weisheit der Inder, der Perser, der Ägypter sind wir nicht hinausgekommen, denn das Reich des Metaphysischen ist arm, sein möglicher Inhalt längst erschöpft. Je mehr die Menschheit sich der mechanischen Arbeit zuwendet, je mehr sie die religiöse Spekulation in ihrem wahren Sinne erfaßt, als Dichtung des wissensdurstigen und geängsteten Geistes, desto mehr kehrt der Friede ein auf Erden, desto weniger wird die Menschheit sich zerfleischen. Die Religionskriege haben, Gott sei Dank, so ziemlich aufgehört, nur in der äußeren Mission bestehen sie gelegentlich noch weiter. Nicht die Religion macht aus einer Barbarenhorde ein Kulturvolk, sondern die andauernde Arbeit der Hände. Der Fortschritt aller Kultur beruht auf der mechanischen Arbeit des Volkes, diese muß vergeistigt werden, und dazu bedürfen wir der Erkenntnis der Natur. Aus der Vergeistigung der Arbeitskraft ergeben sich neben der Freiheit neue Ideale, die den Geist beleben und erfrischen; auf diesem Boden erwächst die geistige Saat. An der mechanischen Arbeit schulte sich der Mensch, hier wirkte sie am unmittelbarsten, „die positive, von innen her schaffende Kraft", hier entzündete sie den Funken des Geistes, hier wirkte sie den Fortschritt des Menschen aus der Unfreiheit zur Freiheit, aus der kindlich dumpfen Gebundenheit des unklaren Wollens in das Licht einer bewußten Sittlichkeit. Der Fortschritt des Menschen ist ein sittlicher, mechanische und geistige Arbeit müssen diesem Ziele dienen.

Der alte Goethe kannte den Wert der mechanischen Arbeit. Als er am Abend seines reichen Lebens den zweiten Teil des Faust zu Ende führte, und die Verheißung erfüllen sollte, dem Faust den Augenblick zu geben, zu dem er sagen werde „verweile doch, du bist so schön", da wußte er keine bessere Lösung zu geben, als durch die technische Arbeit im Dienste des Volks. Angekelt hatte sich Faust abgewandt vom leeren Spekulieren, vom abstrakten Wissen, nach den Brüsten des Lebens sehnte er sich hin. Er durchschweifte das Leben und fand nicht den schönen Augenblick, bis er endlich der praktischen Arbeit sich zuwandte und zum Wohl der Menschheit tätig ward. Er dämmte das unfruchtbare Meer zurück und gab dem Volke neues Land. Hier sollten Mensch und Tier die Freude des Lebens genießen. Wenn der Sturm die Fluten peitscht, und sie gierig lecken an dem Damme, dann eilen Alt und Jung hinaus zum Kampfe gegen die wüste, ungezügelte Kraft der Natur.

„Solch ein Gewimmel möcht ich sehn,
Auf freiem Grund mit freiem Volke stehn.
Zum Augenblicke dürft' ich sagen:
Verweile doch, du bist so schön!
Es kann die Spur von meinen Erdentagen
Nicht in Äonen untergehn. —
Im Vorgefühl von solchem hohen Glück
Genieß ich jetzt den höchsten Augenblick."

So klingt unsere größte nationale Dichtung aus in eine Verklärung der Arbeit. Der Weise des Altertums sah das Glück in der abstrakten Betrachtung der Welt, der Weise des Mittelalters in dem Vorgefühl himmlischer Freuden, der Weise der Neuzeit in der geistigen Leitung mechanischer Arbeitskraft.

Wer hat am tiefsten geschaut?

Die Technik als Kulturmacht

Kolibri 360 GmbH
Ferdinand-Jühlke-Straße 7
99095 Erfurt, Deutschland
produktsicherheit@kolibri360.de